上海市交通建设工程施工企业安管人员培训教材

上海市交通建设工程管理中心
上海同济工程咨询有限公司　编

中国建筑工业出版社

图书在版编目（CIP）数据

上海市交通建设工程施工企业安管人员培训教材/上海市交通建设工程管理中心，上海同济工程咨询有限公司编. —北京：中国建筑工业出版社，2018.1
ISBN 978-7-112-21723-6

Ⅰ.①上… Ⅱ.①上… ②上… Ⅲ.①交通工程-工程施工-安全管理-技术培训-教材 Ⅳ.①U415

中国版本图书馆 CIP 数据核字（2017）第 319607 号

责任编辑：赵晓菲 张智芊
责任校对：刘梦然

上海市交通建设工程施工企业安管人员培训教材
上海市交通建设工程管理中心
上海同济工程咨询有限公司 编
*
中国建筑工业出版社出版、发行（北京海淀三里河路 9 号）
各地新华书店、建筑书店经销
北京红光制版公司制版
北京建筑工业印刷厂印刷
*
开本：787×1092 毫米 1/16 印张：20 字数：485 千字
2018 年 1 月第一版 2018 年 5 月第二次印刷
定价：**55.00** 元
ISBN 978-7-112-21723-6
（31285）

《上海市交通建设工程施工企业安管人员培训教材》编写委员会

顾　　问：刘　军

主　　任：于福林

委　　员：金宏松　张兴根　杨志杰　贾海林　曹虹宇

主　　编：张红梅

编写成员：卢曹康　刘　依　印　骏　李　强　蔡来炳

王学士　王　宁　吴惠进　张吕伟　刘晓明

周陈明　敖永杰

序

安全生产是关系到人民生命财产安全的大事，党中央、国务院历来高度重视安全生产工作，尤其是党的十八大以来，党中央、国务院作出一系列重大决策部署，联合发布了《中共中央　国务院关于推进安全生产领域改革发展的意见》等纲领性指导意见，将安全生产的重要性提升到了空前的高度，推动全国安全生产工作取得积极进展。然而，我们也要看到，由于我国当前正处在工业化、城镇化的进程中，生产经营规模不断扩大，尤其是本市交通建设近年来提量增速，传统和新型生产经营方式并存，各类事故隐患和安全风险交织叠加，安全生产意识薄弱、监管体制机制和法律制度不完善、企业主体责任落实不力等问题依然突出，生产安全事故易发、多发。

为此，交通运输部先后印发了《公路水运工程安全生产监督管理办法》《公路水运工程施工企业主要负责人和安全生产管理人员考核管理办法》，从法律制度方面对交通建设工程安全生产监管体制机制进行了完善，进一步强化施工企业安全生产主体责任，同时明确由省级交通运输主管部门负责本行政区域工商注册的公路水运工程施工企业安管人员考核管理工作，并实施监督管理。为提升本市安管人员安全生产教育培训质量，夯实安管人员考核管理工作基础，上海市交通建设工程管理中心组织编制了这本《上海市交通建设工程施工企业安管人员培训教材》，希望能从对施工企业主要负责人以及施工现场一线的安全生产管理人员的教育培训入手，通过教育学习，使得安管人员明晰安全生产法律法规，明确企业以及个人在安全生产中的责任，进一步提高其安全生产意识，具备必要的安全生产知识和管理能力，加强施工现场安全生产管理，确保全市交通建设工程安全有序的实施。

主　任：于福林

2018年1月

前　　言

根据《公路水运工程安全生产监督管理办法》（中华人民共和国交通运输部令2017年第25号）、《交通运输部关于印发公路水运工程施工企业主要负责人和安全生产管理人员考核管理办法的通知》（交安监发〔2016〕65号）以及《上海市公路水运工程施工企业主要负责人和安全生产管理人员考核管理实施细则》（沪交建〔2016〕1117号）精神，上海市交通建设工程管理中心（以下简称“市交通建管中心”）全面负责本市公路水运工程施工企业主要负责人和安全生产管理人员（以下简称“安管人员”）考核管理等工作。为便于安管人员掌握必要的安全生产知识和管理能力，市交通建管中心特组织编制本教材。

本教材基本涵盖了交通运输部安管人员考核大纲内容，主要包括安全生产法律法规、安全生产管理和安全生产技术三大部分内容。在此基础上，结合上海市交通建设工程统一管理的实际，教材内容不局限于“公路水运工程”，增加了包括上海地方交通建设工程安全生产方面相关规定、安全生产风险管理、轨道交通工程施工安全技术规范、装配式工艺相关标准规范及检查要点、BIM技术相关标准规范及应用以及一些典型案例分析等特色内容。

本教材既可作为本市安管人员考核培训和日常培训教材，为参加公路水运工程安管人员考核的人员提供有益的帮助，也能为其他从事交通建设工程项目建设的从业人员提供借鉴。

本教材收录的法律法规、标准规范及相关管理文件截至2017年9月30日，凡有修改、更新、废止的，以最新版本为准，如有疏漏欢迎批评指正，以便在本书修订时补充。

编者

2018年1月

目　录

第一章　安全生产法律法规

1.1　法律

法律是由全国人民代表大会和全国人民代表大会常务委员会制定和修改，颁布后在全国范围内实行。公路水运工程涉及的主要法律包括《中华人民共和国安全生产法》（以下简称《安全生产法》)、《中华人民共和国环境保护法》（以下简称《环境保护法》)、《中华人民共和国建筑法》（以下简称《建筑法》)《中华人民共和国突发事件应对法》（以下简称《突发事件应对法》)、《中华人民共和国消防法》（以下简称《消防法》)、《中华人民共和国劳动法》（以下简称《劳动法》)、《中华人民共和国职业病防治法》（以下简称《职业病防治法》）等。

1.1.1　《安全生产法》

《安全生产法》由中华人民共和国第九届全国人大常委会第二十八次会议于 2002 年 6 月 29 日通过公布，自 2002 年 11 月 1 日起实行。

2014 年 8 月 31 日中华人民共和国第十二届全国人大常委会第十次会议通过《全国人民代表大会常务委员会关于修改〈中华人民共和国安全生产法〉的决定》，自 2014 年 12 月 1 日起施行。

《安全生产法》的立法目的在于加强安全生产工作，防止和减少生产安全事故，保障人民群众生命和财产安全，促进经济社会持续健康发展，《安全生产法》确定了我国安全生产管理的基本方针，即坚持“安全第一、预防为主、综合治理”的方针。

（1）生产经营单位的安全生产保障

1）从事生产经营活动应当具备的安全生产条件

① 生产经营单位是生产经营活动的基本单元

《安全生产法》第二条规定：“在中华人民共和国领域内从事生产经营活动的单位（以下统称生产经营单位）的安全生产，适用本法”。在公路水运工程建设活动中，建设单位、施工单位、勘察设计单位和监理单位等均属于生产经营单位。

② 法定安全生产基本条件

《安全生产法》第十七条规定：“生产经营单位应当具备本法和有关法律、行政法规和国家标准或者行业标准规定的安全生产条件；不具备安全生产条件的，不得从事生产经营活动”。

2）生产经营单位主要负责人的安全生产职责

《安全生产法》第五条明确规定：“生产经营单位的主要负责人对本单位的安全生产工作全面负责”。主要负责人通常是指对施工企业全面负责，有生产经营决策权的人。对于公路水运工程施工企业来说，主要指董事长、总经理或总裁等。

《安全生产法》第十八条首次以法律形式确定了生产经营单位主要负责人的七大安全生产职责：

（一）建立、健全本单位安全生产责任制；

（二）组织制定本单位安全生产规章制度和操作规程；

（三）组织制定并实施本单位安全生产教育和培训计划；

（四）保证本单位安全生产投入的有效实施；

（五）督促、检查本单位的安全生产工作，及时消除生产安全事故隐患；

（六）组织制定并实施本单位的生产安全事故应急救援预案；

（七）及时、如实报告生产安全事故。

3）劳动防护用品的规定

《安全生产法》第四十二条明确要求：一是生产经营单位必须为从业人员提供符合国家标准或者行业标准的劳动防护用品。二是生产经营单位应当监督、教育从业人员按照使用规则佩戴、使用劳动防护用品。

4）生产经营单位的安全生产管理机构以及安全生产管理人员的职责

（一）组织或者参与拟订本单位安全生产规章制度、操作规程和生产安全事故应急救援预案；

（二）组织或者参与本单位安全生产教育和培训，如实记录安全生产教育和培训情况；

（三）督促落实本单位重大危险源的安全管理措施；

（四）组织或者参与本单位应急救援演练；

（五）检查本单位的安全生产状况，及时排查生产安全事故隐患，提出改进安全生产管理的建议；

（六）制止和纠正违章指挥、强令冒险作业、违反操作规程的行为；

（七）督促落实本单位安全生产整改措施。

（2）从业人员的权利

1）知情权

2）建议权

3）批评权和检举、控告权

4）拒绝权

5）紧急避险权

6）依法向本单位提出要求赔偿的权利

7）获得符合国家标准或者行业标准劳动防护用品的权利

8）获得安全生产教育和培训的权利

（3）从业人员的安全生产义务

1）自律遵守规定的义务

2）自觉学习安全生产知识的义务

3）危险报告义务

（4）生产安全事故的应急救援与调查处理

《安全生产法》第八十一条规定："负有安全生产监督管理职责的部门接到事故报告后，应当立即按照国家有关规定上报事故情况。负有安全生产监督管理职责的部门和有关地方人民政府对事故情况不得隐瞒不报、谎报或者迟报”。

（5）生产安全事故调查处理的规定

1）事故调查处理的原则

《安全生产法》第八十五条同时规定，任何单位和个人不得阻挠和干涉对事故的依法调查处理。

2）事故责任的追究

《安全生产法》第八十四条规定：“生产经营单位发生生产安全事故，经调查确定责任事故的，除了应当查明事故单位的责任并依法予以追究外，还应当查明对安全生产有关事项负有审查批准和监督职责的行政部门的责任，对有失职、渎职行为的，依照本法第八十七条的规定追究法律责任”。

1.1.2 《环境保护法》

《环境保护法》由中华人民共和国第十二届全国人大常委会第八次会议于 2014 年 4 月 24 日修订通过，自 2015 年 1 月 1 日起施行。与公路水运工程安全生产相关的内容有以下几方面：

（1）环境保护责任制度

产生环境污染和其他公害的单位，必须把环境保护工作纳入计划，建立环境保护责任制度；采取有效措施，防治在生产建设或者其他活动中产生的废气、废水、废渣、粉尘、恶臭气体、放射性物质以及噪声振动、电磁波辐射等对环境的污染和危害。

（2）推广环保设备、工艺和技术

新建工业企业和现有工业企业的技术改造，应当采用资源利用率高、污染物排放量少的设备和工艺，采用经济合理的废弃物综合利用技术和污染物处理技术。

（3）环境保护的“三同时制度”

建设项目中防治污染的措施，必须与主体工程同时设计、同时施工、同时投产使用。防治污染的设施必须经原审批环境影响报告书的环境保护行政主管部门验收合格后，该建设项目方可投入生产或者使用。防治污染的设施不得擅自拆除或者闲置，确有必要拆除或者闲置的，必须征得所在地的环境保护行政主管部门的同意。

（4）环境污染的处理报告制度

因发生事故或者其他突然性事件，造成或者可能造成污染事故的单位，必须立即采取措施处理，及时通报可能受到污染危害的单位和居民，并向当地环境保护行政主管部门和有关部门报告，接受调查处理。

1.1.3 《特种设备安全法》

《特种设备安全法》由中华人民共和国第十二届全国人大常委会第三次会议于 2013 年 6 月 29 日通过，自 2014 年 1 月 1 日起施行。

《特种设备安全法》的立法目的是为了加强特种设备安全工作，预防特种设备事故，保障人身和财产安全，促进经济社会发展。《特种设备安全法》适用于特种设备的生产（包括设计、制造、安装、改造、修理）、经营、使用、检验、检测和特种设备安全的监督管理。与公路水运工程安全生产相关的内容主要为使用方面，主要包括以下内容：

第三十二条特种设备使用单位应当使用取得许可生产并经检验合格的特种设备。禁止使用国家明令淘汰和已经报废的特种设备。

第三十三条特种设备使用单位应当在特种设备投入使用前或者投入使用后三十日内，向负责特种设备安全监督管理的部门办理使用登记，取得使用登记证书。登记标志应当置于该特种设备的显著位置。

第三十四条特种设备使用单位应当建立岗位责任、隐患治理、应急救援等安全管理制度，制定操作规程，保证特种设备安全运行。

第三十九条特种设备使用单位应当对其使用的特种设备进行经常性维护保养和定期自行检查，并做出记录。特种设备使用单位应当对其使用的特种设备的安全附件、安全保护装置进行定期校验、检修，并做出记录。

第四十条特种设备使用单位应当按照安全技术规范的要求，在检验合格有效期届满前一个月向特种设备检验机构提出定期检验要求。特种设备检验机构接到定期检验要求后，应当按照安全技术规范的要求及时进行安全性能检验。特种设备使用单位应当将定期检验标志置于该特种设备的显著位置。未经定期检验或者检验不合格的特种设备，不得继续使用。

1.1.4 《建筑法》

《建筑法》由中华人民共和国第八届全国人大常委会第二十八次会议通过公布，自1998年3月1日起施行。

2011年4月22日中华人民共和国第十一届全国人大常委会第二十次会议通过《全国人民代表大会常务委员会关于修改〈中华人民共和国建筑法〉的决定》，自2011年7月1日起施行。

《建筑法》的立法目的在于加强对建筑活动的监督管理，维护建筑市场秩序，保证建筑工程的质量和安全，促进建筑业的健康发展。

（1）建筑安全生产管理相关规定

1）《建筑法》共八十五条，分别从建筑许可、建筑工程发包与承包、建筑工程监理、建筑安全生产管理、建筑工程质量管理等方面做出了规定。其中第五章“建筑安全生产管理”共十六条，就建筑安全生产管理中若干重要问题作了明确规定，包括：

① 建筑工程安全生产管理必须遵循的基本方针和基本制度（第三十六条）；

② 建筑工程设计必须遵循保证工程安全性能的要求（第三十七条）：

2）对建筑施工企业提出的保证生产安全的要求，包括：

① 对施工企业编制施工组织设计的安全要求（第三十八条）；

② 对施工现场安全管理的要求（第三十九条、第四十五条）；

③ 对建立健全企业安全生产责任制的要求（第四十四条）；

④ 对建立健全劳动安全生产教育培训制度的要求（第四十六条）；

⑤ 禁止进行危及安全生产的违章指挥、违章作业（第四十七条）；

⑥ 为从事危险作业的职工办理意外伤害保险的要求（第四十八条）；

⑦ 对涉及建筑主体和承重结构变动的装修工程的安全要求（第四十九条）；

⑧ 对房屋拆除作业的安全要求（第五十条）；

⑨ 发生建筑安全事故的处理（第五十一条）；

⑩ 工程建设单位为保证建筑生产安全应履行的义务（第四十二条）；

⑪ 有关行政主管部门对建筑安全生产监督管理的职责（第四十三条）。

（2）建筑施工企业的安全生产职责

《建筑法》对建筑施工企业的安全生产职责进行了比较全面的规定，具体来说，有以下八个方面：

① 编制施工组织设计；

② 对施工现场安全管理；

③ 建立健全企业安全生产责任制；

④ 建立健全劳动安全生产教育培训制度；

⑤ 从业人员的权利和义务；

⑥ 为从事危险作业的职工办理意外伤害保险；

⑦ 环境保护职责；

⑧ 事故报告职责。

1.1.5 《突发事件应对法》

《突发事件应对法》由第十届全国人民代表大会常务委员会第二十九次会议于2007年8月30日通过，自2007年11月1日起施行。与公路水运工程安全生产相关的内容主要有以下方面：

（1）所有单位应当建立、健全安全管理制度，定期检查本单位各项安全防范措施的落实情况，及时消除事故隐患；掌握并及时处理本单位存在的可能引发社会安全事件的问题，防止矛盾激化和事态扩大；对本单位可能发生的突发事件和采取安全防范措施的情况，应当按照规定及时向所在地人民政府或者人民政府有关部门报告。

（2）矿山、建筑施工单位和易燃易爆物品、危险化学品、放射性物品等危险物品的生产、经营、储运、使用单位，应当制订具体应急预案，并对生产经营场所、有危险物品的建筑物、构筑物及周边环境开展隐患排查，及时采取措施消除隐患，防止发生突发事件。

（3）公共交通工具、公共场所和其他人员密集场所的经营单位或者管理单位应当制订具体应急预案，为交通工具和有关场所配备报警装置和必要的应急救援设备、设施，注明其使用方法，并显著标明安全撤离的通道、路线，保证安全通道、出口的畅通。

（4）有关单位和人员报送、报告突发事件信息，应当做到及时、客观、真实，不得迟报、谎报、瞒报、漏报。

（5）受到自然灾害危害或者发生事故灾难、公共卫生事件的单位，应当立即组织本单位应急救援队伍和工作人员营救受害人员疏散、撤离、安置受到威胁的人员，控制危险源，标明危险区域，封锁危险场所，并采取其他防止危害扩大的必要措施，同时向所在地县级人民政府报告；对因本单位的问题引发的或者主体是本单位人员的社会安全事件，有关单位应当按照规定上报情况，并迅速派出负责人赶赴现场开展劝解、疏导工作。

1.1.6 《消防法》

《消防法》由第九届全国人大常委会第二次会议于1998年4月29日通过，2008年10

月 28 日第十一届全国人大常委会第五次会议修订，自 2009 年 5 月 1 日起施行。该法的目的在于预防火灾和减少火灾危害，加强应急救援工作，保护人身、财产安全，维护公共安全。《消防法》与公路水运工程安全生产相关的内容有以下几方面。

（1）消防设计的审核与验收

建设工程的消防设计、施工必须符合国家工程建设消防技术标准。建设、设计、施工、工程监理等单位依法对建设工程的消防设计、施工质量负责。

按照国家工程建设消防技术标准需要进行消防设计的建设工程，建设单位应当自依法取得施工许可之日起七个工作日内，将消防设计文件报公安机关消防机构备案，公安机关消防机构应当进行抽查。

应当经公安机关消防机构依法进行消防设计审核的建设工程，未经依法审核或者审核不合格的，负责审批该工程施工许可的部门不得给予施工许可，建设单位、施工单位不得施工；其他建设工程取得施工许可后经依法抽查不合格的，应当停止施工。

按照国家工程建设消防技术标准需要进行消防设计的建设工程竣工时，必须报公安机关消防机构进行消防验收；未经消防验收或者消防验收不合格的，禁止投入使用。

（2）工程建设中应当采取的消防安全措施

在设有车间或者仓库的建筑物内，不得设置员工集体宿舍。

进入生产、储存易燃易爆危险物品的场所，必须执行国家有关消防安全的规定，禁止携带火种进入生产、储存易燃易爆危险物品的场所。禁止在具有火灾、爆炸危险的场所使用明火；因特殊情况需要使用明火作业的，应当按照规定事先办理审批手续。

进行电焊、气焊等具有火灾危险的作业人员和自动消防系统的操作人员，必须持证上岗，并严格遵守消防安全操作规程。消防产品的质量必须符合国家标准或者行业标准。

电器产品、燃气用具的质量必须符合国家标准或者行业标准。任何单位、个人不得损坏或者擅自挪用、拆除、停用消防设施、器材，不得埋压、圈占消火栓，不得占用防火间距，不得堵塞消防通道。

1.1.7 《劳动法》

《劳动法》由第八届全国人大常委会第八次会议于 1994 年 7 月 5 日通过，自 1995 年 1 月 1 日起施行。劳动法是调整劳动关系以及与劳动关系密切联系的其他关系的法律规范。

（1）用人单位在职业安全卫生方面的职责

《劳动法》第五十二条规定："用人单位必须建立、健全职业安全卫生制度，严格执行国家职业安全卫生规程和标准，对劳动者进行职业安全卫生教育，防止劳动过程中的事故，减少职业危害"。

《劳动法》第五十三条规定："劳动安全卫生设施必须符合国家规定的标准。新建、改建、扩建工程的职业安全卫生设施必须与主体工程同时设计、同时施工、同时投入生产和使用"。"劳动安全卫生设施"可分为以下四类：劳动安全设施、劳动卫生设施、个人防护设施、生产辅助设施。

（2）职业安全卫生条件及劳动防护用品要求

《劳动法》第五十四条规定："用人单位必须为劳动者提供符合国家规定的职业安全卫生条件和必要的劳动防护用品。对从事有职业危害作业的劳动者应当定期进行健康检查"。

（3）建立伤亡事故和职业病统计报告和处理制度

《劳动法》第五十七条规定："建立伤亡事故和职业病统计报告的处理制度"。

（4）对劳动者的职业培训

《劳动法》第五十五条规定："从事特种作业的劳动者必须经过专门培训并取得特种作业资格"。

（5）劳动者在职业安全卫生方面的权利和义务

《劳动法》第五十六条规定："劳动者在劳动过程中必须严格遵守安全操作规程。劳动者对用人单位管理人员违章指挥、强令冒险作业，有权拒绝执行；对危害生命安全和身体健康的行为有权提出批评、检举和控告"。

1.1.8 《劳动合同法》

《全国人大常委会关于修改〈中华人民共和国劳动合同法〉的决定》由中华人民共和国第十一届全国人大常委会第三十次会议于2012年12月28日通过公布，自2013年7月1日起施行。其立法目的是为了保护劳动者的合法权益，调整劳动关系，建立和维护适应社会主义市场经济的劳动制度，促进经济发展和社会进步。《劳动合同法》中有关公路水运工程安全生产的规定主要有：

用人单位在制订、修改或者决定有关劳动报酬、工作时间、休息休假、劳动安全卫生、保险福利、职工培训、劳动纪律，以及劳动定额管理等直接涉及劳动者切身利益的规章制度或者重大事项时，应当经职工代表大会或者全体职工讨论，提出方案和意见，与工会或者职工代表平等协商确定。

用人单位招用劳动者时，应当如实告知劳动者工作内容、工作条件、工作地点、职业危害、安全生产状况、劳动报酬，以及劳动者要求了解的其他情况；用人单位有权了解劳动者与劳动合同直接相关的基本情况，劳动者应当如实说明。

劳动者拒绝用人单位管理人员违章指挥、强令冒险作业的，不视为违反劳动合同。劳动者对危害生命安全和身体健康的劳动条件，有权对用人单位提出批评、检举和控告。

用人单位违章指挥、强令冒险作业危及劳动者人身安全的，劳动者可以立即解除劳动合同，不需事先告知用人单位。

违章指挥或者强令冒险作业危及劳动者人身安全的或劳动条件恶劣、环境污染严重，给劳动者身心健康造成严重损害的，依法给予行政处罚：构成犯罪的，依法追究刑事责任；给劳动者造成损害的，应当承担赔偿责任。

1.1.9 《职业病防治法》

《全国人大常委会关于修改〈中华人民共和国节约能源法〉等六部法律的决定》对《职业病防治法》所作的修改，由中华人民共和国第十二届全国人大常委会第二十一次会议于2016年7月2日通过，自公布之日起施行。

（1）用人单位应当履行的职责

1）健康保障义务；

2）职业卫生管理义务；

3）保险义务；

4）报告义务；

5）卫生防护义务；

6）职业病危害检测义务；

7）职业病危害告知义务；

8）及时控制职业病危害事故义务；

9）培训教育义务；健康监护义务；

10）落实职业病患者待遇义务；

11）特殊劳动者保护义务；

12）不得安排孕妇、哺乳期的女工从事对本人和胎儿、婴儿有危害的作业；

13）劳动者申请职业病诊断或鉴定时，用人单位应当如实提供职业病诊断所需的有关职业卫生和健康监护等资料。

（2）劳动者的权利

1）知情权；

2）培训权；

3）拒绝违章冒险权；

4）检举控告权；

5）特殊保障权；

6）参与决策权；

7）职业健康权；

8）损害赔偿权。

（3）劳动者的义务

《职业病防治法》也对劳动者的相关义务做出了规定，如履行劳动合同、遵守职业病防治法律法规规定、遵守用人单位工农业卫生规章、接受职业卫生培训、按规定使用职业卫生防护设施及个人防护用品、遵守操作规程等义务。

1.1.10 《刑法》

1997年颁布实施的《中华人民共和国刑法》（以下简称《刑法》）设立了“危害公共安全罪”，迄今为止《刑法》经过了一个决定和九个修正案。2015年8月29日，十二届全国人大常委会十六次会议表决通过《刑法修正案（九）》，自2015年11月1日开始施行。其中，第六次修正即《刑法修正案（六）》对“危害公共安全罪”进行了一些修改。公路水运工程安全生产领域中的犯罪主要涉及以下几个方面。

（1）重大责任事故罪

根据《刑法》第一百三十四条以及《刑法修正案（六）》的规定，重大责任事故罪，是指在生产、作业中违反有关安全管理的规定，或者强令他人违章冒险作业，因而发生重大伤亡事故或者造成其他严重后果的行为。重大责任事故罪的犯罪构成是：

1）犯罪主体。重大责任事故罪主体是一般主体，包括建筑企业的安全生产从业人员、安全生产管理人员以及对安全事故负有责任的分包负责人、无证从事生产、作业的人员等。

2）犯罪的主观方面。重大责任事故罪在主观方面表现为过失。可以为疏忽大意的过失，即应当预见自己的行为可能发生危害社会的结果，因为疏忽大意而没有预见，由此导致危害社会的结果。也可以为过于自信的过失，即已经预见自己的行为可能发生危害社会的结果。对于违章行为，既可以是无意违反，也可能是明知故犯。

3）犯罪客体。重大责任事故罪侵犯的客体为工厂、矿山、林场、建筑企业或者其他企业、事业单位的生产安全。

4）犯罪的客观方面。重大责任事故罪在客观方面有两种表现形式：一种是行为人在生产、作业活动中，不服管理、违反规章制度，因而发生重大伤亡事故或者造成其他严重后果的。另一种表现形式是行为人在生产、作业活动中，强令工人违章冒险作业，因而发生重大伤亡事故或者造成其他严重后果的。

（2）工程重大安全事故罪

根据《刑法》第一百三十七条的规定，工程重大安全事故罪，是指建设单位、设计单位、施工单位、工程监理单位违反国家规定，降低工程质量标准，造成重大安全事故的行为。本罪的犯罪构成是：

1）犯罪主体。本罪的主体是特殊主体，仅限于建设单位、设计单位、施工单位、工程监理单位及其责任人员。

2）犯罪的主观方面。本罪的主观方面表现为过失。但行为人违反国家规定，降低质量标准则可能是故意，也可能是过失。

3）犯罪客体。本罪的客体是公共安全和国家有关安全管理的法律制度。

4）犯罪的客观方面。表现为违反国家规定，降低工程质量标准，造成重大安全事故的行为。

1.1.11 《海上交通安全法》

（1）概述

《中华人民共和国海上交通安全法》（以下简称《海上交通安全法》）第六届全国人大常委会第二次会议于1983年9月2日通过，自1984年1月1日起施行。《海上交通安全法》是中华人民共和国成立以来所制定的关于海上交通安全管理的第一部法律。2016年11月7日，全国人大常委会对《海上交通安全法》做出修改，将第十二条修改为："国际航行船舶进出中华人民共和国港口，必须接受主管机关的检查。本国籍国内航行船舶进出港口，必须向主管机关报告船舶的航次计划、适航状态、船员配备和载货载客等情况"。

（2）《海上交通安全法》的特点

1）扩大了海上交通安全的管理范围

《海上交通安全法》管辖范围自港口扩大至沿海水域，即扩大至沿海的港口、内水和领海及国家管辖的其他一切海域。

2）对海上交通事故的处理程序进行了大的改革

海事部门是国家行政机关，不应再继续审理民事案件。对交通事故引起的民事纠纷，海事部门不再进行处理，但可进行调解。"不愿意调解或调解不成的，当事人可以向人民法院起诉，涉外案件的当事人，还可以根据书面协议，提交仲裁机构仲裁"。

3）改变了对行政处罚不服不得起诉的规定

《海上交通安全法》改变了过去对行政处罚不准起诉的规定，明确海事部门对违法者可给予警告、罚款、扣留或吊销职务证书等处罚。当事人对罚款、吊销职务证书处罚不服，可以在接到处罚通知之日起 15 天内，向人民法院起诉。这样修改，有助于避免行政机关在处理违法案件时出现适用法律不当的现象，切实保障人民的合法权益不受侵犯。

4）根据形势的发展变化，制订了新的法律条文

海上平台与海上交通安全的关系仅次于船舶，在海上交通安全中占有十分重要的位置。对船舶的管理有传统的历史，但对平台的管理则是随着它的出现而开始的。《海上交通安全法》根据平台的性质，将移动式平台列入船舶的范畴，一切按船舶的要求进行管理。将固定式平台列入设施的范围。《海上交通安全法》中第十六条规定了“大型设施和移动式平台的海上拖带，必须经船舶检验部门进行拖航检验，并报主管机关核准”。

1.1.12 《公路法》

为了加强公路的建设和管理，促进公路事业的发展，适应社会主义现代化建设和人民生活的需要，于 1997 年 7 月 3 日第八届全国人民代表大会常务委员会第二十六次会议通过《中华人民共和国公路法》（以下简称《公路法》），自 1998 年 1 月 1 日起施行。

2016 年 11 月 7 日第十二届全国人大常委会第二十四次会议第四次修正，自公布之日起施行。

《公路法》有关安全生产的法律规定主要有以下几方面。

（1）公路施工中的安全管理

《公路法》规定：改建公路时，施工单位应当在施工路段两端设置明显的施工标志、安全标志。需要车辆绕行的，应当在绕行路口设置标志；不能绕行的，必须修建临时道路，保证车辆和行人通行。

（2）公路养护作业中的安全管理

《公路法》规定：为保障公路养护人员的人身安全，公路养护人员进行养护作业时，应当穿着统一的安全标志服；利用车辆进行养护作业时，应当在公路作业车辆上设置明显的作业标志。公路养护车辆进行作业时，在不影响过往车辆通行的前提下，其行驶路线和方向不受公路标志、标线限制；过往车辆对公路养护车辆和人员应当注意避让。

（3）路政管理中的安全管理

《公路法》规定：在大中型公路桥梁和渡口周围两百米、公路隧道上方和洞口外一百米范围内，以及在公路两侧一定距离内不得挖砂、采石、取土、倾倒废弃物，不得进行爆破作业及其他危及公路、公路桥梁，公路隧道、公路渡口安全的活动。

1.2 法规

行政法规是由国务院制定的法律规范性文件，颁布后在全国范围内实行。行政法规的名称一般为“条例”、“规定”、“办法”等。公路水运工程涉及的主要行政法规包括《安全生产许可证条例》《民用爆炸物品安全管理条例》《突发事件应急预案管理办法》《建设工程安全生产管理条例》《安全生产事故报告和调查处理条例》《内河交通管理条例》等。

1.2.1 《安全生产许可证条例》

《安全生产许可证条例》由中华人民共和国国务院于 2004 年 1 月 13 日首次发布，2014 年 7 月 29 日国务院第 54 次常务会议对《安全生产许可证条例》进行修订并公布，自公布之日起施行。

（1）安全生产许可证的颁发和管理

1）本条例的适用范围

国家对矿山企业、建筑施工企业和危险化学品、烟花爆竹、民用爆炸物品生产企业实行安全生产许可证制度。企业未取得安全生产许可证的，不得从事生产活动。

2）建筑施工企业安全生产许可证的颁发和管理

国务院建设主管部门负责中央管理的建筑施工企业安全生产许可证的颁发和管理。省（自治区、直辖市）人民政府建设主管部门负责中央管理范围以外的建筑施工企业安全生产许可证的颁发和管理，并接受国务院建设主管部门的指导和监督。

（2）违反《安全生产许可证条例》应承担的法律责任

1）安全生产许可证颁发管理机关工作人员违反本条例的法律责任

安全生产许可证颁发管理机关工作人员有下列行为之一的，给予降级或者撤职的行政处分；构成犯罪的，依法追究刑事责任：

① 向不符合本条例规定的安全生产条件的企业颁发安全生产许可证的；

② 发现企业未依法取得安全生产许可证擅自从事生产活动，不依法处理的；

③ 发现取得安全生产许可证的企业不再具备本条例规定的安全生产条件，不依法处理的；

④ 接到对违反本条例规定行为的举报后，不及时处理的；

⑤ 在安全生产许可证颁发、管理和监督检查工作中，索取或者接受企业的财物，或者谋取其他利益的。

2）生产经营单位违反本条例规定应负的法律责任

违反本条例规定，未取得安全生产许可证擅自进行生产的，责令停止生产，没收违法所得，并处 10 万元以上 50 万元以下的罚款；造成重大事故或者其他严重后果，构成犯罪的，依法追究刑事责任。

违反本条例规定，安全生产许可证有效期满未办理延期手续，继续进行生产的，责令停止生产，限期补办延期手续，没收违法所得，并处 5 万元以上 10 万元以下的罚款。

违反本条例规定，转让安全生产许可证的，没收违法所得，处 10 万元以上 50 万元以下的罚款，并吊销其安全生产许可证；构成犯罪的，依法追究刑事责任。

1.2.2 《工伤保险条例》

《工伤保险条例》已经 2003 年 4 月 16 日国务院第五次常务会议讨论通过，现予公布，自 2004 年 1 月 1 日起施行。《国务院关于修改〈工伤保险条例〉的决定》经 2010 年 12 月 8 日国务院第 136 次常务会议通过，现予公布，自 2011 年 1 月 1 日起施行。

（1）目的及范围

为了保障因工作遭受事故伤害或者患职业病的职工获得医疗救治和经济补偿，促进工伤预防和职业康复，分散用人单位的工伤风险，制定本条例。

中华人民共和国境内的企业、事业单位、社会团体、民办非企业单位、基金会、律师事务所、会计师事务所等组织和有雇工的个体工商户（以下称用人单位）应当依照本条例规定参加工伤保险，为本单位全部职工或者雇工（以下称职工）缴纳工伤保险费。

中华人民共和国境内的企业、事业单位、社会团体、民办非企业单位、基金会、律师事务所、会计师事务所等组织的职工和个体工商户的雇工，均有依照本条例的规定享受工伤保险待遇的权利。

（2）工伤保险基金

工伤保险基金由用人单位缴纳的工伤保险费、工伤保险基金的利息和依法纳入工伤保险基金的其他资金构成。

用人单位应当按时缴纳工伤保险费。职工个人不缴纳工伤保险费。

用人单位缴纳工伤保险费的数额为本单位职工工资总额乘以单位缴费费率之积。

（3）工伤认定

第十四条　职工有下列情形之一的，应当认定为工伤：

（一）在工作时间和工作场所内，因工作原因受到事故伤害的；

（二）工作时间前后在工作场所内，从事与工作有关的预备性或者收尾性工作受到事故伤害的；

（三）在工作时间和工作场所内，因履行工作职责受到暴力等意外伤害的；

（四）患职业病的；

（五）因工外出期间，由于工作原因受到伤害或者发生事故下落不明的；

（六）在上下班途中，受到非本人主要责任的交通事故或者城市轨道交通、客运轮渡、火车事故伤害的；

（七）法律、行政法规规定应当认定为工伤的其他情形。

第十五条　职工有下列情形之一的，视同工伤：

（一）在工作时间和工作岗位，突发疾病死亡或者在48小时之内经抢救无效死亡的；

（二）在抢险救灾等维护国家利益、公共利益活动中受到伤害的；

（三）职工原在军队服役，因战、因公负伤致残，已取得革命伤残军人证，到用人单位后旧伤复发的。

职工有前款第（一）项、第（二）项情形的，按照本条例的有关规定享受工伤保险待遇；职工有前款第（三）项情形的，按照本条例的有关规定享受除一次性伤残补助金以外的工伤保险待遇。

第十六条　职工符合本条例第十四条、第十五条的规定，但是有下列情形之一的，不得认定为工伤或者视同工伤：

（一）故意犯罪的；

（二）醉酒或者吸毒的；

（三）自残或者自杀的。

1.2.3　《民用爆炸物品安全管理条例》

《民用爆炸物品安全管理条例》是为了加强对民用爆炸物品的安全管理，预防爆炸事故发生，保障公民生命、财产安全和公共安全制定的条例法规，自 2006 年 9 月 1 日起施行。2014 年 7 月 29 日经国务院第 54 次常务会议《关于修改部分行政法规的决定》进行修正并公布，自公布之日起施行。

(1)《民用爆炸物品安全管理条例》适用范围

本条例的适用范围，民用爆炸物品的生产、销售、购买、进出口、运输、爆破作业和储存以及硝酸铵的销售、购买，适用本条例。

(2)《民用爆炸物品运输许可证》管理

1)《民用爆炸物品运输许可证》的办理

运输民用爆炸物品，收货单位应当向运达地县级人民政府公安机关提出申请，并提交包括下列内容的材料：

① 民用爆炸物品生产企业、销售企业、使用单位以及进出口单位分别提供的《民用爆炸物品生产许可证》《民用爆炸物品销售许可证》《民用爆炸物品购买许可证》或者进出口批准证明；

② 运输民用爆炸物品的品种、数量、包装材料和包装方式；

③ 运输民用爆炸物品的特性、出现险情的应急处置方法；

④ 运输时间、起始地点、运输路线、经停地点。

受理申请的公安机关应当自受理申请之日起 3 日内对提交的有关材料进行审查，对符合条件的，核发《民用爆炸物品运输许可证》；对不符合条件的，不予核发《民用爆炸物品运输许可证》，书面向申请人说明理由。

2) 运输民用爆炸物品的要求

运输民用爆炸物品的，应当凭《民用爆炸物品运输许可证》，按照许可的品种、数量运输。经由道路运输民用爆炸物品的，应当遵守下列规定：

① 携带《民用爆炸物品运输许可证》；

② 民用爆炸物品的装载符合国家有关标准和规范，车厢内不得载人；

③ 运输车辆安全技术状况应当符合国家有关安全技术标准的要求，并按照规定悬挂或者安装符合国家标准的易燃易爆危险物品警示标志；

④ 运输民用爆炸物品的车辆应当保持安全车速；

⑤ 按照安全操作规程装卸民用爆炸物品，并在装卸现场设置警戒，禁止无关人员进入。

1.2.4 《建设工程安全生产管理条例》

《建设工程安全生产管理条例》(国务院令第 393 号) 根据《建筑法》、《安全生产法》制定的国家法规，目的是加强建设工程安全生产监督管理，保障人民群众生命和财产安全。由国务院于 2003 年 11 月 24 日发布，自 2004 年 2 月 1 日起施行。

(1) 本条例的适用范围

在中华人民共和国境内从事建设工程的新建、扩建、改建和拆除等有关活动及实施对建设工程安全生产的监督管理，必须遵守本条例。

(2) 施工单位的安全责任

施工单位从事建设工程的新建、扩建、改建和拆除等活动，应当具备国家规定的注册资本、专业技术人员、技术装备和安全生产等条件，依法取得相应等级的资质证书，并在其资质等级许可的范围内承揽工程。

施工单位主要负责人依法对本单位的安全生产工作全面负责。施工单位应当建立健全安全生产责任制度和安全生产教育培训制度，制定安全生产规章制度和操作规程，保证本单位安全生产条件所需资金的投入，对所承担的建设工程进行定期和专项安全检查，并做好安全检查记录。

施工单位的项目负责人应当由取得相应执业资格的人员担任，对建设工程项目的安全施工负责，落实安全生产责任制度、安全生产规章制度和操作规程，确保安全生产费用的有效使用，并根据工程的特点组织制定安全施工措施，消除安全事故隐患，及时、如实报告生产安全事故。

施工单位对列入建设工程概算的安全作业环境及安全施工措施所需费用，应当用于施工安全防护用具及设施的采购和更新、安全施工措施的落实、安全生产条件的改善，不得挪作他用。

施工单位应当设立安全生产管理机构，配备专职安全生产管理人员。

专职安全生产管理人员负责对安全生产进行现场监督检查。发现安全事故隐患，应当及时向项目负责人和安全生产管理机构报告；对违章指挥、违章操作的，应当立即制止。

专职安全生产管理人员的配备办法由国务院建设行政主管部门会同国务院其他有关部门制定。

建设工程实行施工总承包的，由总承包单位对施工现场的安全生产负总责。

总承包单位应当自行完成建设工程主体结构的施工。

总承包单位依法将建设工程分包给其他单位的，分包合同中应当明确各自的安全生产方面的权利、义务。总承包单位和分包单位对分包工程的安全生产承担连带责任。

分包单位应当服从总承包单位的安全生产管理，分包单位不服从管理导致生产安全事故的，由分包单位承担主要责任。

施工单位应当在施工组织设计中编制安全技术措施和施工现场临时用电方案，对下列达到一定规模的危险性较大的分部分项工程编制专项施工方案，并附具安全验算结果，经施工单位技术负责人、总监理工程师签字后实施，由专职安全生产管理人员进行现场监督：

（一）基坑支护与降水工程；

（二）土方开挖工程；

（三）模板工程；

（四）起重吊装工程；

（五）脚手架工程；

（六）拆除、爆破工程；

（七）国务院建设行政主管部门或者其他有关部门规定的其他危险性较大的工程。

对前款所列工程中涉及深基坑、地下暗挖工程、高大模板工程的专项施工方案，施工单位还应当组织专家进行论证、审查。

（3）安全生产事故的应急救援和调查处理

1）建立应急救援预案

施工单位应当制定本单位生产安全事故应急救援预案，建立应急救援组织或者配备应急救援人员，配备必要的应急救援器材、设备，并定期组织演练。

施工单位应当根据建设工程施工的特点、范围，对施工现场易发生重大事故的部位、环节进行监控，制定施工现场生产安全事故应急救援预案。实行施工总承包的，由总承包单位统一组织编制建设工程生产安全事故应急救援预案，工程总承包单位和分包单位按照应急救援预案，各自建立应急救援组织或者配备应急救援人员，配备救援器材、设备，并定期组织演练。

2）事故上报和调查

① 事故上报制度

施工单位发生生产安全事故，应当按照国家有关伤亡事故报告和调查处理的规定，及时、如实地向负责安全生产监督管理的部门、建设行政主管部门或者其他有关部门报告；特种设备发生事故的，还应当同时向特种设备安全监督管理部门报告。接到报告的部门应当按照国家有关规定，如实上报。

实行施工总承包的建设工程，由总承包单位负责上报事故。

② 事故记录和调查

发生生产安全事故后，施工单位应当采取措施防止事故扩大，保护事故现场。需要移动现场物品时，应当做出标记和书面记录，妥善保管有关证物。

建设工程生产安全事故的调查、对事故责任单位和责任人的处罚与处理，按照有关法律、法规的规定执行。

1.2.5 《生产安全事故报告和调查处理条例》

《生产安全事故报告和调查处理条例》由国务院第 172 次常务会议 2007 年 3 月 28 日通过，自 2007 年 6 月 1 日起施行。

（1）本条例的目的和适用范围

1）本条例的目的

为了规范生产安全事故的报告和调查处理，落实生产安全事故责任追究制度，防止和减少生产安全事故，根据《安全生产法》和有关法律制定本条例。

2）本条例的适用范围

生产经营活动中发生的造成人身伤亡或者直接经济损失的生产安全事故的报告和调查处理，适用本条例；环境污染事故、核设施事故、国防科研生产事故的报告和调查处理不适用本条例。

（2）安全生产事故的分级

根据生产安全事故（以下简称事故）造成的人员伤亡或者直接经济损失，事故一般分为以下等级：

1）特别重大事故，是指造成 30 人以上死亡，或者 100 人以上重伤（包括急性工业中毒，下同），或者 1 亿元以上直接经济损失的事故；

2）重大事故，是指造成 10 人以上 30 人以下死亡，或者 50 人以上 100 人以下重伤，或者 5000 万元以上 1 亿元以下直接经济损失的事故；

3）较大事故，是指造成 3 人以上 10 人以下死亡，或者 10 人以上 50 人以下重伤，或者 1000 万元以上 5000 万元以下直接经济损失的事故；

4）一般事故，是指造成 3 人以下死亡，或者 10 人以下重伤，或者 1000 万元以下直接经济损失的事故。

本条所指“以上”包括本数，“以下”不包括本数。

（3）事故处理

1）应急救援

事故发生单位负责人接到事故报告后，应当立即启动事故相应应急预案，或者采取有效措施，组织抢救，防止事故扩大，减少人员伤亡和财产损失。

事故发生地有关地方人民政府、安全生产监督管理部门和负有安全生产监督管理职责的有关部门接到事故报告后，其负责人应当立即赶赴事故现场，组织事故救援。

2）事故现场保护

事故发生后，有关单位和人员应当妥善保护事故现场以及相关证据，任何单位和个人不得破坏事故现场、毁灭相关证据。

因抢救人员、防止事故扩大以及疏通交通等原因，需要移动事故现场物件的，应当做出标志，绘制现场简图并做出书面记录，妥善保存现场重要痕迹、物证。

3）事故上报时限要求

事故发生后，事故现场有关人员应当立即向本单位负责人报告；单位负责人接到报告后，应当于 1 小时内向事故发生地县级以上人民政府安全生产监督管理部门和负有安全生产监督管理职责的有关部门报告。

情况紧急时，事故现场有关人员可以直接向事故发生地县级以上人民政府安全生产监督管理部门和负有安全生产监督管理职责的有关部门报告。

安全生产监督管理部门和负有安全生产监督管理职责的有关部门逐级上报事故情况，每级上报的时间不得超过 2 小时。

1.2.6 《内河交通安全管理条例》

《中华人民共和国内河交通安全管理条例》由国务院第六十次常务会议于 2002 年 6 月 19 日通过，2002 年 6 月 28 日中华人民共和国国务院令第 355 号公布，自 2002 年 8 月 1 日起施行。根据 2011 年 1 月 8 日《国务院关于废止和修改部分行政法规的决定》第一次修订，根据 2017 年 3 月 1 日《国务院关于修改和废止部分行政法规的决定》第二次修订，修订部分自 2017 年 3 月 21 日公布并实施。

（1）本条例的目的和适用范围

1）本条例的目的

为了加强内河交通安全管理，维护内河交通秩序，保障人民群众生命、财产安全，制定本条例。

2）本条例的适用范围

在中华人民共和国内河通航水域从事航行、停泊和作业以及与内河交通安全有关的活动，必须遵守本条例。

（2）船舶航行应遵守的规定

船舶在内河航行，应当悬挂国旗，标明船名、船籍港、载重线。

按照国家规定应当报废的船舶、浮动设施，不得航行或者作业。

船舶在内河航行，应当保持瞭望，注意观察，并采用安全航速航行。船舶安全航速应当根据能见度、通航密度、船舶操纵性能和风、浪、水流、航路状况以及周围环境等主要因素决定。使用雷达的船舶，还应当考虑雷达设备的特性、效率和局限性。

船舶在限制航速的区域和汛期高水位期间，应当按照海事管理机构规定的航速航行。

船舶在内河航行时，上行船舶应当沿缓流或者航路一侧航行，下行船舶应当沿主流或者航路中间航行；在潮流河段、湖泊、水库、平流区域，应当尽可能沿本船右舷一侧航路航行。

船舶在内河航行时，应当谨慎驾驶，保障安全；对来船动态不明、声号不统一或者遇有紧迫情况时，应当减速、停车或者倒车，防止碰撞。

船舶进出内河港口，应当向海事管理机构报告船舶的航次计划、适航状态、船员配备和载货载客等情况。

船舶在内河通航水域载运或者拖带超重、超长、超高、超宽、半潜的物体，必须在装船或者拖带前 24 小时报海事管理机构核定拟航行的航路、时间，并采取必要的安全措施，保障船舶载运或者拖带安全。需要护航的，应当向海事管理机构申请护航。

（3）船舶停泊应遵守的规定

船舶应当在码头、泊位或者依法公布的锚地、停泊区、作业区停泊；遇有紧急情况，需要在其他水域停泊的，应当向海事管理机构报告。

船舶停泊，应当按照规定显示信号，不得妨碍或者危及其他船舶航行、停泊或者作业的安全。

船舶停泊，应当留有足以保证船舶安全的船员值班。

1.3 规章或制度

1.3.1 《公路水运工程安全生产监督管理办法》

《公路水运工程安全生产监督管理办法》已于 2017 年 6 月 7 日经第 9 次部务会议通过，现予公布，自 2017 年 8 月 1 日起施行。交通部于 2007 年 2 月 14 日以交通部令 2007 年第 1 号发布、交通运输部于 2016 年 3 月 7 日以交通运输部令 2016 年第 9 号修改的《公路水运工程安全生产监督管理办法》同时废止。

（1）本办法的目的和适用范围

1）为了加强公路水运工程安全生产监督管理，防止和减少生产安全事故，保障人民群众生命和财产安全，根据《中华人民共和国安全生产法》、《建设工程安全生产管理条例》、《生产安全事故报告和调查处理条例》等法律、行政法规，制定本办法。

2）公路水运工程建设活动的安全生产行为及对其实施监督管理，应当遵守本办法。

3）本办法所称公路水运工程是指经依法审批、核准或者备案的公路、水运基础设施的新建、改建、扩建等建设项目。

本办法所称从业单位是指从事公路、水运工程建设、勘察、设计、施工、监理、试验检测、安全服务等工作的单位。

4）公路水运工程安全生产工作应当以人民为中心，坚持安全第一、预防为主、综合治理的方针，强化和落实从业单位的主体责任，建立从业单位负责、职工参与、政府监管、行业自律和社会监督的机制。

（2）公路水运工程安全生产条件

1）施工单位从事公路水运工程建设活动，应当取得安全生产许可证及相应等级的资质证书。施工单位的主要负责人和安全生产管理人员应当经交通运输主管部门对其安全生产知识和管理能力考核合格。

施工单位应当设置安全生产管理机构或者配备专职安全生产管理人员。施工单位应当根据工程施工作业特点、安全风险以及施工组织难度，按照年度施工产值配备专职安全生产管理人员，不足5000万元的至少配备1名；5000万元以上不足2亿元的按每5000万元不少于1名的比例配备；2亿元以上的不少于5名，且按专业配备。

2）从业单位应当依法对从业人员进行安全生产教育和培训。未经安全生产教育和培训合格的从业人员，不得上岗作业。

3）公路水运工程从业人员中的特种作业人员应当按照国家有关规定取得相应资格，方可上岗作业。

4）施工中使用的施工机械、设施、机具以及安全防护用品、用具和配件等应当具有生产（制造）许可证、产品合格证或者法定检验检测合格证明，并设立专人查验、定期检查和更新，建立相应的资料档案。无查验合格记录的不得投入使用。

5）特种设备使用单位应当依法取得特种设备使用登记证书，建立特种设备安全技术档案，并将登记标志置于该特种设备的显著位置。

6）翻模、滑（爬）模等自升式架设设施，以及自行设计、组装或者改装的施工挂（吊）篮、移动模架等设施在投入使用前，施工单位应当组织有关单位进行验收，或者委托具有相应资质的检验检测机构进行验收。验收合格后方可使用。

7）对严重危及公路水运工程生产安全的工艺、设备和材料，应当依法予以淘汰。交通运输主管部门可以会同安全生产监督管理部门联合制定严重危及公路水运工程施工安全的工艺、设备和材料的淘汰目录并对外公布。

从业单位不得使用已淘汰的危及生产安全的工艺、设备和材料。

8）从业单位应当保证本单位所应具备的安全生产条件必需的资金投入。

建设单位在编制工程招标文件及项目概预算时，应当确定保障安全作业环境及安全施工措施所需的安全生产费用，并不得低于国家规定的标准。

施工单位在工程投标报价中应当包含安全生产费用并单独计提，不得作为竞争性报价。

安全生产费用应当经监理工程师审核签认，并经建设单位同意后，在项目建设成本中据实列支，严禁挪用。

9）公路水运工程施工现场的办公、生活区与作业区应当分开设置，并保持安全距离。办公、生活区的选址应当符合安全性要求，严禁在已发现的泥石流影响区、滑坡体等危险区域设置施工驻地。

施工作业区应当根据施工安全风险结果，确定不同风险等级的管理要求，合理布设。

在风险等级较高的区域应当设置警戒区和风险告知牌。

施工作业点应当设置明显的安全警示标志，按规定设置安全防护设施。施工便道便桥、临时码头应当满足通行和安全作业要求，施工便桥和临时码头还应当提供临边防护和水上救生等设施。

10）施工单位与从业人员订立的劳动合同，应当载明有关保障从业人员劳动安全、防止职业危害等事项。施工单位还应当向从业人员书面告知危险岗位的操作规程。

施工单位应当向作业人员提供符合标准的安全防护用品，监督、教育从业人员按照使用规则佩戴、使用。

11）公路水运工程建设应当实施安全生产风险管理，按规定开展设计、施工安全风险评估。

设计单位应当依据风险评估结论，对设计方案进行修改完善。

施工单位应当依据风险评估结论，对风险等级较高的分部分项工程编制专项施工方案，并附安全验算结果，经施工单位技术负责人签字后报监理工程师批准执行。

必要时，施工单位应当组织专家对专项施工方案进行论证、审核。

12）建设、施工等单位应当针对工程项目特点和风险评估情况分别制定项目综合应急预案、合同段施工专项应急预案和现场处置方案，告知相关人员紧急避险措施，并定期组织演练。

施工单位应当依法建立应急救援组织或者指定工程现场兼职的、具有一定专业能力的应急救援人员，配备必要的应急救援器材、设备和物资，并进行经常性维护、保养。

13）从业单位应当依法参加工伤保险，为从业人员缴纳保险费。

鼓励从业单位投保安全生产责任保险和意外伤害保险。

（3）施工企业安全生产责任

1）从业单位应当建立健全安全生产责任制，明确各岗位的责任人员、责任范围和考核标准等内容。从业单位应当建立相应的机制，加强对安全生产责任制落实情况的监督考核。

2）施工单位应当按照法律、法规、规章、工程建设强制性标准和合同文件组织施工，保障项目施工安全生产条件，对施工现场的安全生产负主体责任。施工单位主要负责人依法对项目安全生产工作全面负责。

建设工程实行施工总承包的，由总承包单位对施工现场的安全生产负总责。分包单位应当服从总承包单位的安全生产管理，分包单位不服从管理导致生产安全事故的，由分包单位承担主要责任。

3）施工单位应当书面明确本单位的项目负责人，代表本单位组织实施项目施工生产。

① 项目负责人对项目安全生产工作负有下列职责：

② 建立项目安全生产责任制，实施相应的考核与奖惩；

③ 按规定配足项目专职安全生产管理人员；

④ 结合项目特点，组织制定项目安全生产规章制度和操作规程；

⑤ 组织制定项目安全生产教育和培训计划；

⑥ 督促项目安全生产费用的规范使用；

⑦ 依据风险评估结论，完善施工组织设计和专项施工方案；

⑧ 建立安全预防控制体系和隐患排查治理体系，督促、检查项目安全生产工作，确认重大事故隐患整改情况；

⑨ 组织制定本合同段施工专项应急预案和现场处置方案，并定期组织演练；

⑩ 及时、如实报告生产安全事故并组织自救。

4）施工单位的专职安全生产管理人员履行下列职责：

① 组织或者参与拟订本单位安全生产规章制度、操作规程，以及合同段施工专项应急预案和现场处置方案；

② 组织或者参与本单位安全生产教育和培训，如实记录安全生产教育和培训情况；

③ 督促落实本单位施工安全风险管控措施；

④ 组织或者参与本合同段施工应急救援演练；

⑤ 检查施工现场安全生产状况，做好检查记录，提出改进安全生产标准化建设的建议；

⑥ 及时排查、报告安全事故隐患，并督促落实事故隐患治理措施；

⑦ 制止和纠正违章指挥、违章操作和违反劳动纪律的行为。

5）施工单位应当推进本企业承接项目的施工场地布置、现场安全防护、施工工艺操作、施工安全管理活动记录等方面的安全生产标准化建设，并加强对安全生产标准化实施情况的自查自纠。

6）施工单位应当根据施工规模和现场消防重点建立施工现场消防安全责任制度，确定消防安全责任人，制定消防管理制度和操作规程，设置消防通道，配备相应的消防设施、物资和器材。

施工单位对施工现场临时用火、用电的重点部位及爆破作业各环节应当加强消防安全检查。

7）施工单位应当将专业分包单位、劳务合作单位的作业人员及实习人员纳入本单位统一管理。

新进人员和作业人员进入新的施工现场或者转入新的岗位前，施工单位应当对其进行安全生产培训考核。

施工单位采用新技术、新工艺、新设备、新材料的，应当对作业人员进行相应的安全生产教育培训，生产作业前还应当开展岗位风险提示。

8）施工单位应当建立健全安全生产技术分级交底制度，明确安全技术分级交底的原则、内容、方法及确认手续。

分项工程实施前，施工单位负责项目管理的技术人员应当按规定对有关安全施工的技术要求向施工作业班组、作业人员详细说明，并由双方签字确认。

9）施工单位应当按规定开展安全事故隐患排查治理，建立职工参与的工作机制，对隐患排查、登记、治理等全过程闭合管理情况予以记录。事故隐患排查治理情况应当向从业人员通报，重大事故隐患还应当按规定上报和专项治理。

10）事故发生单位应当依法如实向项目建设单位和负有安全生产监督管理职责的有关部门报告。不得隐瞒不报、谎报或者迟报。

发生生产安全事故，施工单位负责人接到事故报告后，应当迅速组织抢救，减少人员伤亡，防止事故扩大。组织抢救时，应当妥善保护现场，不得故意破坏事故现场、毁灭有关证据。事故调查处置期间，事故发生单位的负责人、项目主要负责人和有关人员应当配合事故调查，不得擅离职守。

11）作业人员应当遵守安全施工的规章制度和操作规程，正确使用安全防护用具、机械设备。发现安全事故隐患或者其他不安全因素，应当向现场专（兼）职安全生产管理人员或者本单位项目负责人报告。

作业人员有权了解其作业场所和工作岗位存在的风险因素、防范措施及事故应急措施，有权对施工现场存在的安全问题提出检举和控告，有权拒绝违章指挥和强令冒险作业。

在施工中发生可能危及人身安全的紧急情况时，作业人员有权立即停止作业或者在采取可能的应急措施后撤离危险区域。

（4）监督管理

1）交通运输主管部门对有下列情形之一的从业单位及其直接负责的主管人员和其他直接责任人员给予违法违规行为失信记录并对外公开，公开期限一般自公布之日起12个月：

① 因违法违规行为导致工程建设项目发生一般及以上等级的生产安全责任事故并承担主要责任的；

② 交通运输主管部门在监督检查中，发现因从业单位违法违规行为导致工程建设项目存在安全事故隐患的；

③ 存在重大事故隐患，经交通运输主管部门指出或者责令限期消除，但从业单位拒不采取措施或者未按要求消除隐患的；

④ 对举报或者新闻媒体报道的违法违规行为，经交通运输主管部门查实的；

⑤ 交通运输主管部门依法认定的其他违反安全生产相关法律法规的行为。

对违法违规行为情节严重的从业单位及主要责任人员，应当列入安全生产失信黑名单，将具体情节抄送相关行业主管部门。

（5）法律责任

1）从业单位及相关责任人违反本办法规定，有下列行为之一的，责令限期改正；逾期未改正的，对从业单位处1万元以上3万元以下的罚款；构成犯罪的，依法移送司法部门追究刑事责任：

① 从业单位未全面履行安全生产责任，导致重大事故隐患的；

② 未按规定开展设计、施工安全风险评估，或者风险评估结论与实际情况严重不符，导致重大事故隐患未被及时发现的；

③ 未按批准的专项施工方案进行施工，导致重大事故隐患的；

④ 在已发现的泥石流影响区、滑坡体等危险区域设置施工驻地，导致重大事故隐患的。

2）施工单位有下列行为之一的，责令限期改正，可以处5万元以下的罚款；逾期未改正的，责令停产停业整顿，并处5万元以上10万元以下的罚款，对其直接负责的主管人员和其他直接责任人员处1万元以上2万元以下的罚款：

① 未按照规定设置安全生产管理机构或者配备安全生产管理人员的；

② 主要负责人和安全生产管理人员未按照规定经考核合格的。

1.3.2 《中华人民共和国海事行政许可条件规定》

《交通运输部关于修改〈中华人民共和国海事行政许可条件规定〉的决定》经由第十九次部务会议于2016年8月31日通过，自2016年9月2日起施行。

（1）本规定的目的和适用范围

为依法实施海事行政许可，维护海事行政许可各方当事人的合法权益，根据《中华人民共和国行政许可法》和有关海事管理的法律、行政法规以及中华人民共和国缔结或者加入的有关国际海事公约，制定本规定。

申请及受理、审查、决定海事行政许可所依照的海事行政许可条件，应当遵守本规定。

（2）海事行政许可条件

通航水域岸线安全使用许可的条件：

1）涉及使用岸线的工程、作业、活动已完成可行性研究；

2）已经岸线安全使用的技术评估，符合水上交通安全的技术规范和要求；

3）对影响水上交通安全的因素，已制定足以消除影响的措施通航水域上下水活动许可的条件：

1）水上水下活动已依法办理了其他相关手续；

2）水上水下活动的单位、人员、船舶、设施符合安全航行、停泊和作业的要求；

3）已制定水上水下活动的方案，包括起止时间、地点和范围、进度安排等；

4）对安全和防污染有重大影响的，已通过通航安全评估；

5）已建立安全、防污染的责任制，并已制定符合水上交通安全和防污染要求的保障措施和应急预案。

1.3.3 《水上交通事故统计办法》

《水上交通事故统计办法》由交通运输部于2014年9月30日发布，自2015年1月1日起施行。

（1）本办法的目的和适用条件

为保障水上交通事故统计资料准确、及时，提高水上交通安全管理水平，制定本办法。中华人民共和国管辖水域内发生的水上交通事故及中国籍船舶在中华人民共和国管辖水域以外发生的水上交通事故的统计和上报，适用本办法。

（2）水上交通事故的分类、分级

1）水上交通事故的分类

水上交通事故分为以下几类：①碰撞事故；②搁浅事故；③触礁事故；④触碰事故；⑤浪损事故；⑥火灾、爆炸事故；⑦风灾事故；⑧自沉事故；⑨操作性污染事故；⑩其他引起人员伤亡、直接经济损失或者水域环境污染的水上交通事故。

2）水上交通事故的分级

① 特别重大事故，指造成30人以上死亡（含失踪）的或者100人以上重伤、船舶溢油1000t以上致水域污染、1亿元以上直接经济损失的事故；

② 重大事故，指造成10人以上30人以下死亡（含失踪）的或者50人以上100人以下重伤、船舶溢油500t以上1000t以下致水域污染、或者5000万元以上1亿元以下直接

经济损失的事故；

③ 较大事故，指造成 3 人以上 10 人以下死亡（含失踪）或者 10 人以上 50 人以下重伤、或者船舶溢油 100t 以上 500t 以下致水域污染、或者 1000 万元以上 5000 万元以下直接经济损失的事故；

④ 一般事故，指造成 1 人以上 3 人以下死亡（含失踪）或者 1 人以上 10 人以下重伤、或者船舶溢油 1t 以上 100t 以下致水域污染、或者 100 万元以上 1000 万元以下直接经济损失的事故；

⑤ 小事故，指未达到一般事故等级的事故。

（3）水上交通事故的统计

1）水上交通事故的计算方法

统计水上交通事故，应当符合以下基本计算方法：

① 重伤人数参照国家有关人体伤害鉴定标准确定；

② 死亡（含失踪）人数按事故发生后 7 日内的死亡（含失踪）人数进行统计；

③ 船舶溢油数量按实际流入水体的数量进行统计；

④ 除原油、成品油以外的其他污染危害性物质泄漏按直接经济损失划分事故等级；

⑤ 船舶沉没或者全损按发生沉没或者全损的船舶价值进行统计；

⑥ 直接经济损失按水上交通事故对船舶和其他财产造成的直接损失进行统计，包括船舶救助费、打捞费、清污费、污染造成的财产损失、货损、修理费、检（查勘）验费等；船舶全损时，直接经济损失还应包括船舶价值；

⑦ 一件事故造成的人员死亡失踪、重伤、水域环境污染和直接经济损失如同时符合 2 个以上等级划分标准的，按最高事故等级进行统计。

2）船舶撞击事故统计

两艘以上船舶之间发生撞击造成损害的，按碰撞事故统计，计算方法如下：

① 事故件数统计为一件；每艘当事船舶的事故件数按照占本次事故当事船舶总数的比例进行统计；

② 伤亡人数、沉船艘数、船舶溢油数量、直接经济损失按发生伤亡、沉船、溢油及受损失的船舶方进行统计；

③ 事故等级按照所有当事船舶的人员伤亡、船舶溢油数量或者直接经济损失确定。

1.3.4 《安全生产事故罚款处罚规定（试行）》

《生产安全事故报告和调查处理条例》由国务院第 172 次常务会议于 2007 年 3 月 28 日通过，自 2007 年 6 月 1 日起施行。根据 2015 年 4 月 2 日国家安全监管总局令第 77 号第二次修正，自 2015 年 5 月 1 日起施行。

（1）本规定的目的和适用范围

为防止和减少生产安全事故，严格追究生产安全事故发生单位及其有关责任人员的法律责任，正确适用事故罚款的行政处罚，依照《安全生产法》《生产安全事故报告和调查处理条例》（以下简称《条例》）的规定，制定本规定。

安全生产监督管理部门和煤矿安全监察机构对生产安全事故发生单位（以下简称事故发生单位）及其主要负责人、直接负责的主管人员和其他责任人员等有关责任人员依照

《安全生产法》和《条例》实施罚款的行政处罚，适用本规定。

（2）事故处罚的行政主体

对事故发生单位及其有关责任人员处以罚款的行政处罚，依照下列规定决定：

1）对发生特别重大事故的单位及其有关责任人员罚款的行政处罚，由国家安全生产监督管理总局决定；

2）对发生重大事故的单位及其有关责任人员罚款的行政处罚，由省级人民政府安全生产监督管理部门决定；

3）对发生较大事故的单位及其有关责任人员罚款的行政处罚，由设区的市级人民政府安全生产监督管理部门决定；

4）对发生一般事故的单位及其有关责任人员罚款的行政处罚，由县级人民政府安全生产监督管理部门决定。

上级安全生产监督管理部门可以指定下一级安全生产监督管理部门对事故发生单位及其有关责任人员实施行政处罚。

特别重大事故及以下等级事故，事故发生地与事故发生单位所在地不在同一个县级以上行政区域的，由事故发生地的安全生产监督管理部门或者煤矿安全监察机构依照本规定第六条或者第七条规定的权限实施行政处罚。

1.3.5 《安全生产违法行为行政处罚办法》

新修订的《安全生产违法行为行政处罚办法》于 2015 年 4 月 2 日以国家安全生产监督管理总局 77 号令公布，自 2015 年 5 月 1 日起施行。

（1）概述

为了制裁安全生产违法行为，规范安全生产行政处罚工作，依照行政处罚法、安全生产法及其他有关法律、行政法规的规定，制定本办法。

（2）安全生产违法行为行政处罚适用范围

县级以上人民政府安全生产监督管理部门对生产经营单位及其有关人员在生产经营活动中违反有关安全生产的法律、行政法规、部门规章、国家标准、行业标准和规程的违法行为（以下统称安全生产违法行为）实施行政处罚，适用本办法。

（3）安全生产违法行为行政处罚的种类

① 警告；

② 罚款；

③ 没收违法所得、没收非法开采的煤炭产品、采掘设备；

④ 责令停产停业整顿、责令停产停业、责令停止建设、责令停止施工；

⑤ 暂扣或者吊销有关许可证，暂停或者撤销有关执业资格、岗位证书；

⑥ 关闭；

⑦ 拘留；

⑧ 安全生产法律、行政法规规定的其他行政处罚。

1.3.6 《安全生产领域违法违纪行为政纪处分暂行规定》

《安全生产领域违法违纪行为政纪处分暂行规定》由监察部和国家安全生产监督管理

总局于2006年11月22日公布，自公布之日起施行。

（1）立法的宗旨

制定这部规章的目的是为了加强安全生产工作，惩处安全生产领域违法违纪行为，促进安全生产法律法规的贯彻实施，保障人民群众生命财产和公共财产安全。

（2）适用范围

国家行政机关及其公务员、企业、事业单位中由国家行政机关任命的人员有安全生产领域违法违纪行为，应当给予处分的，适用本规定。

（3）安全生产领域违法违纪行为

① 未取得安全生产行政许可及相关证照或者不具备安全生产条件从事生产经营活动的；

② 弄虚作假，骗取安全生产相关证照的；

③ 出借、出租、转让或者冒用安全生产相关证照的；

④ 未按照有关规定保证安全生产所必需的资金投入，导致产生重大安全隐患的；

⑤ 新建、改建、扩建工程项目的安全设施，不与主体工程同时设计、同时施工、同时投入生产和使用，或者未按规定审批、验收，擅自组织施工和生产的；

⑥ 被依法责令停产停业整顿、吊销证照、关闭的生产经营单位，继续从事生产经营活动的；

⑦ 对存在的重大安全隐患，未采取有效措施的；

⑧ 违章指挥，强令工人违章冒险作业的；

⑨ 未按规定进行安全生产教育和培训并经考核合格，允许从业人员上岗，致使违章作业的；

⑩ 制造、销售、使用国家明令淘汰或者不符合国家标准的设施、设备、器材或者产品的；

⑪ 超能力、超强度、超定员组织生产经营，拒不执行有关部门整改指令的；

⑫ 拒绝执法人员进行现场检查或者在被检查时隐瞒事故隐患，不如实反映情况的；

⑬ 有其他不履行或者不正确履行安全生产管理职责的；

⑭ 对发生的生产安全事故瞒报、谎报或者拖延不报的；

⑮ 组织或者参与破坏事故现场、出具伪证或者隐匿、转移、篡改、毁灭有关证据，阻挠事故调查处理的；

⑯ 生产安全事故发生后，不及时组织抢救或者擅离职守的。

1.3.7 《水上水下活动通航安全管理规定》

《交通运输部关于修改〈中华人民共和国水上水下活动通航安全管理规定〉的决定》由第十九次部务会议于2016年8月31日经通过，自2016年9月2日起施行。

（1）立法目的

为了维护水上交通秩序，保障船舶航行、停泊和作业安全，保护水域环境，依据《中华人民共和国海上交通安全法》、《中华人民共和国内河交通安全管理条例》等法律法规。

（2）水上水下活动通航安全管理适用范围

公民、法人或者其他组织在中华人民共和国内河通航水域或者岸线上和国家管辖海域从事可能影响通航安全的水上水下活动，适用本规定。

（3）违法违纪行为的表现与处罚办法

有下列情形之一的，海事管理机构应当责令建设单位、施工单位立即停止施工作业，并采取安全防范措施：

① 因恶劣自然条件严重影响安全的；

② 施工作业水域内发生水上交通事故，危及周围人命、财产安全的；

③ 其他严重影响施工作业安全或通航安全的情形。

有下列情形之一的，海事管理机构应当责令改正，拒不改正的，海事管理机构应当责令其停止作业：

① 建设单位或者业主单位未履行安全管理主体责任的；

② 未落实通航安全评估提出的安全防范措施的；

③ 未经批准擅自更换或者增加施工作业船舶的；

④ 未按规定采取安全和防污染措施进行水上水下活动的；

⑤ 雇佣不符合安全标准的船舶和设施进行水上水下活动的；

⑥ 其他不满足安全生产的情形。

海事管理机构应当建立涉水工程施工单位水上交通安全诚信制度和奖惩机制。在监督检查过程中对发生的下列情形予以通告：

① 施工过程中发生水上交通事故和船舶污染事故，造成人员伤亡和重大水域污染的；

② 以不正当手段取得许可证并违法施工的；

③ 不服从管理、未按规定落实水上交通安全保障措施或者存在重大通航安全隐患，拒不改正而强行施工的。

违反本规定，隐瞒有关情况或者提供虚假材料，以欺骗或其他不正当手段取得许可证的，由海事管理机构撤销其水上水下施工作业许可，注销其许可证，并处5000元以上3万元以下的罚款。

1.3.8 《海上航行警告和航行通告管理规定》

1992年12月22日国务院印发了《关于〈中华人民共和国海上航行警告和航行通告管理规定〉的批复》（国函〔1992〕204号），1993年1月11日原交通部发布《中华人民共和国海上航行警告和航行通告管理规定》（交通部令第44号），自1993年2月1日起施行。

第五条规定了在中华人民共和国沿海水域从事下列活动，必须事先向所涉及的海区的区域主管机关申请发布海上航行警告、航行通告：

（1）改变航道、航槽；

（2）划定、改动或者撤销禁航区、抛泥区、水产养殖区、测速区、水上娱乐区；

（3）设置或者撤除公用罗经标、消磁场；

（4）打捞沉船、沉物；

（5）铺设、撤除、检修电缆和管道；

（6）设置、撤除系船浮筒及其他建筑物；

(7) 设置、撤除用于海上勘探开发的设施和其安全区；

(8) 从事扫海、疏浚、爆破、打桩、拔桩、起重、钻探等作业；

(9) 进行使船舶航行能力受到限制的超长、超高、笨重拖带作业；

(10) 进行有碍海上航行安全的海洋地质调查、勘探和水文测量；

(11) 进行其他影响海上航行和作业安全的活动。

军事单位划定、改动或者撤销军事禁航区、军事训练区，由国家主管机关或者区域主管机关发布海上航行警告、航行通告。

第八条规定海上航行警告、航行通告发布后，申请人必须在国家主管机关或者区域主管机关核准的时间和区域内进行活动；需要变更活动时间或者改换活动区域的，应当依照本规定，重新申请发布海上航行警告、航行通告。

第十二条规定国家主管机关或者区域主管机关在发布海上航行警告、航行通告以及收到本规定第九条规定的各项报告时，应当及时向海军航海部门保证部门提供有关资料并通报有关情况。

第二十二条规定在渔港水域内新建、改建、扩建各种设施或者进行其他施工作业，由渔政渔港监督管理机关根据本规定和国家其他有关规定发布海上航行通告。

1.3.9 《海上海事行政处罚规定》

(1) 概述

《海上海事行政处罚规定》已于 2014 年 11 月 20 日经第 13 次部务会议通过，自 2015 年 7 月 1 日起施行。修订该规定的目的是为了进一步规范海上海事行政处罚行为，保护当事人的合法权益，保障和监督海上海事行政管理，维护海上交通秩序，防止船舶污染水域。

(2) 海上海事行政处罚适用范围

在中华人民共和国（简称中国）管辖沿海水域及相关陆域发生的，或者在中国管辖沿海水域及相关陆域外但属于中国籍的海船发生的违反海事行政管理秩序的行为实施海事行政处罚，适用本规定。

中国籍船员在中国管辖沿海水域及相关陆域外违反海事行政管理秩序，并且按照中国有关法律、行政法规应当处以行政处罚的行为实施海事行政处罚，适用本规定。

(3) 海上海事行政违法行为和行政处罚（节选）

1) 违反安全营运管理秩序

违反船舶安全营运管理秩序，有下列行为之一的，对船舶所有人或者船舶经营人处以 5000 元以上 3 万元以下罚款：

① 未按规定取得安全营运与防污染管理体系符合证明或者临时符合证明从事航行或者其他有关活动；

② 隐瞒事实真相或者提供虚假材料或者以其他不正当手段骗取安全营运与防污染管理体系符合证明或者临时符合证明；

③ 伪造、变造安全营运与防污染管理体系审核的符合证明或者临时符合证明；

④ 转让、买卖、租借、冒用安全营运与防污染管理体系审核的符合证明或者临时符合证明。

违反船舶安全营运管理秩序，有下列行为之一的，对船舶所有人或者船舶经营人处以5000元以上3万元以下罚款；对船长处以2000元以上2万元以下的罚款，情节严重的，并给予扣留船员适任证书6个月至24个月直至吊销船员适任证书的处罚：

① 未按规定取得船舶安全管理证书或者临时船舶安全管理证书从事航行或者其他有关活动；

② 隐瞒事实真相或者提供虚假材料或者以其他不正当手段骗取船舶安全管理证书或者临时船舶安全管理证书；

③ 伪造、变造船舶安全管理证书或者临时船舶安全管理证书；

④ 转让、买卖、租借、冒用船舶安全管理证书或者临时船舶安全管理证书。

2）违反危险货物载运安全监督管理秩序

① 违反《危险化学品安全管理条例》第四十四条的规定，有下列情形之一的，依照《危险化学品安全管理条例》第八十六条的规定，由海事管理机构责令改正，处5万元以上10万元以下的罚款；拒不改正的，责令停航、停业整顿；

② 从事危险化学品运输的船员未取得相应的船员适任证书和培训合格证明；

③ 危险化学品运输申报人员、集装箱装箱现场检查员未取得从业资格；

④ 违反《危险化学品安全管理条例》第十八条的规定，运输危险化学品的船舶及其配载的容器未经检验合格而投入使用的，依照《危险化学品安全管理条例》第七十九条的规定，由海事管理机构责令改正，对船舶所有人或者经营人处以10万元以上20万元以下的罚款；有违法所得的，没收违法所得；拒不改正的，责令停航整顿。

1.3.10 《船舶最低安全配员规则》

《关于修改〈中华人民共和国船舶最低安全配员规则〉的决定》由第七次交通运输部部务会议于2014年8月22日通过，自2014年9月5日起施行。

（1）适用范围

中华人民共和国国籍的机动船舶的船员配备和管理，适用本规则。本规则对外国籍船舶作出规定的，从其规定。军用船舶、渔船、体育运动船艇以及非营业的游艇，不适用本规则。

（2）最低安全配员原则

确定船舶最低安全配员标准应综合考虑船舶的种类、吨位、技术状况、主推进动力装置功率、航区、航程、航行时间、通航环境和船员值班、休息制度等因素。船舶在航行期间，应配备不低于按本规则附录一、附录二、附录三所确定的船员构成及数量。但船上总人数不得超过经中华人民共和国海事局认可的船舶检验机构核定的救生设备定员标准。

（3）最低安全配员管理

中国籍船舶配备外国籍船员应当符合以下规定：在中国籍船舶上工作的外国籍船员，应当依照法律、行政法规和国家其他有关规定取得就业许可；外国籍船员持有合格的船员证书，且所持船员证书的签发国与我国签订了船员证书认可协议；雇佣外国籍船员的航运公司已承诺承担船员权益维护的责任。

船舶所有人应当在《船舶最低安全配员证书》有效期截止前1年以内，或者在船舶国籍证书重新核发或者相关内容发生变化时，凭原证书到船籍港的海事管理机构办理换发证书手续。船舶状况发生变化需改变证书所载内容时，船舶所有人应当到船籍港的海事管理机构重新办理《船舶最低安全配员证书》。

1.3.11 《企业安全生产费用提取和使用管理办法》

《企业安全生产费用提取和使用管理办法》由财政部、安全监管总局于2012年2月14日以财企〔2012〕16号印发，自公布之日起施行。

(1) 制定目的

为了建立企业安全生产投入长效机制，加强安全生产费用管理，保障企业安全生产资金投入，维护企业、职工以及社会公共利益，制定本办法。

(2) 企业应当建立安全生产费用管理制度

安全生产费用（以下简称安全费用）是指企业按照规定标准提取在成本中列支，专门用于完善和改进企业或者项目安全生产条件的资金。安全费用按照“企业提取、政府监管、确保需要、规范使用”的原则进行管理。

(3) 安全费用提取标准

第七条建设工程施工企业以建筑安装工程造价为计提依据。各建设工程类别安全费用提取标准如下：

1) 矿山工程为2.5%；

2) 房屋建筑工程、水利水电工程、电力工程、铁路工程、城市轨道交通工程为2.0%；

3) 市政公用工程、冶炼工程、机电安装工程、化工石油工程、港口与航道工程、公路工程、通信工程为1.5%。

建设工程施工企业提取的安全费用列入工程造价，在竞标时不得删减列入标外管理。国家对基本建设投资概算另有规定的，从其规定。

总包单位应当将安全费用按比例直接支付分包单位并监督使用，分包单位不再重复提取。

第九条交通运输企业以上年度实际营业收入为计提依据，按照以下标准平均逐月提取：

1) 普通货运业务按照1%提取；

2) 客运业务、管道运输、危险品等特殊货运业务按照1.5%提取。

(4) 安全费用的使用和管理

1) 安全生产费用的使用

建设工程施工企业安全费用应当按照以下范围使用：

① 完善、改造和维护安全防护设施设备支出（不含“三同时”要求初期投入的安全设施），包括施工现场临时用电系统、洞口、临边、机械设备、高处作业防护、交叉作业防护、防火、防爆、防尘、防毒、防雷、防台风、防地质灾害、地下工程有害气体监测、通风、临时安全防护等设施设备支出；

② 配备、维护、保养应急救援器材、设备支出和应急演练支出；

③ 开展重大危险源和事故隐患评估、监控和整改支出；

④ 安全生产检查、评价（不包括新建、改建、扩建项目安全评价）、咨询和标准化建

设支出；

⑤ 配备和更新现场作业人员安全防护用品支出；

⑥ 安全生产宣传、教育、培训支出；

⑦ 安全生产适用的新技术、新标准、新工艺、新装备的推广应用支出；

⑧ 安全设施及特种设备检测检验支出；

⑨ 其他与安全生产直接相关的支出。

2）安全生产费用的管理

① 企业应当建立健全内部安全费用管理制度，明确安全费用提取和使用的程序、职责及权限，按规定提取和使用安全费用；

② 企业应当加强安全费用管理，编制年度安全费用提取和使用计划，纳入企业财务预算。企业年度安全费用使用计划和上一年安全费用的提取、使用情况按照管理权限报同级财政部门、安全生产监督管理部门、煤矿安全监察机构和行业主管部门备案；

③ 企业安全费用的会计处理，应当符合国家统一的会计制度的规定；

④ 企业提取的安全费用属于企业自提自用资金，其他单位和部门不得采取收取、代管等形式对其进行集中管理和使用，国家法律、法规另有规定的除外；

⑤ 各级财政部门、安全生产监督管理部门、煤矿安全监察机构和有关行业主管部门依法对企业安全费用提取、使用和管理进行监督检查；

⑥ 企业未按本办法提取和使用安全费用的，安全生产监督管理部门、煤矿安全监察机构和行业主管部门会同财政部门责令其限期改正，并依照相关法律法规进行处理、处罚；

⑦ 建设工程施工总承包单位未向分包单位支付必要的安全费用以及承包单位挪用安全费用的，由建设、交通运输、铁路、水利、安全生产监督管理、煤矿安全监察等主管部门依照相关法规、规章进行处理、处罚；

⑧ 各省级财政部门、安全生产监督管理部门、煤矿安全监察机构可以结合本地区实际情况，制定具体实施办法，并报财政部、国家安全生产监督管理总局备案。

1.3.12 《公路水运施工企业主要负责人和安全生产管理人员考核管理办法》

为规范公路水运工程施工企业主要负责人和安全生产管理人员的安全生产考核管理工作，促进公路水运工程安全生产，交通运输部于 2016 年 4 月 8 日发布了《公路水运工程施工企业主要负责人和安全生产管理人员考核管理办法》，以交安监发〔2016〕65 号印发，自 2016 年 4 月 8 日起施行。

（1）安全生产人员定义

1）施工企业主要负责人是指对本企业生产经营活动、安全生产工作具有决策权的负责人，以及具体分管安全生产工作的负责人、企业技术负责人。

2）施工企业安全生产管理人员是指企业授权的工程项目负责人、具体分管项目安全生产工作的负责人、项目技术负责人。

3）企业或工程项目专职从事安全生产工作的管理人员。

（2）考核申请

1）申请考核人经所在施工企业通过管理系统向企业工商注册地的省（自治区、直辖市）人民政府交通运输主管部门提出申请考核材料。申请考核材料信息不全或信息内容不符合要求的，考核部门不予受理并告知企业理由，整改后可再次提交。

2）申请考核材料信息的真实性由申请考核人及其所在施工企业负责。

3）申请考核人的申请考核材料经考核部门审核合格后，对其进行考核。考核合格的，其考核结果须经7天公示，无异议的，在公示期满后20个工作日内由省级交通运输主管部门核发安全生产考核合格证书。对考核不合格的，应当通过企业通知本人并说明理由。

（3）证书的使用及管理

1）安全生产考核合格证书在全国范围内有效，省与省之间不得重复考核，证书有效期为3年。

2）安管人员从事公路水运工程安全生产管理工作时，应持有相应行业一个管理类别的安全生产考核合格证书。

3）安管人员变更证书有关个人信息，应由其所在施工企业通过管理系统向考核部门申请。考核部门审核通过后，应在受理之日起20个工作日内办理完毕。

4）安管人员工作调动的，原企业应在5个工作日内通过管理系统向相关考核部门办理调出注销申请。由新聘企业通过管理系统向相关考核部门办理调入登记申请。考核部门均应在受理之日起10个工作日内办理完毕。

1.3.13 《公路水运工程生产安全事故应急预案》

《公路水运工程生产安全事故应急预案》于2011年1月11日由交通运输部以交质监发〔2011〕6号文印发，自发布之日起实施。现将有关内容节选如下：

1）概述

为切实加强公路水运工程生产安全事故的应急管理工作，建立完善应急管理体制和机制，提高事故预防与应对的能力，最大限度减少人员伤亡和财产损失；并指导地方交通运输主管部门和公路水运工程参建单位建立应急管理体系和编制应急预案，满足有效应对生产安全事故的需要，保障公路水运工程建设顺利实施，制定本预案。

2）适用范围

本预案适用于我国境内或管辖水域发生的（除香港、澳门特别行政区外），涉及跨省级行政区域或超出事发地省级交通运输主管部门处置能力的公路水运工程生产安全事故，或由国务院责成的、需要由交通运输部处置的特别重大（Ⅰ级）事故。

3）运行机制预警预防机制

预警信息来源主要包括：

① 公共信息部门：依托信息发布媒体，收集公共信息部门（包括气象、国土、环保、水利、地震等）提供的有关自然灾害、地质灾害类专业实测和预报信息；

② 国务院及其他政府部门：依托政府办公信息网络及信息通报制度，收集来自国务院应急办及其他政府部门（安全生产监管总局）通报的重大生产安全事故的相关信息；

③ 中国海上搜救中心、公路路网中心与水路交通应急指挥中心：依托三个中心建立的预警支持系统，收集区域性重大自然灾害类交通运输预警信息；

④ 地方交通运输主管部门：依托交通运输部施工安全生产信息管理系统，收集地方交通运输主管部门上报的公路水运工程施工安全事故类预警信息。

⑤ 项目建设单位：依托备案的项目总体应急预案，收集项目重大风险源分布情况，根据项目局地天气、地质情况，结合施工安全风险评估及动态监测情况，进行分析判断后形成的工程预警信息。

4）预警级别

可预警的自然灾害类交通运输预警级别由高到低划分为Ⅰ级预警（特别严重）、Ⅱ级预警（严重）、Ⅲ级预警（较重）和Ⅳ级预警（一般），分别用红色、橙色、黄色和蓝色来表示。交通运输部负责Ⅰ级预警的启动和发布，地方交通运输主管部门根据各自的职责，负责Ⅱ级及以下预警的启动和发布。划分标准分别执行《公路交通突发事件应急预案》或《水路交通突发事件应急预案》确定的预警分级标准。

安全事故类预警不设定级别。根据已发生的或潜在的生产安全事故特点，预测对其他公路水运工程施工安全可能造成的危害程度、紧急程度和发展态势，交通运输部定向发布预警信息。

5）应急响应

① 事故信息报送

生产安全事故发生后，事发地施工单位应立即向建设单位、项目主管交通运输主管部门和当地安全监督管理部门报告，并上报至地方人民政府及有关部门，必要时可以越级上报。事发地省级交通运输主管部门应按照《交通运输行业建设工程生产安全事故统计报表制度》要求，向部质监总站报告。

② 应急响应

公路水运工程生产安全事故应急响应分为Ⅰ、Ⅱ、Ⅲ、Ⅳ四级，交通运输部负责Ⅰ级应急响应的启动和实施，事发地省级交通运输主管部门及事发项目参建单位予以配合。地方交通运输主管部门按照相关要求，分级负责Ⅱ、Ⅲ、Ⅳ级应急响应，具体的响应程序由地方交通运输主管部门参照Ⅰ级应急响应程序，结合本地区实际自行确定。各级交通运输主管部门应急管理机构在启动和实施本级应急响应的同时，应将应急响应情况报送上一级交通运输主管部门。应急领导小组办公室应密切关注事态发展，做好应急准备；并根据事态进展，如需要，按有关规定报告国务院。

超出其应急处置能力时，报请上一级交通运输主管部门，启动上一级应急预案实施救援。

1.3.14 《公路水运工程建设重大事故隐患清单管理制度》

《公路水运工程建设重大事故隐患清单管理制度》于 2015 年 10 月 23 日由交通运输部以交安监发〔2015〕156 号印发，自发布之日起施行。该制度共十条。

第一条为强化公路水运工程建设安全生产管理工作，推动重大事故隐患管理工作，遏制重特大生产安全事故发生，根据《安全生产法》、《建设工程安全生产管理条例》、交通运输部《公路水运工程安全生产监督管理办法》等，制定本制度。

第二条列入国家和地方基本建设计划的公路、水运基础设施新建、改建、扩建等工程项目相关单位实施重大事故隐患清单管理等工作，适用本制度。

第五条公路水运工程施工企业是工程项目事故隐患排查治理的责任主体。应制定本单位生产安全事故隐患清单管理制度，明确管理程序、管理内容及相关职责，督促所承建公路水运工程项目的派出机构（以下简称施工单位）做好工程项目的重大事故隐患清单管理及事故隐患排查治理工作。

第六条施工单位在承建的公路水运工程项目开工前，依据工程实际，参照有关清单，制定工程项目的重大事故隐患清单（以下简称“工程项目清单”），由施工单位项目负责人审核发布，并向施工企业法人单位备案。要将工程项目清单纳入岗前教育培训，并在相应作业区域公示。

当工程建设条件、施工环境、施工作业内容等发生变化，施工单位应对工程项目清单及时调整，并经审核重新备案。

第七条建设过程中，施工单位应参照工程项目清单开展事故隐患排查，对发现存在重大事故隐患的作业区域应立即停止相关作业。根据重大事故隐患建立治理台账，台账应在工程项目清单的基础上明确治理负责人、治理时限及治理措施。按照治理措施进行隐患消除，治理完成后，由治理责任人签认并将治理台账存档。

第十条本制度由交通运输部解释，自发布之日起施行，有效期 3 年。

1.3.15 《危险性较大分部分项工程安全管理办法》

《危险性较大分部分项工程安全管理办法》于 2009 年 5 月 13 日由中华人民共和国住房和城乡建设部以建质〔2009〕87 号文印发，自发布之日起实施。现将有关内容节选如下：

1. 概述

为加强对危险性较大的分部分项工程安全管理，明确安全专项施工方案编制内容，规范专家论证程序，确保安全专项施工方案实施，积极防范和遏制建筑施工生产安全事故的发生，依据《建设工程安全生产管理条例》及相关安全生产法律法规制定本办法。

本办法适用于房屋建筑和市政基础设施工程（以下简称“建筑工程”）的新建、改建、扩建、装修和拆除等建筑安全生产活动及安全管理。

本办法所称危险性较大的分部分项工程是指建筑工程在施工过程中存在的、可能导致作业人员群死群伤或造成重大不良社会影响的分部分项工程。危险性较大的分部分项工程范围见附件一。

2. 危险性较大的分部分项工程专项方案相关规定

施工单位应当在危险性较大的分部分项工程施工前编制专项方案；对于超过一定规模的危险性较大的分部分项工程，施工单位应当组织专家对专项方案进行论证。超过一定规模的危险性较大的分部分项工程范围见附件二。

建筑工程实行施工总承包的，专项方案应当由施工总承包单位组织编制。其中，起重机械安装拆卸工程、深基坑工程、附着式升降脚手架等专业工程实行分包的，其专项方案可由专业承包单位组织编制。

专项方案应当由施工单位技术部门组织本单位施工技术、安全、质量等部门的专业技术人员进行审核。经审核合格的，由施工单位技术负责人签字。实行施工总承包的，专项方案应当由总承包单位技术负责人及相关专业承包单位技术负责人签字。

不需专家论证的专项方案，经施工单位审核合格后报监理单位，由项目总监理工程师审核签字。

3. 附件

附件一：

危险性较大的分部分项工程范围

一、基坑支护、降水工程

开挖深度超过3m（含3m）或虽未超过3m但地质条件和周边环境复杂的基坑（槽）支护、降水工程。

二、土方开挖工程

开挖深度超过3m（含3m）的基坑（槽）的土方开挖工程。

三、模板工程及支撑体系

（一）各类工具式模板工程：包括大模板、滑模、爬模、飞模等工程。

（二）混凝土模板支撑工程：搭设高度5m及以上；搭设跨度10m及以上；施工总荷载$10kN/m^2$及以上；集中线荷载15kN/m及以上；高度大于支撑水平投影宽度且相对独立无联系构件的混凝土模板支撑工程。

（三）承重支撑体系：用于钢结构安装等满堂支撑体系。

四、起重吊装及安装拆卸工程

（一）采用非常规起重设备、方法，且单件起吊重量在10kN及以上的起重吊装工程。

（二）采用起重机械进行安装的工程。

（三）起重机械设备自身的安装、拆卸。

五、脚手架工程

（一）搭设高度24m及以上的落地式钢管脚手架工程。

（二）附着式整体和分片提升脚手架工程。

（三）悬挑式脚手架工程。

（四）吊篮脚手架工程。

（五）自制卸料平台、移动操作平台工程。

（六）新型及异型脚手架工程。

六、拆除、爆破工程

（一）建筑物、构筑物拆除工程。

（二）采用爆破拆除的工程。

七、其他

（一）建筑幕墙安装工程。

（二）钢结构、网架和索膜结构安装工程。

（三）人工挖扩孔桩工程。

（四）地下暗挖、顶管及水下作业工程。

（五）预应力工程。

（六）采用新技术、新工艺、新材料、新设备及尚无相关技术标准的危险性较大的分部分项工程。

附件二：

超过一定规模的危险性较大的分部分项工程范围

一、深基坑工程

（一）开挖深度超过 5m（含 5m）的基坑（槽）的土方开挖、支护、降水工程。

（二）开挖深度虽未超过 5m，但地质条件、周围环境和地下管线复杂或影响毗邻建筑（构筑）物安全的基坑（槽）的土方开挖、支护、降水工程。

二、模板工程及支撑体系

（一）工具式模板工程：包括滑模、爬模、飞模工程。

（二）混凝土模板支撑工程：搭设高度 8m 及以上；搭设跨度 18m 及以上；施工总荷载 15kN/m^2 及以上；集中线荷载 20kN/m 及以上。

（三）承重支撑体系：用于钢结构安装等满堂支撑体系，承受单点集中荷载 700kg 以上。

三、起重吊装及安装拆卸工程

（一）采用非常规起重设备、方法，且单件起吊重量在 100kN 及以上的起重吊装工程。

（二）起重量 300kN 及以上的起重设备安装工程；高度 200m 及以上内爬起重设备的拆除工程。

四、脚手架工程

（一）搭设高度 50m 及以上落地式钢管脚手架工程。

（二）提升高度 150m 及以上附着式整体和分片提升脚手架工程。

（三）架体高度 20m 及以上悬挑式脚手架工程。

五、拆除、爆破工程

（一）采用爆破拆除的工程。

（二）码头、桥梁、高架、烟囱、水塔或拆除中容易引起有毒有害气（液）体或粉尘扩散、易燃易爆事故发生的特殊建、构筑物的拆除工程。

（三）可能影响行人、交通、电力设施、通信设施或其他建、构筑物安全的拆除工程。

（四）文物保护建筑、优秀历史建筑或历史文化风貌区控制范围的拆除工程。

六、其他

（一）施工高度 50m 及以上的建筑幕墙安装工程。

（二）跨度大于 36m 及以上的钢结构安装工程；跨度大于 60m 及以上的网架和索膜结构安装工程。

（三）开挖深度超过 16m 的人工挖孔桩工程。

（四）地下暗挖工程、顶管工程、水下作业工程。

（五）采用新技术、新工艺、新材料、新设备及尚无相关技术标准的危险性较大的分部分项工程。

1.3.16 《突发事件应急预案管理办法》

2013 年 10 月 25 日，国务院办公厅印发《突发事件应急预案管理办法》，分总则，分类和内容，预案编制，审批、备案和公布，应急演练，评估和修订，培训和宣传教育，组织保障，附则。

（1）《突发事件应急预案管理办法》的目的和适用范围

1）《突发事件应急预案管理办法》的目的

为规范突发事件应急预案（以下简称应急预案）管理，增强应急预案的针对性、实用性和可操作性，依据《中华人民共和国突发事件应对法》等法律、行政法规，制订本办法。

2）《突发事件应急预案管理办法》的适用范围

本办法所称应急预案，是指各级人民政府及其部门、基层组织、企事业单位、社会团体等为依法、迅速、科学、有序应对突发事件，最大程度减少突发事件及其造成的损害而预先制定的工作方案。

（2）应急预案的编制

1）应急预案的编制流程

单位和基层组织可根据应对突发事件需要，制定本单位、本基层组织应急预案编制计划。

应急预案编制部门和单位应组成预案编制工作小组，吸收预案涉及主要部门和单位业务相关人员、有关专家及有现场处置经验的人员参加。编制工作小组组长由应急预案编制部门或单位有关负责人担任。

2）应急预案的编制依据

编制应急预案应当在开展风险评估和应急资源调查的基础上进行。

① 风险评估。针对突发事件特点，识别事件的危害因素，分析事件可能产生的直接后果以及次生、衍生后果，评估各种后果的危害程度，提出控制风险、治理隐患的措施。

② 应急资源调查。全面调查本地区、本单位第一时间可调用的应急队伍、装备、物资、场所等应急资源状况和合作区域内可请求援助的应急资源状况，必要时对本地居民应急资源情况进行调查，为制定应急响应措施提供依据。

③ 单位和基层组织应急预案编制过程中，应根据法律、行政法规要求或实际需要，征求相关公民、法人或其他组织的意见。

（3）应急演练的频率

专项应急预案、部门应急预案至少每 3 年进行一次应急演练。

1.3.17 《建筑施工企业安全生产管理机构设置及专职安全生产管理人员配备办法》

为规范建筑施工企业安全生产管理机构的设置，明确建筑施工企业和项目专职安全生产管理人员的配备标准，根据《安全生产法》、《建设工程安全生产管理条例》、《安全生产许可证条例》及《建筑施工企业安全生产许可证管理规定》，于 2008 年 5 月 13 日发布本办法，自发布之日起实施。

从事土木工程、建筑工程、线路管道和设备安装工程及装修工程的新建、改建、扩建和拆除等活动的建筑施工企业安全生产管理机构的设置及其专职安全生产管理人员的配备，适用本办法。

建筑施工企业安全生产管理机构专职安全生产管理人员在施工现场检查过程中具有以下职责：

（一）查阅在建项目安全生产有关资料、核实有关情况；

（二）检查危险性较大工程安全专项施工方案落实情况；

（三）监督项目专职安全生产管理人员履责情况；

（四）监督作业人员安全防护用品的配备及使用情况；

（五）对发现的安全生产违章违规行为或安全隐患，有权当场予以纠正或做出处理决定；

（六）对不符合安全生产条件的设施、设备、器材，有权当场做出查封的处理决定；

（七）对施工现场存在的重大安全隐患有权越级报告或直接向建设主管部门报告；

（八）企业明确的其他安全生产管理职责。

建筑施工企业安全生产管理机构专职安全生产管理人员的配备应满足下列要求，并应根据企业经营规模、设备管理和生产需要予以增加：

（一）建筑施工总承包资质序列企业：特级资质不少于 6 人；一级资质不少于 4 人；二级和二级以下资质企业不少于 3 人。

（二）建筑施工专业承包资质序列企业：一级资质不少于 3 人；二级和二级以下资质企业不少于 2 人。

（三）建筑施工劳务分包资质序列企业：不少于 2 人。

（四）建筑施工企业的分公司、区域公司等较大的分支机构（以下简称分支机构）应依据实际生产情况配备不少于 2 人的专职安全生产管理人员。

总承包单位配备项目专职安全生产管理人员应当满足下列要求：

（一）建筑工程、装修工程按照建筑面积配备：

1. 1 万 m^2 以下的工程不少于 1 人；

2. 1～5 万 m^2 的工程不少于 2 人；

3. 5 万 m^2 及以上的工程不少于 3 人，且按专业配备专职安全生产管理人员。

（二）土木工程、线路管道、设备安装工程按照工程合同价配备：

1. 5000 万元以下的工程不少于 1 人；

2. 5000 万～1 亿元的工程不少于 2 人；

3. 1 亿元及以上的工程不少于 3 人，且按专业配备专职安全生产管理人员。

分包单位配备项目专职安全生产管理人员应当满足下列要求：

（一）专业承包单位应当配置至少 1 人，并根据所承担的分部分项工程的工程量和施工危险程度增加。

（二）劳务分包单位施工人员在 50 人以下的，应当配备 1 名专职安全生产管理人员；50～200 人的，应当配备 2 名专职安全生产管理人员；200 人及以上的，应当配备 3 名及以上专职安全生产管理人员，并根据所承担的分部分项工程施工危险实际情况增加，不得少于工程施工人员总人数的 5‰。

1.4 地方相关规定

1.4.1 《上海市建设工程质量和安全管理条例》

《上海市建设工程质量和安全管理条例》由上海市第十三届人大常委会第三十一次会议于 2011 年 12 月 22 日通过，现予公布，自 2012 年 3 月 1 日起施行。

为了加强本市建设工程质量和安全管理，保障人民群众生命和财产安全，根据《建筑法》、《建设工程质量管理条例》、《建设工程安全生产管理条例》和其他有关法律、行政法规，结合本市实际，制定该条例。本市行政区域内建设工程的新建、扩建、改建和既有建筑物、构筑物的拆除、修缮，以及相关监督管理活动，适用本条例。

（1）建设单位的安全责任

1）安全生产管理责任

第九条规定："建设单位对建设工程质量和安全负有重要责任，应当负责建设工程各阶段的质量和安全工作的协调管理，并按照合同约定督促建设工程各参与单位落实质量和安全管理责任"。

2）安全风险评估

第十条规定："建设单位应当在可行性研究阶段，对建设工程质量和安全风险进行评估，并明确控制风险的费用。建设工程质量和安全风险包括建设和使用过程中的建设工程本体的风险以及对毗邻建筑物、构筑物和其他管线、设施的安全影响等。风险评估的具体办法由市人民政府另行制定"。

建设单位应当将风险评估的内容提供给勘察、设计、施工和监理等单位，并要求相关单位在勘察文件、设计方案、初步设计文件、施工图设计文件、施工组织设计文件的编制过程中，明确相应的风险防范和控制措施。

3）提供安全生产专项经费责任

第十一条规定："建设单位应当保证与建设需求相匹配的建设资金，并按照合同约定的价款和时间支付费用，不得随意压低勘察、设计、施工、监理、检测、监测等费用"。

建设单位应当按照规定，在建设工程项目专户中单独列支安全防护措施费、监理费、检测费等费用。

4）保证合理工期责任

第十二条规定："建设工程发包前，建设单位应当根据建设工程可行性研究报告和建设工期定额，综合评估工程规模、施工工艺、地质和气候条件等因素后，确定合理的勘察、设计和施工工期。在建设工程招标投标时，建设单位应当将合理的施工工期安排作为招标文件的实质性要求和条件"。

勘察、设计和施工工期确定后，建设单位不得任意压缩；确需调整且具备技术可行性的，应当提出保证工程质量和安全的技术措施和方案，经专家论证后方可实施。调整勘察、设计和施工工期涉及增加费用的，建设单位应当予以保障。

5）提供安全施工措施资料的责任

第十五条规定："建设单位应当对建设工程毗邻建筑物、构筑物和其他管线、设施进行现场调查，并向勘察、设计、施工、监理等单位提供相关的调查资料和保护要求"。

6）严格执行标准的责任

第十七条规定："建设单位不得对勘察、设计、施工、监理、检测等单位提出不符合法律、法规、规章和强制性技术标准规定的要求，不得违法指定建设工程材料、设备的供应单位"。

（2）勘查、设计单位责任

《上海市建设工程质量和安全管理条例》对勘察、设计单位的安全责任做出了明确规定。勘察、设计单位应当对勘察、设计质量负责。勘察、设计文件应当满足建设工程质量和安全的需要。

勘察单位应当在勘察作业前，根据强制性技术标准编制勘察大纲，并针对特殊地质现象提出专项勘察建议。勘察单位在勘察作业时，应当遵守勘察大纲和操作规程的要求，并确保原始勘察资料的真实可靠。发现勘查现场不具备勘察条件时，勘察单位应当及时书面通知建设单位。勘察文件应当满足国家规定的深度要求，标注勘察作业范围内地下管线和设施的情况，并标明勘查现场服务的节点、事项和内容等。

设计文件应当满足国家规定的深度要求。对建设工程本体可能存在的重大风险控制进行专项设计；对涉及工程质量和安全的重点部位和环节进行标注；采用新技术、新工艺、新材料、新设备的，明确质量和安全的保障措施；根据建设工程勘察文件和建设单位提供的调查资料，选用有利于保护毗邻建筑物、构筑物和其他管线、设施安全的技术、工艺、材料和设备；明确建设工程本体以及毗邻建筑物、构筑物和其他管线、设施的监测要求和监测控制限值；标明现场服务的节点、事项和内容。

勘察、设计单位应当在建设工程施工前，向施工、监理单位说明勘察、设计意图，解释勘察、设计文件。应当按照合同约定和勘察、设计文件中明确的节点、事项和内容，提供现场指导，解决施工过程中出现的勘察、设计问题。施工单位在施工过程中发现勘察、设计文件存在问题的，勘察、设计单位应当应施工单位要求到现场进行处理；勘察、设计文件内容发生重大变化的，应当按照规定对原勘察、设计文件进行变更。

勘察单位应当参加建设工程桩基分项工程、地基基础分部工程的验收，并签署意见。设计单位应当参加设计文件中标注的重点部位和环节的分部工程、分项工程和单位工程的验收，并签署意见。

(3) 施工单位的责任和义务

1) 依法取得相应资质、资格的责任

第二十七条规定："施工单位应当对建设工程的施工质量和安全负责。建设工程实行总承包的，分包单位应当接受总承包单位施工现场的质量和安全管理"。

建设工程材料、设备的供应单位承担所供应材料、设备施工作业的，应当按照规定取得相应资质。

第二十八条规定："施工单位应当组建施工现场项目管理机构，并根据合同约定配备相应的项目负责人、技术负责人、专职质量管理和安全管理人员等技术、管理人员。上述人员不得擅自更换，确需更换的，应当经发包单位同意，并不得降低相应的资格条件"。

前款规定的人员应当是与施工单位建立劳动关系的人员。

2) 专项方案编制与审查责任

第二十九条规定："施工单位在施工前，应当根据建设工程规模、技术复杂程度等实际情况，编制施工组织设计文件。对国家和本市规定的危险性较大的分部工程、分项工程，应当编制专项施工方案，附具安全验算结果，并按照规定经过专家论证"。

施工组织设计文件、专项施工方案应当明确下列内容：

①与设计要求相适应的施工工艺、施工过程中的质量和安全控制措施以及应急处置预案；

②施工过程中施工单位内部质量和安全控制措施的交底、验收、检查和整改程序；

③符合合同约定工期的施工进度计划安排；

④对可能影响的毗邻建筑物、构筑物和其他管线、设施等采取的专项防护措施。

国家和本市规定的危险性较大的分部工程、分项工程施工时，项目负责人、专职安全管理人员应当进行现场监督。

3）依法用工责任

第三十二条规定："施工单位按照国家和本市有关规定实行劳务分包的，劳务分包单位应当具备相应的资质。施工单位或者劳务分包单位应当与其施工作业人员签订劳动合同"。

施工作业人员应当向市建设行政管理部门申领施工作业人员劳务信息卡。施工单位或者劳务分包单位应当及时将施工作业人员的身份信息、所在单位、岗位资格、从业经历、培训情况、社保信息等信息输入劳务信息卡。

施工作业人员进出施工现场时，施工单位应当按其持有的劳务信息卡进行信息登记。

4）对作业人员教育培训责任

第三十三条规定："施工单位和劳务分包单位应当定期对施工作业人员开展教育培训和业务学习。未经教育培训或者考核不合格的人员，不得上岗作业"。

从事特种作业的施工人员应当持证上岗。

对于首次上岗的施工作业人员，施工单位或者劳务分包单位应当在其正式上岗前安排不少于三个月的实习操作。

对初次进入建设工程劳务市场的施工作业人员，由建设行政管理部门或者其他有关部门采取措施，开展建设工程质量和安全的相关教育培训。教育培训经费在市区两级财政安排的教育费中单独列支。

5）提供安全防护用具及安全作业环境责任

第三十四条规定：" 施工单位应当向施工作业人员提供符合国家和本市规定标准的安全防护用具、安全防护服装和安全生产作业环境，并书面告知危险岗位的操作规程和违反操作规程操作的危害"。

施工单位应当按照国家和本市有关规定，根据季节和天气特点，采取预警和安全防护措施；出现高温天气或者异常天气时，应当限制或者禁止室外露天作业。

第三十七条规定："对进入施工现场的安全防护用具、机械设备、施工机具及配件，施工单位应当核验其生产（制造）许可证、产品合格证；其中，对建筑起重机械，还应当核验其制造监督检验证明和首次使用备案证明"。

施工现场的安全防护用具、机械设备、施工机具及配件应当由专人管理，并定期进行检查、维修和保养。

6）特种设备管理责任

第三十八条规定："施工单位安装、拆卸建筑起重机械的，应当编制安装和拆卸方案，确定施工安全措施，并由专业技术人员现场监督"。

施工单位应当在建筑起重机械和整体提升脚手架、模板等自升式架设设施使用和拆除前，向建设行政管理部门或者其他有关部门登记。

建筑起重机械在使用过程中首次加节顶升的，应当经有相应资质的检验检测单位监督检验合格。

施工现场有多台塔式建筑起重机械作业的，施工单位应当根据实际情况，组织编制并实施防碰撞安全措施。

7）事故报告责任

第三十九条规定："建设工程施工过程中发生质量和安全事故时，施工单位应当立即启动应急处置预案，并及时报告建设行政管理部门或者其他有关部门。施工单位应当配合相关行政管理部门进行事故调查处理"。

事故现场处置完毕后，施工单位应当制定并落实整改和防范措施。已经暂停施工的，经建设行政管理部门或者其他有关部门批准后方可复工。

（4）监理单位的责任和义务

1）承担安全监理的责任

第四十一条规定："监理单位应当代表建设单位对施工质量和安全实行监理，对建设工程施工质量和安全承担监理责任"。

2）设置机构、配备人员的责任

第四十三条规定："监理单位应当组建施工现场项目监理机构，并根据合同约定配备相应的总监理工程师、专业监理工程师和监理员等人员"。

3）审查专项方案责任

第四十四条规定："项目监理机构应当在建设工程开工前，负责审核施工单位报送的施工现场项目管理机构组建方案、质量和安全管理制度、施工组织设计文件、专项施工方案。审核意见经总监理工程师签署后，报建设单位"。

项目监理机构应当对进入施工现场的建设工程材料和设备进行核验，并提出审核意见。未经审核的建设工程材料和设备，不得在建设工程上使用或者安装。

4）安全巡查责任

第四十六条规定："项目监理机构应当督促施工单位进行安全生产自查，并巡查施工现场安全生产情况"。

项目监理机构应当对施工单位安全防护措施费的使用和管理进行审查，并报建设单位。

项目监理机构应当核查施工单位的资质、安全生产许可证以及项目负责人、专职安全管理人员和特种作业人员的资格证书。

5）问题、事故报告责任

第四十七条规定："项目监理机构应当按照市建设行政管理部门的规定，定期将施工现场的有关情况向建设行政管理部门或者其他有关部门报告"。

第四十八条规定："项目监理机构发现施工不符合强制性技术标准、施工图设计文件、施工组织设计文件、专项施工方案或者合同约定的，应当立即要求施工单位改正；施工单位拒不改正的，应当及时报告建设单位"。

项目监理机构发现存在质量和安全事故隐患的，应当立即要求施工单位改正；情况严重的，应当要求施工单位暂停施工，并及时报告建设单位。

施工单位拒不改正或者不停止施工的，或者施工现场发生质量和安全事故的，项目监理机构应当立即向建设行政管理部门或者其他有关部门报告。建设行政管理部门或者其他有关部门应当立即到施工现场予以处置。

1.4.2 《上海市公路管理条例》

（1）目的和依据

为了加强本市公路的建设和管理，促进公路事业的发展，发挥公路在经济建设、国防建设和人民生活中的作用，根据《公路法》的规定，结合本市实际情况，制定本条例。

1999年11月26日上海市第十一届人民代表大会常务委员会第十四次会议通过《上海市公路管理条例》，2003年10月10日上海市第十二届人民代表大会常务委员会第七次会议进行了第一次修正，2015年7月23日上海市第十四届人民代表大会常务委员会第二十二次会议进行了第二次修正。

第二十条规定："改建、扩建公路时，施工单位应当在施工路段两端设置明显的施工标志、安全标志。需要车辆绕行的，施工单位应当在绕行路口设置标志；不能绕行的，建设单位必须组织修建临时通行道路"。

（2）公路养护作业安全规定

第二十五条规定：公路养护作业单位按照下列安全规定进行养护作业：

1）根据公路的技术等级采取相应的安全保护措施，设置必要的交通安全设施；

2）公路养护人员应当穿着统一的安全标志服；

3）使用车辆进行养护作业时，应当在公路作业车辆上设置明显的作业标志；

4）在夜间和雨、雪、雾等恶劣天气进行养护作业时，现场必须设置警示灯光信号；

5）公路养护作业应当避让交通高峰时段。

6）公路养护作业车辆进行作业时，在不影响过往车辆通行的前提下，其行驶路线和方向不受公路标志、标线限制，但在高速公路上进行养护作业的车辆除外。

7）对高速公路的清扫保洁和绿化养护作业，应当以机械作业为主；确实需要人工养护作业的，养护作业单位应当采取切实有效的安全防护措施。

（3）公路及公路用地范围内管理要求

第二十九条规定：公路及公路用地范围内禁止下列行为：

1）利用公路桥梁进行带缆、牵拉、吊装等施工作业，设置超过规定标准的高压电力线和易燃易爆的管线；

2）在公路桥梁下停泊船只，在桥孔内堆放易燃易爆物品、擅自明火作业、搭建永久性设施或者擅自搭建临时性设施；

3）取土或者爆破作业；

4）设置障碍，挖沟引水；

5）设置摊点、堆放物品、打场晒粮、种植作物、放养牲畜；

6）倾倒渣土、垃圾，焚烧各类废弃物；

7）堵塞公路排水沟渠、填埋公路边沟；

8）机动车滴漏、散落、飞扬物品或者随车人员向外抛物；

9）将公路作为检验机动车制动性能的场地；

10）损坏或者擅自涂改、移动公路附属设施；

11）损坏、污染公路和影响公路畅通的其他行为。

1.4.3 《上海市建设工程施工安全监督管理办法》

1996年8月16日上海市人民政府令第31号发布，根据1997年12月19日上海市人民政府令第54号修正，根据2002年11月18日上海市人民政府令第128号修正。

（1）目的和适用范围

为了加强本市建设工程施工安全的管理，保障施工人员的人身安全，根据《劳动法》、《安全生产法》和《建设工程安全生产管理条例》制定本办法。

本办法适用于本市行政区域内新建、改建、扩建各类建设工程的施工安全及其监督管理。

（2）建设单位的安全管理责任

建设单位应当负责下列与施工安全管理相关的协调工作：

在施工开始前，组织勘察、设计和施工单位进行勘察、设计文件的安全技术交底；

对施工过程中涉及勘察、设计文件规定的安全问题，及时组织勘察、设计和施工单位进行协调。

建设单位将建设工程的勘察、设计和施工任务整体发包给一个单位总包的，应当由建设工程总包单位负责前款规定的协调工作。

（3）施工工地管理单位及其安全管理责任

施工工地管理单位应当全面负责施工现场的安全管理工作，保持施工工地的基本安全条件和状况符合有关的安全技术标准，并履行下列职责：

在施工开始前，组织各施工单位共同编制施工组织设计，对各施工单位在施工安全技术措施上的衔接进行协调；

对各施工单位在施工交接过程中或者交叉作业时出现的安全问题及时进行协调。

前款所称的施工工地管理单位，按照下列规定确定：

建设单位或者建设工程总包单位将建设工程的施工任务发包给两个或者两个以上施工单位承包的，建设单位或者建设工程总包单位为施工工地管理单位。

建设单位或者建设工程总包单位将建设工程的全部施工任务发包给一个施工单位承包的，该施工单位为施工工地管理单位。

建设单位作为施工工地管理单位时，应当配备与建设工程施工安全管理相适应的技术管理人员；未配备技术管理人员的，应当委托具有相应资质的监理单位履行本条第一款规定的职责。

（4）施工单位的安全管理责任

施工单位应当负责本单位承担的施工任务范围内全部的安全管理工作。但施工承包合同中另有约定的，从其约定。

施工单位应当建立、健全对施工人员的日常安全教育、技术培训和考核的制度，并严格组织实施。

施工单位不得安排未接受过安全教育、技术培训并经考核合格的施工人员上岗作业。

从事电工、金属焊接、起重机械设备操作等特殊工种作业的人员，应当按照国家有关规定组织专业培训，经考核合格后持证上岗。

施工单位不得安排未取得有关特殊工种考核合格证明的作业人员从事特殊工种作业。

施工工地管理单位和施工单位应当在施工开始前，按照下列规定确定施工安全管理的责任人：

（1）施工工地管理单位在施工工地的主管人员为全面负责施工安全管理的责任人；

（2）施工单位在施工现场的项目经理为所在施工单位负责施工安全管理的责任人。

施工工地管理单位应当在施工开始前，将按照前款规定确定的责任人名单报市建管办或者区、县建设行政管理部门以及安全生产监督管理行政部门备案。

第十一条：施工安全管理员的配备

施工单位应当在施工开始前，根据建设工程的性质、规模和特点，配备规定数量的专职和兼职安全管理员，并明确其施工安全管理的具体职责范围。

第十二条：施工安全技术措施和安全技术交底

施工单位在编制施工组织设计时，应当根据建设工程的性质、规模、特点以及施工现场的环境条件，制定和组织落实专项的施工安全技术措施，并向所有施工人员（包括按照有关规定使用的其他建筑劳务人员，下同）进行安全技术交底。

施工安全技术措施应当符合有关的国家标准、行业标准或者地方标准。无国家标准、行业标准的，市建设交通委应当协同市质量技术监督部门制定有关的地方标准。

第十三条：建设工程开工的安全条件限制

凡施工现场的状况不符合有关的安全技术标准或者不具备开工所需的安全条件的，不得开工；建设单位或者建设工程总包单位强行要求开工的，施工单位有权拒绝，并可以向市建管办或者区、县建设行政管理部门报告。

第十四条：施工安全防护设施的设置

施工单位应当按照有关的国家标准、行业标准或者地方标准，在施工现场设置安全防护设施，并达到下列要求：

（1）根据建设工程的施工进度，及时调整和完善安全防护设施；

（2）在施工现场的事故易发区域，设置专项的安全防护设施，并设立醒目的警示标志；

（3）根据季节或者天气特点，设置或者调整专项的安全防护设施，并进行相关的安全检查。

建设工程涉及公共安全的，施工单位应当按照有关规定，在施工现场周围设置专项的公共安全防护设施。公共安全防护设施的有关费用应当在施工承包合同中约定；施工承包合同中未作约定的，应当由建设单位负担。

第十五条：施工机械、机具和电气设备的安装、使用

施工单位安装、使用施工机械、机具和电气设备，应当符合下列规定：

（1）在安装前，应当按照规定的安全技术标准进行检测，经检测合格后方可安装；

（2）在使用前，应当按照规定的安全技术标准进行安全性能试验，经验收合格后方可使用；

（3）在使用期间，应当指定专人负责维护、保养，保证其完好、安全。

第十六条：电气安全保护和防火安全

施工单位应当遵守施工现场电气安全保护和防火安全的有关规定，并达到下列要求：

（1）保持变配电设施和输配电线路处于安全、可靠的可使用状态；

（2）确保用火作业符合消防技术标准和规范，并保证消防设施的完好、有效。

第十七条：施工中的专项安全技术交底

施工单位在施工过程中，应当根据施工组织设计和施工进度，向不同工种的施工人员进行专项的安全技术交底。

第十八条：劳动防护用品的提供

施工单位应当及时向施工人员提供施工安全所必需的、符合规定标准的劳动防护用品。

第十九条：施工人员作业的安全要求

施工人员在施工过程中应当达到下列安全作业的要求：

（1）按照施工安全技术标准和本工种的安全操作规程进行施工作业；

（2）按照国家劳动保护的有关规定，正确使用个人劳动防护用品；

（3）发现施工现场安全异常情况，立即采取有效的防护措施，并向安全管理员或者施工安全管理责任人报告。

施工人员对管理人员违反施工安全技术标准或者安全操作规程的作业指令，有权拒绝执行，并可以向施工安全管理责任人或者安全监督员报告。

第二十条：施工现场的日常管理

施工工地管理单位和施工单位应当加强施工现场日常的安全巡视和检查，督促施工人员遵守本办法第十九条第一款的规定，发现安全事故隐患以及违反施工安全技术标准或者安全操作规程的行为，及时予以制止或者纠正。

第二十一条：安全监督检查

安全监督机构应当对施工工地管理单位和施工单位执行本办法有关规定的情况进行定期检查或者抽查。

安全监督员发现安全事故隐患或者不符合规定要求的施工作业，应当责令施工工地管理单位、施工单位或者施工人员立即改正或者限期整改。

第二十二条：施工伤亡事故的报告和处理

建设工程施工过程中发生伤亡事故的，施工工地管理单位和施工单位应当按规定向有关行政主管部门报告。

1.4.4 《上海市建设工程文明施工管理规定》

2009 年 9 月 25 日上海市人民政府令第 18 号公布，根据 2010 年 10 月 30 日上海市人民政府令第 48 号公布的《上海市人民政府关于修改〈上海市建设工程文明施工管理规定〉的决定》进行修正。

（1）目的、依据和定义

为加强本市建设工程文明施工，维护城市环境整洁，依据国家有关法律、法规的规定，结合本市实际情况，制定本规定。

规定所称文明施工，是指在建设工程和房屋拆除等活动中，按照规定采取措施，保障施工现场作业环境、改善市容环境卫生和维护施工人员身体健康，并有效减少对周边环境影响的施工活动。

（2）适用范围

在本市行政区域内从事建设工程和建筑物、构筑物拆除等有关活动及其监督管理，应当遵守本规定。

（3）管理部门

第四条规定："市建设交通行政管理部门是本市建设工程文明施工的行政主管部门；市建筑市场管理机构负责本市建设工程文明施工的日常监督管理工作"。

本市各区（县）建设行政管理部门负责所辖行政区域内建设工程文明施工的监督管理工作。

本市其他有关行政管理部门按照各自职责，协同实施本规定。

（4）建设单位责任

1）工程招标和发包要求

第五条规定："建设单位在建设工程和建筑物、构筑物拆除招标或者直接发包时，应当在招标文件或者承发包合同中明确设计、施工或者监理等单位有关文明施工的要求和措施"。

2）文明施工措施费要求

第六条规定："建设单位在编制工程概算、预算时，应当按照国家有关规定，确定文明施工措施费用，并在招标文件或者工程承发包合同中，单独开列文明施工费用的项目清单"。

建设单位应当在办理建设工程安全质量监督手续时，同时提供文明施工措施费用项目清单，并按照合同约定，及时向施工单位支付文明施工措施费。施工单位应当将文明施工措施费专款专用。

3）现场调查要求

第七条规定："建设工程设计文件确定前，建设单位应当组织设计单位和相关管线单位，对建设工程周边建筑物、构筑物和各类管线、设施进行现场调查，提出文明施工的具体技术措施和要求"。

建设单位应当将文明施工的具体技术措施和要求，以书面形式提交给设计单位和施工单位。

（5）设计和施工要求

第八条规定："设计单位编制设计文件时，应当根据建设工程勘察文件和建设单位提供的文明施工书面意见，对建设工程周边建筑物、构筑物和各类管线、设施提出保护要求，并优先选用有利于文明施工的施工技术、工艺和建筑材料"。

施工单位应当根据建设单位的文明施工书面意见，在施工组织设计文件中明确文明施工的具体措施，并予以实施；建设单位或者施工单位委托的专业单位进入施工现场施工的，应当遵守施工单位明确的文明施工要求。

施工单位应当配备专职文明施工管理人员，负责监督落实施工现场文明施工的各项措施。

（6）监理要求

第九条规定："监理单位应当将文明施工纳入监理范围，并对施工单位落实文明施工措施、文明施工措施费的使用等情况进行监理"。

监理单位在实施监理过程中，发现施工单位有违反文明施工行为的，应当要求施工单位予以整改；情节严重的，应当要求施工单位暂停施工，并向建设单位报告。施工单位拒不整改或者不停止施工的，监理单位应当及时向建设行政管理部门报告。

建设行政管理部门接到监理单位的报告后，应当及时到施工现场进行查处。

（7）施工现场要求

1）施工铭牌设置要求

第十条规定："施工单位应当在施工现场醒目位置，设置施工铭牌"。

施工铭牌应当标明下列内容：

① 建设工程项目名称、工地四至范围和面积；

② 建设单位、设计单位和施工单位的名称及工程项目负责人姓名；

③ 开工、竣工日期和监督电话；

④ 夜间施工时间和许可、备案情况；

⑤ 文明施工具体措施；

⑥ 其他依法应当公示的内容。

2）围挡设置要求

第十一条规定："除管线工程、水利工程以及非全封闭的城市道路工程、公路工程外，施工单位应当在施工现场四周设置连续、封闭的围挡"。建设工程施工现场围挡的设置应当符合下列要求：

① 采用符合规定强度的硬质材料，基础牢固，表面平整和清洁；

② 围挡高度不得低于 2m；

③ 施工现场主要出入口的围挡大门符合有关规定；

④ 距离住宅、医院、学校等建筑物不足 5m 的施工现场，设置具有降噪功能的围挡；

⑤ 管线工程、水利工程以及非全封闭的城市道路工程、公路工程的施工现场，应当使用路拦式围挡。

3）围网和脚手架设要求

第十二条规定："除管线工程以及爆破拆除作业外，施工现场脚手架外侧应当设置整齐、清洁的绿色密目式安全网"。

脚手架杆件应当涂装规定颜色的警示漆，并不得有明显锈迹。

4）防治噪声和扬尘污染要求

第十三条规定：施工单位在施工中除应当遵守有关防治噪声和扬尘污染的法律、法规和规章外，还应当遵守以下规定：

① 易产生噪声的作业设备，设置在施工现场中远离居民区一侧的位置，并在设有隔音功能的临房、临棚内操作；

② 夜间施工不得进行捶打、敲击和锯割等作业；

③ 在施工现场不得进行敞开式搅拌砂浆、混凝土作业和敞开式易扬尘加工作业。

5）渣土处置和建筑物、构筑物拆除要求

第十四条规定：施工单位进行渣土处置或者建筑物、构筑物拆除作业时，应当遵守以下规定：

① 气象预报风速达到 5 级以上时，停止建筑物、构筑物爆破或者拆除建筑物、构筑物作业；

② 拆除建筑物、构筑物或者进行建筑物、构筑物爆破时，对被拆除或者被爆破的建筑物、构筑物进行洒水或者喷淋；人工拆除建筑物、构筑物时，实行洒水或者喷淋措施可能导致建筑物、构筑物结构疏松而危及施工人员安全的除外；

③ 在施工工地内，设置车辆清洗设施以及配套的排水、泥浆沉淀设施；运输车辆在除泥、冲洗干净后，方可驶出施工工地；

④ 对建筑垃圾在当日不能完成清运的，采取遮盖、洒水等防尘措施；

⑤ 在施工现场处置工程渣土时进行洒水或者喷淋。

6）道路管线施工要求

第十五条规定：城市道路工程或者管线工程施工，需要开挖沥青、混凝土等路面的，施工单位应当按照有关规定采用覆罩法作业方式。

在城市道路上开挖管线沟槽、沟坑，当日不能完工且需要作为通行道路的，施工单位应当在该道路上覆盖钢板，使其与路面保持平整。

7）防治光照污染要求

第十六条规定："施工单位进行电焊作业或者夜间施工使用灯光照明的，应当采取有效的遮蔽光照措施，避免光照直射居民住宅"。

8）排水设施要求

第十七条规定："建设工程施工现场应当设置沉淀池和排水沟（管）网，确保排水畅通。

施工单位应当对工地泥浆进行三级沉淀后予以排放，禁止直接将工地泥浆排入城市排水管网或者河道"。

9）渣土堆放要求

第十八条规定："建设工程施工现场堆放工程渣土的，堆放高度应当低于围挡高度，并且不得影响周边建筑物、构筑物和各类管线、设施的安全"。

10）夜间施工备案要求

第十九条规定："除城市道路工程、管线工程施工以及抢险、抢修工程外，建设工程或者建筑物、构筑物拆除需要在夜间 22 时至次日凌晨 6 时施工的，施工单位应当根据《上海市环境保护条例》的有关规定，向环境保护管理部门办理夜间施工许可手续"。

除抢险、抢修外，城市道路工程、管线工程需要在夜间 22 时至次日凌晨 6 时施工的，施工单位应当事先向建设行政管理部门备案。

11）通行安全保障措施要求

第二十条规定："建设工程项目的外立面紧邻人行道或者车行道的，施工单位应当在该道路上方搭建坚固的安全天棚，并设置必要的警示和引导标志"。

因建设工程施工需要，对道路实施全部封闭、部分封闭或者减少车行道，影响行人出行安全的，施工单位应当设置安全通道；临时占用施工工地以外的道路或者场地的，施工单位应当设置围挡予以封闭。

12）施工现场生活区设置要求

第二十一条规定：施工现场设置生活区的，应当符合下列规定：

生活区和作业区分隔设置；

设置饮用水设施；

设置盥洗池和淋浴间；

设置水冲式或者移动式厕所，并由专人负责冲洗和消毒；

设置密闭式垃圾容器，生活垃圾应当放置于垃圾容器内并做到日产日清。

在生活区设置食堂的，应当依法办理餐饮服务许可手续，并遵守食品卫生管理的有关规定。

在生活区设置宿舍的，应当安装可开启式窗户，每间宿舍人均居住面积不得低于 $4m^2$。

13）竣工后工地的清理要求

第二十二条规定："建设工程竣工备案前，施工单位应当按照规定，及时拆除施工现场围挡和其他施工临时设施，平整施工工地，清除建筑垃圾、工程渣土及其他废弃物"。

14）投诉

第二十五条规定："任何单位和个人发现施工活动有违反本规定情形的，可以向建设行政管理部门投诉。建设行政管理部门接到投诉后，应当及时进行处理，并将处理结果告知投诉人"。

1.4.5 上海交通行业生产安全突发事件信息报告规定

《上海交通行业生产安全突发事件信息报告规定》（沪交安〔2016〕695 号）由上海市交通委员会第十一次主任办公会于 2016 年 6 月 27 日审议通过，自 2016 年 8 月 15 日起施行。

（1）报告时限

信息报告执行初报、续报和终报制度。

符合本规定第三条的信息，事发单位应在事发后 30 分钟内以口头方式、1 小时内以书面方式（可包括但不限于现场图片等）向所属行业管理部门报告。

区县交通主管部门、委属相关单位在接报信息后，应在 30 分钟内以口头方式、1 小时内以书面方式（可包括但不限于现场图片等）向委指挥中心报告。

特殊情况不能在规定时限内以书面形式报告的，应先以电话等形式报告，并说明理由，待条件许可时再补充。

重大事件、特别重大事件的处置信息应每日至少一报。

（2）报告内容

信息来源必须客观真实，内容应简明准确、要素完整、重点突出，应包括以下要素：

1）事件发生的时间、地点及信息来源；

2）事件起因、性质、基本过程、影响范围、已造成的后果（如遇险人数或死亡人数等）、可能造成的进一步危害以及要求帮助解决的问题；

3）已采取的处理措施，处置结果及下一步的工作计划；

4）信息报送单位、联系人及其联系方法等；

5）信息报告所需的其他要素。

（3）报告程序

1）事件涉及的行业企业，应根据本规定第六条的规定，向所属行业管理部门报告，并做好续报工作（接报通信方式见附件 2）。

2）相关行业管理部门接报信息后，应在规定时间内填写《上海交通行业生产安全突发事件信息报送稿》（见附件 3）报委指挥中心，并做好续报工作。

3）委指挥中心在接报信息后，应立即报告委主要领导、分管领导、委有关职能处室。

4）如委领导对信息作出指示或提出要求，委指挥中心要迅速告知相关部门和单位。并按委领导批示，及时报市委、市府总值班室、交通运输部应急办等上级管理部门。

5）信息须经本单位值守应急机构负责人审核；事态紧急时，值班员可先行上报。

（4）信息补报

信息报告后出现新情况的，应当及时补报。

道路、水上交通事故自发生之日起 7 日内，事故造成的伤亡人数发生变化的，应当及时补报。其他行业事故自事故发生之日起 30 日内，事故造成的伤亡人数发生变化的应当及时补报。

（5）零报告

节假日、重大活动期间等敏感时段，实行信息每日零报告制度。具体报告的时间和时间间隔另行发文通知。

（6）责任追究

市交通委将信息报告统一纳入本市交通行业年度安全应急工作考核体系。有下列情况之一的，将视情节在行业内予以通报批评，并依法追究行政责任。

1）超过规定时限，经提醒仍未在指定时间内上报的；

2）故意不如实上报有关重要内容，经查证属实的；

3）故意隐瞒已发生的事件，经查证属实的；

4）出现重要信息、数据内容错报情况，超过 48h，未更正报送的；

5）市委、市政府、交通运输部及其他行业管理部门已掌握重要事件信息，涉及单位未按规定向市交通委报送的；

6）造成严重社会影响，被新闻媒体如实报道，而涉及单位未报送的；

7）符合信息报送范围，涉及单位未及时报送的。

1.4.6 关于加强本市建筑施工特种作业人员考核和持证上岗管理工作的通知

《关于加强本市建筑施工特种作业人员考核和持证上岗管理工作的通知》（沪建交〔2009〕243 号），自 2010 年 1 月 1 日起实行。

（1）适用工种

本通知适用范围为：在本市建设工程施工现场从事建筑电工、建筑施工脚手架（普通脚手架和附着升降式脚手架）架子工、建筑起重信号司索工、建筑起重机械（塔式起重机、施工升降机和物料提升机）司机、建筑起重机械（塔式起重机、施工升降机和物料提升机）安装拆卸工、吊篮安装拆卸（操作）工、桩工机械安装拆卸（操作）工、建筑焊割（操作）工的工种。

（2）领证对象

1）申请领证

凡属于本通知适用工种的本市特种作业人员，符合相应特种作业规定的年龄要求，具有初中（含）以上文化程度，近三个月内经二级乙等以上医院体检合格，且无妨碍从事施工现场相应特种作业的疾病和生理缺陷，又符合相应特种作业规定条件的，可申请参加相应工种应知应会考试，经考试合格者可取得住房城乡建设部监制的、盖有上海市城乡建设和交通委员会专用印章的《建筑施工特种作业人员操作资格证书》（以下简称《操作资格证书》）。

2）凭证领证

属于本通知适用工种的本市特种作业人员，凡已持有相关部门颁发的有效操作资格证书，并在建筑施工现场施工操作的，可凭证直接领取《操作资格证书》。凭证领证期限，自本通知颁发之日起至 2009 年 9 月 30 日止。逾期者须加试建设施工现场安全技术理论，合格者按凭证领证要求办理。

（3）考核内容

建筑施工特种作业人员应知应会培训考核，严格按照住房城乡建设部《建筑施工特种作业人员安全技术考核大纲》执行。考核内容由施工现场安全技术理论和安全操作技能两个部分组成。现场安全技术理论考核不合格的，不得参加安全操作技能考核。

1.4.7 上海市水运工程危险性较大的分部分项工程安全技术管理办法（试行）

（1）目的和依据

为加强上海水运工程建设的安全技术管理，规范危险性较大的分部分项工程专项施工方案的编制、论证、审查和实施工作，根据国务院《建设工程安全生产管理条例》和交通运输部《公路水运工程安全生产监督管理办法》等有关法规、规章，上海市交通建设工程安全质量监督站于 2014 年 6 月 30 日印发了《上海市水运工程危险性较大的分部分项工程安全技术管理办法（试行）》。

（2）危险性较大工程定义及要求

危险性较大的分部分项工程是指水运工程在施工过程中存在的、可能导致人员群死群伤、重大经济损失或造成重大不良社会影响的分部分项工程（危险性较大的分部分项工程范围见附件一）。

危险性较大的分部分项工程安全专项施工方案（以下简称"专项方案"），是指施工单位在编制施工组织设计的基础上，针对危险性较大的分部分项工程单独编制的安全技术措施文件。

危险性较大的分部分项工程安全技术管理应以重大危险源的辨识确定和安全风险控制为重点，制定相关安全管理制度，规定管理流程和要求。

本办法所称的重大危险源是指危险性较大的分部分项工程实施过程中危险的施工部位或工艺、工序等环节。

（3）参建单位的职责

建设单位应组织监理、施工等单位对项目危险性较大的分部分项工程及其重大危险源的辨识清单进行审核确认。在办理安全质量监督手续时，应提供危险性较大的分部分项工程及其重大危险源的辨识清单、安全管理措施和安全生产措施费使用计划。

工程参建各方应根据各自的职责，制定危险性较大的分部分项工程施工安全管理制度，明确安全管理职责和权限。

施工单位应在危险性较大的分部分项工程施工前编制专项方案。专项方案编制应做到

“三明确”，即明确工艺流程、施工方法、控制要点；明确验收的组织、节点、部位及标准；明确检查的组织、部位、内容、方法及频次要求，主要包括以下内容：

1）工程概况：危险性较大的分部分项工程概况、施工平面布置、施工要求和技术保证条件；

2）编制依据：相关法律、法规、规范性文件、标准、规范设计文件等；

3）施工计划：包括施工进度计划、材料与设备计划；

4）施工工艺技术：技术参数、工艺流程、施工方法、检查验收等；

5）施工安全保证措施：组织保障、技术措施、应急预案、监测监控等；

6）劳动力计划：专职安全生产管理人员、特种作业人员等；

7）视频监控等信息技术管理措施；

8）计算书及相关图纸。

水运工程实行施工总承包的，专项方案应由施工总承包单位组织编制。其中，起重机械安装拆卸工程、深基坑工程等专业工程实行分包的，其专项方案可由专业分包单位编制。

专项方案应由施工单位技术部门组织本单位施工技术、安全、质量等部门的专业技术人员进行审核。经审核合格的，由施工单位技术负责人签字。实行施工总承包的，专项方案应由总承包单位技术负责人及相关专业承包单位技术负责人签字。

（4）专家论证审查要求

本办法附件二规定的危险性较大的分部分项工程应由市有关科技委员会进行专家论证审查，附件二规定以外的其他危险性较大的分部分项工程可由施工单位自行组织审核或委托市有关科技委员会进行专家论证审查。

专项方案经论证审查提出需做重大修改的，施工单位应按照论证报告意见进行修改完善，并重新组织专家进行论证审查。

施工单位应根据论证报告修改完善专项方案，并经施工单位技术负责人、项目总监理工程师、建设单位项目负责人签字后，报上海港建设工程安全质量监督站。

施工单位应严格按照专项方案组织施工，不得擅自修改、调整专项方案。如因设计、结构、外部环境等因素发生变化需要修改专项方案，应对修改后的专项方案重新进行审核或论证审查。

（5）专项方案实施要求

专项方案实施前，编制人员或项目技术负责人应向现场管理人员和作业人员进行安全技术交底，并签字确认。

施工单位应指定专人对专项方案实施情况进行现场检查管理。施工作业时应严格执行带班作业制度，发现未按专项方案施工的，应立即进行整改。施工单位技术负责人应定期巡查专项方案实施情况。

施工单位应依据专项方案组织验收。验收合格后，由项目技术负责人签字并经项目总监理工程师同意，方可进入下一道工序。

工程建设、施工和监理各方应随工程施工进度，同步形成危险性较大的分部分项工程专项施工方案实施过程资料。资料内容应真实、准确、齐全。

附件一：

危险性较大的分部分项工程范围

一、土石方开挖工程

不良地质条件下有潜在危险性的土方、石方开挖工程。

二、滑坡处理及边坡防护工程

（一）滑坡体处治工程。

（二）高度超过 6m（含 6m）的边坡处理工程。

三、基坑开挖、支护、降水工程

（一）开挖深度超过 3m（含 3m）的基坑（槽）的土方开挖工程。

（二）地质条件不良或周围环境及地下光缆、管线复杂的基础开挖工程。

（三）水深超过 5m（含 5m）的桩基础、挡墙基础、地下连续墙、沉井基础、深水基础及围堰工程。

（四）地下水位在坑底以上的基坑支护与降水工程。

四、模板工程及支撑体系

（一）高度超过 5m 的水平混凝土构件模板支撑工程。

（二）跨度超过 10m 的水平混凝土构件模板支撑工程。

（三）施工总荷载大于 $10kN/m^2$ 水平混凝土构件模板支撑工程。

（四）集中线荷载大于 15kN/m 水平混凝土构件模板支撑工程。

（五）工具式大模板工程。

（六）特殊结构模板工程。

（七）用于钢结构安装的满堂模板支撑工程。

五、起重吊装及安装拆卸工程

（一）采用非常规起重设备、方法，且单件起吊重量在 100kN 及以上的起重吊装工程。

（二）采用起重机械进行安装的工程（塔吊、大型门吊、架桥机等）。

（三）起重机械设备自身的安装、拆卸工程。

（四）特殊环境下的吊装工程。

（五）打桩机械、钻孔机械等大型机械装拆工程。

（六）水泥混凝土拌和设备装拆工程。

六、水上及水下工程

（一）外海作业工程。

（二）码头、水工结构物、边通航边施工航道作业工程。

（三）内河水深超过 2m 作业工程。

（四）内河打桩船作业、施工船作业、水上平台作业工程。

（五）水下混凝土浇筑工程。

（六）水下打捞、拆除、焊接、设置设施等工程。

七、架设、拆除与爆破工程

（一）拆除拱、梁等较易坠落、坍塌的工程。

（二）拆除高度 5m（含 5m）以上的墙、立柱等易坍塌的工程。

（三）大型支架、模板、便桥、设备架设拆除工程。
（四）引桥、码头加固与拆除工程。
（五）港口、码头大型设备的安装与拆除工程。
（六）有特殊要求的架设工程。
（七）所有涉及爆破的工程。
八、其他
（一）采用新技术、新工艺、新材料、新设备及尚无相关技术标准的危险性较大工程。
（二）20m 以上高空作业工程。
（三）特种设备施工工程。
（四）施工临时用电工程（用电设备 5 台以上或总容量 50kW 以上）。
（五）其他危险性较大的分部分项工程。

附件二：
市有关科技委员会负责组织论证的危险性较大分部分项工程范围
一、滑坡处理
二、开挖深度超过 5m（含 5m）基坑开挖、支护、降水工程
三、模板工程及支撑体系
（一）高度超过 8m 的水平混凝土构件模板支撑工程。
（二）跨度超过 18m 的水平混凝土构件模板支撑工程。
（三）施工总荷载大于 15kN/m^2 水平混凝土构件模板支撑工程。
（四）集中线荷载大于 30kN/m 水平混凝土构件模板支撑工程。
（五）高度超过 4.5m 的模板工程。
四、起重吊装及安装拆卸工程
（一）采用非常规起重设备、方法，且单件起吊重量在 100kN 及以上的起重吊装工程。
（二）起重量超过 200kN 的单机起重吊装工程，两台及以上起重机械的抬吊安装工程。
五、水上及水下工程
（一）外海作业工程。
（二）码头、水工结构物、边通航边施工的航道工程（通航航道等级四级及以上）。
六、架设、拆除与爆破工程
（一）高空架设工程。
（二）水上拆除、拆除高度 5m（含 5m）以上的墙、立柱等易坍塌的工程。
（三）所有涉及爆破的工程。
七、采用新技术、新工艺、新材料、新设备及尚无相关技术标准的危险性较大工程
八、电气设备安装
九、其他

1.4.8 上海市交通建设工程生产安全重大隐患排查治理挂牌督办实施办法

（1）目的和适用范围

为贯彻落实交通运输部《公路水运工程生产安全重大事故隐患挂牌督办制度（暂行）》的通知要求，推动企业落实生产安全重大隐患排查治理责任，积极防范和有效遏制事故的发生，上海市交通建设工程安全质量监督站于 2014 年 12 月 30 日印发了《上海市交通建设工程生产安全重大隐患排查治理挂牌督办实施办法》。

本办法所称重大事故隐患是指在交通建设工程（公路和城市道路、轨道交通、枢纽场站、公交站点、公共停车场（库）、港口、航道、桥梁、隧道等）施工过程中，存在的危害和整改难度较大、可能导致群死群伤或造成重大经济损失的，应当全部或者局部停止作业，并经过一定时间整改治理方能排除的生产安全隐患。

本办法所称挂牌督办是指上海市交通建设工程安全质量监督站（以下简称：市交通质监站）以下达督办通知书以及信息公开等方式，督促企业按照法律法规和技术标准，做好交通建设工程生产安全重大隐患排查治理的工作。

（2）责任主体及实施要求

交通建设工程施工企业是交通建设工程生产安全重大事故隐患排查、治理和防控的责任主体，应当建立健全重大事故隐患排查治理工作制度，并落实到每一个工程项目。企业及工程项目的主要负责人对所承建交通建设工程项目的重大事故隐患排查治理工作全面负责。

交通建设工程施工企业应当定期组织安全生产管理人员、工程技术人员和其他相关人员排查每一个工程项目的重大事故隐患，特别是对长大隧道或地质不良隧道作业、水（海）上作业、大型起重吊装作业、深基坑作业、盾构掘进作业、高支模作业等技术难度大、风险大的重要工程施工作业应重点定期排查。对排查出的重大事故隐患，应及时实施治理消除。不能立即消除的，在施工现场要设立风险告知牌和警戒区，告知作业人员风险，暂停该区域作业。

交通建设工程施工企业应及时将工程项目重大事故隐患排查治理的有关情况向建设单位报告。建设单位应积极协调勘察、设计、施工、监理、监测等单位，并在资金、人员等方面积极配合做好重大事故隐患排查治理工作。

（3）挂牌督办原则及流程

交通建设工程生产安全重大事故隐患治理挂牌督办按照“谁存在事故隐患，谁负责治理整改”原则，实行“业主组织、监理督促、施工治理”的工作机制。市交通质监站负责该工程项目的监督工程师对治理过程进行监督。

市交通质监站巡查发现或接到工程项目重大事故隐患举报经核实的，应及时向该工程建设单位下达《上海市交通建设工程生产安全重大事故隐患治理挂牌督办通知书》，同时在站网页上公开有关督办信息，接受社会监督。

项目施工企业要结合施工项目特点制定重大事故隐患治理整改方案，明确治理责任、目标、任务、方法、措施、资金、物资、人员、期限、安全措施、应急预案和过程监控等要求。监理企业对重大事故隐患治理整改要全过程进行监理，确认重大事故隐患消除后，由项目建设单位向市交通质监站报送整改治理报告，并书面提请解除督办。

市交通质监站收到建设单位提出的重大事故隐患解除督办申请后，根据“谁督办，谁复查”的原则，项目监督工程师应当立即进行现场复查。复查合格的，依照规定解除督办。审查不合格的，继续实施挂牌督办。

施工企业不认真执行《上海市交通建设工程生产安全重大事故隐患治理挂牌督办通知书》的，市交通质监站依法责令其整改；情节严重的依法责令停工整改；不认真整改导致生产安全事故发生的，依法进行行政处罚和追究企业和相关负责人的责任。

挂牌督办单位应建立挂牌督办管理台账和管理档案，由专人负责档案管理工作。

1.4.9 上海港口条例

（1）目的和适用范围

为了加强上海港口管理，维护港口的安全与经营秩序，保护当事人的合法权益，促进港口的建设与发展，推动上海国际航运中心的建设，根据《中华人民共和国港口法》和相关法律、行政法规，结合本市实际，于2005年12月29日上海市第十二届人民代表大会常务委员会第二十五次会议通过本条例。

本市港口的规划、建设、维护、经营、管理及其相关活动，适用本条例。

（2）港口建设和岸线使用要求

建设港口设施需要使用港口岸线的，应当在立项前向市港口行政管理部门提出书面申请。使用港口岸线申请应当包括岸线的使用人、使用范围、使用期限、使用功能。

对使用港口非深水岸线的，市港口行政管理部门应当自收到申请之日起三十日内，按照上海港口总体规划和港区控制性详细规划的要求进行审批；对使用港口深水岸线的，由市港口行政管理部门报国务院交通主管部门审批。对经审查批准的，核发港口岸线使用证。

港口岸线使用人应当按照经批准的范围和用途使用港口岸线，不得擅自改变港口岸线的使用范围和使用功能。确需改变港口岸线使用人和港口岸线使用范围、使用功能的，应当向市港口行政管理部门提出申请，按照本条例的有关规定办理相关审批手续。

港口岸线使用人终止使用港口岸线的，应当向市港口行政管理部门办理港口岸线使用注销手续，交回港口岸线使用证。

港口设施建设项目具备国务院交通主管部门规定的施工条件的，建设单位应当在开工前依法向港口行政管理部门申请施工许可；未经许可的，不得进行施工。

港口设施建设工程竣工后应当按照国家有关规定进行试运行，并在试运行前向港口行政管理部门备案。

港口设施建设工程试运行完毕，并具备国家规定的竣工验收条件的，应当向港口行政管理部门提出竣工验收申请。其中国家审批的建设项目由市港口行政管理部门组织有关部门初步审查后，报国务院交通主管部门组织验收；本市审批的建设项目，由港口行政管理部门组织相关部门共同对港口设施建设工程进行验收。

港口设施未经竣工验收合格的，不得投入使用。

1.4.10 上海市内河航道管理条例

（1）目的和适用范围

为了加强本市内河航道的建设和管理，合理开发利用水运资源，充分发挥内河航道在交通运输中的作用，根据有关法律、行政法规，结合本市实际情况，由上海市第十一届人大常委会第三十三次会议于2001年11月15日通过，现予公布，自2002年1月1日起施行。

本条例适用于本市行政区域内内河航道、航道设施以及与通航有关的设施的规划、建设、保护、管理等活动，但国务院交通主管部门直接管理的除外。

专用航道及其设施，由专用单位建设、管理，本条例有规定的，适用本条例。

（2）河道建设要求

本市内河航道建设工程项目，由建设单位按照基本建设程序组织实施。

内河航道建设工程应当按照国家和本市有关规定，实行招标投标制度、工程监理制度。

专用航道建设工程由专用单位组织实施；市航务管理处应当对其进行指导和监督。

内河航道及航道设施建设、养护工程的设计和施工，应当符合内河通航标准和内河航道建设的技术规范，兼顾防洪排涝和环境保护的要求，保证施工质量。

内河航道建设用地的取得，依照有关土地管理的法律、法规执行。任何单位和个人不得非法占用内河航道建设用地。

内河航道建设涉及房屋拆迁的，按照国家和本市有关市政基础设施建设的规定办理。

内河航道和专用航道的建设、养护工程竣工后，建设单位应当组织验收，经验收合格后方能投入使用。

内河航道建设、养护工程施工完毕，施工单位应当清除围埝、残桩、沉箱、废墩等遗留物。

（3）河道保护和管理要求

码头前沿水域发生淤浅或者因修建沿跨内河航道的建筑物、构筑物或者其他与通航有关的设施造成内河航道淤积的，有关责任人应当在市航务管理处或者区县管理航道的部门规定的期限内疏浚；逾期不疏浚的，市航务管理处或者区县管理航道的部门可以组织有关部门代为疏浚，费用由责任人承担。

任何单位和个人不得侵占、破坏助航标志。损坏助航标志的，应当及时向市航务管理处或者区县管理航道的部门报告并负责修复或者承担修复费用。

种植植物、修建或者设置建筑物、构筑物或者其他与通航有关的设施的，不得影响助航标志的正常效能。

发生沉船、沉物或者沿跨内河航道的建筑物、构筑物或者其他与通航有关的设施倒塌影响通航条件的，有关责任人应当立即采取措施，设置临时警示标志，同时向市航务管理处或者区县管理航道的部门报告，并在市航务管理处或者区县管理航道的部门规定的期限内清除障碍；未在规定期限内清除障碍的，市航务管理处或者区县管理航道的部门可以组织有关部门代为清除，费用由责任人承担。

第二章　安 全 生 产 管 理

2.1　安全生产管理理论

2.1.1　安全生产管理的概念

（1）安全、本质安全

1）安全

安全，泛指没有危险、不出事故的状态，具体是指生产系统中人员免遭不可承受危险的伤害，避免造成人员伤亡、财产损失以及环境的破坏。因此，安全不但包括人身安全，还包括财产、环境等方面的安全。在生产过程中，安全条件，是指不发生人员伤亡、职业病或设备、设施损害或环境危害的条件；安全状况，是指不因人、机、环境的相互作用而导致系统失效、人员伤害或其他损失。

2）本质安全

本质安全是指设备、设施或技术工艺含有内在的能够从根本上防止发生事故的功能。

具体包括两方面的内容：

①失误安全功能。指操作者即使操作失误，也不会发生事故或伤害，或者说设备、设施和技术工艺本身具有自动防止人的不安全行为的功能。

②故障安全功能。指设备、设施或技术工艺发生故障或损坏时，还能暂时维持正常工作或自动转变为安全状态。

上述两种安全功能应该是设备、设施和技术工艺本身固有的，即在他们的规划设计阶段就被纳入其中，而不是事后补偿的。

本质安全是安全生产管理预防为主的根本体现，也是安全生产管理的最高境界。实际上，由于技术、资金和人们对事故的认识等原因，目前还很难做到本质安全，只能作为我们的奋斗目标。

（2）安全生产、安全生产管理

1）安全生产

安全生产是为了使生产过程在符合物质条件和工作秩序下进行，防止发生人身伤亡和财产损失等生产事故，消除或控制危险、有害因素，保障人身安全与健康、设备和设施免受损坏、环境免遭破坏的总称。

2）安全生产管理

安全生产管理是管理的重要组成部分，是安全科学的一个分支。所谓安全生产管理，就是针对人们生产过程的安全问题，运用有效的资源，发挥人们的智慧，通过人们的努力，进行有关决策、计划、组织和控制等活动，实现生产过程中人与机器设备、物料、环境的和谐，达到安全生产的目标。

安全生产管理的目标是减少和控制危害，减少和控制事故，尽量避免生产过程中由于事故所造成的人身伤害、财产损失、环境污染以及其他损失。

安全生产管理包括安全生产法制管理、行政管理、监督检查、工艺技术管理、设备设施管理、作业环境和条件管理等。

安全生产管理的基本对象是企业的员工，涉及企业中的所有人员、设备设施、物料、环境、财务、信息等各个方面。

安全生产管理的内容包括：安全生产管理机构和安全生产管理人员、安全生产责任制、安全生产管理规章制度、安全培训教育、安全生产档案、安全生产检查、危险源识别与监控、事故预防与应急管理等。

（3）事故、事故隐患、危险、危险源与重大危险源

1）事故

在生产过程中，事故是指造成人员死亡、伤害、职业病、财产损失或其他损失的意外事件。

事故的分类方法有很多种，综合考虑起因物、引起事故的诱导性原因、致害物、伤害方式等，将事故分为20类，分别为物体打击、车辆伤害、机械伤害、起重伤害、触电、淹溺、灼烫、火灾、高处坠落、坍塌、冒顶片帮、透水、放炮、瓦斯爆炸、火药爆炸、锅炉爆炸、容器爆炸、其他爆炸、中毒和窒息及其他伤害等。

2）事故隐患

事故隐患泛指生产系统中可导致事故发生的人的不安全行为、物的不安全状态和管理上的缺陷。

3）危险

危险是指某一系统、产品、设备或操作的内部和外部的一种潜在的状态，其发生可能造成人员伤害、职业病、财产损失、作业环境破坏的状态。危险的特征在于其危险可能性的大小和危险的严重度与安全条件和概率有关。危险概率则是指危险发生（转变）事故的可能性即频度或单位时间危险发生的次数。危险的严重度或伤害、损失或危害的程度则是指每次危险发生导致的伤害程度或损失大小。

4）危险源

从安全生产角度，危险源是指可能造成人员伤害、疾病、财产损失、作业环境破坏或其他损失的根源或状态。

5）重大危险源

公路水运工程危险源是指在公路水运工程施工过程中可能造成人员伤亡、财产损失的施工作业活动、危险物质、不良自然环境条件等。

2.1.2 安全生产管理的要素

安全文化、安全法制、安全责任、安全科技、安全投入是保障安全生产的“五要素”。

（1）安全文化

安全文化即安全意识，是安全生产的灵魂。建设安全文化，就是提高全民的安全素质，最终达到保障员工的生命安全。其重点就是要加强安全宣传教育，普及安全常识，强化全社会的安全意识，强化公民的自我保护意识。

（2）安全法制

安全法制是安全生产的利器。要保证安全生产工作的顺利进行，必须坚持依法治安、依法生产，用法律法规来规范生产工作者的行为，使安全生产工作有法可依、有章可循，建立安全生产法制秩序。坚持“依法治安”，必须“立法”、“懂法”、“守法”、“执法”。“立法”要建立、修订、完善安全生产管理相关的规定、办法、细则等，为强化安全生产管理提供法律依据。“懂法”要实现安全生产法制化，“立法”是前提，“懂法”是基础。只有生产工作者学法、懂法、知法，才能为“以法治安”打好基础。“守法”要把依法治安落实到安全生产管理全过程，必须把各项安全规章制度落实到安全生产管理全过程。“执法”要坚持“以法治安”，离不开监督检查和严格执法。为此，要依法进行安全检查、安全监督，维护安全法规的权威性。

（3）安全责任

安全责任是安全生产的核心，必须层级落实安全责任。牢固树立安全责任意识，要以全面落实安全生产责任制为核心，坚持事前预防、事中监督、事后处理、多管齐下，使各个环节、各个阶段、各个岗位的安全责任都能得到有效落实。

（4）安全科技

安全科技是安全生产的动力。发展安全生产必须依靠先进的科学技术，创新安全科技将劳动者从繁重的体力、脑力劳动中解放出来，从风险大、危害大的作业环境和生产岗位上解放出来。应用先进的安全装置、防护设施、预测报警技术都是解放生产力、保护生产力、发展生产力的最重要途径，安全科学技术是安全生产的先导，是科学生产的延伸，是安全生产的强力技术支持和巨大的动力源泉。

（5）安全投入

安全投入是安全生产的保障，也是安全生产的物质及非物质保障，是保护生产力、提高生产力的重要表现形式。安全生产的硬件、软件的改造与更新，安全生产环境的改善必须投入，有投入才会有更高的回报。有计划的安全投入一方面要见其实效，但不可忽视安全投入的迟后效应和公益效应，厚积薄发的巨大潜力。

2.1.3 安全生产管理的方针

（1）我国各阶段的安全生产方针

方针是一个国家或政党确定的引导事业前进的方向和目标，是为达到事业前进的方向和一定目标而确定的一个时期的指导原则。20 世纪 50 年代初，我国提出了“生产必须安全、安全为了生产”的方针。1984 年又提出了“安全第一，预防为主”方针。2002 年颁布实施的《安全生产法》确立了“安全第一，预防为主”方针。2005 年《中共中央关于制定十一五规划的建议》对安全提出“安全第一、预防为主、综合治理”的要求，标志着我国现阶段安全生产方针的正式产生。2014 年新修订实施的《安全生产法》从法律角度确立了“安全第一、预防为主、综合治理”的方针。

（2）现阶段我国安全生产管理方针及其含义

“安全第一、预防为主、综合治理”是现阶段我国安全生产管理方针。它是一个完整的统一体系，是相辅相成、辩证统一的整体，且三者之间存在内在的严密逻辑关系。安全第一是原则，预防为主是手段，综合治理是方法。安全第一是预防为主、综合治理的统帅和灵魂，没有安全第一的思想，预防为主就失去了思想支撑，综合治理就失去了整治依据。预防为主是实现安全第一的根本途径，只有把安全生产的重点放在建立事故预防体系上，超前采取措施，才能有效防止和减少事故。只有采取综合治理，才能实现人、机、物、环境的统一，实现本质安全，正是把安全第一、预防为主落到实处。

安全第一的含义，发展是执政兴国的第一要务。生产经营单位作为市场主体，追求利润的最大化理所当然。安全第一要说明的是安全与生产、效益及其他活动的关系，强调在从事生产经营活动中要突出抓好安全，始终不忘把安全工作与其他经济活动同时安排、同时部署，当安全工作与其他活动发生冲突与矛盾时，其他活动要服从安全，绝不能以牺牲人的生命、健康、财产损失为代价换取发展和效益。

预防为主的含义，预防为主是对安全第一思想的深化，从安全生产管理这门学科发展的历程看，我们经历了事后控制到事前预防的发展过程，也就是我们经常讲的关口前移，重心下移。含义是立足基层，建立起预教、预测、预报、预警等预防体系，以隐患排查治理和建设本质安全为目标，实现事故的预先防范体制。

综合治理的含义，综合治理从遵循和适应安全生产的规律出发，综合运用法律、经济、行政等手段，人管、法管、技防等多管齐下，并充分发挥社会、职工、舆论的监督作用，从发展规划、行业管理、安全投入、科技进步、经济政策、教育培训、安全文化以及责任追究等方面着手，建立安全生产长效机制，形成标本兼治、齐抓共管的格局。综合治理具体体现在，事前主动排查各类隐患，把事故消灭在萌芽状态；事故发生后，要查明事故的原因，分清事故责任，以便有针对性地制定防止同类事故再次发生的各项措施；同时对事故责任者、企业，还必须按照“有章必循、违章必究、依章处分”的原则，进行批评教育，并依照有关规章制度给予处分，令其吸取教训，警示教育全体人员要认真履行国家安全生产法规，遵守生产经营单位安全生产规章制度，杜绝有法不依、违章作业、违章指挥的现象，防止类似事故发生。

2.1.4 安全人机工程

（1）安全人机工程基本知识

安全人机工程是研究人、机、环境系统的本质安全，并使三者从安全的角度上达到最佳匹配，以确保系统高效、经济运行的一门应用科学。

安全人机工程主要研究人与机器的关系，主要包括如下 4 个方面：

1）分析机械设备及设施在生产过程中存在的不安全因素，并有针对性地进行可靠性设计、维修性设计、安全装置设计、安全启动和安全操作设计及安全维修设计等。

2）研究人的生理和心理特性，分析研究人和机器各自的功能特点，进行合理的功能分配，以构成不同类型的最佳人机系统。

3）研究人与机器相互接触、相互联系的人机界面中信息传递的安全问题。

4）分析人机系统的可靠性，建立人机系统可靠性设计原则，据此设计出经济、合理以及可靠性高的人机系统。

在人机系统中人始终起着核心和主导作用，机器起着安全可靠的保证作用。解决安全问题的根本是实现生产过程的机械化和自动化，让工业机器人代替人的部分危险操作，从根本上将人从危险作业环境中彻底解脱出来，实现安全生产。

(2) 人的生理因素与安全的关系

1) 视觉

① 暗适应与明适应

人眼对光亮度变化的顺应性，称为适应，适应有明适应和暗适应两种。

暗适应是指人从光亮处进入黑暗处，开始时一切都看不见，需要经过一定时间以后才能逐渐看清被视物的轮廓。暗适应的过渡时间较长，约需要 30min 才能完全适应。

明适应是指人从暗处进入亮处时，能够看清视物的适应过程，这个过渡时间很短，约需 1min，明适应过程即趋于完成。

② 眩光

当人的视野中有极强的亮度对比时，由光源直射或由光滑表面的反射出的刺激或耀眼的强烈光线，弥为眩光。眩光可使人感到不舒服，使可见度下降，并引起视力的明显下降。

③ 视错觉

人在观察物体时，由于视网膜受到光线的刺激，光线不仅使神经系统产生反应，而且会在横向产生扩大范围的影响，使得视觉印象与物体的实际大小、形状存在差异，这种现象称为视错觉。

④ 视觉损伤与视觉疲劳

视觉损伤。在生产过程中，除切屑颗粒、火花、飞沫、热气流、烟雾、化学物质等有形物质会造成对眼的伤害之外，强光或有害光也会造成对眼的伤害。长期从事近距离工作和精细作业的工作者，由于长时间看近物或细小物体，睫状肌必须持续地收缩以增加晶状体的白度。这将引起视觉疲劳，甚至导致睫状肌萎缩，使其调节能力降低。

2) 听觉

听觉的功能有分辨声音的高低和强弱，还可以判断环境中声源的方向和远近。

① 听觉绝对阈限

听觉的绝对阈限是人的听觉系统感受到最弱声音和痛觉声音的强度。它与频率和声压有关。在阈限以外的声音，人耳感受性降低，以至不能产生听觉。声波刺激作用的时间对听觉阈值有重要的影响，一般识别声音所需要的最短持续时间为 20～50ms。

② 听觉的辨别阈限

人耳具有区分不同频率和不同强度声音的能力。辨别阈限是指听觉系统能分辨出两个声音的最小差异。辨别阈限与声音的频率和强度都有关系。人耳对频率的感觉最灵敏，常常能感觉出频率微小的变化，而对强度的感觉次之，不如对频率的感觉灵敏。不过二者都是在低频、低强度时，辨别阈值较高。

③ 辨别声音的方向和距离

在正常情况下，人的两耳的听力是一致的。因此，根据声音到达两耳的强度和时间先后之差可以判断声源的方向。

④ 听觉的掩蔽

当几种声强不同的声音传到人耳时，只能听到最强的声音，而较弱的声音就听不到了，即弱声被掩盖了。一个声音被其他声音的干扰而听觉发生困难，只有提高该声音的强度才能产生听觉，这种现象称为听觉的掩蔽。被掩蔽声音的听阈提高的现象，称为掩蔽效应。

3）人的感觉反应

人们在操纵机械或观察识别事物时，从开始操纵、观察、识别到采取动作，存在一个感知时间过程，即存在一段反应时间。

4）疲劳

超过生理负荷的激烈动作、持久的体力或脑力劳动、作业环境不良、单调乏味的工作、不良的精神因素、肌体状况不良以及长期劳逸安排不当等人的生理、心理因素及管理方面的因素，都是造成疲劳的原因。消除疲劳的途径归纳起来有以下几方面：通过改变操作内容、播放音乐等手段克服单调乏味的作业；改善工作环境，科学地安排环境色彩、环境装饰及作业场所布局，合理的温湿度，充足的光照等；避免超负荷的体力或脑力劳动，合理安排作息时间，注意劳逸结合等。

（3）人的心理因素与安全的关系

据事故统计资料表明，由人的心理因素而发生的事故约占70%～75%，或者更多。

1）能力

能力是指一个人完成一定任务的本领，或者说，能力是人们顺利完成某种任务的心理特征。能力标志着人的认识活动在反映外界事物时所达到的水平。影响能力的因素很多，主要有感觉、知觉、观察力、注意力、记忆力、思维想象力和操作能力等。其中观察能力是智力结构的眼睛，记忆能力是智力结构的储存器，思维能力是智力结构的中枢，想象能力是智力结构的翅膀，操作能力是智力结构转化为物质力量的转换器。

2）性格

性格是人们在对待客观事物的态度和社会行为方式中区别于他人所表现出来的那些比较稳定的心理特征的总和。道德品质和意志特点是构成性格的基础。在安全生产中，有不少人就是由于鲁莽、高傲、懒惰、过分自信等不良性格促成了不安全行为而导致伤亡事故的。

3）气质

在安全生产工作中合理地选择不同气质的人担任不同的工作，以便充分发挥其所长，以利于完成任务，可减少事故的发生。在进行安全教育时，必须从人的气质出发，使用不同的教育手段；否则，不但达不到教育的目的，而且往往会产生副作用。

4）需要与动机

随着社会的发展，人为了个体和社会的生存，对安全、教育、劳动、交往的需要比对衣、食、住、行的需要更为强烈。其中对安全的需要（免除灾害、意外事故、疾病等安全需要）更为突出。安全是每个人的需要，也是家庭、社会、企业和国家的需要，只有将安全意识提高到这个水平，安全管理人员才能各尽其责，操作人员才能自觉地遵守安全操作规程，才能杜绝重复事故的发生，达到满足安全需要的目的。

5）情绪与情感

情绪是由肌体生理需要是否得到满足而产生的体验，属于人和动物共有的；而情感则是人的社会性需要是否得到满足而产生的体验，属于人类特有。不良情绪发展到一定程度能够主宰人的身体及活动情况，使人的意识范围变得狭窄，判断力降低，失去理智和自制力。带着这种情绪操纵机器极易导致不安全行为的发生。

6）意志

意志就是人自觉地确定目标，并调节自己的行动克服困难，以实现预定目标的心理过程，它是意识的能动作用表现。人们在日常生活和工作中，尤其是在恶劣环境中工作，必须有意志活动的参与，才能顺利地完成任务，所谓有志者事竟成，就是这个道理。

2.2 公路水运工程安全生产管理职责

2.2.1 公路水运工程施工企业安全生产责任和义务

施工企业是公路水运工程建设活动中的重要主体，在施工安全生产中处于核心地位。在工程建设施工中，消除事故隐患，防范安全事故的发生，确保施工安全生产，施工企业是关键，另外，施工企业也有责任在生产过程中为劳动者提供健康、安全的生活环境和工作条件。

安全生产作为企业经营管理的重要组成部分，发挥着极大的保障作用，不能将安全生产与企业效益对立起来，具体地说，企业应自觉贯彻“安全第一、预防为主、综合治理”的安全生产管理方针，严格遵守安全生产的相关法律、法规和标准，确保企业生产经营安全。

施工企业安全生产责任和义务主要包括：

（1）施工单位对列入建设工程概算的安全作业环境及安全施工措施所需费用，应当用于施工安全防护用具及设施的采购和更新、安全施工措施的落实、安全生产条件的改善，不得挪作他用。

（2）施工单位应当设置安全生产管理机构，配备专业齐全的安全生产管理人员，并向各施工现场派驻经考核合格的安全生产专职管理人员。在工程项目施工中开展安全生产的计划、布置、检查、总结、评比工作。

（3）施工单位应当根据工程项目特点，制定各项安全生产管理制度和有针对性的安全技术措施或方案，编制安全生产事故应急预案。对达到一定规模的危险性较大的分部分项工程编制专项施工方案，并附具安全验算结果，经施工单位技术负责人、总监理工程师签字后实施，由专职安全生产管理人员进行现场监督。

（4）施工现场的安全生产管理由施工单位负责。工程施工实行总承包的，总承包单位应当对全部工程施工现场的安全生产管理负责；总承包单位依法将工程分包给其他单位的，分包单位应当按照分包合同的约定对其分包工程施工现场的安全生产管理向总承包单位负责，总承包单位对分包工程施工现场的安全生产管理承担连带责任。

（5）开工前，施工单位应根据有关规定做好保障安全生产的准备工作，并按建设单位的要求将本项目安全生产的有关材料上报建设单位。

（6）施工单位项目管理或者专职技术人员应在工程开工前向一线作业班组、作业人员进行安全技术措施和操作规范交底，并书面告知危险岗位的操作规程和违章操作的危害。施工单位应当向作业人员提供安全防护用具和安全防护服装，作业人员有权对施工现场的作业条件、作业程序和作业方式中存在的安全问题提出批评、检举和控告，有权拒绝违章指挥和强令冒险作业。

（7）施工单位应当对安全生产管理人员和作业人员每年至少进行一次安全生产教育培训，教育培训情况应当记入个人业绩档案，安全生产教育培训或者考核不合格的，不得上岗作业。

（8）施工单位使用的起重机械和整体提升脚手架、挂蓝和架桥机等自升式架设设施的使用达到国家规定的检验检测期限的，必须经具有专业资质的检验检测机构检测。经检测不合格的，不得继续使用。

（9）施工单位应当接受建设单位、监理单位及地方政府安全监督机构对其安全生产的监督检查。对于检查单位下达的整改意见通知，施工单位要立即予以整改。

（10）施工单位应根据国家有关规定和本项目安全生产事故应急预案的要求，建立应急救援组织，配备必要的应急救援器材及设备，并定期进行演练。

（11）施工现场发生安全事故时，施工单位应采取有效措施抢救人员和财产，保护事故现场，并立即向建设、监理单位和相关部门报告，因抢救人员、疏导交通等原因需要移动现场物件的，应当做出标志，绘制现场简图并做出书面记录，妥善保护现场重要痕迹、物证，有条件的应当拍照或录像。

2.2.2 公路水运工程施工企业安全生产管理人员职责

（1）公路水运工程施工企业安全生产管理人员的划分

按照《公路水运工程安全生产监督管理办法》规定，公路水运工程施工企业各级安全管理管理人员分为施工单位主要负责人、项目负责人和专职安全生产管理人员，也就是我们常说的安全生产管理三类人员。

1）施工单位主要负责人（A类），是指对本企业日常生产经营活动和安全生产工作全面负责、有生产经营决策权的人员，包括企业法定代表人、企业安全生产工作的负责人等。

2）项目负责人（B类），由企业法定代表人授权，负责公路水运工程项目施工管理的负责人，包括项目经理、项目副经理和项目总工。

3）专职安全生产管理人员（C类），是指在企业专职从事安全生产管理工作的人员，包括企业安全生产管理机构的负责人及其工作人员和施工现场专职安全员。

（2）主要负责人的安全生产职责

公路水运工程施工企业主要负责人对本单位的安全生产工作全面负责，是本单位安全生产工作的第一责任人。主要负责人应根据企业实际情况，合理调配企业的人力、财力、物力，满足企业安全生产的需要，具体包括施工企业的董事长、总经理或者总裁，其主要履行职责有：

建立、健全本单位安全生产责任制；

组织制定本单位安全生产规章制度和操作规程；

组织制定并实施本单位安全生产教育和培训计划；

保证本单位安全生产投入的有效实施；

督促、检查本单位的安全生产工作，及时消除生产安全事故隐患；

组织制定并实施本单位的生产安全事故应急救援预案；

及时、如实报告生产安全事故。

（3）分管生产安全负责人的安全生产职责

公路水运工程施工企业分管生产安全负责人是本单位安全生产工作的直接责任人，对企业安全生产负直接领导责任，主要履行以下职责：

负责本单位落实关于安全生产的法律法规以及方针政策等重大事项的贯彻落实情况的督查检查和督促指导，亲自抓部署、抓督促、抓检查、抓落实；

负责落实企业安全生产责任制，组织制定企业安全生产各项规章制度和年度管理目标，并监督落实；

按照相关规定负责审核企业年度安全生产专项资金投入计划，督促本单位按规定比例提取安全费用，并督促落实到位；

定期组织召开安全生产专门会议，分析安全生产状态，总结经验教训，布置阶段性工作，解决存在的问题，制定防范措施；

对承建工程项目进行安全生产进行检查督察，加强对事故隐患和职业危害的监控预防措施，定期组织企业安全生产管理人员和从事危险性较大工种的作业人员进行教育培训，真正做到防患于未然；

组织制定应急救援预案，组织开展应急救援演练，依法做好生产安全事故报告和应急救援工作；

采用职业安全健康管理体系认证、风险评估、安全生产条件认证和安全评价评估等方法改进安全管理，落实安全防范措施，提高安全生产管理水平；

合理调配企业专职安全生产管理人员，并对其工作进行监督、指导以及考评，监督检查，定期检查企业各部门、分支机构以及各施工项目安全生产情况，对出现的问题及时督办；

法律法规及规章制度相关规定的其他职责。

（4）分管技术工作负责人的安全生产职责

施工企业分管技术工作负责人，对本单位的安全生产负技术领导责任，主要履行以下职责：

负责组织制定本单位安全技术规程和现场安全生产、文明施工管理标准并监督执行；

定期主持召开本单位安全技术会议，分析本单位的安全生产形势，研究解决安全技术问题；

负责新设备、新技术、新工艺和新材料安全技术保证工作；

施工生产过程中，保证安全防护措施符合要求，确保新建工程项目安全措施与主体工程同时设计、同时施工、同时验收投产，把好设计审查和竣工验收关；

根据相关技术标准和规范、规定要求，对所承担建设工程项目的施工组织设计进行审批，并组织相关专家对项目中危险性较大专项工程施工方案进行论证；

参与重大伤亡事故的调查，从技术方面分析事故原因，提出技术鉴定意见，制定防范和改进安全生产事故的技术措施；

对职工进行经常性的安全技术教育；

分管物资设备、经营管理、人力综合、财务管理等其他工作的负责人，在各自职责范围内承担相应的责任；

法律法规及规章制度相关规定的其他职责。

（5）安全管理机构专职安全员的安全生产职责

公路水运工程施工企业安全管理机构专职安全员对分管的安全生产工作负直接管理责任，主要履行以下职责：

承担本单位安全生产委员会以及安全生产各项日常工作，贯彻落实安全生产委员会的各项决议，协助主管领导检查落实情况；

贯彻落实有关建设工程安全生产的法律法规和政策性规定，监督、指导企业分支机构和各承建项目严格执行国家、地方有关安全生产技术标准和规范，负责组织起草本单位安全生产规章制度和安全操作规程；

指导和评价企业各部门和分支机构以及所承担建设工程项目的安全生产管理工作，并负责企业分支机构和所承担建设工程项目专职安全生产管理人员的管理、指导和考评；

对企业所承担建设工程项目施工组织设计中的安全技术措施提出指导性意见。并协助企业技术负责人组织专家对所承担建设工程项目中危险性较大的专项工程施工方案进行论证；

负责组织开展安全生产检查活动，定期组织对企业各施工项目安全生产专项检查，发现安全生产问题和隐患及时责成项目部限期或停工整改，并督促整改到位。情节严重的，应立即向企业分管负责人汇报。针对检查发现的问题，制定防范措施；

参与编制企业重大生产事故救援预案，并审查企业各施工项目的重大生产事故救援预案，定期组织相关人员进行演练；

负责企业安全生产信息的收集、统计、上报，定期制定安全生产专项资金投入计划，并对企业安全生产相关投入情况进行统计、核实。监督企业各项目施工安全生产费用的投入和使用情况；

生产安全事故发生后及时组织相关人员进行救援或采取有效措施，保护现场并及时报告，积极协助有关部门调查处理；

法律法规及规章制度相关规定的其他职责。

（6）项目经理的安全生产职责

认真贯彻执行国家有关安全生产的法律法规标准和规范，建立本项目的安全生产保证体系，组织编制本项目安全生产各项管理规章制度和管理方案和项目重大生产事故应急救援预案。

根据企业下达的年度安全生产、文明施工总目标，确定项目的安全生产、文明施工管理目标，并与分包单位、作业班组签订安全生产、文明施工管理责任书，督促分包单位编制各项安全生产管理规章制度、落实项目安全防护和文明施工各项措施。

工程项目开工前，按照《公路水运工程安全生产监督管理办法》的要求，完善项目开工安全生产条件，保证本项目安全费用的提取和有效使用，对安全培训和安全技术交底进行监督检查。

定期召开安全生产会议，组织安全生产检查和分析，针对存在的安全隐患，制定相应的整改和预防措施并落实。

组织本项目安全生产事故隐患排查整治工作，对发现的安全隐患，及时提出整改意见。对重大安全隐患，督促制定整改措施，并指定专人负责。

编制本项目安全措施和分部分项工程安全施工要点，制定项目安全保障措施或管理方案，组织施工现场施工临建设施的验收等工作。

组织制定项目施工现场生产安全事故应急救援预案，并组织演练。

发生事故后，积极组织抢救人员，按照规定的程序及时报告，积极配合事故的调查处理，并制定防止同类事故发生的安全技术和管理措施。

（7）项目主管生产安全副经理的安全生产职责

协助项目经理认真贯彻执行国家安全生产方针、政策、法规，落实各项安全生产管理制度。

每月主持召开一次项目安全生产会议，分析安全生产动态，研究、解决安全生产中的重大问题，及时将安全生产情况向项目经理汇报。

落实施工组织设计、施工方案中各项安全技术要求，组织实施项目总体和施工各阶段安全生产工作规划，严格执行安全技术措施审批制度，不断改善施工工作条件，保证安全生产。

随时掌握安全生产动态，保证安全保障体系工作的正常运转，配合项目经理组织定期、不定期安全生产检查，及时消除事故隐患，制止违章指挥和违章作业，杜绝重大事故的发生。

对施工过程中的安全技术交底、安全施工措施的落实执行情况进行监督检查。

组织工程项目安全生产的宣传教育工作，负责组织领导分包施工队伍各类人员的安全教育培训和考核审查工作。

负责因工伤亡事故的现场的保护、伤员抢救及协助事故调查、报告与处理。

负责组织制定、审核安全生产应急救援预案，组织应急预案的演习和评审工作，组织项目部安全技术人员进行危险源辨识和风险评价工作。

（8）项目总工程师的安全生产职责

认真贯彻执行国家安全技术标准、规范、规程和安全生产规章制度，对项目的安全技术工作负直接责任，结合项目工程特点，主持工程项目的安全技术交底。

负责编制工程项目施工组织设计、分部分项安全技术方案和专项方案，保证其可行性与针对性，并随时检查、监督、落实。

负责向专业技术人员进行特殊或关键部位的安全技术交底，并监督实施。

组织对从事特殊施工人员进行安全技术和施工人员的安全操作规程的日常培训，及时解决施工中出现的安全技术问题。

工程项目应用新技术、新工艺、新材料，要及时上报，经批准后方可实施，并严格执行相应的安全技术措施与安全操作规程与要求。

参加安全生产检查，对施工中存在的不安全因素，从技术方面提出整改意见和办法予以消除；参加因工伤亡及重大未遂事故的调查，从技术上分析事故原因，提出防范措施和意见。

负责应急救援和抢险工作的专家组织工作；参与生产安全事故的调查、分析及处理工作，协助项目经理进行技术方面的咨询和决策及技术协调。

其他应当承担的责任：

项目分管物资设备、经营、人力综合、财务等其他工作的负责人，在各自职责范围内承担相应的责任。

（9）项目专职安全生产管理人员的安全生产职责

负责贯彻执行有关安全生产的法律、法规、规范、政策、标准，参与编制本项目安全生产各项管理规章制度和管理方案，分解、监督落实项目安全生产管理责任，并签字确认。每月定期对项目各管理岗位安全生产责任落实情况进行考评，并形成记录。

根据企业下达的年度安全生产总目标，确定项目的安全生产管理目标，并协助项目负责人与分包单位、作业班组签订安全责任书，督促落实、执行。

参与安全生产各项措施与方案的编制，严格监督检查施工班组对各项安全生产规章制度和安全操作规程的执行情况。配合有关部门做好对施工人员的三级安全教育、各工种换岗教育和特殊工种培训取证工作，并记录在案，健全各种安全管理台账。

对施工现场进行安全生产日常巡查和定期检查，制止违章指挥和违章作业，及时排除施工现场安全隐患，制定防范措施，当安全与生产发生冲突时，有权制止冒险作业，签发限时整改通知单。

在分部分项工程或重点部位、重点环节施工前，应及时督促现场技术员对施工作业人员进行安全技术交底。安全技术交底内容应当明确工程作业特点和所存在的重大危险源，提出危险源的具体预防措施和相应的安全标准以及相关应急救援预案的内容，并做好交底记录。

收集整理工程项目施工安全重大危险源清单，经项目负责人审核确认后，负责在施工现场醒目位置予以公示。制定重大危险源管理方案和保证措施，建立重大危险源的监控管理制度，对施工现场安全重大危险源实施动态监控。

检查劳动保护用品的质量，以及监督检查现场操作人员正确使用，对进入现场使用的各种安全用品及机械设备，配合材料部门进行验收检查工作。

负责项目特种作业人员持证情况的验证工作，参与施工现场施工起重设备、挂蓝、架桥机等临时设施及安全防护设施验收工作，并保存验收记录。对不符合规定要求的，应及时向项目负责人和企业安全生产管理机构书面报告。

参加因工伤亡和重大未遂事故的调查，分析事故原因，提出改进意见和防范措施，并监督检查执行情况。负责项目一般事故的调查、分析，提出处理意见，协助处理重大工伤事故，并参与制订纠正和预防措施，防止事故再发生。

对项目安全生产管理资料进行归档整理。资料要与工程进度同步，内容要完整、真实有效。

2.3 安全生产管理基本制度

2.3.1 安全生产责任制度

（1）建立安全生产责任制度的必要性及其目的

安全生产责任制度是根据我国“安全第一、预防为主、综合治理”的安全生产方针，按照“管生产必须管安全”的原则建立的，是企业岗位责任制的一个重要的组成部分，是安全生产管理各项制度中最基本、最核心的规章制度，也是落实安全生产事故行政责任追究的主要依据。建立安全生产责任制的目的一方面明确了企业各职能部门、各级管理人员及各岗位工作人员在安全生产工作中所承担的工作任务；另一方面确定了他们在企业安全生产中应履行的职责和所应承担的责任，使安全生产真正做到有法可依、有人负责、有人监督、有人落实。

（2）安全生产责任制度的主要内容

企业安全生产责任制度的建立对企业主要负责人、安全管理部门和其他职能部门以及各类施工人员在管理和施工过程中应当承担的责任做出了明确规定，即将企业安全生产主体责任分解到施工单位主要负责人、项目负责人、班组长以及每个岗位的作业人员身上。因此，企业安全生产责任制度的编制必须根据企业自身特点和组织机构的设置、职能人员的编制来考虑安全生产职责。具体应包括以下七个方面的内容：

1）物质保障责任

① 具备法律、法规和国家标准、行业标准规定的安全生产条件。

② 保证履行建设项目安全设施“三同时”的规定。

③ 依法为从业人员提供劳动防护用品，并监督、教育其正确佩戴和使用。

2）资金保障责任

① 按规定提取和使用安全生产费用，确保资金投入满足安全生产条件需要。

② 按规定存储安全生产风险抵押金。

③ 依法为从业人员缴纳工伤保险费，保证安全生产教育培训的资金。

3）机构设置和人员配备责任

依法设置安全生产管理机构，足额配备安全生产管理人员。

4）安全生产规章制度制定责任

建立健全安全生产责任制和各项规章制度、安全生产操作规程。

5）教育培训责任

依法组织从业人员参加安全生产教育培训，组织有关人员取得相关上岗资格证书。

6）安全管理责任

① 依法加强安全生产管理。

② 定期组织开展安全检查。

③ 依法取得安全许可。

④ 依法对重大危险源实施监控。

⑤ 及时消除事故隐患。

⑥ 开展安全生产宣传教育。

⑦ 统一协调管理承包、承租单位的安全生产工作。

7）事故报告和应急救援责任

① 按规定报告生产安全事故。

② 及时开展事故抢险救援。

③ 妥善处理事故善后工作。

2.3.2 安全生产组织管理制度

（1）建立安全生产组织管理制度的必要性及其目的

安全生产的组织管理制度是企业为了有效实施安全生产的组织管理所建立的一种规

事故。

④ 恢复：恢复工作应在事故发生后立即进行。首先应使事故影响区域恢复到相对安全的基本状态，然后逐步恢复到正常状态。要求立即进行的恢复工作包括事故损失评估、原因调查、清理废墟等。在短期恢复工作中，应注意避免出现新的紧急情况，长期恢复包括厂区重建和受影响区域的重新规划和发展。在长期恢复工作中，应吸取事故和应急救援的经验教训，开展进一步的预防工作和减灾行动。

3）事故应急救援体系响应程序

事故应急救援系统的应急响应程序按过程可分为接警、响应级别确定、应急启动、救援行动、应急恢复和应急结束等几个过程。

① 接警与响应级别确定：接到事故报警后，按照工作程序，对警情做出判断，初步确定相应的响应级别。如果事故不足以启动应急救援体系的最低响应级别，响应关闭。

② 应急启动：应急响应级别确定后，按所确定的响应级别启动应急程序，如通知应急中心有关人员到位、开通信息与通信网络、通知调配救援所需的应急资源（包括应急队伍和物资、装备等）、成立现场指挥部等。

③ 救援行动：有关应急队伍进入事故现场后，迅速开展事故侦测、警戒、疏散、人员救助、工程抢险等有关应急救援工作，专家组为救援决策提供建议和技术支持。当事态超出响应级别无法得到有效控制时，向应急中心请求实施更高级别的应急响应。

④ 应急恢复：救援行动结束后，进入临时应急恢复阶段。该阶段主要包括现场清理、人员清点和撤离、警戒解除、善后处理和事故调查等。

⑤ 应急结束：执行应急关闭程序，由事故应急总指挥宣布应急结束。

（3）安全生产事故应急救援预案的制定与演练

安全生产事故应急预案的编写应当根据本单位建设工程施工特点、范围，针对施工现场易发生重大事故的部位、环节进行监控，制定符合本单位实际的安全生产事故应急救援预案。

安全生产事故应急救援预案包括综合应急预案和专项应急预案。

1）综合应急预案的主要内容包括：

① 总则：编制的目的、依据、适用范围、应急预案体系、应急工作原则；

② 企业的危险性分析：企业概况、危险源与风险分析；

③ 组织机构及职责：应急组织体系、指挥机构及职责；

④ 预防与预警：危险源监控、预警行动、信息报告与处置；

⑤ 应急响应：响应分级、响应程序、应急结束；

⑥ 信息发布；

⑦ 后期处置；

⑧ 保障措施：通信与信息保障、应急队伍保障、应急物资装备保障、经费保障、其他保障；

⑨ 培训与演练；

⑩ 奖惩；

⑪ 附则：术语和定义、应急预案备案、维护和更新、制定与解释、应急预案实施。

2）专项应急预案的主要内容包括：

① 事故类型和危害程度分析；
② 应急处置基本原则；
③ 组织机构及职责：应急组织体系、指挥机构及职责；
④ 预防与预警：危险源监控、预警行动；
⑤ 信息报告程序；
⑥ 应急处置：响应分级、响应程序、处置措施；
⑦ 应急物资与装备保障。

2.3.15 分包单位安全生产管理考评制度

（1）建立分包单位安全生产管理考评制度的必要性及其目的

施工企业在法律和合同允许范围内把所承揽的工程的低端生产资源部分分包给劳务分包队伍和专业协作队伍，自身专注于增强和提高项目管理优势，是大型施工企业应对市场竞争、获得长足发展的有效途径之一。随着企业不断发展壮大，对于协作队伍的管理逐渐成为企业安全生产管理的重点。建立《安全生产考评价制度》对于企业合理规避分包工程的施工风险，增强事故风险的防控能力，完善安全生产管理体系，提高安全生产管理水平企业具有重要意义。

（2）安全生产考评制度的主要内容

企业应该组织生产、安全、技术质量等部门对分包单位进行安全生产考评，并建立分包单位安全生产考评档案。评价工作应遵循公平、公正、公开的原则，评价结果实行签认和公示、公告制度。安全生产考评管理工作实行统一管理、分级负责。

1）安全生产考评的方法

安全生产考评工作实行定期评价和动态评价相结合的方式。定期评价工作每年应开展一次，对分包单位上一年度的安全生产行为进行评价。动态评价根据实际生产情况随时进行，并根据评价结果及时调整安全生产评价等级。评价结果应实行分级管理，并逐级上报，经公示后加入分包单位安全生产考评档案。

2）安全生产信息评价的主要内容

企业在进行工程分包时，必须严格遵守法律规定，对首次分包工程的队伍，应作好以下资质审查：

① 严格审查施工方的营业执照、资质证书、安全生产许可证书、安全管理人员和特征作业人员持证情况等；

② 严格审查施工方的人员素质、机械设备、安全防护设备设施的使用和管理状况；

③ 调研相关方以往工作业绩，是否发生过安全生产事故等。

安全生产信用评价应每年进行一次，评价结果分合格、基本合格及不合格。对年内发生安全生产责任事故的单位一律评为不合格，严格实行“一票否决”制。

安全生产评价分为阶段性评价和综合评价。阶段性评价包括投标行为评价、履约行为评价和其他行为评价；综合评价作为分包单位安全生产信用的最终评价。

① 投标行为评价：分包工程项目招标时，开展对投标单位的资质审查，对于已合作过的投标单位，参考其安全生产信用评价结果。

② 履约行为评价：企业应与分包单位签订《安全生产管理协议》明确双方权责。企

业结合日常安全生产管理，对分包单位履行《安全生产管理协议》的情况进行评价，对分包合同中承诺满足安全生产要求的施工人员和机械设备进行检查考评。

③ 其他行为评价：主要包括安全生产事故控制能力、安全生产奖罚情况、施工现场安全管理制度执行情况、施工安全检查及隐患排查治理情况。

④ 综合评价：分包工程验收交付前，企业对分包单位整个施工阶段安全生产情况进行总结，结合投标行为评价、履约行为评价和其他行为评价结果对分包单位做出安全生产信用评价。

3）安全生产考评的应用

① 安全生产考评结果作为企业及其所属单位在分包工程招标时，对投保单位综合考核评价的重要依据；

② 安全生产考评结果作为对分包单位阶段性考评的重要依据；

③ 安全生产考评价结果作为督促分包单位加大安全生产投入、提高安全生产管理水平的依据；

④ 安全生产考评结果作为企业清理、淘汰不合格分包单位的依据。

2.3.16 安全生产事故报告制度

（1）建立安全生产事故报告制度的必要性及其目的

为了规范安全生产事故的报告工作，及时开展布置事故应急救援等应对措施，最大限度地减少事故造成的损失，企业应根据法律法规的要求，结合企业生产实际，建立《安全生产事故报告制度》，这有利于规范事故报告和事故调查处理程序，有利于防范次生灾害和减少生产安全事故损失。

（2）安全生产事故报告制度的主要内容

1）安全生产事故分类

根据《生产安全事故报告和调查处理条例》（国务院令第 493 号）文中的有关规定，按照造成的人员伤亡或者直接经济的损失，安全生产事故分为以下四个等级：

① 特别重大事故，是指造成 30 人以上死亡，或者 100 人以上重伤，或者 1 亿元以上直接经济损失的事故。

② 重大事故，是指造成 10 人以上 30 人以下死亡，或者 50 人以上 100 人以下重伤，或者 5000 万元以上 1 亿元以下直接经济损失的事故。

③ 较大事故，是指造成 3 人以上 10 人以下死亡，或者 10 人以上 50 人以下重伤，或者 1000 万元以上 5000 万元以下直接经济损失的事故。

④ 一般事故，是指造成 3 人以下死亡，或者 10 人以下重伤，或者 1000 万元以下直接经济损失的事故。

2）安全生产事故报告的主要内容

① 事故发生时间、地点、工程项目和事故单位名称；

② 事故的简单经过、紧急抢险救援情况、人员伤亡情况、预估的直接经济损失；

③ 事故原因的初步分析判定；

④ 事故发生后所采取应对措施和控制情况；

⑤ 事故报告单位、签发人及报告时间等。

事故报告应当及时、准确、完整，任何单位和个人对事故不得迟报、漏报、谎报或者瞒报。

报告方式可采取电话、传真、电子邮件的形式先行报告事故概况，有新情况及时续报，但应在12小时内补齐书面材料。

事故报告后出现新情况的，应当及时补报。自事故发生之日起30日内，事故造成的伤亡人数发生变化的，应当及时补报。道路交通事故、火灾事故自发生之日起7日内，事故造成的伤亡人数发生变化的，应当及时补报。

3）事故报告程序

事故发生后，现场有关人员应当立即报告现场安全生产负责人。现场安全生产负责人接到报告后应立即报告单位安全管理部门和企业主要负责人，并立即启动事故相应应急预案，或者采取有效措施，组织抢救，防止事故扩大，减少人员伤亡和财产损失。单位负责人接到报告后，应当于1h内向事故发生地县级以上人民政府安全生产监督管理部门和负有安全生产监督管理职责的有关部门报告。

发生重大生产安全事故后，施工单位除向项目建设和监理单位报告外，还应立即将事故情况如实向事故所在地交通主管部门、地方安全监管部门报告。实行工程总承包的交通建设项目，由总承包单位负责上报。

4）事故处理的一般要求

事故处理应遵循“统一指挥、快速反应、各司其职、协同配合”的要求，各相关部门共同做好事故的应急处置工作。施工单位或上级交通主管部门可视具体情况派现场督导组参与事故调查处理工作。建设、施工等单位，在公安、消防、卫生等专业抢险力量到达现场前，应立即启动本单位的应急救援预案，全力开展事故抢险救援工作，防止事故扩大，尽量减少人员伤亡和财产损失。同时协助有关部门保护现场，维护现场秩序，妥善保管有关物证，配合有关部门收集证据。

2.3.17 企业负责人及项目负责人带班制度

（1）企业负责人及项目负责人带班制度的必要性及其目的

企业负责人和项目负责人在施工安全生产管理中发挥着重要作用，制定企业负责人及项目负责人带班制度，将有效落实安全生产主体责任，督促各级领导深入现场了解安全生产实际情况，增强安全意识，进一步改进和加强施工现场安全生产管理工作。通过企业负责人及项目负责人带班，将更好的落实安全生产相关法律、法规和行政规章，有效制止违章作业、违规操作现象，通过及时发现和消除事故隐患，排除施工中人的不安全行为和物的不安全状态，监督安全技术措施的落实，使重点部位、关键过程的安全处于受控状态，进而堵塞事故漏洞，不断改善劳动条件，提高全员安全意识，防止安全生产事故的发生。

（2）企业负责人及项目负责人带班制度的主要内容

施工企业应当建立企业负责人及项目负责人带班制度，明确带班的职责权限、组织形式、检查内容、方式以及考核办法等具体事项。

1）企业负责人带班检查

企业负责人带班检查是指由施工企业负责人带队实施对工程项目安全生产状况及项目负责人带班生产情况的检查。

① 建筑施工企业负责人是指项目总包、专业分包、劳务分包的企业法人代表、总经理、主管质量安全和生产工作的副总经理、总工程师和副总工程师。建筑施工企业负责人应当持有“A”类安全生产考核合格证书。企业法定代表人是落实企业负责人施工现场带班制度的第一责任人，对制度落实情况全面负责。

② 施工企业负责人应当到企业所属的每个项目部开展带班检查，重点检查工程项目的安全生产状况，以及项目负责人的带班生产情况。其次数每月不少于一次，总的带班检查日，每月不少于工作日的25%。

③ 超过一定规模的危险性较大分部分项工程施工时或工地出现险情和重大隐患企业负责人应当到施工现场带班检查，督促项目进行整改，及时消除险情和隐患。对日常管理状况差的施工现场，应当增加带班检查频次。

④ 施工企业负责人检查记录应分别在施工企业和施工现场留存，并报施工现场监理备案，没有实施项目监理的报项目建设单位备案。

2）项目负责人带班生产

项目负责人带班生产是指项目负责人在施工现场组织协调工程项目的安全生产活动。

① 项目负责人是指建筑施工总包、专业分包企业项目经理和劳务分包企业项目管理人。项目负责人是工程项目安全管理的第一责任人，应对带班生产制度负责。项目负责人在同一时期只能担任一个工程项目的管理工作。

② 项目负责人带班期间要全面掌握当班安全生产状况，应对施工现场的机械、人员、材料、职工工作、生活等各方面情况进行全面检查，加强对重点部位、关键环节、危险源的检查，并指导现场人员的安全作业；及时发现和组织消除事故隐患和险情，及时制止违章违规行为，严禁违章指挥，杜绝安全生产事故的发生；认真做好带班生产记录并签字存档备查。

施工现场有超过一定规模的危险性较大分部分项工程施工、出现灾害性天气或发现重大隐患、出现险情等情况时，项目负责人等关键岗位人员必须在岗带班，及时采取紧急处置措施，并立即下达停工令，组织涉险区域人员及时有序撤离到安全地带。

③ 项目负责人应当确保每月在现场带班生产的实际时间不少于本月施工时间的80%，不得擅自脱岗。因其他事务需离开施工现场时，应向工程项目的建设单位请假，经批准后方可离开。离开期间应委托项目相关负责人负责其外出期间的日常工作。

④ 总包单位应对分包单位项目负责人带班生产情况进行考核，并作为对其安全生产标准达标的评判依据之一。

⑤ 施工企业应当建立项目负责人带班生产考勤制度。各单位应当有专人进行考勤，带班人员名单每天应当在施工进场的主要通道处进行公示。带班情况应当予以记录。

⑥ 项目负责人施工现场带班实现交接班制度。带班领导应当向接班的领导详细告知当前施工现场安全存在的问题、需要注意的事项等，并认真填写交接班记录。

⑦ 项目部应当建立项目负责人施工现场带班生产档案管理制度，并应有专人负责整理，并存档备查。

第三章　安全生产风险管理

3.1　工程风险管理概述

工程项目通常技术复杂、投资大、工期长、参与主体多，加上项目外部环境千变万化，使得工程项目运行过程中的不确定性大大增加，风险也随之而来，风险对工程质量、工期、费用及安全造成潜在的损失，通过对风险的防范措施的研究来降低风险产生的损失也变得越来越重要。工程建设项目的风险贯穿项目的全过程，每个阶段的风险因素都将对项目的预期产生偏离，在实践中如果对风险进行有效的管理，有利于减小实际结果与预期目标的偏离程度，降低风险损失，提高管理人员的管理效率和管理水平。

3.1.1　工程风险

（1）风险的定义

风险，通常是指在既定条件下的一定时间段内，由风险因素引起的可能情况和预期目标产生的偏离。其中包括两方面内容：一是风险意味着损失；二是损失出现与损失大小是概率事件，无法确定，只能用概率表示出现的可能性大小。其一般数学表达式为：

$$R=P\times C$$

式中：R——风险的数值度量；

P——风险事件发生的概率；

C——风险事件造成的损失。

（2）工程风险

工程风险是指在工程项目决策和实施过程中，造成实际结果与预期目标的差异性及其发生的概率。工程风险的差异性包括损失的不确定性和收益的不确定性。工程项目在其寿命周期中的风险，即工程项目在决策、勘察设计、施工以及竣工后投入使用各阶段，造成实际结果与预期目标的差异性及其发生的概率。例如，在工程建设中，工程风险可以定义为在整个工程项目全寿命过程中，自然灾害和各种意外事故的发生而造成的人身伤亡、财产损失和其他经济损失的不确定性。工程风险根据风险后果程度和风险发生概率的不同划分为不同程度的风险等级。

根据建设工程的特点，工程风险可以按以下途径进行分解：

1）目标维：即按建设工程目标进行分解，也就是考虑影响建设工程投资、进度、质量和安全目标实现的各种风险。

2）时间维：即按建设工程实施的各个阶段进行分解，也就是考虑建设工程实施不同阶段的不同风险。

3）结构维：即按建设工程组成内容进行分解，也就是考虑不同单项工程、单位工程的不同风险。

4）因素维：即按建设工程风险因素的分类分解，如政治、社会、经济、自然、技术等方面的风险。

（3）工程风险特点

工程风险具有客观性、不确定性、普遍性和可测性等特点。

1）客观性

工程风险是不以人的意志为转换的客观存在。无论是自然界中的地质条件、地区气候等，还是社会领域如拆迁、交通、周边社会关系等，都不以人的意志为转移，都是独立于人的意识之外的客观存在。人的活动也仅仅只能在有限的空间和时间内改变风险存在和发生的条件，降低其发生的频率和减少损失程度，而不能也不可能完全消除风险。

2）不确定性

工程风险虽然客观存在，但就某一具体的风险而言，工程风险事故的发生具有不确定性。由于材料质量、技术水平等受随机因素影响，不可能准确预测风险的发生，因此风险与不确定性紧密相关。在风险发生之前，人们无法准确预测工程风险何时会发生以及发生的后果。工程项目相对复杂，容易受外部环境影响，如拆迁、交通、周边社会关系等都容易影响项目进程；项目内部各利益相关者，如业主、监理、承包商、材料供应商、政府监管机构等变数较大，加之项目自身建设中的问题，工程风险的不确定性更高。

3）普遍性

工程风险的普遍性是指工程风险的影响常常是全局性的。例如，反常的气候条件造成工程的停滞，会影响整个后期计划，影响后期所有参加者的工作；在工程项目开始时直至结束都存在。

4）可测性

个别风险的发生是偶然的，不可预知的，但通过对大量风险的观察会发现，风险往往呈现出明显的可测性。根据以往大量资料，利用概率论和数理统计的方法可测算风险事故发生的概率及其损失程度，并且可构造出损失分布的模型，成为风险估测的基础。例如，在工程建设中，根据对不同事故的收集，利用模型提取其中数据，就可以测算事故发生的可能，进而对风险进行预控。

（4）工程风险影响因素

工程风险因素是增加损失频率和损失幅度增加的要素，是导致事故发生的潜在原因，是造成损失的直接或者间接原因。例如，桥梁所用的建筑材料的质量，设计的合理性，施工人员的技术能力都是造成结构倒塌的潜在风险。风险因素识别应根据项目的特点选用适当的方法，要注意项目的不同阶段存在的主要风险有所不同，并正确判断工程项目的相关性和独立性。在建设工程项目中会有很多风险，但不是所有的风险都会发生，它也需要一定的条件和环境。比如在修一条公路隧道时可能会发生事故造成工人受伤。这种事故风险因素就可能是事故防范工作做得不到位；工人自身文化素质不高、违规操作；土体崩塌等因素造成。工程风险因素如图 3-1 所示。

图 3-1　风险因素造成风险发生

工程风险因素主要有以下方面：人员

风险、技术风险、环境风险、材料风险和机械设备风险等。

1）人员风险

人员风险是指工程参与各方的主要从业人员的技术能力和管理素质欠缺给工程施工带来不利影响。如主要设计人员技术水平有限造成工程出现大量的设计错误和遗漏；施工管理人员素质不高，使工程出现大面积返工；监理人员责任心不高，导致工程变更频繁发生；业主管理人员失责，导致工程管理失控，项目各方难以协调工作，致使工期延长和成本上升等。一般从以下三个方面来考虑人员风险的影响：

① 工程管理者的素质。在施工时候需要注意考核管理者的素质，因为工程管理者的素质对工程的质量有着重要的影响。如果管理层整体的素质好、经营作风正派、实践经验丰富、社会信誉高，那么必然具有较强的决策能力，组织机构也就健全，管理制度能够完善，技术措施得力，确保工程质量。

② 施工人员的能力、技术水平会直接影响到工程质量，较高的技术水平能够比较容易看懂、领会工程设计的方案和技术要求，并且在施工过程当中能够及时地发现问题，甚至根据自己的经验给出解决问题的方法。

③ 施工人员的劳动态度、注意力、情绪和责任心等状态。这些状态存在太大的主观性，会在不同时期和不同地点发生变化。所以，在施工过程当中，一定要注意人员因素的变化，特别是对那些需要确保工程质量的关键、精密工序，控制其思想活动，稳定其情绪波动。

2）技术风险

技术风险指技术条件的不确定性而引起工程风险的可能性。技术风险贯穿于工程可行性研究、工程方案选择、工程勘察、工程设计、工程施工、工程监理等过程中，由于技术标准和计算模型的选择、设计参数的选取等问题上出现偏差而形成的工程风险。例如，设计人员考虑不周而造成的设计更变和带来的工程延期。

3）环境风险

环境风险是指由于自然现象如严寒、台风、暴雨、洪水、潮汛、火灾地震、地质灾害、雷暴等风险因素可能给工程施工带来影响和损失。夏日高温与雨天，会降低工人的工作效率，影响工程的正常进行，给业主带来了间接和直接损失。

同时，应考虑建设工程与周边环境设施的相互影响及作用而产生的风险。

4）材料风险

工程材料是指工程建设阶段所使用的原材料、（半）成品和构配件等工程材料，而材料风险则是指所用材料未达到质量要求所带来的工程建设的影响和损失。工程材料是工程施工的基础物质条件，没有材料工程就无法开展，材料质量是确保工程质量的基础。如选用的材料质量不能达到施工要求，存在工程质量安全隐患，甚至引起后期投入使用阶段风险；如对材料质量控制不严，导致工程质量安全存在隐患。

5）机械设备风险

工程施工机械设备来源有两个方面：施工企业自有或外雇。如机械设备不能达到正常使用要求，则会降低工作效率，影响工期，从而导致工程进度滞后。同样，建设工程中机械设备的使用作业同样会影响工程的安全，机械设备的风险因素对工程带来重要影响。

风险因素是风险事故发生的潜在原因和条件、是造成损失的内在的或间接的原因和条件，风险损失或后果通常是一系列风险因素和风险事件依次作用的结果。海因里希的骨牌理论认为风险因素、风险事故（事件）和风险损失这三张骨牌之所以倾倒，主要是人的错误所致；而能量释放理论则强调之所以造成损失，是因为事故承受了超过其能容纳的能量所致，且物理因素起重要作用。综上我们可以把风险因素、风险事件（事故）和损失三者的关系组成一条因果关系链条，即风险因素的产生或者增加，造成了风险事件（事故）的发生，风险事件（事故）发生则又导致损失的直接原因，如图 3-2 所示。例如，由于人员的不规范操作，工程质量得不到保障，发生脚手架坍塌安全事故，导致人员的伤亡，给公司带来直接和间接损失。其中脚手架坍塌是风险事件，而人员的不规范操作，工程质量得不到保障等是风险因素。

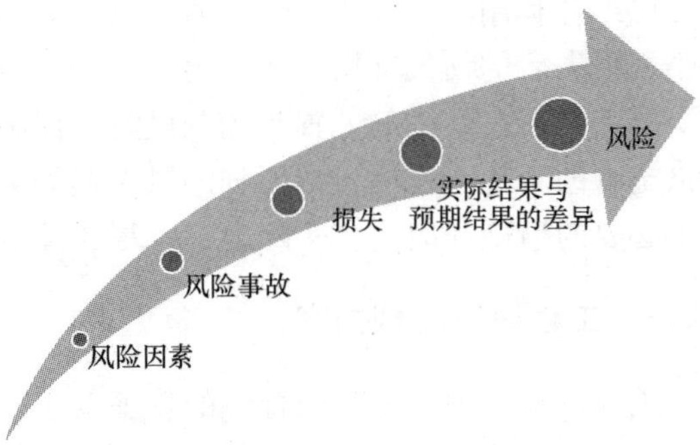

图 3-2　风险作用链

3.1.2　工程风险管理

工程风险管理是工程项目管理中一种高层次的综合性管理工作。它涉及企业管理和项目管理的各个阶段和各个方面，涉及项目管理的各个子系统，所以它必须与合同管理、成本管理、时间管理、质量和安全管理等联成一体。

（1）工程风险管理概念

工程风险管理就是以降低工程项目中风险发生的可能性为目标，减轻风险的影响，实现工程项目的预期目标和经济安全；是人们对潜在的意外损失进行辨识、评估，并根据具体情况采取相应的措施进行处理，即在主观上尽可能有备无患或在无法避免时亦能寻求切实可行的补偿措施，从而减少意外损失。工程风险管理一般包括以下内容：工程风险管理规划、工程风险识别与分析、工程风险评估与预控、工程风险跟踪与监测、工程风险预警与应急以及工程风险管理工作评价。

工程项目前期的立项以及各种分析、研究、设计和计划都是基于对将来情况（政治、经济、社会、自然等方面）的预测之上，是基于正常和理想的技术、管理和组织之上。而在工程实际实施与运行过程中，这些因素都有可能会产生变化，各个方面都存在着不确定的因素使目标产生偏离。工程风险管理是工程项目管理的重要组成部分，但其不同于其他管理功能。它是人们在追求可靠和安全的目标下，在传统管理思想和现代科技理论相结合的基础上发展起来的一门新学科。

（2）工程风险管理的作用

工程风险管理的作用主要体现在以下几个方面：

第一，工程风险管理为全面地处置工程风险提供了可能。工程风险管理建立在对风险的识别和分析的科学基础之上，它一方面能够提供系统科学的方法，比较每一个风险对策的成本和效率，寻求各种对策的最佳组合；另一方面给风险损失的出现与度量提供科学的计算基础，从而能够有效地识别与度量风险，为风险管理提供科学的决策基础。

第二，工程风险管理是一种综合的处置风险的方法，它对于各种控制风险的措施和手段加以综合利用。工程风险管理通过风险处置工具，既注重损失前的控制、转移与处理，也重视损失后的损失补偿，从而为风险的有效处置提供了可能。

第三，通过系统的处置与控制风险，保障了工程项目的顺利完成。工程风险管理的各种措施有助于把工程项目中面临的风险损失减小到最低程度，并在灾害损失发生后及时地提供必要的措施和应对。实际上，工程风险管理直接或者间接地减少了工程的费用支出。

3.1.3 工程风险管理内容

工程风险管理是一项综合性的管理工作，它是根据工程风险环境和设定的目标，对工程风险因素进行分析和评估，然后进行决策的过程，包括工程风险管理规划、工程风险识别与分析、工程风险评估与预控、工程风险跟踪与监测、工程风险预警与应急和工程风险管理工作评价等内容；风险管理工作流程应该包含风险识别与分析流程、风险评估与预控流程、风险预警与应急流程等；风险管理结束阶段，应汇总风险管理相关资料，并按档案管理规定，组卷归档。工程管理的总流程图如图 3-3 所示。

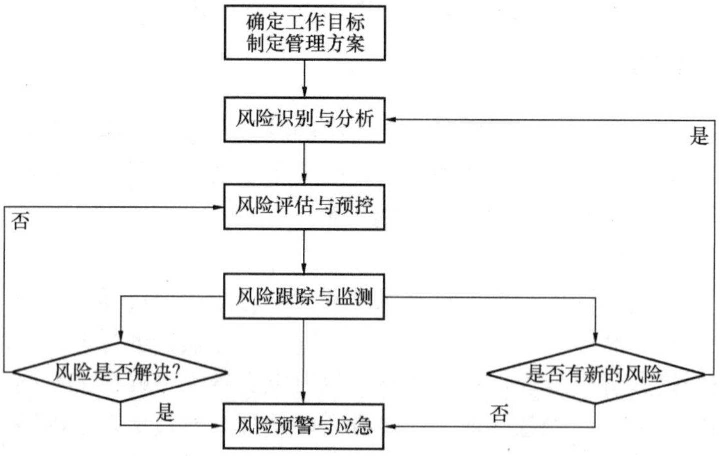

图 3-3　工程风险管理总流程图

（1）工程风险管理规划

工程风险管理规划是风险管理组织进行风险管理组织进行风险管理的重要内容，是全部工程风险管理的基础部分。工程风险管理规划首先要明确风险管理的目标。工程风险管理工作的目标可分为以下两个方面：①各类风险事件发生前，应尽可能选择较为经济、合理、有效的方法来减少或者避免风险事件的发生，将风险事件的发生的可能性和后果降至可能的最低程度；②各类风险事件发生后，应共同努力、通力协作，立即采取针对性的风险应急预案和措施，尽可能减少人员伤亡、经济损失和周边环境影响等，使其尽快恢复到风险发生前的状态。

（2）工程风险识别与分析

工程风险识别与分析，是进行工程风险管理的第二步，是寻找、辨别和分类存在于工程项目中的风险进行识别与分析、评估与预控、跟踪与监测、预警与应急的全过程管理。由于每一个工程项目本身就是一个复杂的系统，因而影响它的风险因素很多，影响关系错综复杂，有直接的、也有间接的，有明显的、也有隐含的，或是难以预料的，而且各个风险因素所引起的后果的严重程度也不一样。当进行工程项目决策时，完全不考虑这些风险因素或是忽略了其中的主要因素，都将会导致决策的失误。但是如果对每个风险因素都考虑，又会使问题极其复杂化，因此就要对工程风险进行识别。风险识别与分析流程见图 3-4。

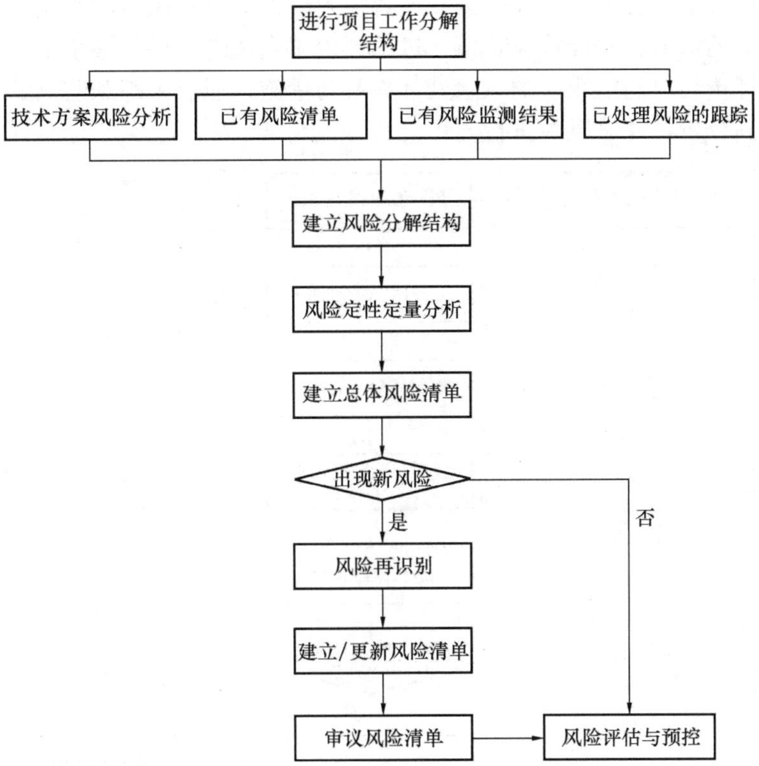

图 3-4　风险识别与分析流程

风险再识别应符合以下要求：

1）在工程项目施工的具体实施阶段以及每个阶段的关键节点都应结合具体的施工条件、周围环境、施工队伍、施工机械性能等实际状态对风险因素进行再识别，动态分析工程项目施工的具体风险因素。

2）风险再识别的依据主要是上一个阶段的风险识别及风险处理的结果，包括已有风险清单、已有风险监测结果和对已处理风险的跟踪。风险再识别的过程本是上是对工程项目新增风险因素的识别过程，也是风险识别的循环过程。

（3）工程风险评估与预控

在识别工程风险之后，下一步就是工程风险评估与预控。在工程风险识别的基础上，通过对所搜集的大量详细损失资料加以分析，运用概率和数理统计、估计和预测工程风险发生的概率和损失幅度。工程风险的评估是对风险的定量化分析，可为风险管理者进行风险决策、管理技术选择提供可靠的科学的数据，是工程风险管理中的重要而复杂的一环。在施工准备阶段，应结合项目工程的特点、周围环境和施工组织设计以及风险识别与分析的情况，进行工程风险评价。在施工过程中，应结合专项施工方案进行动态风险评价。风险评价应明确责任人，收集基本资料，依据风险等级标准和接受准则制定工作计划和评价策略，提出风险评价方法，编制工程风险评估报告。

风险评估与预控工作流程图如图 3-5 所示，其主要包括：对初始风险进行估计，分别确定每个风险因素或者风险事件对目标风险发生的概率与损失，当风险概率难以取得时，可采用风险频率代替；分析每个风险因素或者风险事件对目标风险的影响程度；估计风险发生概率和损失的估值，并计算风险值，进而评价单个风险事件与整个工程项目的初始风险等级；根据评价结果制定相应的风险处理方案与措施；通过跟踪和监测的新数据，对工程风险进行重新分析，并对风险进行再评价。

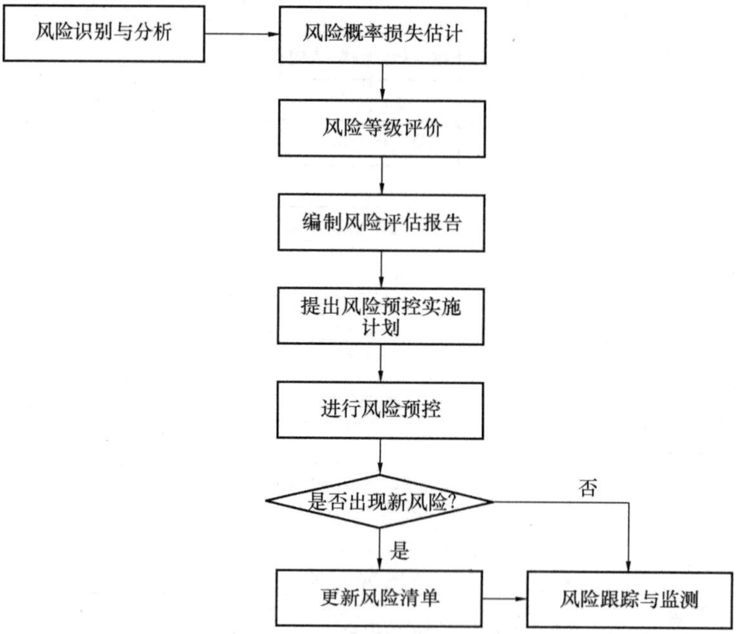

图 3-5　工程风险评估与预控流程图

（4）工程风险跟踪与监测

工程实施单位应根据风险评估结果选择适当的风险处理策略，编制风险跟踪与监测实施计划并实施。风险跟踪应对风险的变化情况进行追踪和观察，及时对风险状态做出判断，风险跟踪与监测流程图如图 3-6 所示。工程风险跟踪与监测的内容包括：风险预防措施的落实情况、已识别风险事件特征值观测、对风险发生状态的记录等。工程风险跟踪与监测是动态过程，应根据工程环境的变化、工程的进展情况及时对施工质量安全风险进行修正、等级及监测检查，定期反馈，随时与相关单位沟通；根据风险跟踪与监测结果，对应风险接受等级高的事件进行处理。

（5）工程风险预警与应急

综合考虑工程项目的目标、规模和能够接受的风险大小，以一定的方法和原则为指导，对工程项目面临的风险采取适当的措施，以降低风险发生的概率和风险事故发生带来的损失程度。工程实施单位应明确各风险事件响应的风险预警指标，根据预警等级采取针对性的防范措施。项目实施单位应编制工程风险应急预案，并定期进行应急演练。风险预警与应急应建立风险预警预报体系和风险处置方案。风险预警与应急流程图如图 3-7 所

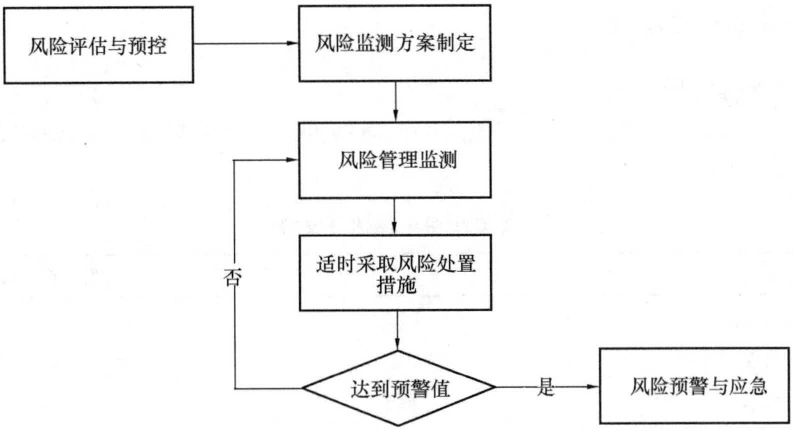

图 3-6　工程风险跟踪与监测

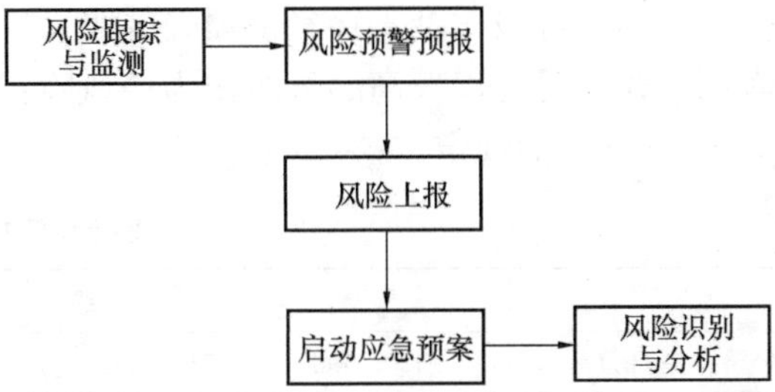

图 3-7　风险预警与应急流程

示，其内容包含：在工程施工期间对可能发生的突发风险事件，应根据突发风险事件可能造成的社会影响性、危害程度、紧急程度、发展势态和可控性等情况划分预警等级；针对工程施工项目的特点和风险管理的需要，宜建立风险监控和预警信息管理系统，通过监测数据分析，及时掌握风险状态；工程项目必须建立应急救援预案，并对相关人员进行培训和交底，保持相应能力；施工现场应配备应急救援物资和设备，并明确安全通道、应急电话、医疗设施、药品、消防设备等；针对各级风险事件，项目实施单位应建立健全应急演练机制，定期组织相关预案的演练，其上级管理部门应定期检查。

（6）工程风险管理工作评价

在工程风险管理的不同阶段和不同时期，应对工程风险管理工作进行评价。其原因大致有两点：第一，风险管理的过程是动态的，风险在不断地变化，新的风险会产生，原有的风险会小时，上一工程中应对风险的方法也许就不能适用于下一个工程；第二，有时候做出风险管理的预警与应急时错误的，这需要通过检查和评价来加以发现，然后加以修正。

3.2　工程风险评估方法

公路水运工程项目施工环境复杂、工期长，与地质环境关系密切，所面临的不确定因素多而复杂，在风险管理过程中，对风险的评估标准的制定以及风险评估方法的运用极为重要，要想正确的把握风险及其程度，必须系统科学的识别评估各个风险。以下主要介绍工程风险评估的标准以及主要的风险评估方法。

3.2.1 工程风险评估标准

（1）风险评价依据

风险等级由风险发生概率等级和风险损失等级间的关系矩阵确定。风险发生概率的描述及等级应符合表 3-1 的规定。

风险发生概率描述及其等级　　表 3-1

描述	等级	发生概率区间
非常可能	5 级	0.3～1
可能	4 级	0.03～0.3
偶尔	3 级	0.003～0.03
不太可能	2 级	0.0003～0.003
几乎不可能	1 级	＜0.0003

风险损失等级包括直接经济损失等级、周边环境影响损失等级以及人员伤亡等级，当三者同时存在时，以较高的等级作为该风险损失等级。风险发生后果的描述及等级应符合表 3-2～表 3-4 的规定。

直接经济损失等级　　表 3-2

损失等级	5 级	4 级	3 级	2 级	1 级
经济损失（万元）	EL≥10000	5000≤EL≤10000	1000≤EL≤5000	500≤EL≤1000	EL≤500

注：EL＝经济损失；参考国务院令第 493 号《生产安全事故报告和调查处理条例》（2007 年 6 月 1 号）

周边环境影响损失等级　　表 3-3

损失等级	涉及范围	影响程度描述
5 级	非常大	周围环境发生严重污染或破坏
4 级	很大	周围环境发生较重污染或破坏
3 级	大	周围环境发生污染或破坏
2 级	较小	周边环境发生轻度污染或破坏
1 级	很小	周围环境发生少量污染或破坏

注：周边环境指自然环境、周边场地及邻居建（构）筑物，市政设施等。

人员伤亡等级　　表 3-4

损失等级	5 级	4 级	3 级	2 级	1 级
人员伤亡	死亡（含失踪）10 人	死亡（含失踪）3～9 人，或重伤 10 人以上	死亡（含失踪）1～2 人，或重伤 2 人～9 人	重伤 1 人，或轻伤 2～10 人	轻伤 1 人

（2）风险评估等级

风险的等级划分具有多种分法，不同行业的具体分发各不相同，如根据《城市轨道交通地下工程建设风险管理规范》（GB 50652—2011）将工程风险等级分为四个等级，美国根据大坝发生事故可能造成的灾害程度，对大坝进行等级划分，分别为高风险、重大风险和低风险三个等级。不同国家对风险等级的划分也不一样，如根据德国《公民保护中的风险分析方法》2010 公布的做法，德国试图按照统一的方法与标准来评估各种类型突发事件的风险等级，该方法主要是以突发事件的发生可能性和损害规模为基础，将风险划分为四个等级。按照上海《建筑工程施工质量安全风险管理规范》（DB 31/T 688—2013）将工程风险分为 5 级：

1）5 级风险，风险等级最高，风险后果是灾难性的，或造成恶劣社会影响；

2）4 级风险，风险较高，风险后果很严重，可能在较大范围内造成破坏或有人员伤亡；

3）3 级风险，风险一般，风险后果一般，对公路水运工程可能造成破坏的范围较小；

4）2 级风险，风险较低，风险后果在一定条件下可忽略，对公路水运工程本身以及人员等不会造成较大损失；

5）1 级风险，风险最低，风险后果可以忽略。

通过风险概率和风险损失得到风险等级，如表 3-5 所示。

风险等级矩阵表 **表 3-5**

风险等级		损失等级				
		5 级	4 级	3 级	2 级	1 级
概率等级	5 级	5 级	5 级	4 级	4 级	3 级
	4 级	5 级	4 级	4 级	3 级	2 级
	3 级	4 级	4 级	3 级	2 级	2 级
	2 级	4 级	3 级	2 级	2 级	1 级
	1 级	3 级	2 级	2 级	1 级	1 级

（3）风险接受准则

风险接受准则和风险等级的划分对应，不同风险等级的风险接受准则各不相同，如表 3-6 所示。

风险等级描述与接受准则 **表 3-6**

风险等级	风险描述	接受准则
5 级	风险最高，风险后果是灾难性的，并造成恶劣的社会影响	完全不可接受，应立刻排除
4 级	风险较高，风险后果很严重，可能在较大范围内造成破坏或有人员伤亡	不可接受，应立即采取有效的控制措施
3 级	风险一般，风险后果一般，对公路水运工程可能造成破坏的范围较小	不希望发生，可均衡风险损失与风险控制成本采取适当的控制措施
2 级	风险较低，风险后果在一定条件下可接受，对公路水运工程本身以及人员等不会造成较大损失	允许在一定条件下发生，但必须对其进行监控并避免其风险升级
1 级	风险最低，风险后果可以忽略，对公路水运工程	可接受，但应尽量保持当前风险水平和状态

（4）风险预警等级

根据风险可能造成的社会影响性、危害程度、紧急程度、发展势态和可控性等情况，将风险预警分为四个等级，具体规定如下：

1）4级风险预警，即红色风险预警，为最高级别的风险预警，是紧迫的，风险事故后果是灾难性的，并造成恶劣社会影响；

2）3级风险预警，即橙色风险预警，为较高级别的风险预警，风险事故发生后果很严重，可能在较大范围内对工程造成破坏或者有人员伤亡；

3）2级风险预警，即黄色风险预警，为中等级别的风险预警，风险事故后果较大，可能对工程造成破坏或者有人员伤亡；

4）1级风险预警，即蓝色风险预警，较低级别的风险预警，风险事故后果在一定条件下对工程本身以及人员、设备等不会造成损失较小。

3.2.2 工程风险识别与分析方法

风险识别是从系统的观点出发，横观工程项目所涉及的各个方面，纵观项目建设的发展过程，将工程分解为比较简单的、容易被识别的基本单元；从错综复杂的关系中找出因素之间的最根本和本质的联系，在众多的影响因素中抓住主要因素，并且分析它们引起投入产出变化的严重程度。风险识别的主要内容是：识别引起风险的主要因素，识别风险性质，识别风险可能引起的后果。而风险通常有隐蔽特征，识别和衡量风险在风险管理中尤为重要。风险如果不能被识别，它就不能被控制、转移或者管理，因而风险识别是风险分析和采取措施前的一个必经过程，它是项目风险管理过程中的关键和首要步骤，必须采取系统、科学的方法，全面准确地对项目存在的风险进行识别。

在风险识别过程中可以使用很多方法，包括专家调查法、工程结构—风险分解法（WBS RBS法）、故障树分析法、事件树分析法、情景分析法、识别问讯法、财务报表法、流程分析法、现场勘测法、相关部门配合法、索赔统计记录法、环境分析法等。

（1）专家调查法

专家调查法就是通过对多位相关专家的反复咨询和意见反馈，确定影响工程项目的主要风险因素，然后制成工程风险因素估计调查表，再由专家和相关工程人员对各种风险因素在工程建设期间出现的可能性以及风险因素出现后对工程项目的影响程度进行定性估计，最后通过对调查表的统计整理和量化处理获得各种风险因素的概率分布和对工程项目可能的影响结果。其中德尔菲法与头脑风暴法是用途较广、具有代表性的两种方法。

1）头脑风暴法

头脑风暴法，就是以专家的创造性思维获得未来信息的一种直观预测和识别方法。这是一种以群体专家组成专家小组，利用专家的创造性思维，集思广益，获取未来信息的直观预测和识别方法。

头脑风暴法的做法具体如下：

确定议题：一个好的头脑风暴法从对问题的准确阐明开始；会前准备：为了使头脑风暴畅谈会的效率较高，效果较好，可在会前做一点准备工作；确定人选：一般以8～12人为宜，也可略有增减（5～15人）；明确分工：要推定一名主持人，1～2名记录员（秘书）。主持人的作用是在头脑风暴畅谈会开始时重申讨论的议题和纪律，在会议进程中启发引导，掌握进程；规定纪律：你根据头脑风暴法的原则，可规定几条纪律，要求与会者遵守；掌握时间：会议时间由主持人掌握，不宜在会前确定。

2）德尔菲法

德尔菲法起源于20世纪40年代末期，最初由美国兰德公司首次提出并使用，很快就在世界上盛行起来。如今这种方法的应用已遍布经济、社会、工程技术等各个领域。德尔菲法具有广泛的代表性，较为可靠，并且具有匿名性、统计性和收敛性的特点。该方法被调查的专家主要分为两类，一类是从事工程项目风险管理的技术人员和管理人员；另一类是从事与工程项目相关领域的研究工作人员。德尔菲法依据系统的程序，采取匿名发表意见的方式，即专家之间不发生横向联系，只能与调查人员直接联系，通过多次调查专家对文件所提问题的看法，经过反复征询，归纳，修改，最后汇总成专家基本一致的看法，作为预测的结果。

用德尔菲方法进行项目风险预测与识别的过程是由项目风险小组选定与该项目有关领域的专家，并与这些适当数量的专家建议直接的函询联系，通过函询收集专家意见，然后加以综合整理，再匿名反馈给各位专家，再次询问意见。这样反复经过四到五轮，逐步使专家的意见趋于一致，作为最后预测和识别的依据。

（2）工程结构－风险分解法（WBS-RBS法）

工程结构分解法是将工程分解成WBS树，风险分解成为RBS树，然后以工程分解树与风险分解树构建形成的WBS-RBS矩阵进行风险识别的方法。工程结构分解法是在分析工程项目的组成以及各组成部分之间的相互关系、工程项目与环境之间关系等前提下，识别其存在的不确定性，以及这一不确定性是否会对工程项目造成损失。

1）工程需要识别的风险载体很多，因此在进行结构分解时，有选择地进行确定结构分解的细化程度即分解级次。

2）其次，在风险分解过程中，必须以某一工程结构分解组成部分为对象分析它的潜在风险。该工程主要风险来自于工程设计环、施工单位的技术水平与资质、施工现场管理和各个工种施工的接口衔接。基于这些环节的细化，最终形成风险分解树。

3）最后，依据WBS-RBS矩阵进行该工程的风险识别。把工程结构分解组成部分为了矩阵的列，而风险分解树的最底层的风险作为矩阵的行，建立WBS-RBS矩阵。

（3）故障树法

故障树分析法，简称FTA，是系统安全分析方法中应用最广泛的一种。故障树是由一些节点及它们之间的连线所组成的，每个节点表示某一具体故障，而连线则表示故障之间的关系。编制故障树通常采用演绎分析法，把不希望发生的且需要研究的事件对象作为顶事件放在第一层，找出造成顶事件发生的所有直接事件或因素，列为第二层，再找出第二层各事件发生的所有直接事件或因素列为第三层，如此层层向下，直至最基本的事件或与因素为止。

故障树分析图形符号包括事件符号（矩形、圆形、菱形和房形符号）、逻辑门符号（与门、或门、条件与门、条件或门、限制门符号）及转移符号（转入、转出符号）3类。详细内容和要求可查看《故障树名词术语和符号》（GB/T 4888—2009）。

故障树分析法步骤如下：

1）明确分析的系统，即确定系统所包含的内容及其边界范围；

2）熟悉所分析的系统，即熟悉系统的整体情况，必要时根据系统的工艺、操作内容画出工艺流程及布置图；

3）调查系统发生的各类事故，收集、调查所分析的过去、现在及将来可能发生的事故；

4）确定故障树的顶事件；

5）调查与顶事件有关的所有事件或因素，可以从人的因素、技术因素、环境因素以及管理因素等各方面调查与顶事件有关的所有事件或原因；

6）故障树作图，就是按照演绎分析方法，从顶事件起，一级一级往下分析各自的直接事件或因素，根据彼此之间的逻辑关系，用逻辑门连接上下层事件或因素，直至所要求分析深度，最后就形成一株倒置的逻辑树形图；

7）故障树定性分析，定性分析是事故树分析的核心内容；找出控制事故可行方案，并从故障树结构上分析各基本事件或因素的重要程度以便按轻重缓急分别采取对策。

（4）风险识别方法比较

见表 3-7。

风险识别分析方法优缺点分析表 **表 3-7**

风险识别方法	优点	缺点
头脑风暴法	不进行讨论和评判，想出大量的风险因素，通过最终结果使专家相互启迪，相互补充，从而使专家产生“思维共振”，获得更多的未来信息，使预测结果准确而全面	定性的方法，容易受个人主观印象影响
德尔菲法	无需数据和原始资料，避免了专家的意见的相互影响，利用各领域专家的专业理论和丰富的实践经验，集思广益，做出比较全面的预测	过程比较复杂，花费时间较长
WBS-RBS 法	使用简便易行，不增加工作量	操作过程复杂，需要管理者有大量的经验
故障树分析法	有很强的逻辑性，由因及果，有助于对工程项目本身及其外在影响因素的深刻认识，查明工程项目的风险因素，为风险评估提供定性与定量的依据，进而提供各种风险控制方法	操作过程复杂，要有充分的数据，对项目本身和环境有深刻认识

风险识别从某种角度来说是一种分类过程，在识别过程中，实际上对各种风险因素按概率大小和后果严重程度进行了分类。从风险识别要用到概率量度这一角度来看，它又是信息、搜索、探测和报警理论的一部分。

3.2.3 工程风险评估方法

风险确认后，接着要做的就是风险评估。风险评估就是对识别出的风险做出进一步的分析，对其进行衡量和评价，为风险管理决策提供基础，从而将系统的损失减至最低，并将其控制在可接受水平。

工程风险评估方法常用的有层次分析法、可靠度法、模糊评判法、贝叶斯网络评估法和专家评审法等。

（1）层次分析法

1）层次分析法基本概念

层次分析法（Analytical Hierarchy Process，AHP），又称AHP法，是一种定性和定量相结合的、系统化的、层次化的分析方法。它是将半定性、半定量问题转化为定量问题的行之有效的一种方法。

2）层次分析法的使用步骤

首先，分析系统中各因素之间的关系，建立系统的递阶层次结构；

其次，对于同一层次的各因素关于上一层中某一准则（目标）的重要性进行两两比较，构造出两两比较的判断矩阵；

然后，由比较矩阵计算被比较因素对每一准则的相对权重，并进行判断矩阵的一致性检验；

最后计算各层次的因素权重，并进行排序。

（2）模糊综合评判方法

在工程风险评价中，有些现象或者活动界限是模糊的，有的则是清晰的。对于这些模糊的现象或者活动只能采用模糊合集来描述，应用模糊数学进行风险评价。

模糊综合评判是将模糊数学方法与实践经验结合起来对多指标的性状进行全面评估。在风险评估实践中，有许多事件的风险程度是不可能精确描述的。如风险水平高，技术先进，资金充足，“高”、“先进”、“充足”等均属于边界不清晰的概念，即为模糊概念。诸如此类的概念与事件，既难以有物质上的确切含义，也难以用数据准确地表达出来，这类事件就属于模糊事件。

（3）专家评分法

专家评分法也是一种定性描述定量化方法，它首先根据评价对象的具体要求选定若干个评价项目，再根据评价项目制订出评价标准，聘请若干代表性专家凭借自己的经验按此评价标准给出各项目的评价分值，然后对其进行结集。

专家评分法的特点：简便，根据具体评价对象，确定恰当的评价项目，并制订评价等级和标准；直观性强，每个等级标准用打分的形式体现；计算方法简单，且选择余地比较大；将能够进行定量计算的评价项目和无法进行计算的评价项目都加以考虑。

专家评分法应考虑以下五个方面的影响：

1）管理的条件：指能否抽出足够的、水平相应的管理工程的人员（包括工地项目经理和组织施工的工程师等）参加该工程；

2）工人的条件：指工人的技术水平和工人的工种、人数能否满足该工程的要求；

3）设计人员条件：视该工程对设计及出图的要求而定；

4）机械设备条件：指该工程需要的施工机械设备的品种、数量能否满足要求；

5）工程项目条件：对该项目有关情况的熟悉程度，包含对项目本身、业主和监理情况、当地市场情况、工期要求、交工条件等。

（4）贝叶斯网络评估法

贝叶斯网络评估法是一种以贝叶斯理论为基础，可以将相应领域的专家经验知识和有关数据相结合的有效工具。贝叶斯网络具备很强的描述能力，既能用于推理，还能用于诊断，非常适合于安全性评估。基于贝叶斯网络的风险评估方法能够有效地将专家经验、历史数据以及各种不完整、不确定性信息综合起来，提高建模效率和可信度，节省安全性信息获取的成本。

贝叶斯网络评估法可以通过图形直观地表达系统中事件之间的联系，通过节点之间的条件概率分布计算某个节点的联合概率及其各个状态的边缘概率。节点的概率由相邻的节点决定，并且可通过输入证据来更新，有效地减少了分析模型数据更新的工作量。在贝叶斯网络推理过程中，需要使用先验概率分布。工程的风险因素都具有不确定性，而且可用于风险评估的数据非常有限，很难将时间发生的概率用确定的数值表示。因此，将时间概率模型用风险发生概率语言变量来表示，建立机遇贝叶斯网络的工程风险评估模型，经过网络推理，实现安全风险概率推测。

贝叶斯分析是一种概率的推理结构，它提供了表示变量集之间概率依赖性的一个自然有效的方法，具有坚实的概率理论基础。贝叶斯分析方法是一种小样本估计法，由于它能利用验前积累的信息，减小样本试验的随机误差，因此可在样本量较小的情况下，得到较高的评估精度。

（5）可靠度方法

结构可靠性是用可靠度来衡量的，其定义为：在规定的时间和条件下，结构完成预定功能的概率。它包括结构的安全性、适用性和耐久性这三个方面。换而言之，可靠度要解决的根本问题是：在给定一个或多个材料特性或几何尺寸，而这些特性具有随机的或不完全知道的性质，以及在某些方面，结构上作用的荷载具有随机的或不完全知道的特性的情况下，结构按预定方式正常工作的概率。对于结构可靠性这一学科，从其诞生到现在已经有了长足的发展：从基于概率论的随机可靠性到基于模糊理论的模糊可靠性以及近年来提出的非概率可靠性，使得这一理论日臻丰富和完善，并深入渗透到各个学科和领域。

3.2.4 BIM技术与工程风险管理

BIM技术在工程风险管理应用可以体现在以下方面。

（1）通过BIM模型和风险分析，展现工程风险部位和风险影响因素，如周边环境条件、场地内地层和水文条件、工程施工作业影响范围和风险因素相互作用影响关系等。

（2）BIM技术为工程风险管理单位搭建有效的信息沟通平台，提供工程风险共享知识资源，及时掌握工程风险态势、有效决策提供基础。

（3）BIM技术应用是进行风险监控和记录的有效工具。工程风险管理各方根据设计施工共同体提供的BIM施工模拟方案，可以直观地理解整个施工过程和风险可能。通过BIM技术虚实结合，加强现场控制，从而降低工程风险，提高了工程质量安全水平。

（4）BIM技术有利于工程事故处理和应对。如果发生现场质量、安全事故或者存在质量问题、安全隐患，可以利用既有BIM模型和检测数据，对事故、问题、隐患进行现场分析和回溯。同时，进行工程风险重新评估。

（5）BIM技术应用有利于推进工程全寿命过程风险管理。工程属于公共设施工程，工程投入运营后的风险管理尤其重要，BIM技术应用可以有效弥补我国工程风险管理的薄弱，促进公共基础设施的全生命过程风险管理。

3.3 重大风险源辨识与监控

在公路水运等交通工程建设项目中，由于不完善的施工管理和不断增加的规模和数量，容易导致在施工建设工程项目时事故频发，造成人员伤亡，使经济遭受重大损失。针对这些现实的情况，为减少事故，有关部门相应出台了一系列标准和强制性规定。下面介绍公路水运等交通工程重大风险源识别与监控在安全生产风险管理中的意义和作用。

3.3.1 公路水运工程重大风险源识别

重大风险源也称为重大风险因素，是指目前暂无迹象表明已构成危险，但有较大的可能构成危险的事物或因素。

根据《危险化学品重大危险源辨识》（GB 18218—2009）和《安全生产法》相关规定，对照《建设工程安全生产管理条例》、《危险性较大的分部分项工程安全管理办法》、《公路水运工程安全生产监督管理办法》等建设行业法规，公路水运工程施工重大风险因素可以这样理解，由于建设施工活动，可能导致施工现场及周围社区人员伤亡、财产物质损坏、环境破坏等意外的潜在不安全因素。公路水运工程重大风险因素主要分为：

1）《危险化学品重大危险源辨识》（GB 18218—2009）中规定的重大风险因素，如爆破工程所用炸药以及施工现场的油库；

2）含有较大能量，一旦失去控制将造成重大事故的施工设备设施以及作业环境，如大型架桥机、隧道盾构机、隧道开挖过程中岩爆、复杂工程水文地质条件等；

3）危险性较大的施工作业，如《公路水运工程安全生产监督管理办法》中规定的危险性较大分部分项工程。

（1）现场风险因素识别基本步骤

施工现场重大风险因素的识别主要包括以下工作，识别流程见图 3-8。

1）分析系统的调查；

2）风险因素的调查；

3）风险区域的界定；

4）存在条件及触发因素的分析；

5）潜在危险性的分析；

6）风险等级的划分。

（2）重大风险源识别遵循原则

重大风险因素可以通过识别得到，是一个动态过程。在风险源识别过程中，应充分发挥人的主观能动性，同时也应避免出现人的因素造成的偏差。

1）充分了解风险因素的分布

① 从范围上讲，应包括施工现场内受到影响的全部人员、活动与场所、周

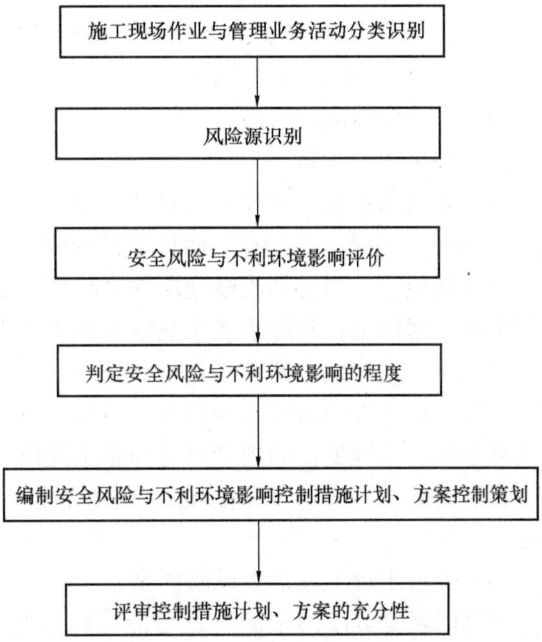

图 3-8 重大风险因素识别流程图

边环境系统，以及受到影响的社区等。包括可施加影响供应商和分包商等相关方的人员、活动与场所。

② 从状态上讲，应考虑以下三种状态：正常状态，指固定、例行性且计划中的作业与程序；异常状态，指在计划中，然而不是例行性的作业，如机械损坏而进行的维修；紧急状态，指可能和已发生的事件，如恶劣的突发性气候和事故。

③ 从时态上讲，应考虑以下三种时态：过去，以往发生和遗留的问题；现在，正在发生的、并持续到未来的问题；将来，不可预见什么时候发生且对安全和环境造成较大影响，如：新材料的使用、工艺变化、法律法规变化带来的问题。

④ 从内容上讲，应包括涉及所有可能的伤害和影响。包括人为失误，物料与设备过期、老化、性能下降造成的问题。

2）弄清风险因素伤害与影响的方式或途径

3）确认风险因素伤害与影响的范围

4）对风险因素保持高度警觉，持续进行动态识别

5）充分发挥员工对风险因素识别的作用

（3）重大风险源识别依据

公路水运工程重大风险因素识别是一个系统工作，在充分掌握工程基础数据基础上，充分应用识别人员的技能和相关专家的经验综合而成。重大风险识别应依据以下文件：

1）招标文件；

2）设计文件；

3）国家相关法律、法规及规章；地方相关法规及规章；

4）工程建设强制性标准；

5）施工技术规范规程（施工技术工艺）；

6）施工合同；

7）施工项目管理实施规划（施工组织设计）；

8）施工项目风险管理计划；

9）施工现场环境条件；

10）相关历史资料。

（4）公路水运工程风险的自身特点

公路水运工程通常据有工期长、投资额大，困难多的特点；风险大地下工程施工受地质条件限制很多，如遇到流砂地层深基坑或管涌塌方；同时公路水运工程涉及的单位多、协调组织较为困难；公路水运工程设计施工方案变动大、动态性强，地下工程开工后，由于工程地质、水文地质条件变化，往往不得不补充勘探，修改设计图纸和施工方案。

公路水运工程的风险既涉及工程自身特点、又涉及建设期间的社会和环境状况，其变化是复杂的。工程项目的规划设计与施工建设是一个既有确定因素，又含有随机因素、模糊因素和未确知因素的复杂系统，风险的性质、造成的后果在工程建设中极有可能发生变化。

（5）公路水运工程重大风险因素

风险因素是危险的根源，是可能导致人身伤害和（或）健康损害的根源、状态或行为，或其组合，包括人的不安全行为、物的不安全状态、管理上的缺陷和环境上的缺陷

等。依据《建设工程安全生产管理条例》、《公路水运工程安全生产监督管理办法》以及住房和城乡建设部《危险性较大的分部分项工程安全管理办法》等相关规定，从公路水运工程项目及作业活动划分、风险因素可能导致的危险程度等方面分析，公路水运工程施工现场重大风险因素包括以下几类：

① 危险性较大的分部分项工程，如基坑开挖、围堰工程、水上水下工程、拆除与爆破工程、隧道工程、重大吊装安装工程、大型临时工程（支撑、支架、模板、便桥）等。

② 危险性较大的作业活动，如：三级以上高处作业、受限空间作业、动火作业等。

③ 特种设备相关活动，如：塔吊、物料提升机、电梯安装与拆除作业，特种设备日常运行。

④ 现场临时用电配电、维护与使用活动。

⑤ 由于恶劣气候、不良地质条件等增加风险等级的相关活动。如大风、大雾、沙尘暴、暴雨等恶劣天气下的作业活动。

（6）危险性较大的分部分项工程

公路水运工程危险性较大的分部分项工程主要包括：基坑（槽）支护、降水工程，土石方开挖工程，模板工程，起重吊装及安装拆卸工程，脚手架工程，拆除工程，爆破工程，支架（拱架）工程，边坡工程，挡土墙工程，沉井工程，预应力张拉工程，压力管道工程，顶进工程，盾构工程，高空作业工程，深水工程，地下暗挖工程，人工挖空桩工程和临时用电工程。

① 基坑（槽）支护、降水工程

基坑（槽）支护、降水工程是指开挖深度超过 3m（含 3m）或虽未超过 3m，但地质条件和周边环境复杂的基坑（槽）支护、降水工程。重大风险及不容许风险为失稳坍塌、坠落、流沙、涌水、机械伤害、坑（槽）底隆起及周边建筑（设施）失稳倾斜、坍塌、沉降等意外。

② 土石方开挖工程

土石方开挖工程是指开挖深度超过 3m（含 3m）的基坑（槽）、边坡的土石方开挖。重大风险及不容许风险为失稳崩塌、坠落、滑坡、机械伤害及周边建筑（设施）失稳倾斜、坍塌、沉降等意外。

③ 模板工程

模板工程是指各类工具式模板工程：包括滑模、大模板、隧道模、移动模等工程。重大风险及不容许风险为失稳坍塌、坠落、机械伤害、物体打击等意外。

④ 起重吊装及安装拆卸工程

起重吊装及安装拆卸工程是指施工现场采用起重机械进行安装的工程；采用非常规起重设备、方法，且单件起吊重量在 10kN 及以上的起重吊装工程；起重机械设备自身的安装、拆卸。重大风险及不容许风险为失稳坍塌、起重伤害、物体打击、触电、坠落等意外。

⑤ 脚手架工程

脚手架工程是指高度 24m 及以上的落地式脚手架、悬挑式脚手架及自制卸料平台、移动操作平台、新型及异型脚手架工程。重大风险及不容许风险为失稳坍塌、倾斜、坠落、物体打击等意外。

⑥ 拆除工程

拆除工程是指采用人工、机械或爆破拆除的工程。重大风险及不容许风险为失稳坍塌、爆炸、坠落、机械伤害、环境污染等意外。

⑦ 爆破工程

爆破工程是指利用炸药的爆炸能量钻爆破碎岩土的工程。重大风险及不容许风险为爆炸、崩塌、坠落、可燃气体燃烧、有害气体窒息中毒、生态破坏、环境污染等意外。

⑧ 支架（拱架）工程

支架（拱架）工程是指用于桥梁、隧道等工程搭设高度5m及以上；搭设跨度10m及以上；施工总荷载10kN/m²及以上；集中线荷载15kN/m及以上；高度大于支撑水平控制宽度且相对独立无联系构件的支撑系统。重大风险及不容许风险为失稳坍塌、坠落、物体打击等意外。

⑨ 边坡工程

边坡工程是指3m及以上的边坡施工。重大风险及不容许风险为失稳滑坡、崩塌、坠落、物体打击、机械伤害及周边建筑（设施）失稳倾斜、倒塌、沉降等意外。

⑩ 挡土墙工程

挡土墙工程是指平均墙高6m及以上且墙身面积不小于1200m²的挡土墙施工。重大风险及不容许风险为坍塌、沉陷、坠落、推移及周边建筑（设施）失稳倾斜、坍塌、沉降等意外。

⑪ 沉井工程

沉井工程是指采用沉井结构施工的工程。重大风险及不容许风险为失稳倾斜、涌水、流沙、坠落、物体打击、突沉、有害气体窒息中毒、环境污染等意外。

⑫ 预应力张拉工程

预应力张拉工程是指对预应力结构实施张拉的施工。重大风险及不容许风险为滑丝、崩锚等意外。

⑬ 压力管道工程

压力管道工程是指工作压力大于或等于0.1MPa的管道施工。重大风险及不容许风险为爆炸、有害气体窒息中毒、生态破坏、环境污染等意外。

⑭ 顶进工程

顶进工程是指管道、地道桥等工程的顶进施工。重大风险及不容许风险为坍塌、崩铁、隆起、沉陷等意外。

⑮ 盾构工程

盾构工程是指采用盾构机掘进构筑地下管道的施工。重大风险及不容许风险为坍塌、隆起、沉陷、涌水、坠落、起重伤害、机械伤害等意外。

⑯ 高空作业工程

高空作业工程是指在坠落高度基准面2m以上（含2m）有可能坠落的高处进行的作业。重大风险及不容许风险为坠落、坍塌、物体打击等意外。

⑰ 深水作业

深水作业是指水深5m及以上的水中作业。重大风险及不容许风险为失稳倾倒、坍塌、坠落、物体打击、有害气体窒息中毒、涌水、溺水、机械伤害、起重伤害、环境污染等意外。

⑱ 地下暗挖工程

地下暗挖工程是指隧道、人行地道、地铁等工程的施工。重大风险及不容许风险为失稳坍塌、沉陷、岩爆、爆炸、涌水、可燃气体燃烧、有害气体窒息中毒、环境污染等意外。

⑲ 人工挖孔桩工程

人工挖孔桩工程是指桩基础采用人工挖孔作业。重大风险及不容许风险为坍塌、坠落、涌水、有害气体窒息中毒等意外。

⑳ 临时用电工程

临时用电工程是指施工现场的临时用电施工。重大风险及不容许风险为触电、火灾等意外。

（7）危险性较大的作业活动

① 三级以上高处作业

高处作业高度在15m以上至30m时，称为三级高处作业。重大风险及不容许风险为高处坠落。

② 受限空间作业

一切通风不良、容易造成有毒有害气体积聚和缺氧的设备、设施和场所都叫受限空间（作业受到限制的空间），在受限空间的作业都称为受限空间作业。受限空间作业涉及的领域广、行业多，作业环境复杂，危险有害因素多，容易发生安全事故，造成严重后果；作业人员遇险时施救难度大，盲目施救或救援方法不当，又容易造成伤亡扩大。重大风险及不容许风险为中毒、窒息。

③ 动火作业

动火作业：在禁火区进行焊接与切割作业及在易燃易爆场所使用喷灯、电钻、砂轮等进行可能产生火焰、火花和炽热表面的临时性作业。重大风险及不容许风险为火灾、爆炸。

（8）特种设备相关活动

① 塔吊。重大风险及不容许风险为物体打击、起重伤害。

② 物料提升机。重大风险及不容许风险为物体打击、起重伤害、高处坠落。

③ 电梯安装与拆除作业。重大风险及不容许风险为物体打击、机械伤害、高处坠落。

④ 特种设备日常运维护。重大风险及不容许风险为机械伤害。

（9）现场临时用电配电、维护与使用活动

公路水运工程施工现场临时用电安全，包括临时配电（配电设备、线路），施工常用电气设备（配电箱、开关箱、保护电器、手持式和移动式电动工具、电焊机、电动机、建筑施工起重机械等）。重大风险及不容许风险为触电。

3.3.2 重大风险源动态监控

基于重大风险源的识别，采用风险评估方法对重大风险源进行评价，主要分析重大事故发生的可能性大小以及事故的影响范围、伤亡人数、经济损失、工程延迟等。在对重大风险源进行普查、分级，并制定有关重大风险源管控制度的基础上，明确安全生产企业的管理责任和管理要求，包括组织制度、报告制度、监控管理制度及措施、隐患整改方案、应急措施方案等，促使企业建立重大风险源控制机制，确保安全。

安全生产监督管理部门依据有关法规，对现存的重大风险源建立分级管理制度和要求，确定规范的现场监督方法，督促企业执行有关法规，建立监控机制，并督促隐患整改。同时与技术中介组织配合，根据企业的行业、规模等具体情况，提供监控的管理及技术指导。

重大风险源监控应建立实时的监控预警系统，应用系统论、控制论、信息论的原理和方法，结合自动检测与传感器技术、计算机仿真、计算机通信等现代高新技术，对工程的安全状况进行实时监控，严密监视那些可能使工程的安全状态向事故临界状态转化的各种参数变化趋势，及时给出预警信息或应急控制指令，把事故隐患消灭在萌芽状态。

依据《安全生产法》相关规定，对照《建设工程安全生产管理条例》、《危险性较大的分部分项工程安全管理办法》、《公路水运工程安全生产监督管理办法》等建设行业法规，公路水运工程重大风险源监控要求有以下方面。

（1）重大风险源控制要求

1）分层次管控。重大风险源应按照公路水运工程风险评估的结论，充分考虑工程实际情况，按照不同风险等级，制定相适宜的风险控制措施。

2）重大风险源监控与工程监测。现场施工应建立重大风险源监控和预警预报体系，明确预警预报标准，通过对施工监控数据的动态管理，及时掌握其发展状态，发现异常或超过警戒值，应及时采取规避措施，做好风险事故处理准备工作。重大危险源监控必须由专业人员实施；需由专业队伍实施监控的，建设单位应委托具有相应资质的单位承担。工程监测作为工程重大危险源监控重要内容，监测单位应及时向建设、设计、监理、工程总承包等单位通报监测结果，对监测结果进行分析，并提出合理建议；监测数据达到监控预警值时，应立即通知有关各方采取措施，并向建设行政主管部门及工程安全监督机构报告。

3）专项费用。施工重大风险源监控费用应纳入建设工程施工安全文明措施费范围。

4）专家论证。重大风险源的施工作业活动或施工区段，其重大风险源的施工方案、监控与防治措施、应急预案，应按规定组织论证或复评估后方能实施。特重大建设项目的施工重大风险源监控技术方案应经过设区市及其以上工程质量安全协会等机构的论证通过。

5）施工企业的重大危险源安全控制措施

① 在国家现行法律、法规的框架下，建立和完善施工单位与项目部的规章、制度体系，出台配套的实施细则，依法管理安全生产；

② 建立各级安全生产责任制，完善的安全生产管理体系本单位的施工安全管理；

③ 建立施工现场重大风险源的公示和跟踪整改制度；加强现场巡视，对可能影响安全生产的重大风险源进行登记，掌握重大风险源的数量和分布状况；

④ 施工生产单位、项目部对辨识出的重大风险源应体现在《施工组织设计》与安全技术交底中，并且每个工程除编制《施工组织设计》外，还应对有关的标准规范中的要求编制相应的专项措施（方案），对重大风险因素控制；

⑤ 对评价出的重大风险因素，作为确定施工单位与项目部的年度目标和管理方案的依据；

⑥ 各级安全员负责对本职责范围内的重大风险源进行监控，以确保有效的实施；

⑦ 增强人员的安全技术素质，提高安全操作的标准化程度；

⑧ 淘汰落后的技术、工艺，适度提高工程施工安全设防标准，从而提升施工安全技术与管理水平，降低施工安全风险；

⑨ 制订和实行施工现场大型施工机械安装、运行、拆卸和外架工程安装的检验检测、维护保养、验收制度；

⑩ 制订和实施项目施工安全承诺和现场安全管理绩效考评制度，确保安全投入，形成施工安全长效机制；

⑪保证设备、设施本质安全化；本质安全化是安全生产中的一个必备条件，对于重大风险源而言，则是十分必要的，这就要求材料设备购买时必需选用合格的产品；

⑫采用先进电子监控技术和监测信息系统，实施项目现场施工安全重大风险源及重点部位监控；

⑬加强工人安全教育，除了对工人进行入厂三级教育、经常性教育、专业性教育外，还应加强重大危险源的识别、控制教育。

(2) 重大风险预警与应急

建立以施工安全责任主体包括（建设、勘察、设计、施工、监理及检测单位等）负责、政府监管的工程建设项目施工重大风险源预警与应急管理机制。在施工期间对可能发生的风险事件，应根据风险事件可能造成的社会影响性、危害程度、紧急程度、发展势态和可控性等情况划分预警等级。

明确各风险事件相应的风险预警指标，根据预警等级采取针对性的防范措施。高风险等级的风险事件应按照预案、预警、预防等三阶段逐一明确要求，应采取完善专项施工方案及应急预案、开展施工监测与预警、提高现场防护条件、加强施工安全技术交底和危险告知等措施，防止重大险情或事故发生。

建立重大风险源及灾害的应急救援体系，施工现场应配备应急救援物资及设施，并明确安全通道、应急电话、医疗器械、药品、消防设备设施等，对相关人员进行培训和交底，保持响应能力，并定期进行应急演练。

3.3.3 各类重大风险应对方法

重大风险因素的辨识的方法有系统安全分析法和直接经验法。用系统安全工程评价的方法进行危险源的辨识称为系统安全分析法。施工现场危险源的辨识主要采用直接经验法，通过对照有关标准、规范、检查表，依靠辨识评价人员的经验和观察分析能力，或采用类比的方法，进行危险源的辨识。比如施工现场安全管理人员在安全检查时，根据《建筑施工安全检查标准》（JGJ 59—2011）进行对照评分，扣分的地方往往是施工现场存在着危险源的地方，这就是一种直接经验法。

对于重大风险因素，必须明确须达到的目标，确定完成时间，由责任部门制定专项安全施工方案，通过资金保证，明确相关人员的职责，来落实安全技术措施。公司安全生产监督部门应对专项施工方案及其控制执行情况进行检查。

3.4 工程风险管理过程

风险是客观存在的，在人的主观作用下，风险可以得到控制，也可能会扩大。人的主观作用体现在风险管理上，组织架构体系是风险管理的前提。本章结合公路水运工程工程和类似工程实践，介绍了工程风险管理的三种模式：基于合同关系的工程建设主体风险管理模式、基于第三方咨询的风险管理模式、基于工程保险的风险管理模式。由于工程建设参建单位是公路水运工程风险控制的实施主体，因此基于合同关系的工程建设主体风险管理模式是工程风险管理基本模式；第三方风险咨询单位、工程保险风险咨询单位提供风险管理策划、组织和协调沟通，主要是对于长线路、超大规模或复杂合同结构的工程，是对基本管理模式的提升。

3.4.1 工程风险管理模式设计

针对建设工程特点和我国建设工程实践经验，借鉴国际上先进管理经验和学术研究，工程风险管理模式设计应遵循以下原则：

（1）全员参与与专业分工相结合原则

建设工程风险涉及勘察设计、施工、周边环境条件、工程材料等各个方面，风险管理职能必然分散于项目管理各个方面，因此在工程实施过程中应注重培养所有项目管理人员的全员参与意识。

工程风险管理具有涉及专业面广、知识密集性高等特点，任何一个成员或任何一个参建单位都不可能具有风险管理要求的所有专业知识，对于风险识别、风险分析、风险控制和风险监控等风险管理过程，还需要具有风险管理专业知识技能的管理人员。因此在强调全员参与的同时还应注重各专业的分工。针对工程施工的各个环节或各个专业指定各个单位或个人具体负责，专人专职，切实落实各参建单位、各专业人员风险管理职责。

因此风险管理模式设计应遵循全员参与专业分工相结合的原则，既考虑分散风险管理责任到项目全体成员，也考虑将风险管理职能集中到专业人员，特别是专职风险管理人员。

（2）职责明确与协同合作相统一原则

工程项目各个阶段并非一个孤立的过程，而是相互联系、相互作用的动态过程，因此各参建单位及参与人员的风险管理职责应明确；此外，项目实施过程中涉及众多参建单位，参建单位又由众多专业人员组成，各参建单位和参与人员在风险管理职能的职责也必须予以明确，风险管理职能才能落实到位。

专业分工和职责明确在保证风险管理职能落实到位的同时也容易导致各专业和各职能之间各司其职，缺少全局观念，缺少各职能和各单位之间的协同合作。沟通不畅、协作不足、专业知识壁垒、没有统一的风险管理术语等，成为导致风险管理效果不佳的重要因素。因此在管理模式设计过程中应充分考虑协同合作，保证各职能和单位之间沟通协调良好。

（3）管理效率与管理效果相统一原则

工程风险管理涉及业主、施工单位、设计单位、监理单位等多家参建单位，各专业、各工种交叉作业，各单位风险管理职能与责任又各有不同，风险因素的识别、分析、控制、监控等过程必然需要交叉协作和沟通协调。这种多主体、多交叉的工作流程易导致管理效率低下的问题。因此其管理模式设计过程中应以提高管理效率为原则，同时也要避免因片面提高管理效率带来的管理效果不足的问题。

（4）过程管理原则

工程风险管理的全过程的持续动态性在学术领域和实践领域已经越来越得到重视和应用，美国项目管理学会（PMI，ProjectManagementInstitute）的知识体系 PMBOK（Project Management Body of Knowledge）把项目风险管理分为风险管理计划—风险识别—风险分析—风险措施计划—风险跟踪和控制过程，并视风险管理为一个循环的过程。持续动态风险管理正是这样一种基于 PDCA（Plan Do Check Act）循环的系统化问题解决方法的战略性管理方案。其特征是可定制的，主动，动态的，其与传统意义上的事件风险管理有着显著的不同。事件风险管理在实际运作中处于相当被动地位，要等到实施策略遇到风险时才有所反映，然后采取相应措施阻止再次发生，往往造成不必要的损失，以失良好的发展机遇。风险管理程序属于与项目管理程序相互交叉的双维度结构，提供一个主动合理的环境，其最终目标是在定性识别风险因素的基础上，进一步分析和评价风险因素发生的概率、影响的范围、可能造成损失的大小以及多种风险因素对项目目标的总体影响等，达到更清楚地识别主要风险因素，有利于项目管理者采取更有针对性的对策和措施，从而减少风险对项目目标的不利影响。

3.4.2　基于合同关系的工程建设主体风险管理模式

基于合同关系的工程建设主体风险管理模式适用于建设工程规模较小、工程合同关系比较简单或建设单位风险管理能力强的情况。这种模式下无须第三方风险咨询单位，风险管理体系主要是由建设单位（或业主）进行策划、建立，采用“ALARP”原则通过合同关系明确参建各方的工程风险管理职责，达到以最低成本最优控制工程风险目的。在该模式下，需要建设单位具有很强风险管理能力和合同管理能力，事先系统对工程风险进行规划，掌握工程实施过程的关键风险，并对工程风险的承担主体有着很好的判断，并通过合同关系实现风险转移以达到控制风险目的。

（1）组织架构

根据工程合同关系，可以建立建设工程风险管理组织架构，如图 3-9 所示。

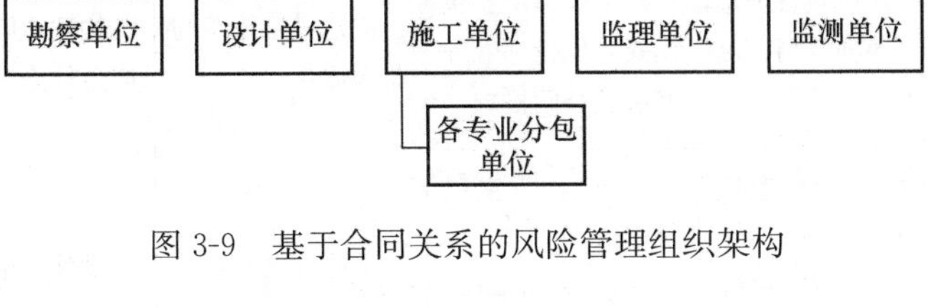

图 3-9　基于合同关系的风险管理组织架构

基于工程合同关系的工程风险管理架构如图 3-10 所示。

1）决策层。由建设单位（或业主）主要领导和管理部门负责人组成，决策风险管理规划、实施体系、重大内容等，领导和指导风险管理；

2）管理层。由建设单位项目经理、设计负责人、施工单位项目经理和项目总监理工程师等组成，落实决策层的管理决定和意见，对项目工程风险实施管理；

3）执行层，由现场管理人员组成，包括驻地设计人员、施工管理人员（专业分包管理人员）、专业监理工程师、现场监测负责人等，落实现场风险各项工作，全面执行工程风险管理，如图 3-10 所示。

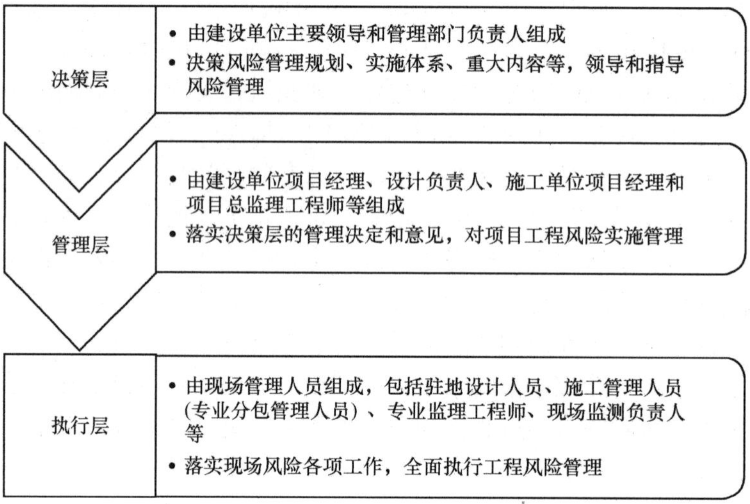

图 3-10　工程风险管理层次

（2）管理内容

根据工程项目管理原则，工程风险管理是建设项目管理的一个子过程。风险管理的工作开展及管理目标能否有效完成既受到项目管理的影响，同时也对项目管理产生影响。因此，应以联系、协同的思想开展风险管理工作，通过不同维度对工作内容设计整合，形成相互联系、相互作用、相互依赖的整体。建设工程风险管理内容包括目标维、过程维和时间维等 3 个维度，如图 3-11 所示，工程风险管理工作内容见表 3-8。

建设工程质量安全风险管理工作内容整合表　　**表 3-8**

过程维 / 时间维		过程维				目标维
		风险识别与分析	风险评估与预控	风险跟踪与监测	风险预警与应急	
时间维	筹备阶段	构建风险管理体系（各项规划、制度等）	确定项目承发包模式、招投标管理办法及合同格式	构建风险跟踪与监测体系	构建风险预警与应急体系	质量安全目标
	设计阶段	1）设计方案风险识别； 2）可施工性分析	1）设计方案风险评估； 2）预期风险策略	设计方案检查	设计方案检查	

续表

过程维 时间维		过程维				目标维
		风险识别与分析	风险评估与预控	风险跟踪与监测	风险预警与应急	
时间维	施工阶段	1）构建施工现场风险管理体系； 2）设计风险交底； 3）技术方案风险分析； 4）施工风险识别	1）施工风险评估； 2）施工风险预控措施及落实方案	1）施工风险监控； 2）施工风险通告； 3）现场重大事故上报及处置	1）确定风险预警与应急体系； 2）施工风险预警； 3）施工风险应急处理； 4）风险应急演练	质量安全目标
	竣工验收与试运营阶段	1）运营期风险因素识别； 2）项目试运营	1）运营期风险因素评估； 2）运营期预期风险策略	1）风险跟踪与监测； 2）监测数据分析及总结	1）风险预警与应急； 2）总结报告	

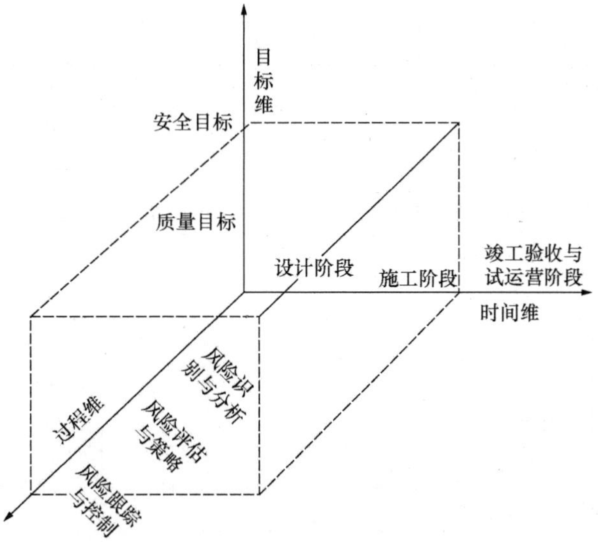

图 3-11　工程风险管理工作维度图

（3）职责分工

根据工程风险管理的工作内容，结合工程合同关系，进行管理职责分工，明确各方管理职责。

1）职责分工表

见表 3-9。

Responsibility（负责）Join（参加）Review（审核、审议）

2）建设单位风险管理职责

建设单位是工程风险管理的核心，全面开展项目风险管理，包括建立风险管理组织。主要职责如下：

职责分工表 **表 3-9**

工作任务	参建单位/部门	建设单位	设计单位	施工单位	监理单位	其他参建单位
风险管理专题会议		R	J	J	J	J
构建风险管理体系	编制项目风险管理总规划	R	J	J	J	J
	编制各单位风险管理计划	RE	R	R	R	R
	编制项目管理总规划		R			
	编制各单位项目管理计划		R	R	R	R
	编制风险管理制度	R	J	J	J	J
确定项目承发包模式、招投标办法及合同格式						J
设计方案风险识别			R		RE	
设计方可施工性风险分析			R		RE	
设计方案风险评估		RE	R			
预期风险策略		RE	R			
设计方风险清单		RE	R			
设计方案检查		R			J	J
构建施工现场风险管理体系		RE		R		
设计交底			R	J	J	J
技术方案风险分析	可施工性风险分析		J	R	RE	
	施工组织设计及施工方案风险分析		J	R	RE	
	邻近建（构）筑物影响风险分析		J	R	RE	
	地质条件影响风险分析		J	R	RE	
施工风险识别	风险分解			R	RE	
	风险因素识别			R	RE	
	新增风险因素识别			R	RE	
	风险处理后的风险再识别			R	RE	
施工风险评估	风险因素定性定量分析			R	RE	J
	风险等级评价			R	RE	J
	编制风险评估报告	RE		R		J
	风险再评估			R	RE	J
施工风险策略	选择风险策略			R	RE	J
	编制风险策略实施计划	RE		R		J
	应急预案及应急演练	RE		R		J
施工风险监控	编制风险监测计划	RE		R		J
	施工中的风险监测			R	RE	J
	施工风险预警预报			R	RE	J
	风险策略实施效果跟踪与分析	RE		R		J
	运营期风险监测措施在施工期实施	RE		R		J

续表

工作任务 \ 参建单位/部门		建设单位	设计单位	施工单位	监理单位	其他参建单位
建立并持续更新风险清单	风险因素及等级			R		
	新增项目			R		
	工程变更		J	R	J	
	风险等级变更			R		
	风险应对策略			R		
	实施记录			R		
	风险监测、跟踪			R	RE	
施工风险通告				R		
重大事故上报及处置				R		
运营期风险因素识别、评估						
项目试运营						
运营期预期风险策略						
施工风险管理总结		R	J	J	J	J

① 负责组织编制建设项目风险管理总规划和风险管理制度；

② 负责建设工程质量安全风险管理工作安排；

③ 负责检查监督建设项目风险管理工作；

④ 负责组织审议各参建单位编制的本单位风险管理计划；

⑤ 负责协调项目各相关单位的风险管理工作。

3）施工单位职责

施工单位是工程施工的直接实施者，因此对工程负有直接质量责任。同时在工程施工期间，作为施工场地内的主要安全生产活动参与者，其组织管理能力直接影响施工安全。根据“谁施工谁负责”的国际惯例，施工单位的质量安全风险管理责任最重，也是风险管理工作的直接实施者，其主要职责如下：

① 按照建设单位风险管理策划和国家质量安全相关法律法规进行工程施工和风险管理；

② 负责构建工程现场风险管理体系，编制本单位项目管理计划、施工组织计划和风险管理计划，并结合风险管理计划和项目风险管理总规划编制风险管理实施细则；

③ 建立完善的风险管理组织体系和技术人员，指明专职质量检查员和质量安全员，并提交专业技术人员的资质证书和执业情况；保证施工作业队伍，特别是特殊工种作业人员的专业技术能力，提交其资质证书；

④ 编制切实可行的质量管理制度和安全控制计划，并保证安全专项资金专款专用；

⑤ 负责做好施工作业人员的教育培训工作，以保证其符合工作岗位的要求；

⑥ 施工准备期做好施工图纸的审图工作、可施工性分析、施工方案风险分析以及临近建（构）筑物和地质状况风险分析，并根据已有的施工经验和风险管理经验，分析施工风险，制定风险控制措施；

⑦ 负责对建设项目进行风险分解，编制风险清单；

⑧ 对风险清单中的风险进行定量和定性分析，划分风险等级，编制风险评估报告；

⑨ 根据风险评估报告进行风险应对策略分析，编制风险实施计划，并对实施结果进行跟踪检查；

⑩ 当工程设计、施工方案有重大变更时，应根据变更情况对工程风险进行重新分析与评估；

⑪ 负责持续更新风险清单，包括新增风险、风险等级变更、风险应对策略及实施结果记录、风险跟踪监测记录等内容；

⑫ 建立风险预警预报制度，根据风险跟踪监测情况进行风险的预警预报；

⑬ 重大安全事故、重大质量事故发生后，根据事故严重程度向业主、政府主管部门汇报，并按照相关规范处理事故现场，并协助相关政府部门做好安全事故责任调查工作；

⑭ 项目竣工试运营阶段配合相关单位试运营，及时解决发现的质量安全问题及隐患，对运营期风险因素进行分析、评估，提出预期风险处理策略，减少运营风险。

⑮ 编写施工单位施工风险管理总结报告；

⑯ 工程竣工验收后，按照施工合同和我国建筑法规完成缺陷责任期施工单位应尽的责任和义务。

4）设计单位职责

设计单位是建设工程设计方案的设计者，对设计方案的质量负责，而设计方案的质量直接影响到建设工程的质量和安全，因此设计单位是建设工程质量安全风险管理的重要参与者，并且是设计阶段质量安全风险管理的直接执行者。

① 根据设计方案对潜在风险因素进行识别、分析及评估，推荐施工方案和风险减轻措施，并根据以上工作编制设计方风险清单；

② 根据设计方案给出现场监测方案及预警指标，确保每个控制性节点施工图设计都有合理可行的风险监控防范措施，降低风险发生概率或减少损失；

③ 负责做好设计交底工作，并参与施工单位可施工性分析、施工方案风险分析、邻近建（构）筑物风险分析和地质状况风险分析等风险分析工作；

④ 对于大型建筑施工项目，设计单位应指派专人或几人驻守施工现场，以便及时了解施工情况、修正不完善设计、加强设计与施工联系以及设计变更工作；

⑤ 施工期间，应充分监控项目施工情况，从而确保设计的有效性。并在施工情况与设计设想情况不一致时及时采取措施，对于可能危害到质量安全的设计，及时予以变更；

⑥ 编制设计单位风险管理总结报告。

5）监理单位职责

我国监理单位在受业主委托对工程进行监督管理，但同时具有独立第三方的特点，这一点在我国相关法律法规中得到很明显的体现。因此在建设工程风险管理模式中，监理单位也应是具有第三方的监督协调者的角色。监理单位应由现阶段施工监理向前延伸，在项目前期即参与到项目中，包括勘察监理和设计监理，对工程勘察设计方案进行监督检查，以保证设计方案质量，减少建设工程施工阶段质量安全风险发生。

① 负责按照合同约定和国家相关法规，组建专业能力满足要求的监理队伍；

② 负责制定本单位风险管理计划和风险管理制度，并制定切实可行的监理工作计划；

③ 设计阶段，审核设计单位的设计方案、设计方风险清单、设计方风险评估报告及预期风险策略报告；

④ 施工准备期间，审核施工单位编制的风险管理计划、可施工性分析、施工组织设计及施工方案风险分析、邻近建（构）筑物影响风险分析和地质影响风险分析；

⑤ 核实施工单位人、材、机到场情况，并提交潜在风险分析报告；

⑥ 审核施工准备期风险管理实施文件，并监督检查施工单位实施情况；

⑦ 审核施工单位编制的施工期间风险监测方案，并监督其实施；

⑧ 审核施工单位风险清单，并对施工单位风险清单持续更新进行监督和审查；

⑨ 施工期间定期检查施工单位工程试验和质量监测报告；

⑩ 定期组织监理工作例会，并给出一定时间讨论质量安全风险工作情况；

⑪ 对于施工中潜在重大风险的关键工序，监理人员须在施工前检查施工方风险预防措施是否到位，并应全过程进行旁站监理，做好监理记录；

⑫ 对于施工单位在施工过程中存在的风险问题或违反风险管理预案的行为，监理方有责任向施工单位提出警告，不听劝阻或情节严重的，监理单位有权利予以停工处置；

⑬ 并及时上报风险管理小组和风险管理委员会；

⑭ 定期发布施工风险通报；

⑮ 工程重大安全事故和质量事故发生后，协助上级主管部门调查事故；

⑯ 编制监理单位风险管理总结报告。

（4）风险管理流程

在风险管理过程基础上结合建设工程质量安全风险管理模式特点构建风险管理总体工作流程。风险管理总体工作流程包括构建风险管理体系、风险识别与分析、风险评估与策略、风险跟踪与控制、风险绩效评估五个流程，见第一章的图 1-3～图 1-7。

风险管理总体流程的循环性并非是建设项目全过程完成一次循环，而是多次循环，而且在建设项目的每个阶段内风险管理总体流程都是多次循环的过程。如建设项目设计阶段不仅包括风险识别与分析、风险评估等风险管理过程，而且还包括根据风险评估结果选择风险管理策略或预期策略的过程，以及后续的风险跟踪控制过程。风险管理在建设项目实施全过程的动态循环如图 3-12 所示。

（5）风险管理要求

建设工程施工风险控制工作贯穿于建设全过程，根据工程所处阶段不同风险控制工作的重点相应调整，勘察设计和施工准备阶段主要进行风险评估工作，施工和竣工阶段主要是风险跟踪检查、应急处理等工作，对于不同的工作重点提出相应的工作要求。

1）风险评估要求

① 工程风险评估工作以建设单位牵头组织、协调、管理并检查落实。

② 勘察设计单位在施工图设计阶段，根据工程所处水文工程地质、周边环境制约及工程本身特征，开展工程风险评估工作。风险评估报告需通过专家评审。评审专家组由勘察、设计、施工专家组成，人数不少于 7 名。评审通过后，在工程实施之前，由勘察设计单位向施工单位进行交底。

③ 施工单位须在工程项目开工前实施风险评估工作，并作为开工条件验收的重要内容，纳入开工验收范围。施工单位应根据勘察、设计等要求，结合工程的水文工程地质、

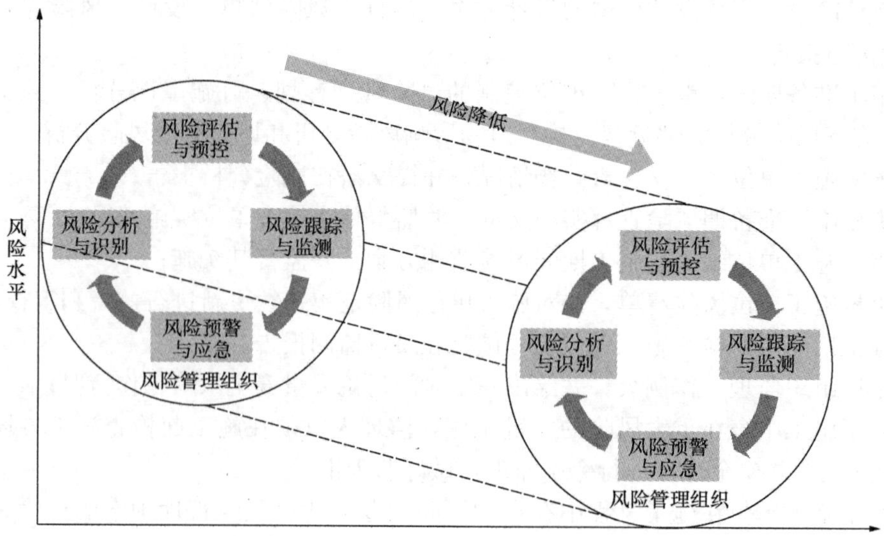

图 3-12 风险管理在建设项目实施全过程的动态循环（项目实施过程）

周边环境、施工工艺、工序、施工能力等条件，进一步详细化，形成工程风险评估报告。工程风险评估报告必须通过专家评审。

④ 风险评估报告须包括的基本内容：工程项目名称、工程概况、工程风险等级、工程参建单位名录、风险控制管理网络及第一责任人、工程风险点、风险期及风险控制措施、应急预案等。

⑤ 当工程实施的边界条件发生重大改变，应再次编制工程风险评估报告并通过专家评审。

2）风险控制要求

① 工程风险实施差别化管理，根据不同风险等级指定相关工程风险控制要求。各参建施工单位、监理单位应针对建设风险，建立工程风险管理领导小组或工作小组，领导小组组长可由企业法人担任，工作小组组长由企业分管领导担任，强化对工程风险的动态监控。

② 现场层面的工程风险控制管理网络包含施工单位、监理单位、设计单位及参建各单位专业分包和劳务分包，并根据工程风险等级不同确定第一负责人。细化到人的工程风险控制管理网络是工程开工条件验收时重要验收内容，由监理单位总监理工程师负责。

③ 各参建单位由责任人牵头，组织、制订并落实相应管理措施、技术措施和应急预案。

④ 为确保工程安全和风险受控，对工程关键部位实施申报制度。

⑤ 对风险工程强化动态监控，施工现场施工单位结合每月工程例会对当月风险工程实施状况进行分析、梳理。监理单位总监理工程师作为现场第一责任人，经强化风险动态控制，结合监理月报把每月风险控制情况报给建设单位。

3）风险应急处理要求

风险工程发生预、报警事件时，工程风险控制管理网络内参建各方负责人须在第一时间内到位（监理、施工、设计、关键专业分包和劳务分包必须参加），由建设单位召集抢险专题会议，分析、查明预警事件发生的真实原因，并制订针对性应急抢险措施，并组织实施应急抢险工作。

3.4.3 基于第三方咨询的风险管理模式

第三方提供的项目风险管理咨询服务主要目的是帮助建设单位及项目管理人员有系统地了解其项目活动本身潜在的风险，包括识别在执行或管理这些活动时可能出现的异常情况及其影响；透过理解、分析、管理和控制以减低项目的风险达到各单位所能承受的程度；通过适当的实施，风险管理可以协助建设单位及项目管理人员确保项目能够按时、按成本及质量顺利完成，并能提供一个动态及全过程的管理模式。第三方提供的风险咨询服务有多种方式，以下介绍 2 种方式：建设单位委托专业咨询单位的风险管理模式和政府组织的专家型风险管理模式。

（1）建设单位委托专业咨询单位的风险管理模式

建设单位委托专业风险管理单位策划组织工程项目风险管理，专业风险管理单位提供咨询服务，协助建设单位监督和管理其他建设方实施工程风险，以确保工程风险处于可控状态。风险管理咨询的组织架构如图 3-13 所示。

1）风险管理小组

对于建设工程，工程风险管理实施主体是工程参建单位，专业风险咨询单位提供工程风险的策划和计划，协助建设单位建立风险管理体系，协调组织工程风险管理实施，搭建工程风险信息沟通平台等。因此，需要成立一个风险管理小组作为实践整个计划的核心团队，其主要功能是建立完善的风险规划和制度，编制风险管理计划，具操作性和透明度的风险管理实施方法，定期评估设计单位、施工单位和设备供应商提交的风险应对计划，协商风险处理和对策，并紧密监控风险对策的适时实施。

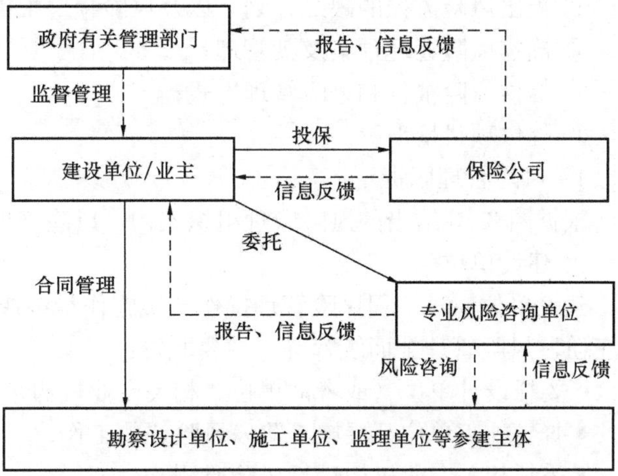

图 3-13 建设单位委托专业咨询单位的风险管理模式

风险管理小组成员包括主要的工程参建单位负责人。

① 组长：由建设单位（或业主方）的项目负责人担任；

② 成员：专业风险咨询单位负责人、建设单位（或业主方）项目经理、设计单位项目负责人、施工单位项目负责人、监理单位项目负责人等。

同时，通过建设单位邀请相关的政府部门和公用事业部门提供与风险管理有关的信息、资料、风险要求、标准，以及所需的市政设施配合，专业风险咨询单位参与风险管理规划过程，以评估及监控项目对社会、公众的影响。

2）专业风险咨询单位工作内容

专业咨询单位提供的项目风险咨询服务主要内容如下：

① 编制工程风险管理指南和工作计划；

② 组建专业团队协助建设单位方在不同阶段进行风险管理工作；

③ 在工程建设过程中，审查不同阶段风险管理工作是否符合指南要求；

④ 根据现场情况和建设单位要求，提供关键技术的审核及咨询服务。

3）工程风险管理计划

专业咨询单位应结合以往风险管理经验和工程实际条件，制定工程风险管理计划。风险管理计划应该包括以下内容：

① 风险管理方案；

② 风险管理制度和信息沟通平台；

③ 风险管理职责；

④ 识别和评价工程风险，确定工程重大风险；

⑤ 根据工程特点和计划，制定风险管理工作安排；

⑥ 确定工程风险等级和可接受准则；

⑦ 提出工程风险动态评价方法；

⑧ 制定风险控制措施；

⑨ 提出风险监控的跟踪计划，以及风险预警报警机制；

⑩ 确定风险管理预案及其管理；

⑪ 提供风险报告和风险管理方式；

⑫ 提供项目培训等。

4）风险管理职责

根据图 3-13 给出的风险管理组织架构，风险管理主要单位的管理职责如下。

① 建设单位

建设单位应对工程风险管理操作与实施作最终决定，包括设计阶段的风险全面管理、施工阶段风险管理全面统筹等。主要职责：

- 委托设计单位（或咨询单位、相关专业机构）进行设计阶段风险评估工作；
- 督导施工单位开展施工阶段风险评估工作；
- 委托相关专业机构进行风险监测；
- 提出风险处理的决策意见；
- 统筹风险管理工作、监督、协调、处理评估工作中的有关问题。

② 设计单位

- 制定设计阶段风险评估工作实施细则；
- 进行设计阶段的风险评估工作；
- 提出风险评估结果，供建设单位决策；
- 向施工单位进行有关风险的技术交底和资料交接；
- 在建设单位的组织下，参与施工期间的风险评估；
- 根据风险监测结果，提出风险处理意见及相关修正的工作；
- 根据所需设计改动，调整相关的风险控制措施。

③ 承包商/施工单位

- 风险表的主要执行单位；

● 制定施工阶段风险评估工作实施细则；
● 进行施工阶段的动态风险评估工作；
● 根据风险评估结果提出相应的处理措施，报建设单位批准后实施；
● 在施工期间对风险实时监测，定期反馈，随时与相关单位沟通；
● 根据风险监测结果，调整风险处理措施。

④ 工程监理单位

工程监理单位保证施工过程按照合同执行。主要职责：

● 参与制定施工阶段风险评估工作实施细则；
● 参与和监督施工单位风险评估和管理工作，并侧重于安全风险和环境风险；
● 检查施工单位风险处理措施的落实情况。

⑤ 专业风险咨询单位

专业风险咨询单位为建设单位提供风险管理计划的咨询服务并帮助协调风险管理的过程。

● 编制本工程风险管理指南；
● 根据工程特点，编制相关的风险管理系统；
● 提供专业团队协助建设单位方在不同阶段风险管理的工作；
● 在实施过程，审查不同阶段风险管理工作符合指南要求；
● 根据现场情况和建设单位要求，提供关键技术审核及咨询服务。

⑥ 其他利益相关方

其他利益相关方主要由政府相关部门、临近保护对象权属单位、周边居民等。这些单位为行政管理单位或者利益相关者，他们的利益应得到保障。当施工有可能影响到这些单位的利益时。必须与其进行沟通确定风险管理的方案，满足提出的要求。注意这些“利益相关方”的具体构成还要在与建设单位充分讨论后才能最后确定。

在风险识别的过程中，每一项风险的相关利益方和风险的责任人都应该被明确识别。本工程的风险分配工作将在与建设单位和各个相关单位集思会议后决定。

风险应在项目参与方之间进行合理的分担，风险分担的原则如下：从保证工程整体效益的角度出发，最大限度地调动各方进行风险管理积极性；公平合理，责、权、利平衡；符合工程特点。

（2）政府组织的专家型风险管理模式

在大型基础设施建设的过程中，可由政府相关部门牵头，通过聘用或聘请的方式将工程建设各行各业中的专家、学者和技术人员临时组织起来，参与对大型基础设施建设过程的风险检查，行使风险管控的权利。

① 组织架构

在建设过程中，专家组一般采取内业检查、现场查勘、跟参建各方（建设单位、施工、监理等）负责人沟通交流的方式对工程建设过程中的风险进行跟踪。发现一般问题，由参建各方马上落实整改；发现重大质量安全风险问题，代表政府开具整改通知单，告之建设方及时采取预控措施进行处理，并做好相应的风险应急预案。专家组在每次风险查勘后将编写针对性的风险管理报告，定期对参建各方进行风险交底、讲评。在此模式下，参建方落实专家组风险管理过程中发现的问题，并参与一定的自身风险管理和风险应对处

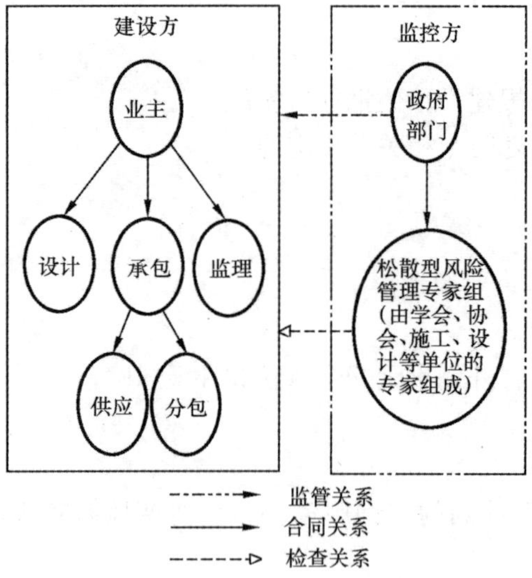

图 3-14　政府组织的专家型风险管理模式示意图

理。风险管理过程中发现的问题的落实情况最后再由建设单位向政府监管部门上报。该风险管控模式如图 3-14 所示。

② 咨询服务内容

a. 工程风险初始分析与识别

根据工程内容和周边环境条件的情况，风险咨询专家组分析工程的技术风险和重大风险；在通过各风险部位的参建单位的风险把控能力评价，对工程技术风险进行修正，建立工程风险情况，确定工程重大风险部位。

b. 风险咨询工作计划和表式

依据工程建设计划和工程风险初步分析结果，制定风险咨询服务工作计划，主要内容包括：工程风险交底和管理工作要求、工程风险综合检查、风险控制咨询或讲评会议、风险和工程专业培训、风险总结等工作计划。

c. 首次风险控制咨询会议

根据工程进展情况，进行首次风险控制咨询会议。与会对象主要为：建设单位项目经理；施工单位项目经理、技术负责人、质量安全负责人；现场总监和专业监理人员；监测单位负责人；以及全体工作人员和有关领导。会议主要内容：工程风险和重大风险情况交底；风险咨询管理工作要求，包括工程风险预警、重大风险部位进展、风险管控等有关信息上报，工程风险专家综合检查工作要求，专家风险咨询意见的落实和回复；提供施工阶段安全质量风险控制咨询服务现场控制表等。

d. 工程风险综合检查

每季度实施对工程风险综合检查，并进行讲评，提供书面咨询报告。对于重大风险部位，增加风险咨询检查频率，如每月、每周等，指导工程建设单位开展风险控制和跟踪工作。

e. 关键节点验收

对于重大风险部位，组织专家进行节点验收，包括基坑开挖、盾构（顶管）进出洞、旁通道开挖、预制构件吊装、高支模体系验收、钢结构安装、吊篮或架桥机安装等。

f. 风险培训

结合工程内容，组织专家开展不同专业的培训，以提高工程人员技术水平和风险控制能力、明确工程风险控制重点；同时，建立风险管理人员的沟通交流平台。

g. 策划组织工程风险演练

结合工程重大风险控制，策划组织各参建单位开展工程风险演练，落实风险应急预案。如火灾、有毒气体中毒、坍塌等演练。

h. 风险预警和应急

在工程风险管理咨询过程中，发现的工程质量安全风险隐患，及时提出风险预警，要求工程参建单位采取应对措施，包括技术预案和管理措施。

i. 针对下阶段工作提出相应的建议

如：在安全方面，仍需继续加强安全管理系统网络方面的建设、加强工作人员安全教育、克服施工过程中的随意性、继续增大安全防护方面的投入；在质量方面，参建各方应积极配合、做好相关的勘察、设计、施工、监理、监测方面的技术措施，特别需加强现场监理对施工现场的旁站和监督；在文明施工和环境保护方面，应加强管理、加强监测。

3.4.4 基于工程保险的风险管理模式

工程保险起源于20世纪初，首个项目是1929年英国的泰晤士河上拉姆贝斯大桥工程。在第二次世界大战之后，工程保险得到了快速发展。首先，欧洲各国的大量重建工程对工程保险提出的需求；其次，工程市场规范化要求，主要表现工程合同的规范，明确了合同双方的风险和义务。我国工程保险是伴随着改革开放的形势而出现和发展的。2006年，国务院下发了《国务院关于保险业改革发展的若干意见》，为工程建设中各种风险的承保及工程保险的总体建设提供了发展指引和政策支持，标志着我国工程保险业务发展进入新的阶段。至今，我国的工程保险已经发展成为财产保险领域中的一个主要的险种，发挥着巨大的风险保障作用。

工程保险是工程风险管理策略的重要组成部分，是工程风险转移的重要手段。工程保险是指以各种工程项目为主要承保对象的一种财产保险，有利于保护工程项目建设单位或项目其他主要参建者的利益，也是完善工程承包责任制并有效协调各方利益关系的必要手段。工程保险承担的主要是技术风险，包括工程项下的物质损失部分和施工过程中因可能产生的第三者责任而承担经济赔偿责任导致的损失。我国工程保险一般包括建筑工程保险、安装工程保险和科技工程保险等。因此，基于工程保险的风险管理模式是工程风险管理的重要模式，促进工程风险管理标准化，也是我国工程风险管理与国际接轨的重要体现。

（1）组织架构

基于工程保险的风险管理模式下，专业风险咨询单位直接受聘于保险公司，与项目风险相关的文件先由保险公司先审批，再呈交建设单位及各有关政府部门。同时，专业风险咨询单位协助建设单位对设计单位、施工单位和监理单位进行监督和管理，并提供咨询服务，以确保风险在可能发生之前已全面受控或消除。这种模式的组织架构如图3-15所示。

这种风险管理模式主要内容：建设单位（或业主）对建设工程项目进行投保；保险公司委托专业风险咨询单位进行风险管理，同时将受委托的专业风险咨询单位名称和组织机构人员名单告知建设单位（或业主），并且协调工程风险咨询服务工作中的相关事项；专业风险咨询单位对建设工程进行专业化风险管理咨询，将风险咨询结果以专业报告的形式上报保险公司，同时将风险咨询报告抄送给建设单位（或业主）和相关管理部门，并且提供风险管理相关咨询服务；建设单位和其他相关单位应提供相关资料和风险咨询必备条件，配合专业风险咨询单位开展工程风险咨询活动。

（2）现场专业风险管理团队

专业风险咨询单位作为建设工程风险管理的专业咨询服务单位，应根据项目情况组建现场项目组织架构，组织架构应包括项目负责人（或项目经理）、专家咨询组、各专业风

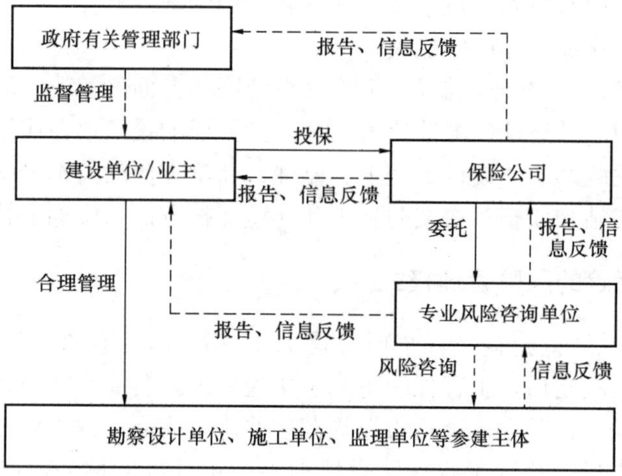

图 3-15 基于工程保险的风险管理模式

险查勘小组等。项目负责人（或项目经理）对整个工程项目风险咨询服务负责，根据工程实际情况划分专业风险咨询小组，并协调专家组提供技术支持和专业咨询；专业风险咨询小组根据专业分工进行施工全过程动态风险跟踪；专家咨询组负责提供专业的风险咨询服务。

（3）风险咨询服务工作内容

在工程保险模式下，专业风险咨询服务工作内容主要体现在工程实施过程的动态风险咨询。主要工作内容可以分别为三个阶段：工程准备阶段风险咨询、工程实施阶段风险咨询、工程完工阶段风险咨询。

3.4.5 风险应急管理

在进行应急预案制订时应贯彻《国家突发公共事件总体应急预案》，适应工程所在地特点和未来发展需要，着眼于提高工程本身及管理部门应对风险的能力，保障国家和人民生命财产安全，维护社会和谐稳定和经济持续健康发展；平时各救援力量充分做好应急救援相关准备工作，救援时按指令尽快奔赴现场协同开展救援，积极抢救被困和遇险人员、保护和疏散物资、控制事态发展、消除险情、最大限度地减少人员伤亡和事故损失。

工程风险应急管理主要包括以下内容：编制应急预案；建立应急组织，落实应急人员；落实和备置应急物质、应急设备；组织进行应急培训和应急演练。

（1）应急预案编制

工程风险应急预案作为施工单位的安全生产专项应急预案，其编制过程包括：成立应急预案编制组、资料收集、风险评估、应急能力评估、编制应急预案和应急预案评审等。应急预案评审包括施工单位内部评审和外部评审，内部评审由施工单位主要负责人组织有关部门和人员进行；外部评审由施工单位组织外部有关专家和工程参建单位有关人员进行评审，包括建设单位、监理单位等。

1）应急预案制定原则

风险应急预案是针对各种可能的风险制定响应程序或应急行动编制而成的指导性文件，它是应急管理的重要组成部分。制定应急预案需遵循以下基本要求：

① 科学性。应急预案的制定必须在全面调查研究的基础上，结合现场开展科学分析与论证，以科学的态度形成一套严密、统一、完整的应急反应方案来配合与指导应急预案工作的展开。

② 实用性。应急预案应复核承险体现场和周边区域的客观情况，具有实用性和适用性，便于操作实施。

③ 权威性。应急预案应明确风险应急管理的工作体系，确定应急组织指挥权限和各级救援组织的职责和任务等一些劣的行政性管理规定，保证救援工作的统一调度指挥，同时，应急预案需经过上级部门的批准后才能实施，保证预案具有一定的权威性和法律保障。

2）应急预案要求

应急预案编制需包括以下十项基本要求：

① 组织结构及其职责。包括明确应急反应组织机构，参加单位和人员及其作用，明确应急反应总负责人以及每个具体行动负责人，理出本区域以外能提供援助的相关机构，明确政府、周边机构或组织及企业在应急中的职责。

② 风险辨识与评价。确认风险发生的类型、地点，预估风险影响范围及伤害人员数量，按照确定的风险严重程度，估计所需的应急反应等级。

③ 通告程序和报警系统。确定报警系统和程序，明确现场 24 小时的通告、报警和上报方式，列出 24 小时与政府主管部门的通信联络方式，建立应急反应人员向外救援的方式，制定向公众发布应急消息的标准、方式和信号等，明确应急管理指挥中心如何保证有关人员理解并对应急报警反应。

④ 应急设备和设施。列出可用于应急救援的设施（如办公室、通信设备、应急物质等），列出相关应急救援参与部门（如武警、消防、卫生和防疫等部门可用的应急服务），列出可用的个人防护装备（如呼吸机、防护服等），明确与有关机构签订的互援协议。

⑤ 应急评价与资源能力。明确决定各项应急事件的危险程度负责人，描述评价危险程度的程序，描述危险程度所需的监测设备，确定外援的专业人员。

⑥ 保护措施程序。明确可授权发布疏散指令的负责人，描述决定采取保护性措施的程序，明确负责执行和核实疏散乘客的部门，描述对特殊设施和人群的安全保护措施，列出乘客救护中心和避难场所，描述决定终止保护措施的办法。

⑦ 信息发布与乘客教育。描述各应急小组在应急过程中对媒体和公众的发言人，描述向公众和媒体发布风险应急信息的决定方法，为确保公众了解如何面对应急风险所采取的周期性宣传及安全意识等。

⑧ 事故后的恢复程序。明确决定终止应急，恢复正常程序的负责人，描述确保不会发生未授权而进入风险现场的措施，描述宣布取消应急的程序，描述恢复正常秩序的程序，描述调查、记录、评估应急反应的方法。

⑨ 培训和演练。对应急人员进行培训，确保其合格上岗，描述每年培训、演练计划，描述定期检查应急预案的方法，描述通讯指挥系统的监测评估和程序，描述对现场应急人员进行培训和更新安全宣传材料的频度。

⑩ 应急预案的维护和更新。明确每项计划更新、维护的负责人，描述每年更新和修订应急预案的方法，根据演练、检测结果完善应急预案的计划。

3）应急预案内容

应急预案应包括以下内容

① 事故风险分析：针对可能发生的事故风险，分析事故发生的可能性以及严重程度、影响范围等。

② 建立应急指挥机构及职责：根据事故类型，明确应急指挥机构总指挥、副总指挥以及各成员单位或人员的具体职责。应急指挥机构可以设置相应的应急救援工作小组，明确各小组的工作任务及主要负责人职责。

③ 明确应急处置程序：明确事故及事故险情信息报告程序和内容、报告方式和责任等内容。根据事故响应级别，具体描述事故接警报告和记录、应急指挥机构启动、应急指挥、资源调配、应急救援、扩大应急等应急响应程序。

④ 制定处置措施：针对可能发生的事故风险、事故危害程度和影响范围，制定相应的应急处置措施，明确处置原则和具体要求。

（2）应急组织

建设工程涉及面广、社会影响大，工程应急需结合工程建设方、周边相关方和地方政府等实际情况。因此，有别于一般的工程项目，公路水运工程应急组织应考虑有关政府部门和社会团体的资源联动，其中建设单位起到核心作用，施工单位负责具体实施。

（3）现场应急处置

1）风险事故报告

当发生风险事故或事件，施工单位现场负责人必须在第一时间内向施工单位分管领导、建设单位现场负责人、总监理工程师报告；如遇重大事故还应向应急组长报告，并按照国务院第493号令《生产安全事故报告和调查处理条例》逐级上报。同时，现场启动相应的应急预案。

2）应急预案的启动

① 应急组织成员和工程建设管理人员接到风险事件或事故报告后立即赶赴现场、了解和掌握风险事件或事故情况，根据现场情况及时向有关部门报告，如各自企业负责人、政府监督部门、公安、武警、消防、市总工会等。

② 应急组长接到发生或可能发生重大风险事件或事故报告后，在赶赴现场进一步掌握情况，决定启动相应级别的风险应急预案。若风险事件或事故危害不具有扩展性，也无须抢救人员、财产的，可直接进入事故的调查、善后处理程序。

③ 如发生重伤、死亡事故，现场必须做好抢救人员和保护好现场工作，以防事故进一步扩大。若发生触电事故应首先切断电源，若发生卫生防疫事故、食物中毒事故应立即送医院进行抢救或现场设立留观室，不可蛮干以免事故进一步扩大，等待有关部门调查。

3）现场应急处置

根据事故特点和需要，及时通知相关救援队伍及相关技术专家赶赴现场，为事故现场抢险指挥部的应急处置工作提供抢险方案，并按照职责分配，保证必要的抢险物资、设备、车辆、人员，配合落实好抢险工作。当事故升级时，事态超出实际处置能力，无法得到有效控制，及时向上级领导、政府相应部门报告，请求实施更高级别的响应机制。

① 组织召开现场首次会议

听取事故单位简要汇报事故和抢险方案设想，立即向上级领导汇报事故简要情况，必要时建议政府有关领导赶赴现场；指示办公室、事故单位等职能部门落实现场办公场所。必要时，组织召开事故单位、技术专家组、救援单位、必要时请应急联动单位（公安、武警、消防、卫生、人防等）以及地方政府等单位领导参加的现场会议。

② 各级领导现场抢险工作

a. 应急组长赶赴事故现场及时了解抢险等工作的进展及运转情况，必要时通过市应急联动中心（110）、市领导等协调其他力量支援抢险。

b. 地区政府部门领导赶赴事故现场了解抢险等工作的进展及运转情况，调度所属单位参与事故抢险工作，并协调地区街道、居委会各级单位支援抢险工作。

c. 地区街道、居委会领导赶赴事故现场了解抢险等工作的进展及运转情况后负责对危险区域人员和重要物资有次序地疏散；配合事故单位对撤离时的各方财产进行登记、确认并汇总；配合事故单位为撤离出的人员提供生活条件；负责处理受伤害人员及其家属的善后事宜，做好社会稳定工作。

d. 公安部门领导赶赴事故现场及时了解抢险等工作的进展及运转情况后指挥地区或专业分局对危害区外围的交通路口实施定向、定时封锁，阻止事故危害区外的公众进入；对事故现场周围的交通秩序进行重新组织和安排，防止交通拥堵；并指挥、调度撤出危害区的人员和使车辆顺利地通过通道，并确保事故应急救援的队伍、技术专家和设备、物资能及时赶往现场（对抢险所需材料输送的车辆，必要时进行开道）；对重要目标实施保护，维护社会治安。

③ 现场抢险

a. 分析可能发生的事故及现场情况，明确事故报警、各项应急措施启动、应急救护人员的引导、事故扩大及同生产经营单位应急预案的衔接程序。

b. 针对可能发生的火灾、爆炸、危险化学品泄漏、坍塌、水患、机动车辆伤害等，从人员救护、工艺操作、事故控制，消防、现场恢复等方面制定明确的应急处置措施。

④ 组织事故信息发布工作

现场办公室负责草拟事故快报、新闻统发稿等，协助市政府新闻办公室统一对外发布事故信息。

⑤ 相关监测部门工作

综合协调组负责联系各工程监测、环保监测站等单位实施监测工作，对事故发生的危害区域及危害性质利用其特有的仪器、设备进行监测，为现场应急处置指挥部、现场技术专家组的应急处置行动和抢险方案的制定，提供客观的依据。

4）应急处置的恢复与结束

① 应急处置恢复

a. 现场的清理工作应由事故单位负责，相关单位予以配合；如发生火灾、爆炸、基坑坍塌导致建筑物倒塌、煤气泄漏、电线漏（断）电、自来水管爆裂时，应立即通知有关部门组织力量到现场紧急处置。

b. 一旦现场清理后，应尽快组织人员恢复道路通车。

② 应急处置结束

a. 根据现场的监测结果以及现场技术专家组的论证结论，认为事态得到控制，影响得到消除的，由抢险指挥部总指挥宣布预案终止。

b. 应急处置配合协助单位陆续进行撤离和清理工作的交接，如有必要在现场清理和受影响区域由有关监测部门继续进行连续监测，直至恢复正常状态。

（4）事故调查

1）抢险救灾工作结束后，各参加处置的单位必须按各自的职能分工做好善后工作，协助保险公司开展灾后理赔工作，按照“四不放过”的原则对事故进行调查。

2）事故的调查按照国务院第 493 号令《生产安全事故报告和调查处理条例》等法规实施，由相关部门组成相应的事故调查组开展事故原因调查。

3）事故调查小组还应对有关工程勘察报告、设计方案、施工方案、监理日记等事实凭证进行审验，核查其程序是否合法、内容是否符合技术标准及法律法规要求，对发现的问题，应及时进行记录，必要时再作深入调查和论证。

在事故调查处理的同时，事故单位应做好事故的善后处理，做好社会稳定工作。

（5）应急演练与培训

1）工程现场应急演练与培训主要由施工单位负责，整个项目的应急演练和培训由建设单位组织。项目应定期组织应急预案的演练，以提高应急队伍的应急作战能力和专业水平，通过演练不断总结、评价，提高演练工作质量，并在实践和日常工作中使之不断完善。

2）各参建单位应根据各自制定的分预案，落实工作职责，并不断加以演练使之不断完善。

3）各施工单位按预案要求组成应急抢险队伍，定期组织演练，熟悉应急预案，关键时需调动应急所需的器材和物资，必要时就地取材；除常用的各类器材外，各参建单位还应配备、配齐必需的设备，施工现场各设备和器材都将投入到抢险工作中。

3.4.6 工程风险管理绩效考核

绩效评价是指依照预先确定的标准和一定的评价程序，运用科学的评价方法、按照评价的内容和标准对评价对象的工作能力、工作业绩进行考核和评价。为不断提高动态风险管理水平，激励各单位做好各项风险管理工作，积极主动地开展风险管理，制定绩效考评方法。

（1）考核内容

根据建设工程动态风险管理工作的要求，并结合目前上海风险管理经验和成果，从风险大纲的编制、风险项目组织机构、现场风险控制、风险报告、风险管理实效以及风险管理咨询六个方面对项目风险管理进行绩效评价。

（2）考核频率

每年进行一次考核，工程风险管理实施完成后进行一次全面的考核和评价。

（3）考核标准

1）风险大纲的编制和执行情况

① 风险管理大纲的针对性和合理性；

② 风险管理大纲实施的可操作性；

③ 风险管理大纲的落实情况。
2）组织架构的建立和人员配备
① 组织架构建立的合理性；
② 人员配备和岗位责任合理性。
3）风险管理实施和报告提交
① 风险管理及时性；
② 风险管理的有效性；
③ 风险管理报告提交的及时性；
④ 风险管理报告内容和现场的符合性；
⑤ 风险管理报告内容针对性。
4）风险管理咨询工作的实效性
① 风险管理工作的预见性，主要是重大风险或重大安全隐患识别与跟踪情况；
② 险情及原因分析；
③ 避免出险和修复建议。
5）风险管理咨询服务质量情况
① 对相关人员的风险管理培训；
② 风险咨询的建议和回复；
③ 相关风险管理信息的提供。
（4）绩效考评表
根据上述考核标准，可进行风险咨询服务单位绩效考评，绩效考评表见表 3-10。

动态风险咨询机构绩效考评表 **表 3-10**

序号	考核项目	考核内容	标准分值	实得分
1	风险大纲的编制和执行情况	风险大纲编制的针对性、合理性、可操作性； 遵照风险管理大纲执行情况	20	
2	组织架构的建立和人员配备	组织机构的建立的合理性； 人员专业配置和到岗情况	10	
3	风险管理的实施和报告提交	风险管理的及时性、有效性和效果； 风险管理报告提交的及时性、报告内容的针对性、符合性	40	
4	风险管理咨询工作的实效性	风险管理工作的预见性； 出险的及时性； 建议是否被采纳	20	
5	风险管理咨询服务质量情况	对相关人员培训； 对相关咨询的建议和回复； 相关风险管理信息的收集提交	10	
合计			100	

第四章 安 全 生 产 技 术

4.1 安全生产技术规范

4.1.1 公路工程施工安全技术规范

《公路工程施工安全技术规范》(JTG F90—2015) 由中国交通建设股份有限公司、中交第四公路工程有限公司主编，自 2015 年 5 月 1 日起施行。本规范修订中注重公路工程施工安全技术的科学性、先进性、通共性和特殊性，总结分析了国内公路工程实践，参考了国家、行业有关标准规范，调研了国外公路工程安全管理经验，修订过程始终贯彻“安全第一、预防为主、综合治理”的原则，围绕施工工序，强化危险源控制，规范公路工程施工安全技术。

《公路工程施工安全技术规范》(JTG F90—2015) 包括总则、术语、基本规定、施工准备、通用作业、路基工程、路面工程、桥梁工程、隧道工程、交通安全设施、改扩建工程、特殊季节与特殊环境施工、附录、条文说明等部分内容，主要内容如下：

第四章施工准备共 6 节，主要内容：驻地和场站建设、施工便道、临时码头和栈桥、施工临时用电、生产生活用水、施工机械设备。

第五章通用作业共 12 节，主要内容：测量作业、支架及模板工程、钢筋工程、混凝土工程、电焊与气焊、起重吊装、高处作业、水上作业、潜水作业、爆破作业、小型作业、涂装作业。

第六章路基工程共 8 节，主要内容：一般规定、场地清理、土方工程、石方工程、防护工程、排水工程、软基处理、特殊路基。

第七章路面工程共 4 节，主要内容：一般规定、基层与底基层、沥青面层、水泥混凝土面层。

第八章路面工程共 17 节，主要内容：一般规定、预应力混凝土工程、钻（挖）孔灌注桩、沉入桩、沉井、地下连续墙、围堰、明挖地基、承台与墩台、砌体、钢筋混凝土和预应力梁式桥、拱桥、斜拉桥、悬索桥、刚桥、桥面及附属工程、涵洞与隧道。

第九章隧道工程共 18 节，主要内容：一般规定、洞口与明洞、开挖、装渣与运输、知乎、衬砌、辅助坑道、防水和排水、通风、防尘及防有害气体、风水电供应、不良地质和特殊岩土地段、盾构施工、水下隧道、特殊地段、小净距及连拱隧道、附属设施工程、超前地质预报和监控量测、逃生与救援。

第十章交通安全设施共 6 节，主要内容：一般规定、护栏、交通标志、交通标线、隔离栅和桥梁护网、防眩设施。

第十一章改扩建工程共 3 节，主要内容：改扩建、拆除、加固。

第十二章特殊季节与特殊环境施工共 10 节，主要内容：一般规定、冬季施工、雨季施工、夜间施工、高温施工、台风季节施工、汛期施工、能见度不良施工、沙漠地区施工、高海拔地区施工。

相较于上一版，本次规范主要调整内容如下：补充了支架及模板工程、起重吊装、水上作业、爆破作业等规定；路基工程中补充了人工挖孔、排水工程、软基处理、特殊路基处理等规定；桥梁工程大幅增加了围堰施工、高墩施工等方面内容，补充了悬索桥、斜拉桥等桥型的相关规定，并按照桥梁结构形式和部位对章节结构进行调整；增加了盾构施工、水下隧道、小净距及连拱隧道、监控量测、逃生与救援、不良地质和特殊岩土地段等方面规定；增加了台风季节施工、汛期施工、沙漠地区施工、高海拔地区施工等内容；增加了附录 A-附录 E，明确了规范中提及的特种设备名录、特殊作业人员、危险性较大及超过一定规模，危险性较大工程的范围、专项施工方案主要内容、风险评估报告内容。

4.1.2 水运工程施工安全防护技术规范

交通运输部 2008 年第 37 号公告公布《水运工程施工安全防护技术规范》（JTS 205-1—2008）。本规范是由交通运输部水运司组织制定的强制性标准。本规范是为统一和规范我国水运工程施工安全防护技术，加强水运施工安全管理，保障从事水运工程施工的从业人员生命安全和职业健康，避免或减少生产安全事故的发生和财产损失而首次制定。本规范于 2008 年 9 月 10 日通过部审，于 2008 年 12 月 2 日发布，自 2009 年 1 月 1 日起实施。

本规范条文中的强制性条文，与原建设部发布的《工程建设标准强制性条文（水运工程部分）》（建标〔2002〕273 号）具有同等效力，必须严格执行。

本标准共分十二章和三个附录，并附条文说明。

第一章 总则，共 3 条。

此章明确了本规范制定的目的、使用范围及国家现行有关法律、法规和标准关系。

第二章 术语，共 11 条。

第三章 基本规定，共 14 节，共 44 条。

此章主要视为落实国家和行业主管部门颁布的法律、法规和有关安全生产的规定，要求施工企业必须重视安全生产，建立健全管理机构，使安全生产始终处于受控状态，减少人员伤亡和财产损失，内容包括：安全生产责任制；安全生产管理机构；安全生产教育培训；危险源辨识；施工许可；安全生产专项资金；劳动保护；消防；文明施工；施工安全保险；安全检查；应急预案；生产安全事故报告和调查处理；安全技术档案。

第四章 施工安全技术准备，共 8 节，共 49 条。

此章主要规定：施工现场总体布置原则；预制场；水上临时设施（临时码头、栈桥、水上平台、跳板、舢板木筏浮筒、锚地等）；施工用电；场内道路、材料堆放及加工场地；现场办公与生活区；编制施工安全技术措施；安全技术交底。

第五章 通用作业安全防护，共 14 节，共 90 条。

此章主要规定：测量作业；模板工程（制造、安装、拆除、存放等）；钢筋工程（制作、运送、绑扎、张拉等）；混凝土工程（搅拌、运送、浇筑、养护等）；电焊气焊施工；起重吊装；高处作业；水上抛石施工（陆用机械上船、抛石船）；沉排铺排及充砂袋施工；潜水作业；爆破作业；软基处理（排水板打设、砂桩碎石桩打设、振冲砂、深层拌和、强夯等施工）；拆除工程的安全防护技术要求。

第六章 预制构件起吊、出运和安装，共3节，共42条。

此章主要规定：预制构件起吊出运（一般构件起吊出运、台车滑到移运沉箱、气囊移运构件、半浅驳装运沉箱、沉箱近程浮云拖带、沉箱远程浮云拖带等）；构件安装（一般构件、消浪构件、水下大型构件、套箱、箱梁、圆筒、扶壁和沉箱安装等）的安全防护技术要求。

第七章 桩基施工，共5节，共62条。

此章主要规定：陆上锤击、振动、水冲沉桩；水上锤击、振动、水冲沉桩；灌注桩；挖孔桩的安全防护技术要求。

第八章 深基坑支护及开挖，共5节，共32条。

此章主要规定：板桩支护；地下连续墙；沉井；基坑降水与排水的安全防护技术要求。

第九章 疏浚和吹填施工，共9节共，共66条。

此章主要规定：耙吸式挖泥船；绞吸式挖泥船；链斗式挖泥船；抓斗式挖泥船；铲斗式挖泥船；吹泥船；泥驳及排泥管线托运架设的安全防护技术要求。

第十章 施工船舶安全操作，共3节，共33条。

此章主要规定：自航、非自航式施工船舶共用的安全操作要求；自航式施工船舶（拖轮、锚艇、交通工作船、耙吸船、油船等）特有的安全操作要求；非自航式施工船舶（驳船、起重船、打桩船、砂桩船、混凝土搅拌船、铺排船、半潜驳等）特有的安全操作要求。

第十一章 特殊条件下施工，共8节，共46条。

此章主要规定：雨季、冬季、高温季节、热带气旋季节、夜间、能见度不良天气、无掩护海域及其他特殊条件下施工的安全防护技术要求。

第十二章 施工船舶调遣与防风，共2节，共6条。

此章主要规定：施工船舶调遣（封仓加固、调遣前准备、调遣拖航）和施工船舶防风（季风季节、防台避台期间）的安全防护技术要求。

4.1.3 轨道交通工程施工安全技术相关标准规范

轨道交通工程施工安全技术规范主要涉及以下内容：项目安全管理检查要点（建设工程安全生产管理条例 国务院令第393号、《建设工程项目管理规范》（GB/T 50326—2016）、《建设项目工程总承包管理规范》（GB/T 50358—2017）、扣件式钢管脚手架检查要点《建筑施工扣件式钢管脚手架安全技术规范》（JGJ 130—2011）、碗扣式钢管脚手架检查要点《建筑施工碗扣式钢管脚手架安全技术规范》（JGJ 166—2010）、承插型盘扣式钢管脚手架检查要点《建筑施工承插型盘扣式钢管支架安全技术规程》（JGJ 231—2010）、满堂式脚手架检查要点《建筑施工扣件式钢管脚手架安全技术规范》（JGJ 130—2011）、模架工程安全检查要点《建筑施工模板安全技术规范》（JGJ 162—2008）、《建筑大模板技术规范》（JGJ 74—2003）、施工用电安全检查要点《建设工程施工现场供用电安全规范》（GB 50194—2014）、《施工现场临时用电安全技术规范》（JGJ 46—2005）、《塔式起重机安全规程》（GB 5144—2006）、《建筑施工起重吊装工程安全技术规范》（JGJ 276—2012）、《建筑机械使用安全技术规程》（JGJ 33—2012）、《施工升降机安全规程》（GB 10055—

2007)、《建筑施工起重吊装工程安全技术规范》(JGJ 276—2012)、《市政公路工程起重吊装令》(沪市政建〔2003〕第159号)、《施工现场机械设备检查技术规程》(JGJ 160—2016)、《建筑基坑支护技术规程》(JGJ 120—2012)、《城市轨道交通建设项目管理规范》(GB 50722—2011)、《地铁隧道工程盾构施工技术规程》(GB 50446—2008)、《铁路隧道工程施工质量验收标准》(TB 10417—2003)、《爆破安全规程》(GB 6722—2014)、《城市轨道交通技术规范》(GB 50490—2009)、《市政架桥机安全使用技术规程》(JGJ 266—2011)、《城市轨道交通机电设备安装工程质量验收规范》(DG/T J08—2006)。

4.1.4 装配式工艺相关标准规范

(1)《预应力混凝土桥梁预制节段逐跨拼装施工技术规程》(CJJ/T 111—2006J 533—2006)。

根据建设部建标〔2004〕65号文件的要求，规程编写组经过深入调查研究，认真总结国内外研究成果和实践经验，参考有关国外先进标准，并在广泛征求意见的基础上，制定本规程。本规程为行业标准，自2007年2月1日起实施(中华人民共和国建设部2006年8月30日发布公告批准)。

本规程主要内容有：总则、术语、施工准备、节段预制、节段移运、逐跨拼装预制节段、架桥机、节段施工过程中的测量控制等。

(2) 上海市工程建设规范《预制拼装桥墩技术规程》(DG/TJ08-2160—2015)

为适应配合桥梁下部结构预制拼装施工技术的推广应用和需求，明确预制拼装桥墩的设计与施工技术要求，提高施工技术水平，根据上海市城乡建设和管理委员会沪建管〔2014〕636号文的要求，由上海公路投资建设发展有限公司、上海市城市建设设计研究总院会同相关单位经过深入调查研究，总结工程实践经验，在广泛征求各方意见的基础上，制定了上海市工程建设规范《预制拼装桥墩技术规程》(DG/TJ08-2160—2015)。本规程自2015年8月1日起实施(上海市城乡建设和管理委员会2015年3月16日沪建管〔2015〕173号文件批准)。

本规程主要内容包括：总则、术语和符号、基本规定、材料、预制拼装桥墩设计、预制拼装桥墩抗震设计、构造设计、工厂预制、运输吊装、现场拼装以及附录等。

(3) 上海市工程建设规范《公路建设工程装配式施工质量验收评定标准》(试行)

随着上海社会经济的发展，新技术、新设备、新工艺、新材料的不断涌现，上海市公路系统得以快速发展。特大型桥梁和隧道建设项目增多，桥梁预制拼装技术、钢结构工程以及隧道盾构技术的开发应用，使得公路建设技术得到快速提升。

本标准由上海市交通委员会、上海市公路学会主编，上海城投公路投资(集团)有限公司、上海市市政设计研究总院、上海市城建设计研究总院、上海机场集团、上海隧道工程股份有限公司、上海市交通建设工程安全质量监督总站参编；各参与单位在工程实践的基础上，通过对国内外资料和既有工程的调研分析，并依据交通运输部相关标准，结合本市公路工程装配式技术发展与应用的实际状况，共同制定了本标准。

本标准的主要技术内容为：总则、术语、验收程序及评定方法、基本规定、钢筋模块、墩构件、混凝土梁式桥及防撞墙、钢结构桥梁、盾构隧道、排水检查井，以及相关的附录。

4.2 公路工程施工安全检查要点

4.2.1 路基工程施工安全检查要点

路基工程施工依据是《公路工程施工安全技术规范》（JTGF90—2015）第 5.10 节和第六章等相关规定进行安全检查，确保路基工程施工安全。

（1）土方工程

1）土方工程的开挖和填筑按照经审批的施工组织设计或者专项施工方案组织实施，并采取安全技术措施。

2）施工前必须清除地上障碍物和勘定地下工程、管线的准确位置，做好标识，并采取有效的保护措施。严禁使用机械对地下管线进行探察。

3）土方开挖应符合下列规定。

① 从上而下开挖，人工挖土 2 人操作间距横向不得小于 2m，纵向不得小于 3m。禁止采用挖空底脚方法开挖土方或者不良地质岩石。

② 明挖放坡宽度大于土质自然破裂线宽度；开挖深度 1.5m 以上，且无条件放坡的，设置固壁支撑。固壁支撑应经过安全验算并随挖深增加。

③ 坑、槽、沟边缘 1m 以内不得堆放弃土、机械或者其他杂物，并在距边缘 1m 处设置截水沟。

④ 机械开挖应设专人指挥。机械放置平台保持稳定，挖掘前要先发出信号。严禁人员进入机械旋转范围。

⑤ 多台机械开挖，挖土间距应大于 10m 以上。多台阶开挖应验算边坡稳定，确定挖土机离台阶边坡底脚安全距离。

⑥ 基坑、沟槽、坑井边缘设置不低于 1.2m 高的防护栏杆和夜间警示灯。人员上下应走马道或梯子，严禁蹬踏固壁支撑上下。

⑦ 基坑内应有良好的排水设施。当开挖深度超过邻近建筑物（构筑物）基础深度时，应采取加固固壁支撑，控制降水，对建筑物进行沉降和位移观测。一旦发现异常应立即通知人员撤离现场，并组织建筑物内人员撤离危险建筑。

⑧ 深基坑、深井、深沟内的开挖具备良好的通风条件，并经常检测有毒、有害气体，不得在有毒、有害气体超标情况下施工。遇有文物或者不可辨认的物品应立即向上级报告，并做好现场保护，严禁随意敲打、玩弄或丢弃。

4）土方填筑应符合下列规定：

① 从硬实地面向软土地面逐步填筑，并随填随压实；

② 设专人指挥，具有回转车道；

③ 倾倒前应先发出信号，检查倾倒位置是否有人或机械、物资；严禁在填筑坡脚下站人；

④ 划定危险区域，并设专人监控；

⑤ 夜间或者视线不良条件下施工，应增加照明；

⑥ 大量土方的开挖及填筑除符合以上规定外，尚应符合有关强制性标准的规定。

5）土方工程常用机械（推土机、铲运机、正铲挖土机、反铲挖土机、拉铲挖土机、抓铲挖土机、装载机、自卸汽车、压实机械）等安全要点。

① 作业前，应查明施工场地明、暗设置物、地下敷设管道（包括电线、电缆、给水排水、煤气、通信、供暖等管道）、地下坑道等的地点及走向，并采用明显标识表示。严禁在离电缆 1m 距离以内作业。

② 机械不得靠近架空输电线路作业，并应与架空输电导线的安全距离不得小于《施工现场临时用电》（JGJ 46—2006）规范的规定。

③ 在施工中遇下列情况之一时，应立即停工，待符合作业安全条件时，方可继续施工。

a. 填挖区土体不稳定，有发生坍塌危险时。

b. 气候突变，发生暴雨、水位暴涨或山洪暴发时。

c. 在爆破警戒区内发出爆破信号时。

d. 地面涌水冒泥，出现陷车或因雨发生坡道打滑时。

e. 工作面净空不足以保证安全作业时。

f. 施工标志、防护设施损毁失效时。

g. 配合机械作业的清底、平地、修坡等人员，应在机械回转半径以外工作。当若在回转半径内工作时，应停止、制动机械回转后，方可作业。

h. 雨季施工，机械作业完毕后，应停放在较高的坚实地面上。

（2）石方工程

1）石方爆破作业

① 爆破相关手续是否齐全。

② 爆破施工单位资质的审核。

③ 检查爆破影响范围安全防范措施是否符合施工组织设计的要求，爆破前是否已落实。

④ 检查爆破器材出厂合格证、质量检验报告。

⑤ 检查爆破模拟试验结果。

⑥ 检查爆破孔位置、数量、孔深是否符合设计要求。

⑦ 检查炸药埋置品种、质量、深度和孔口及塞实情况。

⑧ 检查雷管线路网络是否符合设计要求。

⑨ 检查爆破结果是否达到了设计要求。

2）石方爆破作业，以及爆破器材的管理、加工、运输、检验和销毁等工作应按国家现行的《爆破安全规程》（GB 6722—2014）执行。

3）爆破器材应按规定要求进行检验，对失效及不符合技术条件要求的不得使用。

4）爆破工作有专人指挥。确定的危险区边界应有明显的标志、警戒区四周派设警戒人员。警戒区内的人、畜撤离，施工机具应妥善安置。预告、起爆、解除警戒等信号应有明确的规定。

5）石方地段爆破后，确认已经解除警戒，作业面上的悬岩石也须经检查处理后，清理石方人员方准进入现场。

（3）防护工程

1）边坡防护作业，搭设牢固的脚手架。

2）砌石工程自下而上砌筑。片石改小，不得在脚手架上进行。护墙砌筑时，墙下严禁站人。抬运石块上架，跳板应坚固，并设防滑条。

3）抹面、勾缝作业必须先上后下。严禁在砌筑好的坡面上行走，上下用爬梯。架上作业时，架下不准有人操作或停留，不得上面砌筑、下面勾缝。

4）砂浆拌和机、砂浆喷射机等有关施工机械按照国家有关规定及操作规程进行作业。

5）挡墙挖基应视土质、湿度和挖掘的深度设放安全边坡见表 4-1，否则应设置相适应的围壁支撑。

基坑坡度表 **表 4-1**

坑壁土质	坑壁坡度		
	基坑顶缘无载重	基坑顶缘有静载	基坑顶缘有动载
砂类土	1∶1	1∶1.25	1∶1.5
碎卵石类土	1∶0.75	1∶1	1∶1.25
轻亚黏土	1∶0.67	1∶0.75	1∶1
亚黏土	1∶0.33	1∶0.5	1∶0.75
极软岩	1∶0.25	1∶0.33	1∶0.67
软质岩	1∶0	1∶0.1	1∶0.25
硬质岩	1∶0	1∶0	1∶0

6）人工挖基作业时，从基坑内抛上的土方应边挖边运。用土台分层抛掷传运出土时，台阶宽度不得小于 0.7m，高度不得大于 1.5m。基坑上边缘暂时堆放的土方至少应距坑边 0.8m 以外，堆放高度不得超过 1.5m。

（4）基层施工

1）消解石灰，不得在浸水的同时边投料、边翻拌，人员应远避，以防烫伤。

2）装卸、撒铺及翻动粉状材料时，检查劳动防护用品的穿戴。操作人员应站在上风侧，轻拌轻翻减少粉尘。散装粉状材料宜使用粉料运输车运输，否则车厢上应采用篷布遮盖。装卸尽量避免在大风天气下进行。

3）稳定土拌和机作业

① 应根据不同的拌和材料，选用合适的拌和齿。

② 在拌和过程中，不能急转弯或原地转向，严禁使用倒挡进行拌和作业。遇到底层有障碍物时，应及时提起转子，进行检查处理。

4）碎石撒布机作业

① 自卸汽车与撒布机联合作业，应紧密配合，以防碰撞。

② 作业时无关人员不得进入现场，以防碎石伤人。

5）洒水车在上下坡道及弯道运行中，不得高速行驶，并避免紧急制动。

6）洒水车驾驶室外不得载人。

4.2.2 路面工程施工安全检查要点

路面工程施工应依据《公路工程施工安全技术规范》（JTGF90—2015）第 7 章等相关

规定进行安全检查，确保路面工程施工安全。

（1）水泥混凝土路面

1）人工摊铺

① 装卸钢模时，逐片轻抬轻放，不得随意抛掷。

② 混凝土振捣器（含插入式、附着式、平板式振动器）使用应遵守下列规定。

a. 插入式振捣器电源上，应安装漏电保护装置，外壳重复接地安全可靠。

b. 附着式、平板式振捣器轴承不应承受轴向力，在使用时，电动机轴应保持水平状态。装置振捣器的构件模板应坚固可靠，其面积应与振捣器额定振捣面积相适应。

c. 操作人员应经过用电知识培训，作业时应穿戴绝缘胶鞋和绝缘手套。

d. 电缆线应满足操作所需的长度。电缆线上不得堆压物品或让车辆挤压，严禁用电缆线拖拉或吊挂振捣器。

e. 振捣器不得在初凝的混凝土、地板、脚手架和干硬的地面上进行试振，在检修或作业间断时应断开电源。

f. 作业停止需移动振捣器时，应先关闭电动机，再切断电源。不得用软管拖拉电动机。

2）切缝、养护

① 切缝机锯缝时，刀片夹板的螺母应紧固，各连接部位和安全防护罩应完好正常。

② 切缝前应先打开冷却水，冷却水中断时应停止切缝。

③ 切缝时刀片要缓缓切入，并注意割切深度指示器，当遇有较大的切割阻力时应立即升起刀片检查。停止切缝时应先将刀片提离板面后才可停止运转。

④ 薄膜养护的溶剂，一般具有毒性和易燃等特性，应做好贮运装卸的安全工作。喷洒时应站在上风，穿戴安全劳动防护用品。

（2）旧路面凿除

1）旧路面凿除宜分小段进行，以免妨碍交通。

2）用镐开挖旧路面时，周围不得有人站立或通行。锤击钢钎，使锤人应站在扶钎人的侧面，使锤者不得戴手套，锤柄端头应有防滑措施。

3）利用机械破碎旧路面时应有专人统一指挥，操作范围内不得有人，铲刀切入地面不宜过深，推刀速度应缓慢。

4.2.3 桥涵工程施工安全检查要点

桥涵工程施工过程中，各种新技术、新工艺、新设备、新材料应用，在高塔、高墩和深水基础的大跨径桥梁施工中，采用了各种先进的施工机械设备，如大型基础施工机械设备，大型运输设备、大型船舶等。因此，对作业人员进行安全生产教育培训，并依据《公路工程施工安全技术规范》（JTGF90—2015）第八章等有关规定对各个施工环节进行安全检查。

（1）桥涵施工一般安全要求

1）桥涵工程施工前，应详细核对设计图纸和文件。高墩、大跨、深水、结构复杂的大型桥梁施工，应对施工安全技术措施做专题调查研究，采取切实可靠的先进技术、设备和防护措施。中、小桥涵工程施工应制定针对性的安全技术措施计划。每个单项工程，在开工前应根据规程规定安全操作细则，并向施工人员进行安全技术交底。

2）桥涵工程施工的辅助结构、临时工程及大型设施等，均应按有关规定做好安全防护措施，各项安全设施完成后，应经检验合格后，方能使用。

3）特殊结构的桥涵，采用新技术、新工艺、新材料、新设备时，制定相应的有针对性的安全技术措施，通过试验和检验，证明可行后方可实施。

4）桥涵工程施工，应尽量避免双层或多层同时作业，双层同时作业或桥下通航、通车及行人通道等立体施工时，应设防护棚、防护网、防撞装置和醒目的警示标志、信号等，切实做好安全防护措施。有电焊作业的桥梁，防护棚应具有绝缘、防火性能。手持式电动工具，应按规定在电箱加设漏电保护器。

5）通航江河上的桥涵工程，施工前应与当地港航监督部门联系，商定有关通航、作业安全事宜，办理水上施工许可证等必要的手续，否则，不得施工。遇有六级（含六级）以上大风等恶劣天气时，应停止高处露天作业、缆索吊装及大型构件起重吊装等作业。禁止施工人员酒后驾驶场内施工车辆及操作危险等级较高的施工设备作业。

6）高大的自行式施工机械在移动转场过程中应放倒钻架和桅杆，在高压线下施工时应采用相关技术措施，保持最小安全距离。

7）沿海桥梁台风汛期季节施工应做好防台风、潮汐准备工作，大跨径桥梁上部构造合拢段工期安排宜避开台风汛期，在台风汛期来临时停止一切施工作业。

8）任何工程的施工应尽量避开夜间施工。因连续不间断要求进行夜间施工的工程，施工现场应有足够的照明。

（2）基础工程施工安全与检查要点

1）明挖基础

① 检查基坑开挖的方法、顺序以及支撑结构的安全施工按照施工组织设计中的规定进行。

② 检查采用挖土机械开挖基坑时，留意坑内作业人员。留人在坑内操作时，挖土机械应暂停作业；开挖基坑的人员不得在坑壁下休息。

2）围堰

① 随时检查挡板、板桩等挡土设施的稳定牢固状况；当基坑较深时，应在合适位置设置人员上下扶梯。施工中，遇有流沙、涌沙或支撑变形等异常情况，应立即停止挖掘，并立即撤出作业人员。在切实采取加固措施安全后，方可继续开挖。

② 采用吸泥船吹沙筑岛时要对船体吃水深度、停泊位置、管路射程及连接方法等，进行严格检查和试验。

③ 钢板桩及钢筋混凝土板桩围堰

a. 施工前应对打桩机、卷扬机及其配套机具设备、绳索等，进行全面检查，经试验、检定合格后方可施工。

b. 检查系索人员有稳固地点立足，佩戴安全帽、佩戴安全带，施工中应经常检查机械设备，发现异常情况应立即停机检修。

④ 套箱围堰

a. 拖船牵引浮运钢套箱时应检查各个部门配备有效的通信器材，建立统一的指挥机构。

b. 钢套箱拆除，应检查施工作业人员按施工组织设计规定的程序进行。

3）沉井基础

施工现场管理人员应观察周围区域如有障碍建筑应采取必要的安全措施；并在沉井顶面设置安全防护围栏。井内、井上搭设的抽水机台座、水力机械管道等施工设施，均应架设牢固。井顶上的机具应设防护挡板，小型工具宜装箱存放。在沉井刃脚和井内横隔墙附近不得有人停留、休息，以防止坠物伤人。

4）钻孔灌柱桩基础

① 钻机就位后，应对钻机及其配套设备进行全面检查，钻机平台和作业平台，特别是水上钻机平台应搭设坚固牢靠，并满铺脚手板，设防护栏、走道。杂物及障碍物应及时清除。

② 检查各类钻机在作业中，由本机或机管负责人指定操作人员操作，其他人不得登机。

5）沉入桩基础

各种沉桩及桩架等拼装完成后，应对机具设备及安全防护设施，如作业平台、护栏、扶梯、跳板等进行全面检查验收，确认合格，方可施工。降雪或冰冻时，应及时清除。

6）挖孔、沉管灌注桩基础

施工现场管理人员应督促施工作业人员要按照操作规程和相关要求的规定进行施工，保障孔内挖土人员的安全，经常保持孔内的通风。

7）拔桩作业

利用柴油或蒸气打桩机拔桩筒，应垂直吊拔，不准斜拉。当桩筒入土较深吊拔困难时，要采取辅助措施，严禁硬拔；吊桩时要慢起，桩下部要系溜绳，控制稳定。

8）管柱基础

管柱振动下沉作业前，应安排安全人员对邻近的建（构）筑物、临时设施及相邻管柱的安全和稳定进行检查，必要时采取安全防护措施。

（3）墩台工程施工安全检查要点

1）就地浇筑的墩台

① 就地浇筑混凝土墩台时，应按《预制场地安全管理与检查要点》进行检查。

② 用吊斗浇筑混凝土时，应提醒施工部门设专人指挥，下部的作业人员躲开，上部人员不得身倚栏杆推吊斗，严禁吊斗碰撞模板及脚手架。

2）砌筑墩台

① 砌筑墩台前，应检查已搭设好的脚手架、作业平台、护栏、扶梯等安全防护设施安全、可靠。

② 检查作业人员按照设计宽度、坡度施工并符合安全要求。

3）滑模施工

① 高桥墩（台）、塔墩、索塔等高层结构，采用滑升模板施工时，应按照高处作业的安全规定，现场加设安全防护设施，人员穿戴好个人劳动防护用品，根据工程特点，编制单项施工专项方案及其安全技术措施，并向参加滑模施工人员进行安全技术交底。

② 拆除滑模设备时，应做好安全防护措施。拆除时可视吊装设备能力，分组拆除或吊至地面上解体，以减少高处作业量和杆件变形。拆除现场应划定警戒区。警戒线到建筑

物边缘的安全距离不得小于 10m。

4）就地浇筑上部结构

① 在钢筋混凝土或预应力混凝土就地浇筑时，应检查搭设的脚手架、作业平台、护栏及安全网等安全防护设施。

② 作业前，应对机具设备及其拼装状态、防护设施等进行检查，主要机具应经过试运转验证。

③ 在支架上浇筑混凝土应对支架进行预压试验，以检查支架的承载能力和稳定性，消除非弹性变形。

④ 施工中，应随时检查支架和模板，发现异常状况，及时采取措施。

⑤ 就地浇筑水上各类上部结构，按照水上作业安全规定进行施工、作业。

5）悬臂浇筑法施工

① 采用桁架挂篮施工时，应遵守下列规定：

a. 施工前，应制定安全技术措施。挂篮组拼后，要进行全面检查，并做静载试验；挂篮两侧前移要对称平衡进行，大风雷雨天气不得移动挂篮，挂篮移动到位以后，要检查前后锚点、吊带、后锚锚固到位。挂篮移动中应设旁站监控。

b. 在墩上进行零号块施工并以斜拉托架做施工平台时，应检查施工单位在平台边缘处安设安全防护设施。墩身两侧斜拉托架平台之间搭设的人行道板连接牢固。

c. 使用的机具设备（如千斤顶、滑车、手拉葫芦、钢丝绳等）应进行检查，不符合规定的严禁使用。

d. 检查墩身预埋件和斜拉钢带的位置及坚固程度，符合设计要求。

e. 遇有大风及恶劣天气时，应停止作业。

② 双层作业时，督促操作人员严守各自岗位职责，防止疏漏和掉落铁件工具等。

③ 挂篮使用时，应经常检查后锚固筋、千斤顶、手拉葫芦、张拉平台及保险绳等完好可靠。底模高程调整时，应设专人统一指挥。作业人员脚下应铺设稳固的脚手板，身系安全带。

④ 挂篮在安装、行走及使用中，应严格控制荷载，防止过大的冲击、振动。如需在挂篮上另行增加设施（如防雨棚、立井架、防寒棚等），不得损坏挂篮结构及改变其受力形式。

⑤ 挂篮拼装及悬臂组装中，危险性较大，在高处及深水处作业时，应设置安全网，满铺脚手板，设置临时护栏。

⑥ 使用水箱作平衡配重时，其位置、加水量等应符合设计要求。给水排水设施和方法，应稳妥可靠。施工中，对上述情况要进行经常性安全检查。

⑦ 底模荡移前，详细检查挂篮位置、后端压重及后吊杆安装情况符合要求。应先将上横梁两个吊带与底模下横梁连接好，确认安全后，方可荡移。

⑧ 挂篮行走时，要缓慢进行，速度应控制在 0.1m/min 以内。挂篮后部，各设一组溜绳，以保安全。滑道要铺设平整，顺直，不得偏移，并随时注意观察，发现问题及时处理。

⑨ 浇筑合龙段混凝土时，在悬臂端预加压重，随浇筑进程，加载逐步撤出时，应自上而下进行。撤出压重时，应注意防止砸伤。

⑩ 箱梁混凝土接触面的凿毛工作，要有安全防护设施，所用手锤柄应牢固。作业人员之间，应有一定的安全距离。

(4) 上部构造（预制、拼装）工程安全检查要点

详见 5.7 装配式工艺相关标准规范及检查要点。

(5) 拱桥施工

拱架制作与安装的过程中，应按设计要求，具有足够的强度、刚度和稳定性。拱架须经验算，经试验或预压，并满足防洪、流水、排水、航运等安全要求。

(6) 跨线桥及通道桥涵施工

桥梁跨越公路、铁路或其他线路时，施工前，应编制专门的安全施工组织设计，并与相关部门协商有关事宜，并签订必要的安全协议。内容包括：利用行车间隔时间进行安装的计划、安全防护以及在发生紧急情况时的应急处理措施等。

(7) 斜拉桥、悬索桥施工

斜拉桥和悬索桥（吊桥）的索塔施工，属于高处或超高处作业，应根据结构、高度及施工工艺的不同情况，制定相应的专门的安全施工组织设计、安全作业指导书（操作规程）。

一般情况，混凝土、钢筋混凝土及预应力混凝土索塔，参照墩台施工及滑模施工的安全控制要点。

(8) 钢桥施工

钢梁杆件组装，应在平整的作业台上进行，其基础应有足够的承载力。钢梁拼装前，应按设计要求检验杆件和零部件达到设计标准。

4.2.4 隧道工程施工安全检查要点

隧道工程施工是高速公路建设施工依据《公路工程施工安全技术规范》(JTGF90—2015) 第九章等有关规定对各个施工环节进行安全检查。

(1) 一般检查要点

1) 隧道施工前应开展安全风险评估，辨识施工过程中的主要危险源及危害因素，制定安全防护措施，并应根据工程建设条件、技术复杂程度、地质与环境条件、施工管理模式，以及工程建设经验对，隧道工程实施动态风险控制和跟踪处理。

2) 隧道施工应按设计文件规定的施工方法制订施工方案，地质条件发生变化时，应及时进行设计变更。

3) 压力容器操作人员应按照有关规定经专业机构培训，并应取得相应的从业资格。

4) 施工现场布设应符合下列规定：

① 临时设施的设置除应符合有关规范规定外，尚应避开高边坡、陡峭山体下方、深沟、河流、池塘边缘等区域。

② 弃渣场地应设置在不易溃塌、不产生滑坡的安全地段，不得堵塞河流、泄洪通道。

③ 隧道内供风、供水、供气管线与供电线路应分别架设，照明和动力线路应分层架设。

④ 供电线路架设应遵循“高压在上、低压在下，干线在上、支线在下，动力线在上、照明线在下”的原则。110V 以下线路距地面不得小于 2m，380V 线路距地面不得小于

2.5m，6～10kV 线路距地面不得小于 3.5m。

5）隧道洞口管理应符合下列规定：

① 隧道洞口应设专人负责进出人员登记及材料、设备与爆破器材进出隧道记录和安全监控等工作。

② 隧道施工应建立洞内外通信联络系统。

③ 长、特长及高风险隧道施工应设置稳定可靠的视频监控系统、门禁系统和人员识别定位系统。

6）隧道洞口与桥梁、路基等同一个工点有多个单位同时施工或洞内不同专业交叉作业时，应共同制定现场安全措施：

7）隧道内施工不得使用以汽油为动力的机械设备。

8）通风机、抽水机等隧道安全设备应配备备用设备。

9）隧道内作业台车、台架应满足施工安全要求，高处作业安全防护设施应符合规范规定。

10）隧道洞口、开关箱、配电箱、台车、台架、仰拱开挖等危险区域应设置明显的警示标志。洞内施工设备均应设反光标识。

11）隧道内应按要求配备消防器材。

12）应根据危险源辨识情况编制隧道坍塌、突水突泥、触电、火灾、爆炸、窒息、有害气体等应急预案并应配备相应的应急资源。

13）高压富水隧道钻孔作业应采取防突水、突泥冲出的反推或拴锚等措施。

14）不良地质隧道地段应遵循“早预报、预加固、弱爆破、短进尺、强支护、早封闭、勤量测、快衬砌”的原则施工。

15）超前地质预报和监测方案应作为必要工序统一纳入施工组织管理。

16）施工隧道内不得明火取暖。

17）隧道内严禁存放汽油、柴油、煤油、变压器油、雷管、炸药等易燃易爆物品。

（2）洞口与明洞

1）洞口施工前，应先清理洞口上方及侧方可能滑塌的表土、灌木及山坡危石等。

2）洞口的截、排水系统应在进洞前完成，并应与路基排水顺接，不得冲刷路基坡面、桥台锥体、农田屋舍，土质截水沟、排水沟应随挖随砌。

3）石质边、仰坡应采用预留光爆层法或预裂爆破法，不得采用深眼大爆破或集中药包爆破开挖。

4）洞口边、仰坡坡面防护应符合要求，洞口施工应监测边、仰坡变形。

5）洞口开挖应先支护后开挖、自上而下分层开挖、分层支护。不得掏底开挖或上下重叠开挖。陡峭、高边坡的洞口应根据设计和现场需要设安全棚、防护栏杆或安全网，危险段应采取加同措施。洞口工程应及早完成。

6）洞口附近存在建（构）筑物且使用爆破掘进的，应采用控制爆破技术，并应监测振动波速及建（构）筑物的沉降和位移。

7）洞口施工应采取措施保护周围建（构）筑物、既有线、洞口附近交通道路。

8）洞口开挖宜避开雨季、融雪期及严寒季节。

9）明洞施工应符合下列规定：

① 明洞开挖前，洞顶及四周应设防水、排水设施。

② 明洞应自上而下开挖。石质地段开挖应控制爆破炸药用量，开挖后应立即施作边坡防护。

③ 开挖松软地层边、仰坡应随挖随支护。

④ 衬砌强度未达到设计的 70%、防水层未完成时，不得回填。

10）明洞槽不宜在雨天开挖。

（3）开挖

1）长度小于 300m 的隧道，起爆站应设在洞口侧面 50m 以外；其余隧道洞内起爆站距爆破位置不得小于 300m。

2）装药、起爆、通风、盲戏炮处置等应符合现行《爆破安全规程》（GB 6722—2014）的有关规定。

3）爆破后应按先机械后人工的顺序找顶，并应安全确认。

4）机械开挖应根据断面和作业环境选择机型、划定安全作业区域，并应设置警示标志。

5）人工开挖应设专人指挥，作业人员应保持安全操作距离。

6）两座平行隧道开挖，同向开挖工作面纵向距离应根据两隧道间距、围岩情况确定，且不宜小于 2 倍洞径。

7）隧道双向开挖面间相距 15～30m 时，应改为单向开挖。停挖一端的作业人员和机具应撤离。土质或软弱围岩隧道应加大预留贯通的安全距离。

8）涌水段开挖宜采用超前钻孔探水查清含水层厚度、岩性、水量与水压。

9）全断面法施工应符合下列要求：

① 应控制一次同时起爆的炸药量。

② 地质条件较差地段应对围岩进行超前支护或预加固。

10）台阶法和环形开挖预留核心土法施工，除应符合现行《公路隧道施工技术规范》（JTGF60—2015）的有关规定外，尚应符合下列规定：

① 围岩较差、开挖工作面不稳定时，应采用短进尺、上下台阶错开开挖或预留核心土措施，宜采用喷射混凝土、注浆等措施加固开挖工作面。

② 应根据围岩条件和初期支护钢架间距确定台阶上部开挖循环进尺，上台阶每循环开挖支护进尺Ⅴ、Ⅵ级围岩不应大于 1 榀钢架间距，Ⅳ级围岩不得大于 2 榀钢架间距。

③ 围岩较差、变形较大的隧道，上部断面开挖后应立即采取控制同岩及初期支护变形量的措施。

④ 台阶下部断面一次开挖长度应与上部断面相同，且不得超过 1.5m。

⑤ 台阶下部开挖后应及时喷射混凝土封闭。

11）中隔壁法施工应符合现行《公路隧道施工技术规范》（JTGF60—2015）的有关规定，且同侧上、下层开挖工作面应保持 3～5m 距离。

12）双侧壁导坑法施工应符合下列规定：

① 及时施工初期支护并尽早封闭成环。

② 侧壁导坑形状应近似于椭圆形断面。

③ 导坑跨度宜为隧道跨度的 1/3。

④ 左右导坑前后距离不宜小于15m。

⑤ 导坑与中间土体同时施工时，导坑应超前30～50m。

13）仰拱开挖施工应符合下列规定：

① Ⅳ级及以上围岩仰拱每循环开挖长度不得大于3m，不得分幅施作。

② 仰拱与掌子面的距离，Ⅲ级围岩不得超过90m，Ⅳ级围岩不得超过50m，Ⅴ级及以上围岩不得超过40m。

③ 底板欠挖硬岩应采用人工钻眼松动、弱爆破方式开挖。

④ 开挖后应立即施作初期支护。

⑤ 栈桥等架空设施强度、刚度和稳定性应满足施工要求；栈桥基础应稳固；桥面应做防侧滑处理；两侧应设限速警示标志，车辆通过速度不得超过5km/h。

（4）装渣与运输

1）装渣与运输应符合现行《公路隧道施工技术规范》（JTGF60—2015）的有关规定。

2）运渣车辆应状态完好、制动有效，不得载人、超载、超宽、超高运输。

3）装渣、卸渣及运输作业场地的照明应满足作业人员安全的需要，隧道内停电或无照明时，不得作业。

4）长、特长隧道施工有轨运输应配备载人列车，并设专人操作。

5）无轨运输应设置会车场所、转向场所及行人的安全通路。

（5）支护

1）围岩自稳程度差的地段应先进行超前支护、预加固处理，并应符合设计要求。

2）应随时观察支护各部位，支护变形或损坏时，作业人员应及时撤离现场。

3）喷射混凝土、锚杆、钢筋网、超前小导管、管棚支护施工应符合现行《公路隧道施工技术规范》（JTGF60—2015）的有关规定。焊接作业区域内不得有易燃易爆物品，下方不得有人员站立或通行。

4）钢架施工除应符合现行《公路隧道施工技术规范》（JTGF60—2015）的有关规定外，尚应符合下列规定：

① 钢架底脚基础应坚实、牢固。

② 相邻的钢架应连接成整体。

③ 已安装的钢架发生扭曲变形时，应及时逐榀更换，不得同时更换相邻的钢架。

④ 下部开挖后，钢架应及时接长、落底，钢架底脚不得左右同时开挖。

⑤ 拱脚开挖后应立即安装拱架、施作锁脚锚杆，锁脚锚杆数量、长度、角度应符合设计要求。

⑥ 拱脚不得脱空，不得有积水浸泡。

⑦ 临时钢架支护应在隧道钢架支撑封闭成环并满足设计要求后拆除。

（6）衬砌

1）软弱围岩及不良地质隧道的二次衬砌应及时施作，二次衬砌距掌子面的距离Ⅳ级围岩不得大于90m，Ⅴ级及以上围岩不得大于70m。

2）隧道内不得加工钢筋。

3）衬砌钢筋安装应设临时支撑，临时支撑应牢固可靠并有醒目的安全警示标志。

4）钢筋焊接作业在防水板一侧应设阻燃挡板。

5）衬砌台车应经专项设计，衬砌台车、台架组装调试完成应组织验收，并应试行走，日常使用应按规定维护保养。

6）拱架、墙架和模板拆除应符合现行《公路隧道施工技术规范》（JTCF60—2015）的有关规定。

7）仰拱应分段一次整幅浇筑，并应根据围岩情况严格限制分段长度。

（7）辅助坑道

1）横洞、平行导坑施工应符合现行《公路隧道施工技术规范》（JTGF60—2015）的有关规定。平行导坑宜采用单车道断面，闭隔200m左右应设置一处错车道。错车道的有效长度宜为1.5倍施工车辆的长度。

2）开挖前应妥善规划并完成斜井、竖井井口周边的截水、排水系统和防冲刷设施、斜井洞门、竖井锁口圈应及早施作。

3）开挖前应检查斜井、竖井与正洞连接处的围岩稳定情况，应根据检查结果确定并实施超前预加固措施。开挖后，应及时支护和监控量测。

4）斜井施工应符合下列规定：

① 无轨运输斜井内运输道路应硬化，并应采取防滑措施；长隧道斜井无轨运输道路综合纵坡不得大于10%；单车道的斜井，每隔一定距离应设置错车道，其长度应满足安全行车要求。

② 无轨运输进洞载物车辆车速不得大于8km/h，空车车速不得大于15km/h：出洞爬坡车速不得大于20km/h。

③ 有轨运输井口应设置挡车器，并设专人管理；在挡车器下方5～10m受接近井底前10m处应各设一道防溜车装置；长大斜井每隔100m应分别设置防溜车装置，井底与通道连接处应设置安全索；车辆行驶时，井内严禁人员通行与作业。

④ 有轨运输井身每30～50m应设置躲避洞，井底停车场应设避车洞，井底附近的固定设备应置于专用洞室。

⑤ 斜井口、井下及提升绞车应有联络信号装置。每次提升、下放与停留应有明确的信号规定。

⑥ 斜井中牵引运输速度不得大于5m/s，接近洞口与井底时不得大于2m/s。升降加速度不得大于0.5m/s^2。

⑦ 斜井提升设备应按规定装设符合要求的防止过卷装置、防止过速装置、限速器、深度指示器、警铃、常用闸和保险闸等保险装置。

⑧ 斜井提升、连接装置和钢丝绳应符合安全使用的要求，并应定期检查。

⑨ 人员不得乘斗车上下；当斜井垂直深度超过50m时，应有运送人员的专用设施。

⑩ 运送人员的车辆应设顶盖，并装有可靠的防坠器；车辆中应装有向卷扬机司机发送紧急信号的装置。

5）竖井施工应符合现行《公路隧道施工技术规范》（JTGF60—2015）的有关规定，提升机、罐笼、绞车应符合现行《矿井提升机和矿用提升绞车安全要求》（GB 20181—2006）和《罐笼安全技术要求》（GB 16542—2010）的有关规定，尚应符合下列规定：

① 井口应配置井盖，除升降人员和物料进出外，井盖不得打开。井口应设防雨设施，通向井口的轨道应设挡车器。井口周围应设防护栏杆和安全门，防护栏杆的高度不得小

于1.2m。

② 竖井井架应安装避雷装置。

③ 竖井吊桶、罐笼升降作业应制订操作规程，并严格执行。

④ 每次爆破后，应有专人清除危石和掉落在井圈上的石渣，并检查初期支护和临时支撑，清理完后方可正常工作。当工作面附近或未衬砌地段发现落石、支撑发响、大量涌水时，作业人员应立即撤出井外，并报告处理。

（8）防水和排水

1）隧道防水板施工作业台架应设置消防器材及防火安全警示标志，并应设专人负责。照明灯具与防水板间距离不得小于0.5m，不得烘烤防水板。

2）隧道排水作业应符合下列规定：

① 隧道内反坡排水方案应根据距离、坡度、水量和设备情况确定。抽水机排水能力应大于排水量的20%，并应有备用台数：

② 隧道内顺坡排水沟断面应满足隧道排水需要。

③ 膨胀岩、土质地层、围岩松软地段应铺砌水沟或用管槽排水。

④ 遇渗漏水面积或水量突然增加，应立即停止施工，人员撤至安全地点。

3）斜井及竖井排水应符合下列规定：

① 斜井应边掘进边排水；涌水量较大地段应分段截排水。

② 竖井、斜井的井底应设置排水泵站；排水泵站应设在铺设排水管的井身附近，并应与主变电所毗邻；泵站应留有增加水泵的余地。

③ 水箱、集水坑处应挂设警示牌标识，并对设备进行挡护。

（9）通风、防尘及防有害气体

1）施工通风应符合下列规定：

① 隧道施工独头掘进长度超过150m时应采用机械通风；通风方式应根据隧道长度、断面大小、施工方法、设备条件等确定，主风流的风量不能满足隧道掘进要求时，应设置局部通风系统。

② 隧道施工通风应纳入工序管理，由专人负责。

③ 隧道施工通风应能提供洞内各项作业所需要的最小风量，风速不得大于6m/s；每人供应新鲜空气不得小于3m^3/min，内燃机械作业供风量不宜小于4.5m^3/(min·kW)；全断面开挖时风速不得小于0.15m/s，导洞内不得小于0.25m/s。

④ 长及特长隧道施工应配备备用通风机和备用电源。

⑤ 通风机应装有保险装置，发生故障时应自动停机。

⑥ 通风管沿线应每50～100m设立警示标志或色灯。

⑦ 通风管安装作业台架应稳定牢固，并应经验收合格。

⑧ 主风机间歇时，受影响的工作面应停止工作。

2）防尘、防有害气体应符合下列规定：

① 作业过程中，空气中的氧气含量不得低于19.5%；不得用纯氧通风换气。

② 空气中的一氧化碳（CO）、二氧化碳（CO_2）、氮氧化物等有害气体浓度不得超过规范中的容许值。

③ 隧道施工应采取综合防尘措施，并应配备专用检测设备及仪器。隧道内存在矽尘

的作业场作，每月应至少取样分析空气成分一次、测定粉尘浓度一次。

④ 隧道作业人员应配备防尘口罩、耳塞等个人劳动保护用品，并定期安排作业人员体检。

（10）风、水、电供应符合要求

1）施工供风符合下列规定：

① 空气压缩机站应设有防水、降温和防雷击设施。

② 供风管的材质及耐风压等级应满足相应要求，供风管不得有裂纹、创伤和凹陷，管内不得留有残余物和其他赃物。

③ 供风管应铺设平顺、接头严密，软管与钢风管的连接应牢固，风管应在空压机停机或关闭闸阀后拆卸。

④ 不得在空压机风管进出口和软管旁停留人员或放置物品。

2）施工供水的蓄水池应设防渗漏措施和安全防护设施，且不得设于隧道正上方。

3）施工供电与照明符合下列规定：

① 非瓦斯隧道施工供电应规范规定。

② 瓦斯隧道供电照明应符合现行《煤矿安全规程》的有关规定。

③ 隧道外变电站应设置防雷击和防风装置。

④ 隧道内设置 6～10kV 变电站时，变压器与周围及上下洞壁的最小距离不得小于 0.3m，变电站周围应设防护栏杆及警示灯。

⑤ 成洞地段固定的电线路应采用绝缘良好的胶皮线架设，施工地段的临时电线路应采用橡套电缆。竖井、斜井地段应采用铠装电缆，瓦斯地段输电线应使用密封电缆。

⑥ 涌水隧道电动排水设备、瓦斯隧道通风设备以及斜井、竖井内电气装置应采用双回路输电，并应设可靠的切换装置和防爆措施。

⑦ 动力干线上的每一分支线，装设开关及保险装置。严禁在动力线路上加挂照明设施。

⑧ 隧道施工用电按设计要求设置双电源或自备电源。自备发电机组与外电线路电源连锁，严禁并列运行。

⑨ 隧道内照明灯光应保证亮度充足、均匀及不闪烁，采用普通灯光照明时，其照度应符合现行《公路隧道施工技术细则》（TG/TF 60—2015）的有关规定。

⑩作业地段照明电压不宜大于 36V，成洞段和不作业地段宜采用 220V。照明灯具宜采用冷光源。

⑪ 漏水地段应采用防水灯具，瓦斯地段应采用防爆灯具。

⑫ 隧道内用电线路和照明设备应设专人负责检查和维护，检修电路与照明设备应切断电源。

（11）不良地质和特殊岩土地段

1）富水软弱破碎围岩隧道施工应符合下列规定：

① 施工过程应加强对隧道围岩和支护结构变形、地下水变化的监测，并应依据监测结论动态调整设计和施工参数。

② 应严格控制开挖循环进尺，初期支护应及时施作。

③ 应遵循“防、排、堵、截”相结合的原则治水。

④ 施工中出现浑水、突水突泥、顶钻、高压喷水、出水量突然增大、坍塌等突发性异常情况应立即停止施工、分析异常原因，并应妥善处理。

2）岩溶地质隧道施工应符合下列规定：

① 应先开展地质调查，并根据综合地质预报对溶洞里程、影响范围、规模、类型、发育程度和填充物、储水及补给情况、岩层稳定程度以及与隧道的相对位置等做出预测分析，制定防范措施。

② 应遵循“因地制宜、综合治理”的原则施工。

③ 隧道溶洞与地表水存在水力联系时，宜在旱季进行溶洞处理和隧道施工。

④ 岩溶段爆破开挖应严格控制单段起爆药量和总装药量，控制爆破震动。

⑤ 应备用足够数量的排水设备。

3）含水沙层和风积沙隧道施工应符合下列规定：

① 含水沙地段开挖应遵循“先治水、后开挖”的原则，风积沙地段开挖应遵循“先加固、后开挖”的原则；循环进尺应严格控制，并应加强监控量测。

② 开挖完成后应及时支护、尽早衬砌、封闭成环。施工过程中应遇缝必堵，严防沙粒从支护缝隙中漏出。

4）黄土隧道施工应符合下列规定：

① 开工前应验证黄土的年代、成因、含水率、强度、压缩性、孔隙率、抗水性等情况，掌握详细的地质信息。

② 进洞前，洞口的防排水系统应施作完毕。应采取回填夯实、填土反压、改变地表水径流等方法处理地表和浅埋段的冲沟、陷穴、裂缝。

③ 宜在旱季开挖洞口，雨季施工应采取控制措施。

④ 含水率较大的地层应及时排水，不得浸泡墙脚、拱脚。

⑤ 施工中应密切观察垂直节理。

⑥ 施工中应密切监测拱脚下沉情况。

5）膨胀岩土地质隧道施工应符合下列规定：

① 施工前应查明膨胀岩的岩性、规模、各向异性程度、吸水性、围岩强度比、水文地质、膨胀机理等情况，选择合适的施工方法和预控措施。

② 除常规监测项目外，尚应加强监测围岩净空位移、围岩压力，并应根据监测结果及时调整预留变形量和支护参数。

③ 应控制开挖循环进尺，逐次开挖断面各分部，分部开挖不得超前独进。

④ 隧道开挖断面轮廓应圆顺。

⑤ 隧道开挖后应尽快初喷混凝土封闭岩面，并应控制施工用水，加强施工用水管理，岩面不得受水浸泡。

6）岩爆地质隧道施工应符合下列规定：

① 施工中应加强围岩特性、岩爆强度等级、水文地质情况等的预报、预测和分析。

② 宜在围岩内部应力释放后采用短进尺开挖，每循环进尺宜为 1.0～2.0m，光面爆破的开挖面周壁宜圆顺。

③ 拱部及边墙应布设预防岩爆锚杆，施工机械重要部位应加装防护钢板。

④ 每循环内对暴露的岩面应加大监测及找顶频次。

⑤ 施工过程中应密切观察岩面剥落、监听岩体内部声响情况，出现岩爆迹象，作业人员应及时撤离。

7）软岩大变形地质隧道施工应符合下列规定：

① 施工过程中应加强围岩岩性、地应力、水文地质、地质构造、变形机理分析，确定可能产生的变形程度与危害。

② 施工过程中应监测拱顶下沉、周边位移、底鼓、围岩内部位移、支护结构变形等情况，并应依据监测结果及时调整支护参数和预留变形量。发现变形异常应及时处理。

③ 应严格控制循环进尺，仰拱、二衬应及时施作、封闭成环。

8）含瓦斯隧道施工应符合下列规定：

① 施工前应编制专项旋工方案、超前地质预报方案、通风设计方案、瓦斯监测方案、应急预案、作业要点手册等。

② 应建立专门机构，并设专人做好瓦斯检测、记录和报告工作，瓦斯监测员应按照相关规定经专门机构培训，并应取得相应的从业资格。

③ 各作业面应配备瓦检仪，高瓦斯工点和瓦斯突出地段应配置高浓度瓦检仪和自动检测报警断电装置，瓦斯隧道人员聚集处应设置瓦斯自动报警仪。

④ 瓦斯检测应至少选择瓦斯压力法、综合指标法、钻屑指标法、钻孔瓦斯涌出初速度法、“R 值指标法”中的两种方法，并需相互验证。

⑤ 瓦斯含量低于 0.5%时，应每 0.5～1h 检测一次；瓦斯含量高于 0.5%时，应随时检测，发现问题立刻报告。煤与瓦斯量较大、变化异常时应加大检测频率。

⑥ 进入隧道施工前，检测开挖面及附近 20m 范同内、断面变化处、导坑上部、衬砌与未衬砌交界处上部，衬砌台车内部、拱部塌穴等易积聚瓦斯部位、机电设备及开关附近 20m 范围内、岩石裂隙、溶洞、采空区、通风不良地段等部位的瓦斯浓度。隧道内瓦斯浓度限值及超限处理措施应符合规定。

⑦ 通风设施应保持良好状态，并应配置一套备用通风装置，各工作面应独立通风。

⑧ 风筒、风道、风门、风墙等设施应保持封闭，施工中应设专人维修和保养，不得频繁开启风门。

⑨ 应配置两套电源供电，并应采用双电源线路，电源线不得分接隧道以外任何负荷。

⑩ 应按规定设置灭火器、消防水池、消防沙等消防设施。

⑪ 应采用湿式钻孔开挖，装药前、放炮前和放炮后，爆破工、班组长和瓦斯检测员现场检查瓦斯浓度并参加爆破全过程。

⑫ 爆破作业应使用煤矿许用炸药和煤矿许用瞬发电雷管或煤矿许用毫秒延期电雷管，并应使用防爆型发爆器起爆。

⑬ 爆破母线应成短路状态，并包覆绝缘层。

⑭ 炮孔应使用炮泥填堵，填料应采用黏土或不燃性材料。

⑮ 起爆网络应由工作面向起爆站依次连接。

⑯ 揭煤地段施工宜采用微振动控制爆破掘进，并应根据煤层产状、厚度范围选定石门揭煤方法，爆破后应及时喷锚支护、封闭瓦斯，仰拱、二衬瘦及时施工，衬砌背后应及时压浆填充空隙。

⑰ 铲装石渣前应浇湿石渣。

⑱ 开挖完成后应及时喷锚支护、封闭围岩、堵塞岩面缝隙。

⑲ 瓦斯隧道严禁两个作业面之间串联通风。洞口 20m 范围内严禁明火。严禁使用黑火药或冻结、半冻结的硝化甘油类炸药，同一工作面不得使用两种不同品种的炸药。

高瓦斯工区相瓦斯突出上区电气设备与作业机械使用防爆型。

9）冻土隧道施工应符合下列规定：

① 洞口段应根据季节温度的变化采取保温措施，换填、保温、防护排水等设施宜在春融前完成，季节性冻土段宜安排在非冻季节施工。施工前应查明冻土类别、含水率及分布规律、结构特征、厚度以及物理力学性质。

② 洞口应设置防寒保温门，洞口边、仰坡应“快开挖、快防护”。

③ 开挖爆破后，应及时喷锚支护封闭围岩。

（12）盾构施工

1）盾构始发应符合下列规定：

① 盾构始发前应验算盾构反力架及其支撑的刚度和强度，反力架应牢固支撑在始发井结构上。盾构反力架整体倾斜度应与盾构基座的安装坡度一致。

② 应根据工程水文地质条件、盾构机类型、盾构工作井的围护结构形式等因素加固盾构工作井端头地基，承载力应满足始发要求。

③ 应拆除刀盘不能直接破除的洞门围护结构。拆除前始发工作井端头地基加固与止水效果应良好。拆除时，应将洞门围护结构分成多个小块，从上往下逐个依次拆除，拆除作业应迅速连续。

④ 洞门围护结构拆除后，盾构刀盘应及时靠紧开挖面。

⑤ 盾构始发时应在洞口安装密封装置；盾尾通过洞口后，应尽早稳定洞口。

⑥ 盾构始发时，始发基座应稳定，盾构不得扭转。

⑦ 千斤顶应均匀顶进，反力架受力应均匀。

⑧ 负环脱出盾尾后，应立即对管片环向进行加固。

2）盾构掘进应符合下列规定：

① 盾构应在始发段 50～100m 进行试掘进，并应根据地质情况、施工监测结果、试掘进经验等因素选用掘进参数。

② 土压平衡盾构掘进，开挖土体应充满土仓，并应核算排土量和开挖量。泥水平衡盾构掘进，泥浆压力与开挖面水土压力、排土量与开挖量应保持平衡。掘进过程中，应采取防止螺旋输送机发生喷涌的措施。

③ 盾构机不宜长时间停机。

④ 盾构刀具检查和更换地点应选择地质条件好、地层稳定的地段。

⑤ 维修刀盘应对刀盘前方土体采取加固措施或施作竖井。

⑥ 盾构设备应在机器停止操作时维修；液压系统维修前，应关闭相关阀门并降压：电气系统维修前，应关闭系统；空气和供水系统维修时，应关闭相应阀门并降压；刀盘、拼装机等旋转设备部件区域维修前，设备应停止运转。

3）盾构管片拼装应设专人指挥。片拼装和吊运范围内不得有人和障碍物，管片拼装时，拼装设备与管片连接应稳固，管拼装完的管片应及时固定。

4）盾构接收应符合下列规定：

① 盾构到达前应拆除洞门围护结构，拆除前，工作井端头地基承载力、止水应满足要求。拆除时应控制凿除深度。洞口应安装止水密封装置。

② 盾构距到达接收工作井 15m 内，应调整掘进速度、开挖压力等参数，减小推力、降低推进速度和刀盘转速，控制出土量并监测土仓内压力。

③ 隧道贯通前 10 环管片应设置管片纵向拉紧装置，贯通后应快速顶推并迅速拼装管片。

④ 隧道贯通前 10 环管片应加强同步注浆和即时注浆，盾尾通过洞口后应及时密封管片环与洞门间隙。

5）盾构过站、掉头及解体应符合下列规定：

① 过站、掉头托架或小车的强度、刚度和稳定性应满足盾构过站、掉头及解体的需要。

② 盾构过站、掉头应观察盾构转向或移动状态。应控制好盾构掉头速度，并应随时观察托架或小车变形、焊缝开裂等情况。

③ 举升盾构机应同步、平稳。

④ 牵引平移盾构应缓慢平稳，钢丝绳应牢固。

⑤ 盾构解体前应关闭各个系统，各个部件应支撑牢固。

6）盾构洞门、联络通道施工应符合下列规定：

① 洞口负环拆除前应二次注浆。

② 联络通道施工应编制专项施工方案。

③ 联络通道施工前应加固开挖范围及上方地层。

④ 拆除联络通道交叉口管片前应加固管片壁后土体和联络通道处管片。

⑤ 隧道内施工平台应与机车运输系统保持安全间距。

7）特殊地质和施工环境条件下的盾构施工应符合下列规定：

① 应制订监控量测方案，并应根据监控量测结果及时调整掘进参数。

② 浅覆土地段应根据地质、水文条件与施工环境采取地基加固、设置抗浮板或加盖板等处理措施。

③ 小净距隧道施工前，应加固隧道间土体；先建隧道管片壁后应注浆，隧道内应支设钢支撑；后建隧道施工应控制掘进速度、土仓压力、出渣量、注浆压力等。

④ 小半径曲线段隧道施工应制订防止盾构配套台车和编组列车脱轨或倾覆的措施。

⑤ 盾构下穿既有建（构）筑物、地下管线前，应详细调查并评估施工对该地段既有建（构）筑物、地下管线的影响，并应根据实际情况加固受盾构掘进影响的地基或基础、控制掘进参数，且应加强观测既有建（构）筑物的沉降、位移。

⑥ 大坡度地段机车和盾构机后配套台车应设置防溜装置。

8）盾构施工运输应符合下列规定：

① 皮带输送机机架应坚固、平顺。启动皮带输送机前应发出声光警示，应空载试转，各部位运转应正常，皮带应连接牢胤、松弛度适中。应在达到额定转速后均匀装料，并应设专人检查皮带运转情况。

② 轨道应平顺，钢轨与轨枕间应牢同，轨枕和轨距拉杆应符合安装规定，并应设专人养护轨道。

③ 机车安全装置应可靠有效，机车行驶速度不得大于10km/h，经过转弯处或接近岔道时不得大于5km/h，靠近工作面100m距离内不得大于3km/h并应打铃警示，车尾接近盾构机台车时不得大于3km/h。

④ 机车在启动和行驶过程中应启动警铃、电喇叭等警示装置。开车前应前后检查，各类物件应平稳放置、捆绑牢固，不得超载、超宽和超长运输。

（13）水下隧道

1）钻爆法施工的水下隧道应符合下列规定：

① 应加强超前地质预测预报，查明掌子面前方地质情况，并应采取有效防治措施。

② 洞口浅埋段应进行预支护和注浆加固。

③ 隧道穿越断层、破碎带、风化深槽等软弱不良地层，应采取超前预加固，并做好支护。

④ 围岩薄弱部位、高水压地段施工应采取防突涌、突水措施。注浆孔口应加设防突和止浆球阀装置，现场排水设备应充足。

⑤ 水下隧道应设置分段隔水闸门，应采取分段式集、排水井排水。

2）盾构法施工的水下隧道除应符合有关规定外，尚应符合下列规定：

① 水下隧道掘进宜选用泥水平衡盾构掘进机。

② 洞门凿除前应探孔进行水位实时监测，并应做好洞门止水密封。

3）沉管法施工的水下隧道应符合下列规定：

① 基槽浚挖作业前，应对隧址处海床和航道的演进历史进行充分调查。

② 沉管浮运前，应检验沉管水密性能，掌握施工水域水文、气象信息。

③ 沉管起浮后，应核实沉管浮运时的干舷高度，监控管节浮态变化，并应及时处理。

④ 管节浮运、沉放时的水文、气象等工况条件应满足施工要求。浮运过程应设警戒船跟随。

⑤ 管节沉放到位后，沉管端头封闭门应按规定程序拆除。6 管节安装完成后，应按照规定报有关部门，并应在两岸设置禁止抛锚等警示标志。

（14）特殊地段

1）浅埋段不宜采用全断面法施工。

2）浅埋段应加强地表沉降、拱顶下沉的量测；偏压隧道应加强对围岩的监测；地面有建（构）筑物时应采用控制爆破技术，并应监测爆破震动及变形。

3）浅埋段地表冲沟、陷穴、裂缝等应回填夯实、砂浆抹面，并处理地表水。

4）偏压隧道施工前，应根据土压情况对偏压段进行平衡、加固处理。

5）偏压隧道靠山一侧应加强支护，每次开挖进尺不得超过一榀钢架间距，并应及时封闭。

6）下穿隧道施工前应按照规定办理相关手续，编制保证交通安全和周围结构安全的专项施工方案。

7）下穿隧道应加强监控量测工作，及时掌握隧道拱顶、净空变化及地表沉降情况。

8）桩基托换法施工应检测托换桩、托换梁及既有建（构）筑物，并应验算沉降、应力、裂缝、变形和桩顶横向位移。

（15）小净距及连拱隧道

1）地质条件不同的两孔隧道，宜先开挖地质条件较差的隧道，后开挖地质条件较好的隧道。

2）小净距隧道施工应符合下列规定：

① 小净距隧道洞口切坡宜保留两隧道间原土体。

② 两隧道工作面应错开施工，先行洞与后行洞掌子面错开距离应大于2倍隧道开挖宽度。应严格控制爆破震动。

③ 后行隧道应根据围岩情况先加固中岩墙，极软弱围岩段应加固两隧道相邻侧拱架基础。

④ 宜采用光面爆破技术，并应采用低威力、低爆速炸药；爆破时另一洞内作业人员也应撤离。

3）连拱隧道施工应符合下列规定：

① 应根据中导洞探察的岩层情况确定合理的施工方案，主洞上拱部开挖应在中隔墙混凝土达到设计要求的强度后进行。

② 中导洞不得作为爆破临空面。

③ 应在先行洞模筑衬砌混凝土达到设计要求的强度后进行后行洞的开挖和衬砌。

④ 主洞开挖时，左、右两洞开挖掌子面错开距离宜大于30m。

⑤ 应监测连拱隧道中隔墙的位移，并应及时对中隔墙架设水平支撑；后开挖隧道一侧的中隔墙和主洞之间的空隙宜回填密实或支撑稳固。

（16）附属设施工程

1）设备洞、横通道及其他洞室施工应符合下列规定：

① 洞室及与正洞连接地段爆破作业前，应根据围岩级别、扩挖断面大小选择合理的开挖爆破参数。

② 安全距离以内的所有人员应撤离至安全区域。

③ 洞室的永久性防水、排水工程应与正洞一次同时完成。

④ 设备洞及横通道等处的施工宜采用喷锚支护，围岩不稳定时应增设钢架支撑。支护应紧跟开挖。与正洞连接地段，支护应予以加强。

2）装饰工程施工应符合下列规定：

① 隧道装饰区域应设置作业区警示标志及人员、机械绕行线路标志。

② 各类装修原材料应分类存放并设置警示标志，并应配备防火、防爆消防设备；易燃、易爆等材料应设专人负责管理。

3）通风机、蓄水池、电力管线及压力管道铺设等其他附属设施施工应符合规范的有关规定。

（17）超前地质预报和监控量测

1）超前地质预报和监控量测方案应根据隧道地质条件、支护参数、施工方法以及设计要求编制，主要应包括工程简介、监测目的、监测项目、监测机构、监测方法、监测仪器、测点布置、量测频率、监测管理标准等内容。复杂工程监测方案应经论证。

2）施工监测信息应及时分析、反馈，变化异常区段应加强监测，并提出相应的对策措施。

3）监测仪器、元器件及其构成的监测系统应可靠、耐久、稳定，并按要求进行相应的校对、标定和检查。

4）施工监测应建立数据记录、计算、分析、复核及审核制度，数据应准确、可靠，具有可追溯性。

5）施工期间隧道所在区域发生地震、滑坡、泥石流等不良地质灾害后，应加强监测，并提出相应对策措施。

6）超前地质预报作业应符合下列规定：

① 地质预报工作应在隧道找顶作业结束后进行，高地应力区隧道应待工作面支护完成后进行。工作前应观察操作空间上方、周围、开挖工作面附近安全状态。

② 区域地质条件复杂的隧道，应根据区域地质勘测资料，选择以钻探法为主，结合物探法、地质调查法的多种预测预报方法综合分析。

③ 应按动态设计原则，并根据地质复杂程度确定预报方案。

④ 地质调查法应在隧道开挖排险结束后进行，钻探法、物探法应待工作面支护完成后进行。

⑤ 地质调查应落实安全防护措施、完善防护设施。作业区域照明的光照度应满足数据采集和预报作业人员安全操作的需要。

⑥ 钻探法预报钻孔孔口管应安装牢固，钻机使用的高压风、高压水的各种连接部件应采用符合要求的高压配件，管路连接应安设牢固、经常检查。

⑦ 震波反射法预报炸药量不得大于75g。

7）监控量测作业应符合下列规定：

① 应对观测点周围环境状态进行观察判断，随时观察工作环境及周边安全状态。监控量测过程中应保证作业平台稳定牢固、安全防护到位，作业时应照明充足。

② 在富水区隧道安装量测仪器或进行钻孔时，发现岩壁松软、掉块或钻孔中的水压、水量突然增大，以及有顶钻等异常情况时，应停止钻进，并监测水情。当发现情况危急时，应立即撤出所有危险区域的作业人员，并采取处理措施。

③ 隧道附近有重要建（构）筑物、设施设备和其他保护对象时，应对建（构）筑物进行变形和沉降观测；隧道采用爆破施工时，应按现行《爆破安全规程》（GB 6722—2014）进行爆破监测。

（18）逃生与救援

1）隧道施工应配备应急救援机械设备、监测仪器、堵漏和清洗消毒材料、交通工具、个体防护设备、医疗设备和药品、生活保障和救援物资等，应进行定期检查、维护和更新，保持有效，不得挪用救援物资及救援设备。

2）隧道施工应建立兼职救援队伍。

3）隧道通风、供水及供电设备应纳入正常工序管理，设专人负责管理。施工过程中应加强通风效果检测，供水供电管道、线路应通畅，同时应设置备用设备和备用电源。

4）隧道内交通道路及开挖作业等重要场所应设置安全应急照明和应急逃生通道标志，应急照明应有备用电源并保证光照度符合要求。

5）软弱围岩隧道开挖掌子面至二次衬砌之间应设置逃生通道，随开挖进尺不断前移，逃生通道距离开挖掌子面不得大于20m。逃生通道的刚度、强度及抗冲击能力应满足安全要求，逃生通道内径不宜小于0.8m。

6）长、特长及高风险隧道应设报警系统及逃生设备、临时急救器械和应急生活保障品等。

7）隧道施工期间各施工作业面应安装有应急照明装置的报警系统装置。

4.3 水运工程施工安全检查要点

4.3.1 码头工程施工安全检查要点

（1）构件预制场构件预制场应按4.7.2装配式工艺预制、运输通用工程施工安全检查要点进行检查。

（2）沉箱出运

沉箱出运应根据《水运工程施工安全防护技术规范》（JTS205-1-2008）第6章的规定，对各个作业环节进行安全检查，主要检查内容是：

1）陆上预制滑道下水沉箱起浮出运

① 检查施工人员进入现场的个人安全防护用具使用情况。

② 在吊车使用前检查吊索具，确认完好后方可进行作业。

③ 使用上下沉箱的软梯前进行安全性检查。

④ 水上、地面通信畅通，并密切合作。

⑤ 沉箱溜放前，应清理现场并对沉箱质量和溜放程序进行检查复核，确认合格无误后，方可进行溜放工作。

⑥ 顶升设备使用前，应严格检查千斤顶、油泵、油管、电器线路等设施的完好性，确认完好后方可使用。

⑦ 沉箱溜放前，应仔细检查轨道固定螺栓的完好性、钢丝绳和卷扬机是否正常、轨道（尤其水下部分）有无障碍物等。

以上所有工序符合安全生产管理规定的要求，并均应做好工序安全检查记录备查。

2）陆上预制气囊出运

① 施工前对气囊的规格、额定工作压力严格计算确定，其材料和制作符合安全技术要求，并报监理审查。

② 对气囊通过的场地进行平整和清扫，确保气囊通过的场地无尖锐物和障碍物。

③ 对气囊托运应设置相应的后溜系统，处理好牵引和后溜系统的问题，出运前检查各系统的可靠性。

④ 气囊充气时应缓慢进行，并注意检查各气囊压力的变化，移动前气囊全部展开。

⑤ 沉箱出运过程中，应随时注意观察气囊的滚动情况，防止气囊自扭转或相邻气囊叠压。

⑥ 沉箱上半潜驳前，应保持半潜驳处于合适的潮位及调整好纵横向平衡。

⑦ 沉箱上半潜驳后，其支垫、气囊放气应协调一致，支垫位置及固定方式应满足结构安全和运输安全的要求。

以上所有工序符合安全生产管理规定的要求，并均应做好工序安全检查记录备查。

（3）水上作业

水上作业应对以下内容进行安全检查，确保水上作业安全防护符合《水运工程施工安全防护技术规范》(JTS205-1—2008）的相关规定。

1）日常现场检查

① 单人进行水上作业时，应有人看护。

② 检查进入施工现场的水上施工作业人员，穿救生衣和戴安全帽，严禁酒后上岗作业。

③ 检查施工作业船舶按有关规定在明显处设置昼夜显示的信号及醒目标志。

④ 检查施工作业船舶按海事部门确定的安全要求，设置必要的安全警戒标志或警戒船。

⑤ 检查施工船舶靠岸后人员上下船，搭设符合安全要求的跳板，并在跳板下设置安全网。

⑥ 交通船应按额定的数量载人，严禁超员，船上按规定配备救生设备。

⑦ 水上作业船舶如遇有大风、大浪、雾天时，超过船舶抗风浪等级或能见度不良时，督促施工单位停止作业。

⑧ 在水上搭设的作业平台，牢固可靠，悬挂的避碰标志和灯标应符合有关安全技术规定；水上作业平台应配备必要的救生设施和消防器材。

2）基床、岸坡开挖

① 施工单位挖泥作业，应在泥驳靠泊本船系缆稳妥后，挖掘机才能进行作业。夜间挖泥作业时，施工船舶应按有关规定悬挂信号灯标志；作业区域及周边设置充分的照明设施。

② 挖掘机工作时，作业半径范围内禁止站人，以免造成人身伤亡。

③ 挖掘机起动前，操作员事先发出信号；抓斗自由落体时，严禁紧急制动。

④ 基床、岸坡开挖过程中，应勤测水深，加强水下地形测量，以保持岸坡稳定。

3）基床抛石、夯实

① 施工现场作业船只（含辅助作业船舶）及抛石人员应服从抛石指挥人员统一指挥，不得擅自进入作业区，不得随意乱抛。

② 施工现场所有作业人员，工作前着好劳动防护用品，水上作业配备救生设备。

③ 石料装船时严禁超载、偏载。

④ 施工现场作业船只不得在未施工完的构筑物上带缆。

⑤ 夯实船舶的夯锤及机具符合安全技术要求，并经常检查钢丝绳及索具等是否处于完好状态。

⑥ 基床夯实施工时，周围应设置安全警戒线，不允许其他船舶靠近。

⑦ 采用爆破夯实基床施工，制订专项安全施工方案，报送监理审查；实施爆破夯实基床施工时，严格执行水下爆破作业的有关规定。

4）潜水作业

① 潜水作业严格执行潜水作业安全操作规程；潜水设备和装具通过有关法定部门定期检验合格，并在作业前进行安全检查和做好记录备查。

② 潜水作业前，应掌握潜水作业水域施工船舶的锚缆布设及移动范围情况，并制定应急处置措施，并向潜水人员进行安全技术交底，并做好记录备查。

③ 潜水作业区域和作业船舶，在明显处设信号旗、信号灯及醒目标志，严禁无关船舶进入潜水作业区域。

④ 施工单位在潜水作业前，检查潜水员和水上辅助作业人员之间的信号联络装置的可靠性；工作时随时检查信号绳和潜水软管，避免与水下障碍物或自相缠绕发生事故。

⑤ 潜水作业前，充分了解作业现场的水深、流速、流向、风速、水质、水文及地质等情况，不符合安全要求时严禁作业；作业过程中随时注意观察现场变化情况，达不到安全作业要求时，应立即停止作业。

⑥ 每次潜水作业均应设专人指挥，配合人员服从统一指挥，信号绳、氧气管应由专人保管。

⑦ 每次潜水作业均应认真填写潜水日志备查。

5）水上沉桩

① 打桩船的锚缆布置应根据抛锚区的土质、水深、水流、风向及锚重确定，要防止走锚，以保持船身平稳。船舶在陆域设置地锚的抗拉力应满足使用要求，地锚及缆绳通过区域应设置安全警示标志，必要时专人值守。

② 驳船停泊及锚缆布置，要便于沉桩船作业，避免各船锚缆互相干扰，并与沉完的桩保持一定距离，不得碰桩。

③ 检查进入施工现场的水上施工作业人员，穿救生衣并戴安全帽，严禁酒后上岗作业，严禁船员在船期间饮酒。

④ 检查水上施工作业船舶按有关规定在明显处设置昼夜显示的信号及醒目标志。

⑤ 检查施工作业期间，按海事部门确定的安全要求，设置必要的安全警戒标志或警戒船。

⑥ 检查打桩施工时的统一指挥系统；打桩船吊桩时，检查其吊点按设计规定布置；运桩驳船应配合作业，以保持桩身平稳起吊；立桩时，打桩船应离开运桩驳船一定距离，并缓慢均匀升降吊钩；打桩船吊起桩身应至适当高度后再立桩入龙口。

⑦ 沉桩时，对锚碇设施经常检查并进行必要的调整；当船行波影响打桩船稳定时，应暂停沉桩作业。

⑧ 检查选用合适的桩帽或桩垫，破损时要及时更换。

⑨ 锤击沉桩时，应考虑锤击振动和挤土等对岸坡稳定或邻近建筑物的影响，并根据具体情况采取相应措施。在可能溜桩的地质区域，应认真分析地质资料，制定预防措施。

⑩ 水上沉桩需接桩时，应控制下节桩的桩顶高程，使接桩不受潮水影响，同时避免下节桩位于软土层上；当下节桩入土较浅时，要采取措施防止倾倒；接桩时，上、下节桩应保持在同一轴线上，接头处理牢固，经检查符合要求后，方可继续沉桩。

⑪ 在已沉桩区两端设置明显警示标志，沉桩后应及时进行夹桩，夜间应设置红灯。

⑫ 水上作业船舶如遇有大风、大浪、雾天时，超过船舶抗风浪等级或能见度不良时，停止作业。

6）水上安装结构及构件

① 水上安装结构及构件等吊装前，应严格检查起重机具、索具的安全性和可靠性，并进行试吊后方可正式施工。

② 检查安全施工技术措施的落实情况，查找安全隐患。

③ 检查施工作业期间，施工船舶按海事部门确定的安全要求，设置必要的安全警戒标志或警戒船。

④ 检查起重吊装指挥人员和操作人员严格按设备操作规程作业。

⑤ 检查预制构件吊运时的混凝土强度是否符合规范规定和设计要求，如需提前吊运、验算，并报送监理审查。

⑥ 预制构件吊运时，应使各吊点同时受力；采用绳扣吊运时，其吊点位置偏差不能超过设计规定允许偏差位置。

⑦ 驳船装运构件时，应注意甲板的强度和船体的稳定性，宜采用宝塔式和对称的间隔方法装驳，驳船甲板面上要均匀铺设垫木，构件宜均匀对称地摆放在垫木上；吊运构件时，应使船体保持平稳；驳船运输构件时，应根据构件种类、船舶性能和运输工况等对构件进行封固。

⑧ 检查施工所需的脚手架、作业平台、防护栏杆、上下梯道、安全网等齐备，并处于良好状态。

⑨ 采用机械吊装前，应检查机械设备和绳索的安全性和可靠性，特别是钢丝绳；对大型构件，应先进行试吊；各种起重机具均不得超负荷使用。

⑩ 吊装作业应由专人统一指挥，与其他操作人员密切配合，严格执行规定的指挥信号；操作人员应按照指挥人员的信号进行作业，当信号不清或错误时，操作人员不得盲目执行。

⑪吊钩的中心线通过构件的重心，严禁倾斜吊卸构件，安装构件时平起稳落。

⑫检查吊装梁、板等构件时，符合起重吊装的有关安全规定。

⑬水上作业船舶如遇有大风、大浪、雾天时，超过船舶抗风浪等级或能见度不良时，停止作业。

7）水上现浇混凝土工程

① 检查临水作业安全防护设施及操作人员安全防护的情况。

② 检查现场设备用电、接电箱及线路连接符合安全生产要求。

③ 检查夜间施工安全措施、现场照明符合安全生产要求。

④ 检查混凝土施工前搭设脚手架、临时施工通道和作业平台的情况，设置的防护栏杆和安全网符合安全生产要求。

⑤ 检查模板及支撑系统的连接固定是否符合安全要求。

⑥ 检查模板作业场地安全设施设置情况；模板作业场地四周应设置围栏、防火通道等，并配备必需的防火器具；作业场内严禁烟火；作业场地应避开高压线路，安全用电。

⑦ 采用机械吊运模板时，检查机械设备和绳索的安全性和可靠性，起吊后下面不得站人或通行；模板下放至距地面 1m 时，作业人员方可靠近操作。

⑧ 检查钢筋加工场地满足安全作业要求，机械设备的安装牢固、稳定，施工单位作业前应对机械设备进行检查，合格后方可使用；作业后要清理场地，切断电源，锁好电闸箱。

⑨ 各类钢筋加工机械严格按操作规程使用和安全防护设施设置；作业时，非作业人员不得进入现场；加工较长的钢筋时，配备专人帮扶，并听从操作人员指挥，不得任意推拉。

⑩ 采用泵送或吊斗运送混凝土施工时，检查其安全技术措施符合安全生产要求。

⑪ 严格按操作规程使用各类焊接、气割（焊）设备，如电弧焊、直（交）流电焊机、埋弧自动、半自动焊机、对（点）焊机、乙炔气割（焊）等。

⑫ 检查高处作业所需工具装在工具袋内；作业人员传递工具不得抛掷或将工具放在平台和木料上，更不得插在腰带上。

⑬ 浇筑混凝土时，应设专人指挥；检查泵送混凝土输送臂移动范围内不准站人。浇筑过程中应设专人看模，一旦发现模板或支撑出现异常状况，则立即停止施工，检查分析排除安全隐患后方可继续浇注

⑭ 混凝土振捣器应由专人操作，检查作业人员穿戴个人安全劳动防护用品；检查振捣器电箱有漏电保护装置，接地或接零安全可靠；振捣器电缆线应满足操作所需的长度，检查电缆线上面不准堆压物品，不准用电缆线拖拉或吊挂振捣器。

⑮ 检查拆除模板作业划定禁行区和制订相应安全措施。

⑯ 检查水上施工过程中设置安全警戒和配备救助船舶。

⑰ 水上作业船舶如遇有大风、大浪、雾天时，超过船舶抗风浪等级或能见度不良时，督促施工单位停止作业。

8）抛石棱体，倒滤层及后方回填

① 施工现场的安全警示标志和防护设施满足要求。

② 施工前进行施工车辆、设备和船舶的安全检查，并做好记录，监理将抽查有关安全自检记录，杜绝设备带故障作业。

③ 抛填时，作业船只、车辆均需服从抛石指挥人员统一指挥，不得擅自进入作业区，不得随意乱抛。

④ 现场检查、检查施工船舶作业情况，随时检查运石料的船舶或车辆装载情况，不得超载、超高运输。

⑤ 督促测量人员勤测水深，加强水下地形测量，以保持岸坡稳定。

⑥ 检查施工船舶靠岸后人员上下船，搭设符合安全要求的跳板。

⑦ 交通船应按额定的数量载人，严禁超员，船上按规定配备救生设备。

⑧ 水上作业船舶如遇有大风、大浪、雾天时，超过船舶抗风浪等级或能见度不良时应停止作业。

（4）陆上作业

陆上作业符合《水运工程施工安全防护技术规范》（JTS 205-1-2008）相关规范要求，检查的主要内容是：

1）陆上沉桩

① 严格施工机械进场报验制度，现场核查施工机械具有有关主管部门核发的各类有效证件，以及操作人员有与岗位相适应的证书。

② 进行施工安全技术措施内部交底，并做好记录备查。

③ 检查施工现场保持平整清洁；检查打桩机（架）轨道平顺、准确、牢固，轨道端部设置止轮器等。

④ 检查桩架拼装完成后，施工单位对机具设备及安全防护设施，如作业平台、护栏、扶梯、跳板等进行全面检查验收，确认合格后方可施工。

⑤ 打桩机移位时，应由专人指挥；禁止将桩锤悬起，严禁随移随起锤，机架移到桩位上稳固后方准起锤；远距离移机时，应事先拆除管路与电缆。

⑥ 机架拆装时，特别是在起落机架时，应由专人指挥；桩架长度半径内不准有非拆装人员，并禁止任何人在机架下穿行或停留。

⑦ 降落桩锤，不准猛然骤落；在起吊板桩或桩锤时，严禁作业人员直接在吊钩或桩架下停留及作业。

⑧ 桩锤维修时，必须把桩锤放落在地上或平台上，严禁在桩锤悬挂状态下进行维修。

⑨ 大风及恶劣天气时，督促施工单位停止沉桩；雷雨时，作业人员不得在桩架附近停留。

⑩（预应力）钢筋混凝土板桩、钢板桩等应检查合格后才能起吊；起吊时，在设计吊点处拴紧吊具。

⑪ 吊桩时，应由专人指挥；桩的下部要拴以溜绳，在指挥人员发出信号后方可作业。

⑫ 沉桩时，检查严格按照操作规程的规定作业，出现异常情况，应立即停止沉桩。

⑬ 作业间隙，应将桩锤固定在桩架龙门的方木上，作业人员不得在其下面走动或停留。

⑭ 检查沉桩完成后，应对露出地面的桩头采取安全防护措施。

2）地下连续墙施工

① 导墙应在各种施工荷载作用下保证有足够的强度和稳定性。

② 检查钻机就位后对钻机及其配套设备进行全面检查，保持良好状态；钻机安设平稳、牢固，钻架应加设斜撑或缆风绳。

③ 检查钻机平台和作业平台等搭设牢固，各种安全防护设施完备，各种杂物及障碍物应及时清除。

④ 检查各类钻机在作业时由专人操作，并持证上岗，其他人不得登机。

⑤ 卷扬机套筒上的钢丝绳应排列整齐；作业时，严禁作业人员跨越钢丝绳；卷扬机卷筒上的钢丝绳不得全部放完，至少保留 3 圈；严禁手拉钢丝绳卷绕；钻机钻进时，卷扬机变速器的换挡，要事先停车，挂上挡后，方可开车操作。

⑥ 使用正、反循环及潜水钻机时，经常对电机和电缆线进行检查，发现损坏应立即处理。

⑦ 施工过程中，应设专人观测槽内水位的高度和泥浆的稠度，当泥浆大量流失或槽壁严重坍塌时，必须立即停机，及时采取处置措施。

⑧ 遇有大风及恶劣天气时，应停止沉桩；雷雨时，作业人员不得在桩架附近停留。

⑨ 钻机停钻，将钻头提出槽外，置于钻架上，严禁将钻头停留槽内过久。

⑩ 检查已施工完成的槽段应设置明显的安全防护标志。

⑪检查钢筋加工场地满足安全作业要求；机械设备的安装牢固、稳定，施工作业前应对机械设备进行检查，合格后方可使用；作业后，要清理场地，切断电源，锁好电闸箱。

⑫检查各类钢筋加工机械是否严格按操作规程使用和安全防护设施设置情况；作业时，非作业人员不得进入现场；加工较长的钢筋时，配备专人帮扶，并听从操作人员指挥，不得任意推拉。

⑬检查施工人员严格按操作规程使用各类焊接、气割（焊）设备，如电弧焊、交

（直）流电焊机、埋弧自动、半自动焊机、对（点）焊机、乙炔气割（焊）等。

⑭检查是否严格按操作规程使用混凝土搅拌设备。

⑮钢筋网片要具有足够的刚度，可采取加焊钢筋桁架或在主筋平面内加斜拉条等措施；起吊要慢起慢落，控制平稳。

⑯检查吊放预制地下墙板时符合起重吊装的有关安全规定；吊装作业应由专人统一指挥，与其他操作人员密切配合，执行规定的指挥信号。

3）陆上现浇上部结构混凝土工程

① 检查施工现场的交通安全工作，施工现场应设立明显标志并由专人看管和负责指挥，维护交通和施工安全。

② 检查施工机电设备有专人负责保管、修理。

③ 检查模板作业场地安全设施设置情况；模板作业场地四周应设置围栏、防火通道等，并配备必需的防火器具；作业场内严禁烟火；作业场地应避开高压线路，安全用电。

④ 检查支立模板按工序操作规程执行。

⑤ 检查钢筋加工场地满足安全作业要求，机械设备的安装牢固、稳定；作业前应对机械设备进行检查，合格后方可使用；作业后，要清理场地，切断电源，锁好电闸箱。

⑥ 检查各类钢筋加工机械严格按操作规程使用和安全防护设施设置情况；作业时，非作业人员不得进入现场；加工较长的钢筋时，配备专人帮扶，并听从操作人员指挥，不得任意推拉。

⑦ 检查严格按操作规程使用各类焊接、气割（焊）设备，如电弧焊、交（直）流电焊机、埋弧自动、半自动焊机、对（点）焊机、乙炔气割（焊）等。

⑧ 严格按操作规程使用混凝土搅拌设备。

⑨ 施工现场做好各种混凝土输送车辆的安全管理工作，混凝土输送车辆不得超载和超速行驶，车辆停稳后方可卸料。

⑩ 混凝土施工前搭设脚手架、临时施工通道和作业平台的情况，设置的防护栏杆和安全网符合安全生产要求，并处于良好状态。

⑪ 检查塔吊或汽车吊浇筑混凝土时，起吊、运送、卸料有专人负责；现场施工人员应注意吊斗的升降和移动，检查起重臂移动范围内不准站人。

⑫ 检查泵送过程中，布料杆会碰到障碍物，尤其应远离高压线路；督促任何人不得接近布料杆下的危险区域，布料杆不能作起重机使用；泵送工作时，变幅应平稳，严禁猛起猛落。

⑬ 混凝土振捣器应由专人操作，检查作业人员穿戴个人安全劳动防护用品；检查振捣器电箱安装漏电保护装置，接地或接零安全可靠；振捣器电缆线应满足操作所需的长度，电缆线上面不准堆压物品，作业人员不准用电缆线拖拉或吊挂振捣器。

⑭ 施工过程中，作业人员应随时检查支架和模板，发现异常情况及时采取措施；支架和模板的拆除，应按设计和施工规定的程序进行，并应设置禁行区和制定相应安全措施。

（5）码头设施安装

1）检查护舷安装现场的水上作业安全防护设施符合安全生产要求。

2）施工吊装前，应检查起重设备机具及索具的安全状况，防止物体坠落造成意外伤害。

3）检查起重吊装施工及安装人员服从指挥人员的指挥。

4.3.2 防波堤、护岸工程施工安全检查要点

（1）防波堤、护岸工程的主要结构形式

1）防波堤、护岸、航道整治建筑物工程主要结构形式分为斜坡式和直立式两大类。

2）斜坡式结构根据各类使用地区的地质和水文条件差异可分为抛石斜坡堤和袋装砂堤心斜坡堤，其护面可采用干砌块石、抛埋大块石、人工块体、模袋混凝土等形式。

3）斜坡式防波堤、护岸和航道整治建筑物作用不尽相同，由于斜坡堤在施工阶段抵抗波浪能力很弱，外海作业受波浪影响较大，因此充分考虑施工过程中堤身的安全和稳定。

（2）防波堤、护岸工程施工主要工序

斜坡式结构主要分为护底、堤身、护面三大部分。

① 护底部分一般有抛石护底和软体排护底。护底部分的主要工序有抛石、混凝土连锁块预制、软体排土工织物缝制、软体排铺设等。

② 堤身部分有抛石和袋装砂堤心，倒滤层有碎石倒滤层、混合倒滤层和土工织物倒滤层。堤身部分的主要工序有堤心石抛石及理坡、袋装砂堤心充灌、倒滤层铺设、垫层石抛石及理坡、压脚棱体抛石及理坡、护坦抛石等。

③ 护面层包括人工块体吊安、干砌块石或干砌条石、浆砌块石、浇筑模袋混凝土等各种不同的护面形式。护面部分的主要工序有预制人工护面块体（模板、混凝土）、护面块体安放、护面块石抛理等。

（3）主要工序安全检查要点

水上作业、混凝土构件预制等安全检查依据《水运工程施工安全防护技术规范》（JTS 205-1—2008）相关规范。

1）土工织物的缝制

① 检查土工织物的缝制加工车间、仓库、堆场等场所按有关规定配备足够的灭火器材，设置明显的防火警示标志。

② 检查作业人员熟悉消防器械使用方法；检查对超过保质期的及时更换。

③ 检查配电箱及所有电器设备接地或接零安全可靠，移动设备安装有效漏电保护装置。

④ 检查缝纫机等加工设备专人负责，并保持其完好状况。

⑤ 检查夜间作业架设满足安全和作业要求的照明设施。

2）土工布的铺设

① 在沿海施工前，应注意做好防风、防浪、涨落潮的防范及准备工作。

② 铺排船定位工作完成后，铺排船船长亲自检查钢缆、沉链等连接情况，确认无异常后方可进行施工。

③ 开工展布之前，召开作业会议，由船长交代任务，制订安全措施，明确分工，必要时召开船员大会进行动员和布置。

④ 土工布铺设时应由专人指挥，船上和水下要协调配合。

⑤ 铺设前检查吊机、船机、电器等设备正常，发现问题及时处理，防止发生机海损事故。

⑥ 土工布存放及施工现场严禁烟火，防止发生火灾事故。

⑦ 施工用电符合安全用电的规定；电杆、电箱、电源电线的安装检查符合标准；使用新电源先检查后才正式使用，并做好接地线的保养和防雷措施。

⑧ 潜水作业时严格按操作规程进行操作，以免发生人身安全事故。

3）抛石及理坡

① 定位船及抛石船锚碇后，应在涉及航域范围内设置警示标志；抛锚时，锚链滚滑附近不得站人。

② 要特别注意抛石地段的位置，设立水上浮标，防止发生船只搁浅；驳船抛石不得超载，以免发生危险。

③ 作业船只及抛石人员应服从指挥人员统一指挥，不得擅自进入作业区。

④ 搬石应从上而下分层进行，以防塌落损伤手脚，并随时观察周边安全情况。

⑤ 在块石上负重行走，注意安全，以防石头翻滚滑动造成事故。

⑥ 用起重设备吊起大块石，有关绳索、夹具完好；推石落水要注意安全站立于适当的位置，不要站在石头推出方向上，以防石头打回伤人。

⑦ 夜间施工时，有足够的照明及信号。

⑧ 及时了解当地的气象和水文情况，遇有大风天气应停止水上作业并加固锚缆，若风力继续增大时，应转移安全地区避风；遇有雨、雾天气，视线不清时，船只应挂示规定灯信号或按规定鸣号，必要时应停止航行或作业。

⑨ 采用开底抛石船作业，应考虑船型、水位、作业波高、卸抛石体高度、船只卸石瞬间惯性下沉量、富余水深等因素，确定开底船作业水深要求。

⑩ 采用定位船配合作业，抛石船泊靠时，应保持船体稳定；两船体连接时，连接牢固、稳定可靠。

⑪抛石过程中打水砣测量水深时，暂停抛石；在潜水工作区，停船抛锚，抛石人与潜水人员取得联系，在确保潜水人员安全的情况下方能进行。

⑫反铲理坡应由专人指挥，作业半径内禁止站人，防止发生意外；配备登陆艇辅助作业，潮高时反铲及时上登陆艇撤回。

⑬上堤机械收工后应视情况离开堤坝，防止风浪冲击造成机损事故。

⑭经常检查潜水器具、空压机等，及时保养维修，且空压机应有专人负责；潜水方驳作业要配备值班机动船，并保持联系。

⑮作业前检查潜水员和信号员之间的信号装置的可靠性，潜水作业应有专人指挥，配合人员服从统一指挥；工作时注意信号绳和潜水软管与水下障碍物缠绕，以免发生事故。

⑯注意收听天气预报，波高大于规定作业允许波高时，应停止作业。

⑰海上长途运输，要经常与陆上联系，遇有风浪或突风要及时就近避风。

4）装砂堤心的充灌

① 检查进入施工现场和水上施工作业人员，穿救生衣、戴安全帽，严禁酒后上岗，严禁船员在船期间饮酒。

② 施工现场的用电线路、用电设施的安装和使用符合安装规范和安全操作规程，严

禁任意拉线接电；施工现场设有保证施工安全要求的夜间照明，危险潮湿场所的照明以及手持照明灯具，尤其下雨天施工，采用符合安全要求的电压。

③ 施工用电包括电箱及其他电器设备由专业电工操作，其他人员不得随便操作。

④ 水上施工作业区域和施工作业船舶，在明显处设置昼夜显示信号灯及醒目标志；与施工作业无关的船舶，不得进入施工作业区域，防止发生事故。

⑤ 施工过程中，施工船舶每天收听天气预报，有 6 级（包括 6 级）以上风浪，施工船舶到安全地带避风。

⑥ 夜间作业要有足够的照明，要互相关心，互相照顾，并应及时清点作业人员。

⑦ 乘坐交通船时应根据船舶定员乘坐，不得超载，同时穿好救生衣。

⑧ 开启高压水枪时先看好地点方位，在保证安全的情况下才能开启，使用过程中要防止枪嘴脱手伤人。

⑨ 各项操作要有统一的指挥手势，并由专人指挥，避免出现混乱造成事故。

5）护面块体的安放

① 技术交底的同时进行安全交底，说明本项目或本工序的安全注意事项和防范。

② 严格执行各岗位的安全操作规程，禁止违章作业和违章指挥。

③ 注意查找施工过程中的安全隐患，发现问题及时反馈和整改，并且提出改进措施。

④ 在施工过程中，运输设备、起重设备、索具要定期进行检查，防止发生事故。

⑤ 块体起吊和安装过程中要有专人指挥。

⑥ 潜水员配合作业时，要保证联系正常，要经常检查通信设备，发现问题及时解决。

4.3.3 船坞工程施工安全检查要点

（1）干船坞主要施工工序

1）基坑开挖及降水；

2）坞室混凝土底板的施工；

3）坞室立墙的施工；

4）坞首的施工；

5）船坞灌水、排水系统的施工；

6）其他配套设施的施工。

（2）船坞工程施工安全检查要点

干船坞采用明开法施工，则其基坑及降水、整体式混凝土坞墙、坞首及坞口的浇筑施工中的模板与脚手架等安全检查要点，参见船闸工程相关内容。安全检查依据《水运工程施工安全防护技术规范》（JTS 205-1—2008）。

1）坞墙

坞墙一般采用明开法方案，但由于船厂受场地约束，坞墙也有采用地下连续墙方式施工。混凝土板桩、钢板桩也是传统的坞墙结构（可参见码头安全检查要点）。本节仅以地连墙为例阐述坞墙施工安全检查要点。

① 地下连续墙

a. 导沟上开挖段设置防护设施，防止人员或工具杂物等坠落泥浆内。

b. 挖槽施工过程中，如需中止时，应把挖槽机械提升到导墙的位置。

c. 在特别软弱土层、塌方区、回填土或其他不利条件下施工时，应按专项施工组织设计进行。

d. 在触变泥浆下工作的动力设备无电缆自动放收机构时，设有专人收放电缆，并经检查防止破损漏电。

e. 地下连续墙的混凝土达到设计强度后，进行基坑开挖；如用地下连续墙作为挡土墙的基坑，开挖时，应严格按照程序设置围檩支撑或土中锚杆。

② 支护结构

对基坑支护结构，应编制专项施工方案（必要时组织专家论证、审查），附具安全验算结果，经施工单位技术负责人审批、并报送监理审查后方可实施。

a. 基坑的支护结构在整个施工期间具有足够的强度和刚度，当地下水位较高时，具有良好的隔水、防漏、排水性能；安装、使用和拆除支锚系统的各个不同阶段施工，符合专项施工方案的要求。

b. 若采用钢筋混凝土地下连续墙作基坑开挖的支护结构时，检查其支撑系统以及施工方法符合专项施工方案的要求；对开挖深度不大的基坑，若采用不设支撑系统的自立式地下连续墙，也应编制专项施工方案，并报送监理审查。

c. 若采用排桩式挡土墙作基坑开挖的支护结构时，应检查所采用的钢筋混凝土预制方桩或板桩、钻（冲）孔灌注桩、大直径沉管灌注桩等，特别是桩型选择、桩身直径、入土深度、混凝土强度等级和配筋、排桩布置等，符合专项施工方案的要求；对支锚系统是否需要设置应在专项施工方案中予以明确，并按照有关桩基础施工的规定进行施工，保证施工质量和安全。

③ 支撑结构

由于坞室较宽，需采用锚拉结构，应特别注意锚桩设置在土的破坏范围之外。

a. 锚杆选用的螺纹钢筋使用前已清除油污和浮锈，以便增强黏结的握裹力，防止发生意外。

b. 锚固段设置在稳定性较好的土层或岩层中，锚固段长度符合专项施工方案中的有关计算结果，锚固段已用水泥砂浆灌注密实。

c. 钻孔时对已有管沟、电缆等地下埋设物的保护措施已经落实。

d. 施工前的抗拔试验符合专项施工方案中锚杆抗拔拉力的有关计算结果，验证可靠后方可施工。

e. 经常检查锚头紧固和锚杆周围的土质情况。

f. 锚杆钻机设置的安全可靠反力装置，在有地下承压水地层中钻进时，孔口设置可控制的防喷装置，一旦发生漏水、涌沙时能及时堵住孔口。

g. 定期检查电源电路和电器设备及电器设备安全接地、接零情况；执行施工现场临时用电安全技术规范有关规定的情况，确保用电安全。

2）坞底板

为减少厚度，一般采用锚拉式坞底板。施工单位应编制专项施工方案（必要时组织专家论证、审查），附具安全验算结果，经施工单位技术负责人审批，报送监理审查后方可实施。

本条仅阐述采用沉管灌注桩作锚桩时的安全检查要点。

① 桩尖埋设位置与设计桩位相符，以保证钢管套人桩尖后保持两者轴线一致。

② 对钢管施加的锤击（或振动）力符合专项施工方案的要求，施加力应落于钢管中心，严禁打偏锤。

③ 在成孔过程中随时注意桩管深入情况，控制好收放钢丝绳的长度；向上拔管时符合专项施工方案的规定，应垂直向上边振动边拔，遇到卡管时，不得强行蛮拉。

④ 如出现需二次“复打”方式时，已清除钢管外的泥沙，前后两次沉管的轴向相重合。

⑤ 振动沉管法成孔时，开机前操作人员发出警告信号，振动锤下有人；如采用收紧钢丝绳加压时，操作人员应随桩管沉入随时调整钢丝绳，防止抬起机架。

⑥ 沉管桩施工时，孔口和桩架附近有人站立或停留。

⑦ 停止作业时，将桩管底部放到地面垫木上，不得悬吊在桩架上。

⑧ 桩管打到预定深度后将桩锤提升到 4m 以上锁住，锁住后方可进行检查桩管及浇筑混凝土等后续工序。

混凝土底板及坞口混凝土的浇筑施工，与船闸工程现浇混凝土施工相同。

3）坞首

坞首较多采用重力式整体结构（与重力式码头结构类似），也有采用排水泵房及灌水阀房设在坞首侧墙内的形式。本条重点阐述泵房采用沉井结构时安全检查要点。

① 编制专项施工方案时，应重点检查沉井下沉四周影响区域内有高压电线杆、地下管道、固定式机具设备和永久性建筑物等；如有或设置时，制订相应的安全措施。

② 现场空压机的储气罐安全阀，输气管和供气控制编号，并由专人负责；当有潜水员工作时，是否设有滤清器，进气口设置符合有关规定。

③ 沉井的制作高度符合专项施工方案的要求，如重心太高或高度（一般不应超过12m）已超过沉井短边或直径，应进行调整及验算；如特殊情况确需加高，应有可靠的计算数据，并采取必要的安全技术措施。

④ 沉井的井顶周围需设置安全可靠的防护栏杆和作业人员上下的安全通道。沉井内的水泵、水力机械管道等施工设施架设牢固，以防止坠落。

⑤ 在抽承垫木施工时，有专人统一指挥，并分区域、按次序进行。

⑥ 抽承垫木及下沉时，人员不准从刃脚、底梁和隔墙下通过。

⑦ 采用抓斗抓土施工时，井孔内人员和设备已事先撤出，并停止其他作业；如不能撤出时，采取可靠的安全措施，保证井孔内人员的安全。

⑧ 采用机吊人挖土斗装满后，井下人员已躲开并发出起吊信号及起吊的施工程序；如有违章作业，应立即制止。

⑨ 水力机械处于良好状态，使用前应进行试运转，各连接处应严密不漏水。

⑩ 采用井内抽水强制下沉施工工艺时，井上人员已离开沉井；如不能离开时，采取可靠的安全措施，保证人员的安全。

⑪ 沉井如由不排水转换为排水下沉时，抽水后经过观测，并确认沉井已经稳定后方可下井作业。

⑫ 如采用沉井下沉时加载助沉施工工艺，加载平台经过计算，并在加载或卸荷范围内，停止其他作业。

⑬ 沉井水下混凝土封底时，工作平台搭设牢固，导管周围设有栏杆，并安全可靠；编制专项施工方案时，平台的荷载除考虑人员和机具质量外，还应考虑漏斗和导管堵塞后、装满混凝土时的悬吊质量。

4）坞门安装

安装坞门视坞门质量可以采用吊车、门机等方法进行安装，其安全检查要点如下。

① 施工作业前应对操作人员进行安全技术交底，操作人员应对现场工作环境、行驶道路、架空电线、建筑物以及构件质量和分布等情况有全面了解。

② 现场起重机作业具备足够的工作场地，并已清除或避开起重臂活动范围内的障碍物。

③ 各类起重机设有音响清晰的喇叭、电铃或汽笛等信号装置，并在起重臂、吊钩、吊篮（吊笼）、平衡重等转（运）动体上标以鲜明的色彩标志。

④ 现场起重吊装指挥人员作业时与操作人员密切配合，执行规定的指挥信号；操作人员按照指挥人员的信号进行作业，当信号不清或错误时，操作人员不得盲目执行，确认后方可执行。

⑤ 操纵室远离地面的起重机，在正常指挥发生困难时，地面及作业层（高处）的指挥人员能够采用对讲机等有效的通信联络方式进行指挥。

⑥ 在6级以上大风或大雨、大雪、大雾等恶劣天气时，停止起重吊装作业；雨、雪过后作业前，应先试吊，确认制动器灵敏、可靠后方可进行作业。

⑦ 起重机指示器、力矩限制器、起重量限制器以及各种行程限位开关等安全保护装置，完好齐全、灵敏可靠，且不得随意调整或拆除；严禁利用限制器和限位装置代替操纵机构。

⑧ 操作人员在进行起重机回转、变幅、行走和吊钩升降等动作前，音响警告信号有效。

⑨ 起重机作业时，起重臂和重物下没人停留、工作或通过；重物吊运时，严禁从人上方通过、严禁用起重机械运输人员。

⑩ 操作人员按规定的起重性能作业，不准超载。

⑪ 操作人员使用起重机时，进行斜拉、斜吊和起吊地下埋设或凝固在地面上的重物以及其他不明重量物体的作业，如有发现应立即制止。

⑫ 起吊重物时，绑扎平稳、牢固，不得在重物上再堆放或悬挂零星物件；易散落物件使用吊笼栅栏固定后方起吊；标有绑扎位置的物件，按标记绑扎；吊索与物件的夹角符合有关规定；吊索与物件棱角之间加设垫块。

⑬ 在起吊载荷达到起重机额定起重量90%及以上时，施工人员先进行了试吊，并对起重机的稳定性、制动器的可靠性、重物的平稳性、绑扎的牢固性等确认安全后才起吊；对易晃动的重物设拉绳。

⑭ 重物起升和下降速度平衡、均匀，不得突然制动；左右回转平稳，不得在回转未停稳前做反向动作；非重力下降式起重机，不得带载自由下降。

⑮ 起吊重物不得长时间悬挂在空中；作业中如遇突发故障，采取措施将重物降落到安全地方，并关闭发动机或切断电源后进行检修；在突然停电时，应立即把所有控制器拨到零位，断开电源总开关，并采取措施使重物降到地面。

⑯ 起重使用的钢丝绳有生产厂家签发的产品技术性能和质量证明文件；当无证明文件时，经过试验、检验合格后方可使用。

⑰起重机使用的钢丝绳，其结构形式、规格及强度符合该型起重机出厂说明书的要求；钢丝绳与卷筒连接牢固，放出钢丝绳时，卷筒上应至少保留三圈，收放钢丝绳时应防止钢丝绳打环、扭结、弯折和乱绳，不得使用扭结、变形的钢丝绳。

4.3.4 船闸工程施工安全检查要点

（1）船闸工程施工主要工序

1）基坑开挖及降水处理（明开法）；

2）围堰支护；

3）地基处理；

4）船闸混凝土施工；

5）闸门的安装；

6）输水系统及配套。

（2）船闸施工安全检查要点

船闸施工安全检查依据《水运工程施工安全防护技术规范》（JTS 205-1—2008）。

1）明挖法施工安全检查要点

① 土方开挖过程中，严格按专项施工方案的要求放坡；并随时检查边坡的稳定状态；如发现有异常现象（如裂缝或部分坍塌等情况）时应及时采取措施。

② 土方开挖过程中，同时作业的两台挖土机的安全距离符合安全要求；在挖土机工作范围内，不得进行其他作业，如有应立即制止。

③ 挖土顺序由上而下进行，严禁先挖坡角或逆坡挖土；检查人员上下是否架设支撑靠梯并采取防滑措施。

④ 地表上的挖土机作业或停放时，离边坡的距离符合安全距离要求。

⑤ 检查地表上堆放重物时，距土坡安全距离是否满足边坡稳定安全要求，一般不得小于 10m。

⑥ 为防止边坡雨水冲刷和浸润线影响边坡稳定，设置防冲刷设施、安全护栏和警示标志。

⑦ 为防止人员和物体滚下，设置可靠的安全护栏和警示标志，特别是夜间施工的照明及警示标志满足安全生产的要求。

⑧ 严禁施工人员从基坑顶向坑底抛扔材料、物品等，以防伤人。

2）围堰支护施工安全检查要点

大型深基槽一般选用钢板桩围堰、地下连续墙、排桩式挡土墙、旋喷墙等作结构支护必要时应设置支撑或接锚系统予以加固。在地下水丰富的场地，宜优先选用钢板桩围堰、地下连续墙等防水较好的支护结构。

① 基坑的支护结构在整个施工期间具有足够的强度和刚度，当地下水位较高时具有良好的隔水、防漏、排水性能；安装、使用和拆除支锚系统的各个不同阶段施工符合专项施工方案的要求。

② 采用钢（木）坑壁支撑时，随挖、随撑、撑牢，并及时进行加固或更换。

③ 钢（木）支撑的拆除时，按回填次序进行，对多层支撑按安全施工程序逐层拆除；拆除支撑时，为防止附近建筑物和结构物等产生破坏，采取加固措施。

④ 采用钢（木）板桩、钢筋混凝土预制桩或灌注桩作坑壁支撑时，其安全检查要点如下：

a. 打桩时产生的振动和噪声等对邻近建筑物、构筑物、仪器设备和城市环境造成影响。

b. 土质较差、开挖后土可能从桩间挤出时，应采取措施防止土体渗漏或采用止水板桩作坑壁支撑。

c. 在桩附近挖土时，采取防止桩身受到损伤的措施。

d. 采用钢筋混凝土灌注桩时，桩的混凝土强度达到设计强度等级后方进行挖土作业。

e. 拔除桩后的孔穴及时回填和夯实。

⑤ 采用钢（木）桩、钢筋混凝土桩作坑壁支撑并加设锚杆时，其安全检查要点如下：

a. 锚杆选用的螺纹钢筋使用前已清除油污和浮锈，以便增强黏结的握裹力，防止发生意外。

b. 锚固段的设置在稳定性较好的土层或岩层中，锚固段长度是否符合专项施工方案中的有关计算结果，锚固段是否已用水泥砂浆灌注密实。

c. 钻孔时对已有管沟、电缆等地下埋设物采取保护措施。

d. 施工前的抗拔试验，符合专项施工方案中锚杆抗拔拉力的有关计算结果，验证可靠后方可施工。

e. 检查锚头紧固和锚杆周围的土质情况。

f. 检查锚杆钻机安设安全可靠的反力装置，在有地下承压水地层中钻进时，孔口是否安设可控制的防喷装置，一旦发生漏水、涌沙时能及时堵住孔口。

g. 定期检查电源电路和电器设备及电器设备安全接地、接零。

h. 若采用钢板桩围堰作深基坑开挖的支护结构时，所采用的钢板类型，特别是桩型的选择、长度、桩尖入土深度、导架、围囹支撑或锚拉系统等，符合专项施工方案要求，并按照有关桩基础施工的规定进行施工。

4.3.5 疏浚和吹填工程施工安全检查要点

疏浚是指用人力、水力或机械方法为拓宽、加深水域而进行的水下土石方开挖工程，分为基建性疏浚和维护性疏浚，是港口与航道工程的主要施工工艺。吹填是指将挖泥船挖取的泥沙，通过排泥管输送到指定地点进行填筑的作业，是临水水域造陆的主要工程手段之一。船舶的安全防护是疏浚和吹填工程的重要内容。

疏浚和吹填工程施工安全检查依据是《水运工程施工安全防护技术规范》（JTS 205-1—2008），安全检查要点是：

（1）一般要求

疏浚和吹填工程在目前大多采用疏浚与吹填相结合的施工方法，特别是基建性疏浚，将大量的疏浚土用于吹填造地。

1）现场踏勘

疏浚和吹填工程在施工作业前应进行现场踏勘，了解和掌握施工水域的相关资料，并根据施工现场工况条件合理选择疏浚船舶。其主要内容包括：

① 水文资料：包括波浪、潮汐、水位、流速、流向、流态等。

② 气象资料：包括风、雪、雨、雾以及寒流和热带气旋的影响。

③ 土质条件：要掌握相应范围的地质情况。

④ 水上水下设施：包括码头、平台、航标、桥梁、水下管道、电缆等固定设施和管线、围栏、渔具等临时设施。

⑤ 障碍物情况：礁石、沉船、抛石及其他废弃物分布情况。

⑥ 过往船舶的密度及其航行规律，施工对航道和航行船舶的影响程度。

⑦ 当地港航部门的特殊规定和对施工安全管理的具体要求。

⑧ 在库区、坝区下游或回水变动区施工应预先了解水库调度运行方式。

2）施工准备

根据工程要求、工况条件以及选择的船舶，从设备、人员、措施等方面做好开工前准备。

① 办理好施工许可证和航行通告等相关手续。

② 保证船舶设备处于适航状态，各类证书齐全、有效。

③ 配备有效的通讯、消防、救生、堵漏等安全设备，保证其技术状态良好。

④ 根据施工作业区域的实际情况和季节变化，制定防台、防风、防火、防雾等预案，在水上、水下建筑物和障碍物附近疏浚作业应根据设计要求制定专项施工方案。

⑤ 进行危险源辨识和安全技术交底。

⑥ 设置必要的安全作业区和警戒区，对抛出的锚、锚缆和水上、水下管线以及陆地吹填区域应设置安全警示标志。

⑦ 必要时设置或选择水上避风锚地。

3）施工作业

在疏浚和吹填施工作业中，应满足以下要求：

① 施工船舶应遵守《国际海上避碰规则》和《中华人民共和国内河避碰规则》等有关规定，在核定航区或作业水域内施工，并按规定显示号灯、号型。

② 施工人员要严格执行安全操作规程和值班、交接班制度，杜绝违章指挥、违章作业和违反纪律的现象发生。

③ 疏浚施工中挖到危险或不明物应及时报告有关部门，不得随意处置。

④ 船舶值班人员要保持正规瞭望，夜间用探照灯照射四周；在狭窄水道或来往船舶较多的水域施工时，要在规定的通讯频道派专人值守，并及时沟通避让方式。

⑤ 施工船舶位于或跨越通航水域的锚缆或管线应沉底，保证留有足够的通航水深。

⑥ 在流速较大的水域作业时，应保持船首向与水流向基本一致，若确需横流作业时，应采取相应的安全措施。

⑦ 施工中应加强设备的检查、养护和更新，避免因设备故障造成危险局面。

4）泥浆浓度伽玛仪由专人负责使用管理。检查或维修由具有相应资质的厂家和专业人员进行。

由于泥浆浓度伽玛仪采用的是放射性元素，一旦发生泄漏，极易对人体产生辐射伤害。因此，应严格按照有关规定加强管理。

(2) 耙吸式挖泥船施工作业

1) 航行安全

① 作业时，驾驶人员应保持正规瞭望，通信设备在指定频道守听，加强与过往船舶的联系和沟通，通报船位和动态，明确避让意图，谨慎操作，安全会让。情况紧急时，应主动采取防止碰撞措施。

② 施工过程中航向要保持稳定，不准急剧大角度转向；遇有横向强风、流压时，船舶航向应与风向、流向保持适当修正角，要防止吸泥管被压到船底。

③ 施工中进出挖槽和掉头时，要看清周围环境，确保无碍其他船舶、设施安全。浅水区掉头应控制车速和舵角。

④ 能见度不良和夜间施工时，应派专人瞭望，正确使用助航设备，时刻注意他船动态和测定船位。

⑤ 施工中航速应控制在 2.5 节左右；卸泥时应微速或停车，风浪较大时应顶浪或顺浪，避免横浪作业。

2) 操耙作业

① 施工前检查疏浚设备与施工工况的配合情况并与机泵舱联系妥当。到达施工水域后摆正船位、减慢船速后确认钢索、吊架及吸泥管状况正常再下耙。

② 下耙时先检查限位开关的灵敏度和可靠性，再将泥管及耙头提到最高限位置方可启动吊架。

③ 下放泥耙后，泥耙的吊索应保持垂直状态，不得松弛。波浪补偿器跳动较大、耙头工作异常应立即起耙检查，并测出船位，准确记录。

④ 作业中挖到水下障碍物会出现船舶突然降速、偏向和抖动现象，应立即起耙检查。起耙前应先减速和停泵。

⑤ 清除耙头杂物时应携带通信工具并有专人监护，作业人员要正确站位，穿戴好防护用品，并使用专用工具清除。同时要仔细检查耙头、泥管、起吊收绞装置等部件有无磨损、拆裂、螺栓松动等现象。

3) 卸泥作业

① 浅水区卸泥应有适宜的富余水深，防止泥沙堆积在船底影响船舶航行和泥门触底受损，采用逐步开启泥门的方法。

② 边抛作业时，在不影响周围船舶和设施安全的情况下，应偏向水流的下方抛卸。

③ 吹填作业应保持船舶处于平衡状态。靠泊码头吹填应根据水位涨落及时调整系缆长度；艏吹作业应控制船舶偏摆。遇有不良工况船身晃动较大时，应立即停止作业，并拆除管线接口。

(3) 绞吸（斗轮）式挖泥船施工作业

1) 定位钢桩收放作业

① 绞吸式挖泥船进入施工区要有专人指挥，待船停稳，检查水深合适后开始放钢桩；如有流速，可先放桥架或抛锚，船舶停稳后再下钢桩。

② 沉放或起升定位钢桩时，人员不得在液压顶升装置和定位钢桩附近通过或停留。

③ 要根据施工区域水深、潮差和土质情况，适当起放定位钢桩，防止钢桩倾倒或淤桩失落。

④ 船舶横向移动或停泊时，不得将双钢桩同时插入泥层。受风、浪影响停工时，须抛锚停泊，严禁沉放定位钢桩。

⑤ 船舶移位时，不得调整定位钢桩；船舶调遣时须将定位钢桩进行倒桩封固。

2）疏疏作业

① 施工作业前，确认排泥管口稳固，并在浮管侧及排泥管口设立警示标志。启动泥泵前，要观察浮管两侧是否有碍安全的船舶和设施，排泥管线附近的船舶及管口附近的人员应撤离。

② 疏浚作业中，应根据土质条件和泥层厚度确定换桩角度或台车进距，控制分层厚度，防止船舶前移量和挖泥厚度过大导致搁桥、塌方、横移困难等隐患产生。

③ 遇硬质泥层时要控制绞刀旋转速度，调节横移锚缆，防止绞刀、滚刀或绞断锚缆。

④ 清理绞刀或吸泥口杂物时，应关闭绞刀动力源开关，锁定桥架保险，排净回水；作业人员应穿戴好防护用品，携带通信器材和专用工具，并设专人监护。

⑤ 施工中需要对排泥管线进行检查、整理或松放缆时，应先减速或停泵。作业人员应穿戴好防护用品，携带通信器材和专用工具，并设专人监护。

⑥ 抛、移锚作业时，作业现场应保持与操控室的通讯畅通，统一指挥，相互配合，作业人员站位要适当。

（4）冲吸（吸盘）式挖泥船施工作业

1）自航边抛疏浚作业

① 船舶进入施工区，要密切注意流态、水深和周围环境的变化，逆流由下游深水区驶近施工区，先减速、稳船，当确认周围无碍其他船舶和人员安全时，方可下放吸盘头至泥面，启动泥泵施工。

② 应根据泥层厚度和泥沙流动性适当调整进速；排泥口应转向下风、下流一侧抛泥。

③ 浅漕内施工，应用舵浆控制船艏向与挖槽线保持一致，谨防船尾受风流和边抛作用力的影响，偏离挖槽搁浅。

④ 使用舵浆控制船位不可在高速状态下大角度转动舵浆，严禁两舵浆的排出流对冲。

⑤ 施工中挖泥操纵与舵浆操纵要服从统一指挥，密切配合，当需要移位和升降吸盘头时，应先稳船再操作升降绞车。

2）定泊尾排疏浚作业

① 采用艏交叉锚定泊施工时，保证吸盘头始终处于两锚缆的下方，防止盘头压断锚缆，尾锚应尽量避免与排泥管发生缠绕。

② 当需要锚艇协助抛锚时，登艇人员穿好救生衣。挖泥船先逆流慢速驶进施工区停稳后下放吸盘头至泥面稳船。锚艇先靠施工船一舷接锚，顺向拖出一定安全距离后方可横过施工船头。作业人员站位要适当。

③ 开工前要对锚缆、管口设置警示标志，注意是否有碍作业安全的行人和船舶，合泵前要通知排泥管线、排泥管口附近的船舶和人员撤离。

④ 疏浚作业中，当有船通过时，应先将吸盘头下放到泥面稳船，再将过船一侧的锚缆松放沉入河底。

⑤ 在有水上、水下建筑物和障碍物区域施工时，要严格控制绞进速度，避免冲击过大，造成建筑物或盘头受损。

⑥ 施工中需要对排泥管线进行检查、整理或松放缆时，应先减速或停泵，作业人员应穿戴好防护用品，携带通信器材和专用工具，并设专人监护。

(5) 链斗式挖泥船施工作业

1) 船位控制操纵

① 链斗式挖泥船施工一般采用逆流作业，定位时应根据施工水域条件确定抛锚顺序和选择适当的锚位。

② 挖泥摆动时，应先动船首，后动船尾。并应根据土质和斗桥下放深度，观察泥斗充泥量和锚机负荷，合理控制横移速度，防止斗链出轨。

③ 进距应根据土质和泥层厚度适当调整，发现塌方应迅速松放主锚缆，移船躲避。主锚缆的托缆船应按规定显示信号。

④ 在通航水域施工时，锚缆应压缆到底，有辅助船舶靠离挖泥船时，挖泥船应积极配合，必要时松出锚缆，预防船舶碰撞受损。

2) 链斗运行操纵

① 启动链斗前应清除斗链附近的障碍物，作业人员离开后，方可慢速启动斗链，慢速空转正常后，将斗桥下放到适当深度，左右摆动正常后再挖泥。

② 斗桥下放至预定深度，斗链未着底，收紧边缆，确认泥驳靠妥，皮带运输机或卸泥槽已放下，并转动正常，方可启动斗链挖泥。

③ 挖泥作业时，应密切注意斗链运转状况和斗桥动态，发现异常声响立即停车。

④ 硬土质施工地段，遇风浪大，有损坏设备可能时，应暂停施工。短时间停止施工，应提高斗桥，保持最低水位时斗链不着底，以免损坏设备。

⑤ 作业人员上斗桥作业时，通道及作业场所应冲洗干净，并作防滑处理。斗、链拆装前要上好保险装置并显示船舶减速信号。吊车作业要有专人指挥。

3) 装驳作业

① 松放卸泥槽或皮带运输机要在驳船靠泊系妥后进行，收绞卸泥槽或皮带运输机则在驳船解缆之前，以防卸泥槽或皮带运输机触损驳船或伤人。

② 根据装载情况，适时调整泥驳系缆，保证系泊安全，防止偏载。

③ 清除泥井中障碍物，停止一切挖泥操纵，悬挂“禁止启动”标志，清除泥井上方可能坠落的物体，确认上述措施执行后，作业人员方可进入泥井；井内作业须有专人监护。

(6) 抓斗式挖泥船施工作业

1) 锚泊作业

① 抓斗式挖泥船宜采用顺流施工，在流速不大或有往复潮流的地区可采用逆流施工。应根据作业环境确定抛锚顺序。

② 锚泊作业中，作业人员应注意周围水域船舶动态，通知无关船舶离开作业区域，作业人员站位要适当。

③ 施工中，泥驳靠离挖泥船或有其他船舶通过时，应松放锚缆。装驳时，要根据泥驳干舷高度的变化调整系缆。

2) 抓斗挖泥作业

① 挖泥作业前，抓斗机操作人员事先发出警示信号，在泥驳靠妥后才能作业。作业

半径范围内禁止站人，以免造成人身伤亡。

② 抓斗下放时，严禁突然刹车。开挖强风化岩或块石时，应控制抓斗下放速度，不得强行合斗。

③ 升降、摆动抓斗作业时，防止抓斗碰撞泥驳或缆绳。

④ 夜间工作时，作业船周围和挖掘机上应有充分的照明。

⑤ 抓斗机不得超负荷运行，抓到不明物体应立即停止作业并探明情况。

⑥ 抓到大石块、水泥墩等重物时，应减缓起落和转动速度，防止砸坏泥驳。

3）抓斗维修作业

① 抓斗的索链缠绕抓斗时应停止作业，排除故障。作业人员不得攀爬或站在处于悬吊状态的抓斗上作业。

② 检修吊臂或其他属具应将吊臂放于固定支架上，并停车、断电、悬挂“禁止启动”安全警示标志。

③ 检修、调换抓斗应将抓斗放于专用斗架上或固定牢固，拆装抓斗重件应使用吊机或滑车组。

（7）铲斗式挖泥船施工作业

1）钢桩操作

① 铲斗式挖泥船定位时，要有专人统一指挥，在安全船速下放下定位桩固定船位。下桩时，钢桩及其顶升装置附近人员撤离。

② 在软土质施工时，抬船操作应注意要逐渐均匀地增加对钢桩的压力，并注意调整抬船高度，施工时严禁单桩抬船，以防单面受力将桩压弯。

③ 在前移操作时，前移距应根据后桩倾角和当时的水深来计算。后桩的倾斜角最大不得超过 20°，拔出前钢桩应分级加荷，逐步拔出。

2）铲斗挖泥作业

① 参照抓斗挖泥作业的有关要求执行。

② 在开挖风化岩或硬土时，为了避免强力挖掘的反作用力将铲斗及旋回机构推向已挖的一侧，影响施工安全，宜采用隔斗挖泥法。且回旋角应适当减小，避免前桩单侧受力过大。

③ 为保证设备安全挖泥分层厚度应根据斗高和土质决定，不宜超过 1.8～2.0 倍斗高。

3）铲斗维修作业

参照抓斗维修作业的相关要求执行。

（8）吹泥船施工作业

1）泊位安全

吹泥船应选择近岸深水区抛锚固定，锚要抓牢。周围的水域应能保证运泥船进出挡和靠离作业安全。

2）吹泥作业

① 吹泥前，排泥管线附近的人员和船舶应撤离，并应与排泥区作业人员取得联系。

② 吸口或吸泥泵要待泥驳靠妥后方可下放泥舱作业。

③ 清理沉石箱应在关闭泵机并在操纵台上悬挂“禁止启动”安全警示标志后进行。

④ 吸泥管堵塞后应关闭泵机并在操纵台上悬挂“禁止启动”安全警示标志。清除堵塞物应设专人监护。

（9）泥驳施工作业

1）航行作业

① 泥驳航行时，驾驶人员应保持正规瞭望，通信设备应在指定频道收听，加强与过往船舶的联系和沟通，通报船位和动态，明确避让意图，谨慎操作，安全避让。

② 非自航泥驳在航行过程中，注意瞭望，保持与拖轮的联系，协助拖轮做好航行的安全工作。

③ 靠离挖泥船时要减速慢行，提前通知挖泥船收回舷外突出物或松放锚缆。

④ 卸泥时，泥驳应降低航速，不得在横浪或转向航行过程中卸泥。

2）装舱作业

① 泥驳不得超载。泥驳装载过程中的纵横倾角应在允许范围内。

② 装泥过程中不得在泥驳舱内打捞杂物，确需打捞时应停止装泥作业。

③ 泥驳的甲板工作场所及通道应保持整洁、通畅，及时清理油渍、污泥等，不得堆放杂物。

④ 装舱作业时，要注意船舶吃水变化，适时调整系缆长度。

3）卸泥作业

① 泥驳卸泥时应控制卸泥速度，减少由于速度过快对船体造成较大的震动。

② 浅水区卸泥时，要有足够的富裕水深，防止泥沙堆积损坏泥门。

③ 清除泥舱内较重杂物时，绳索、卡具及捆缚方式应安全可靠。提升前，舱下人员应撤离。用泥驳的绞缆机向外拖拽杂物时，绞缆人员应站在缆绳的侧面，其他人员不得靠近缆绳。

（10）吹填区围堰施工作业

1）在整个施工过程中，应使施工船舶、排泥管、围堰、排水口协调地工作。建立有效的通讯联系并实行巡逻值班，随时掌握吹填区进度、质量、泥砂流失、围堰和排水口的安全情况。

2）吹填区应设立警示标志，禁止外来人员进入吹填区嬉戏和逗留，以免引起溺水事故。

3）管线人员在调节溢水水门高度或开关水门阀时应至少两人同行并穿好救生衣。

4）在筑堰与吹填工作同时进行时，要注意筑堰工作所用电线架空，移动排泥管时切忌在电线上滚过，以防压破电线造成触电事故。

5）堰顶的排泥管应堆放稳固，防止滑落伤及路人。

6）对围堰尤其是土围堰易冲刷的地方要重点防护，防止围堰决口造成人员伤亡和环境污染事故。

7）排泥口的管架要稳定牢固，管口应设立危险警示标志；禁止人员在排泥管出口处逗留。

8）排泥管线对接时，操作人员应站在固定管线的一侧；调整管线对接螺孔时，作业人员不得将手指伸入法兰孔内；紧固螺栓时，作业人员的身体各部位均不得进入排泥管下部。

（11）排泥管线敷设施工作业

排泥管线是疏浚船舶输送泥浆到吹填区的管道线路，主要包括：水面自浮管、水下沉浆管、陆上管线三种类型，排泥管线作为疏浚和围海吹填工程中的主要设备，其布设的合理性，直接影响到疏浚船舶的生产效率和吹填工程质量，排泥管线铺设应满足《水运工程施工安全防护技术规范》（JTS 205-1—2008）和《疏浚工程技术规范》（JTJ 319—1999）有关规定。

1）排泥管线的架设

排泥管线铺设时应根据疏浚船舶的总扬程、吹填区至取土区的地形、地貌、排距、吹填高程、水位和潮汐变化等条件综合考虑；

① 水面自浮管线的铺设

水面自浮管线是直接连接挖泥船尾的出泥管和吹填区水陆管架头或水下管进口端点站的管线，铺设水面自浮管线时，应根据水流、风向铺设成平滑的弧形，并抛锚固定水面自浮管线。水面自浮管线不宜过长，在风浪、流速较大的地区，宜在 300～500m 之间。在水陆管架连接处和水下管线连接处还应设双向管子锚和三向管子锚加以固定。当排泥管线需通过桥孔、桩群时，排泥管线可能会与桥墩和桩群发生碰撞，损坏排泥管线，此时排泥管应抛锚加以固定，避免排泥管线与桥墩和桩群的接触。施工区域的水上管线应每间隔 50m 设置一个安全警示标志，夜间应设置白光环照灯。固定浮管的锚，应设置锚标。

水面自浮管线铺设一般是在风浪小的水域先进行连接，然后将分段管线拖到预定的位置，按顺流、顺风的方向逐段连接后再就位。水面自浮管线铺设作业，在海上和内河，顺流和逆流均不相同，一般按下列方法和顺序进行作业。

② 内河单向流地区铺设

a. 顺流水面自浮管线铺设

将事先连接好的水面自浮管线由拖轮或锚艇顶流拖至挖泥船尾，使管线下游口对上挖泥船出泥管口，用船上后绞锚机将管口调整位置后卡接好；

拖轮或锚艇领直管线后，抛锚等候浮管与挖泥船出泥管卡接；

拖轮继续拖管线转向吹填区方向或水下管进口端点站，同时管线工作人员将事先准备好的领水管子锚按预定距离逐一抛下；

当下游管口端部摆移到吹填区水陆管架头或水下管进口端点站时，与水陆管架头或水下管进口端点站上的排泥管相接，与排泥管相接的最后一对浮管可抛“八字”锚固定。

b. 逆流水面自浮管线铺设

将事先连接好的水面自浮管线由拖轮或锚艇拖至吹填区水陆管架头或水下管进口端点站附近（如水陆管架头附近水深无法满足拖轮或锚艇吃水要求，可改用机动小船拖至或抛设缆绳由陆上工作人员牵引），先将浮管出口端与水陆管架头或水下管进口端点站上的排泥管相接，与排泥管相接的最后一对浮管可抛“八字”锚固定，然后由拖轮或锚艇拖浮管下游端，顶至挖泥船尾与挖泥船出泥管连接。

③ 海区或感潮河段水面自浮管线铺设

海区或感潮河段的水面自浮管线铺设一般利用高平潮进行，其方法如下：

先将连接好的浮管与水陆管架头或水下管进口端点站连接固定好；

将浮管的另一端与挖泥船尾的出泥管连接好；

用拖轮或锚艇顶管线使之平顺无“死弯”，及时分别将涨、落潮方向的管子锚抛设置妥当。

④ 水上管线安全作业要求

水上管线施工作业时危险性大，极易发生事故，施工时规范操作。

在水上拼接自浮管线时，作业人员穿戴救生衣和安全帽，不能单独作业，必须是 2 个人以上，并应由锚艇配合，夜间施工应有足够的照明；当有船只配合施工作业时，需要指定专人负责指挥，其他作业人员不得随意指挥。有 2 条及 2 条以上船只参加水上作业时严禁脚踩两船作业，对从事水上作业的工具应仔细检查，钢丝绳、手拉葫芦等应有足够的安全强度，避免因涌浪作用而崩断，工具传递不得扔掷，以防失落或伤人；在船只与水上设备发生触碰之前，驾驶员与接卡操作人员之间要相互提醒，避免发生人员落水或磕碰事故。

当在风浪、流速较大的水域接拆管线时，由于需要工作船的配合，操作人员要上到管线浮筒上工作，属于危险性较大的作业。操作人员稍有疏忽就会发生人员落水事故，所以作业人员应系牢保险绳，同时，工作船上还应配带有保险绳的救生圈，并设监护人员，当发生人员落水事故时，监护人员可立即将配备带保险绳的救生圈抛给落水人员，以及时进行抢救。风浪大，管线晃动严重时，人员停止在管线上作业。

2）水下沉管的铺设

因浮管管线跨越航道、港区会影响通航，且由于铺设浮管过长会导致施工时管道阻力损耗较大和施工管理的复杂性，从而降低施工船舶的适应性，施工中经常使用水下排泥管。采用水下沉管铺设施工技术，对于减少施工干扰，便利交通航行，提高施工船舶的施工效率和适应性十分有利。

水下沉管一般只用于跨越主航道、对港区作业有干扰的地段或浮管过长的施工区。水下管线不宜用得过长，铺设宜选择在水流缓慢、河床变化较小、冲淤变化不大的河段或海域进行。

水下沉管的下沉和起浮是通过改变排泥管线的自身重量来实现的，当往沉管管道内灌水，使沉管管道的重量大于沉管自身产生的浮力时，管线就下沉。在采用挖泥船自吹注水沉管时，管线注水端受力较大，将管线用锚固定。挖泥船在注水时速度不宜过快，若注水速度快，会发生部分管线下沉过快，损坏或折断管线，造成危险。当向已沉好的沉管管道内注入压缩空气后，沉管管道内的水被逐步排出，沉管的重量逐步减轻，当压缩空气注入一定程度，使沉管线重量小于自身所产生的浮力而起浮。在采用空压机充气起浮水下管线时，管内所受压强大，所以充气管的耐压强度应满足一定的要求，起浮前还要检查空压机安全阀完好有效，接口绑扎连接牢固，防止气管吹爆或接口脱落伤人。

在实际作业时，有时还需直接用锚艇起吊水下管线，而水下管线重力较大，水下淤泥对其有一定的吸附力，有时水下会有重物压住管线，所以吊力和起吊索具应通过计算确定，起吊时应缓慢施力，避免吊索瞬间断裂伤人。

在通航水域沉放沉管前，需要申请发布《航行通告》，要求过往船舶在下放水下管线期间避开此水域或慢速通过。并要在沉放沉管水域设置警戒船只，防止有些船只冒险通过。

3）陆上管线的铺设

陆上管线铺设时一般是直接将分段排泥管运至施工现场，逐段进行拼接，最终形成管线。陆上管线铺设时应满足下列要求：

① 铺设陆上管线时应选择交通方便的道路、堤线、河岸或海岸一侧布置，并远离房舍、仓库、货场等建筑物，尽量避免穿越障碍物，应避免与铁路、高速公路等交叉。管线走向应平顺，尽量减少弯曲，在平坦地区铺设管线可直接敷设于地面，遇高低不平的地面时应架空、铲平或垫平；对于受潮水影响、铺设在斜坡段或坝顶上的排泥管线，需要进行固定。

② 在水陆管线相接处应设有水陆管架，水陆管架位置和标高要适合潮差变化，不能因过量而产生顺吊或倒吊，使水陆管架因潮差原因损坏。布设安排尽量做到适中，应采用橡胶管柔性连接，使水陆管之间平顺。

③ 陆上管线转向、上下坡合拢时要精确测量，合理使用短、弯管、平令、斜令。应尽可能使用一个弯度管为妥，使其平顺转向减少阻力。

④ 排泥钢管法兰之间应装设密封圈，紧固水密。使用的排泥管应经过检查、测厚，并根据工程需要确定厚度要求。

⑤ 陆上管线铺设时遇管线在跨越或通过小河浜、潮间带、低洼的沼泽、浅水区等，或进入吹填区需要，则均应布设排泥管架。

⑥ 吹填区内陆上管线的布置要求：

a. 排泥管进入吹填区的入口应远离排水口，以延长泥浆流程。管线的布置应满足设计标高、吹填范围、吹填厚度的要求，并应考虑吹填区的地形、地貌，几何形状对管线布置的影响。

b. 排泥口的管线架应稳定牢固，斜撑与水平杆应相互牵拉形成整体，增加管架的稳定性。排泥管出口标高应高出于吹填标高 0.5m 左右，以免在吹填施工过程中管头埋入影响吹填施工进行。

c. 排泥管线的间距应根据设计要求、泥泵功率、吹填土的特性、吹填土的流程和坡度等因素确定。

d. 吹填区内管线的布设间距、走向、干管与支管的分布除应考虑上述因素外，还应根据施工现场、影响施工因素的变化等及时调整。

e. 应根据管口的位置和方向，排水口底部高程的变化及时延伸排泥管线。在吹填区应设若干水尺，观测整个吹填区的填土标高的变化，指导排泥管线的调整和管理工作。

f. 当吹填砂中含有较多的细颗粒土时，应在排泥管线上设置三通管、转向阀或转向闸板，在排泥管口上设置扩散板、渗漏孔、挡板等，防止淤泥聚集。

g. 在铺设陆上管线需吊运作业，且管线自重较大，施工过程中危险性大，为避免发生安全事故，施工时满足以下安全作业要求：

● 陆上排泥管线铺设时一般设有管线堆场，管线堆放时成塔式错层堆放，为保证吊车装卸操作安全，一般不得超过 6 层（含 6 层）；配置桥式起重机的堆场，最高不得超过 7 层（含 7 层）。排泥管无论临时或长久堆放于堆场金字塔最底层首末两节排泥管下部用两块以上三角砌块垫实。

● 排泥管线固定堆场危险处应悬挂“当心坠落”等警示牌；

● 堆放场地使用的各类起重机应有声光报警装置；作业时，起重机支腿应用垫木垫实；

● 雨天进行电焊、汽割管线作业，应搭设防雨遮棚；

● 移动式发电机、空压机工作区域设置警戒带；

● 排泥管线对接时，操作人员应站在固定管线的一侧。

排泥管线对接时，需要机械设备或器械协助将活动管线与固定管线进行对接，如机械设备、器械故障或人员误操作，引起活动管线脱落，操作人员要站在固定管线一侧。

● 调整管线对接螺栓孔的位置时，不得将手指伸入法兰孔内。紧固管线对接螺栓时，作业人员身体的各部位，不得进入排泥管下部。

在管线对接过程中需用撬棍调整法兰孔，持撬棍的人员应采用托扶的方式，以免钢管摆动伤害手掌；在管线对接时，如果胶垫孔与钢管孔对不正，不能将手指伸入法兰孔，要用撬棍；在紧固螺丝时，一般顺序是先上部、再两肋、后下部。当紧固钢管底部的螺丝时，不能将身体伸到管子下方，以免发生意外伤害。

● 吹填区的排泥管口应设立“停留危险”警示标志，禁止人员在排泥管出口站立。

● 铺设管线时若需用电线架空，移动排泥管时切忌在电线上滚过，以防压破电线造成触电事故。

（12）排泥管线的拖运

排泥管线拖运方式一般有海上拖带调遣及装驳调遣两种。排泥管线海上拖带调遣及装驳调遣应满足船舶检验部门和海事部门的有关规定，符合《水运工程施工安全防护技术规范》（JTS 205-1-2008）和《疏浚工程技术规范》（JTJ 319—1999）有关规定。

1）水上管线海上拖带调遣及装驳调遣应按照安全、经济的原则制定调遣方案，并报相关部门批准后方可实施。

2）自航装管驳船应在本船航区内自航调遣。不适合在海上长途拖航的浮管、沉浆管应采用装驳方式调遣。船舶调遣时，各种证书齐全有效，符合航区安全航行的要求并经过船舶检验部门的检验和海事部门的批准。

3）水上管线出海拖带调遣操作

① 水上管线管拖带调遣航行前，航行主管部门会同拖轮制定拖带调遣方案，落实海上拖带具体措施及航行线路，并事先收听调遣所经海域的气象预报，保证拖带过程安全。

② 管线拖航前，浮筒经过漂浮试验，保证浮筒的水密性。浮筒两侧链条及卡带应完好，卡带螺栓应拧紧，首尾管口用堵板密封。

③ 拖轮拖带调遣时应严格按照事先确定的航行调遣路线，短途无风浪情况下可以捎拖，便于照应；中途或风浪稍大时，施以吊拖，避免船管横向之间碰撞。

④ 拖缆宜采用尼龙缆，也可采用钢缆，但每段管线都配备拖航时所使用的保险缆。

⑤ 拖航时管线两侧宜各系一根钢丝缆，连接各节浮筒，并应收紧，受力一致。

为了使多节浮筒形成整体，需用钢丝绳将其串在一起，防止管线被大浪打散。选择质量好的浮筒放在前部，以增加拖航强度，每套管线前端要配不少于 5m 的龙须缆，龙须缆应从导缆桩引出，并在易磨损处包扎防磨材料以防磨断。

⑥ 拖轮拖带浮筒、管线时，拖带的管线长度应根据拖轮的拖力、水文气象、航道条件等因素确定。根据中国船级社《海上拖航指南》1997 中第 4.1.5 条的规定，拖轮的拖带能力应满足在静水中的拖航速度不小于 5km/h。拖带航行时，风力宜小于 6 级。

⑦ 被拖管线上应设置号灯、号型，其高度应高出管线 1.5m，且应正确显示。

为避免其他船舶碰撞拖带管线，在管线上安装信号灯、号型显示，管线首尾两端各设一盏环照白灯，中间每隔 80～100m 应加设一盏。在管线的末端应设一个菱形体号型，管线的长度超过 200m 时还应在首端增设一个菱形体号型。号灯、号型的高度应高出管线 1.5m。

⑧ 拖轮在拖带调遣航行途中，若发现有异常情况，应立即采取相关措施，并将管线拖运至流速小的浅水区域处置。

4.3.6 码头设备安装施工安全检查要点

（1）码头设备安装施工特点

码头设备安装工程主要是指港口装卸作业的大型机械设备和供电、通信、导航、给排水、消防、环保、控制、供热等配套工程设备安装。

码头设备安装工程的施工，特别是港口装卸作业的大型机械设备，用专用船舶整机运输至码头上岸，现场主要进行调试工作；煤炭或矿石码头的移动式装船机、单或双悬臂式堆料机、悬臂式斗轮取料机等，大部分组件运至现场后，进行现场安装和调试工作。

（2）码头设备安装施工安全检查依据是《水运工程施工安全防护技术规范》（JTS 205-1-2008）。

1）起重船作业

① 检查作业准备工作

a. 核查起重船的主要性能指标满足拟吊重物的安装要求。

b. 起重船吊装方法、工艺、船舶安全率、主要吊具、索具、绳扣准备情况等符合起重船操作规程的规定；制订的船舶安全紧急预案符合施工组织设计中安全技术措施的规定。

c. 起重船的安全保护装置灵敏可靠等。

② 监督起重作业过程

a. 巡视检查起重作业时，起重物体的质量在规定负荷内，不准超重。

b. 吊点位置是否合理，吊钩应在物体正上方垂直起吊，禁止斜吊或用吊钩拖拉重物。

c. 正式起前吊重物经过试吊，如发现不平衡、不稳或制动不良，应放下重新调整。

d. 在起吊的重物上及重物下不准站人；重物吊到空中时，不准车辆、行人及其他船舶在下面通过，且操作人员不得离开操作岗位。

e. 重物起吊前，检查、计算船体吃水符合有关规定。

f. 起吊过程执行相关操作规程，起吊过程速度平稳均匀，禁止忽快、忽慢或突然制动；注意吊钩上升高度，避免吊钩到达顶点；吊起的重物件放落时，要慢速，校正安放位置慢车放下准确就位。

g. 专人统一指挥吊装施工；吊重物移船时，各绞车应听从指挥信号，做到松紧均匀，避免突然停止或启动而使重物在空中摆动。

h. 作业休息时，不准将物体吊挂在空中。

i. 当两艘起重船共吊一个重物时，必须编制专项施工方案，经批准后方可实施；两船应统一指挥、互相联系，保持重物吊起同一高度，上升、下降、前进、后退速度同步。

两船的实际起重量严禁超过本船额定起重能力的80%，并且钩绳必须处于垂直状态。

j. 夜间作业时，工作地点设置的照明设施符合安全作业的有关要求；照明设施不妨碍指挥和操作人员视线。

k. 遇到大于或等于6级风时，应停止作业。

l. 起吊过程中，如需吊杆旋转和升降时：

在操纵旋转起重机时，操纵人员熟悉各种变幅角度（吊臂伸出距离）的安全吊重能力；

在操纵吊臂变幅时，吊臂伸出距离应与规定的吊重相适应，禁止吊重时吊杆伸出超过规定的水平距离；

吊臂的旋转速度应缓慢，并不能防止碰撞周围的人、船只、构件及码头设施；

起重机吊臂在满负荷时，应尽可能避免吊臂变幅操作，如确因工作需要变幅时，吊臂变幅角度不得超出允许的范围，以免造成事故。

③ 结束起吊工作

重物起吊到安装位置后，连接和固定牢固；待该重物与其他构件所有应该安装的高强螺栓、销轴以及焊接点完成，确保已按图纸要求安装完成时，方可摘去起重船的吊钩。

2）堆取料机安装作业

堆料机和取料机的安装工程是港口设备安装中常见的施工作业，其安全检查要点如下。

① 施工组织设计所制定的安全管理规章制度，专项安全施工技术措施（方案）；与施工人员进行详细的安全技术交底；安装过程，按施工组织设计的方案安装调试大纲的要求，先分项工程后分部工程，有序进行。

② 高处作业、焊接作业、吊装作业等凡与此有关的安全要点，认真检查。

③ 钢梁等大型结构件拼装时，应在平整的作业台上进行，其基础应有足够的承载力；各种杆件，宜事先组拼、组合后，用吊机吊装。

④ 高强螺栓、螺母、垫圈等使用前应按有关规定进行复验，合格后才能使用，拧紧力矩、抗滑移系数均符合规范要求。

⑤ 钢构件组拼时，定位销钉冲钉定位足够，待全部装入高强螺栓，并完成初拧力矩后方可松除吊钩。

⑥ 钢构件起吊前，应了解所吊构件的质量、重心位置、所吊高度，以采取相适应的起吊方案。

⑦ 高处安装高强螺栓，搭设的脚手架符合要求，所用工具使用工具袋装好带上。

⑧ 堆取料机安装前，检查导轨的接地系统，符合设计要求，其接地电阻值不应大于4Ω。堆取料机用的6000V柔性电缆安装时，不允许用绳索拖拉，不允许破坏其绝缘保护层；安装前，耐压和绝缘试验合格后使用。

⑨ 机上所安装的变压器、高压电机（一般为6000V），通电前，经有资质的测试单位进行耐压和绝缘试验合格后送电。

⑩ 液压系统现场配装的液压管路，应先下料预装，尺寸合格后，必须经过清洗管路内壁后方能正式安装。

3）调试、运转和联合试运转作业

码头用电设备安装完成后，需进行调试运转，特别是进行多台设备联合试运转，检验安装工程质量与性能符合设计要求。

① 调试运转按调试运转大纲规定的程序、方法、步骤进行。

② 按先单机试运转、在单机试运转合格的基础上，进行联合试运转的程序实施；先进行空载试运转，再进行有载试运转；有载试运转时，先轻载，逐步过渡到额定负载量。

③ 试运转时，设有统一的指挥信号和足够的通讯联络手段，重点部位和故障点是否设专人负责。

④ 试运转时，设置动作操作监护人员，以防误操作。

⑤ 易产生火灾、爆炸、有害气体泄漏处配备足够的消防器材及防爆防毒器材，必要时，申请专业消防队伍协助。

4）港口装卸设备整体上岸

港口采用港机整体运输上岸的工艺安全管理与检查要点：

① 审核承运方与本单位编制的《港机设备整体上岸实施方案》（方案中应包括设计单位针对整机上岸各种作业工况时码头结构受力的分析结果及意见）；

② 检查整机上岸作业的安全技术措施现场落实情况；

③ 现场轨道、垫木、顶升点的设置符合设计及规范要求；

④ 现场卷扬机、地牛等辅助作业设备的安全性能符合要求；

⑤ 安全警戒线及标志布置符合安全生产要求；

⑥ 会同有关各方对港机上岸后的码头结构及设备的完好性检查；

⑦ 整机调试安全检查工作可参阅前述。

4.4 工程船舶水上水下作业安全技术

4.4.1 水上施工作业危险危害因素

参照危险、有害因素的辨识分类方法，水上施工作业的危险危害因素辨识情况。

（1）按照水上施工工程地质、地形地貌、水文、气象条件、周围环境、水上运输交通条件、自然灾害等方面。

（2）从水上施工功能分区、防火间距和安全距离、风向、危险有害物质设施（水上氧气站、乙炔气站、压缩空气站、水上加油站等）、动力设施（混凝土搅拌船、起重船、拖轮、大型垂直运输设备等）、临时通航水道、临时码头设施等方面。

（3）从水上大型构件的运输、装卸、工程船舶的水上拖航、施工区工程船舶的作业环境等方面。

（4）按照分部分项工程的工艺过程进行识别，对水上分部分项工程施工方案的设计阶段通过合理的设计进行考查；对方案采取了预防性技术措施和减少危险危害的措施进行考查；对易发生故障和危险性较大的地方设置了醒目的安全色、安全标志和声光警示装置等。

（5）对于水上施工工艺设备可从高温、低温、高压、腐蚀、振动、关键部位的备用设备、控制、操作、检修和故障、失误时的紧急异常情况等方面进行识别；对水上施工大型船机设备可从运动部件和工件、操作条件、检修作业、误运转和误操作等方面进行识别；对电器设备可从触电、断电、火灾、爆炸、误运转和误操作、静电、雷电等方面。

（6）从水上施工作业区域的作业环境考虑，注意识别存在毒物、噪声、振动、高温、低温、辐射、粉尘、水污染及其他有害因素。

4.4.2 水上施工作业安全措施

本节主要结合路桥工程施工的特点，参照水上施工作业的实际情况，列出对水上施工危险性大、施工作业环境复杂的船机设备运行、人员水上施工作业和重点分部分项工程等的安全防护措施。

（1）船舶施工安全防护措施

1）一般规定

在施工水域进行施工作业前，按《水上水下施工作业通航安全管理规定》规定申请办理《施工许可证》、《航行通告》等手续；施工船舶按《交通部沿海港口信号规定》等相关规定显示信号和灯号，遵守《中华人民共和国海上交通安全管理规定》、《国际海上避碰规则》、《中华人民共和国内河避碰规则》等法律法规以及地方有关船舶航行、停泊或作业的管理规定；施工船舶在施工水域抛锚定位，不得超出航行通告所规定的水域范围，在所抛锚的锚位设置浮漂，标示锚位，提醒过往船舶注意避让，在施工现场，白天垂直悬挂 RY 信号旗，晚上垂真显示绿红信号灯；施工船舶在进入施工现场时悬挂国旗、按规定甚高频频道 24 小时正常守听，值班船员加强值班、瞭望，注意过往船舶，与之保持联系，谨慎避让。

2）专项应急防护措施

船舶防台、防季风等灾害性气象条件的安全措施

根据施工水域的水文气象条件，适时建立健全防台风、防季风等灾害性气象条件的组织机构，编制专项应急预案并组织实施，对船员进行防灾害性天气的安全交底，提高船员防灾知识和技术水平，落实防灾具体措施。

按照施工现场现有船舶的情况、合理布置自航船、非自航船与拖轮的配备方式，做好防台风、防季风前的各项准备工作，在灾害性天气来临之前，监督检查各船舶防灾害性天气准备工作的落实情况。依据灾害性天气的发展情况及各船舶技术状态、现场工作情况、周围环境等条件合理掌握各船舶起锚时间、起锚顺序、拖航方式及启航时机，早作决定，使船舶有充裕的防御准备时间。

3）防止工程船舶撞墩措施

施工船舶在施工水域按规定显示信号和灯号，沉桩完毕的群桩、承台按海事部门的要求配备航标灯，其灯光、灯质符合国家规范要求。现场施工船舶均需配备足够的符合施工水域地质情况的锚设备，防止船舶因走锚而发生撞墩事故，同时现场配备港作经验丰富、动力足够的拖轮在施工现场值班，当出现作业船舶走锚或其他紧急情况时，能及时救助；所有作业船舶在施工现场定位锚泊时，离施工完成的结构物应留有足够的安全距离，并安排好值班人员；大型作业及运输船舶进出施工水域时，须在港作拖轮的指挥配合下实施；各船舶均按规定收听天气预报，并记录，当有大风时，所有施工船舶撤离，到指定的位置靠泊或抛锚。

4）船舶防污染应急措施

对于生活垃圾，在船上、施工作业点配备专用垃圾回收容器，指定专人进行回收、填埋、销毁；燃油过驳时，由专人负责监督管理整个加油过程，不得污染水域，洒滴在甲板上的油污要立即清除、洗净，并有专人负责监督；船上所有用过的带油的抹布，废旧回丝等应放入指定的加盖铁桶内，并及时交付有关部门回收，做好记录；机舱污水应首先经污水处理装置处理合格后，按国家标准进行排放。

船舶因碰撞、搁浅、触礁或因不可抗拒的力量而沉没时，可能会造成对该水域的污染。船舶在海上发生污染事故时，事故船舶船长应立即启动《船舶油污应急计划》/《船舶海洋污染应急计划》，按照分工，分头行动：

① 船长、轮机长分别指挥动员甲板部、轮机部船员，立即查清发生溢出的部位及有关情况。

② 船长负责按报告程序和规定向当地海事部门报告船名、时间、地点和污染情况，有新情况时，及时补充报告。

③ 船员按《船上油污应急计划》/《船舶海洋污染应急计划》方案实施应急响应，采取转驳、堵漏、关闭有关阀门等紧急措施。

④ 船长、轮机长要根据受损情况、污染情况，指导船员作好自身的安全防护，自救人员穿着防护服，戴防毒呼吸器，其余船员尽可能处于上风位等安全场所。

⑤ 关好门窗、通风口，以防毒气、可燃气体进入船员生活区及其他舱室，造成人员中毒和火灾事故。

⑥ 事故船舶在保证自身船员安全的情况下，积极组织本船的消防队员进行抢险和控制，在外界救援实施前，由事故船舶全面负责污染的控制工作。

5）船舶发生走锚、断缆时的应急措施

工程船舶在施工现场作业或停泊时，因风、流、浪的影响，极易发生走锚、断缆事故，对本船或他船发生威胁，产生触礁、搁浅、碰撞他船或构筑物，发生伤亡事故。

值班人员注意观察本船附近的周围环境和船舶动态，与过往船舶联系，利用参照物或 GPS 确定本船船位。发现本船走锚时，可通过放长锚缆或抛下备用锚，阻止走锚事故的发生，同时报告船长。如放长锚缆或抛用备锚后，船舶继续走锚，则与附近值班拖轮联系，利用拖轮避免走锚事故的发生，同时发出警报，提醒过往船舶注意避让。船舶在拖带航行、停泊与发生断缆事故时，则根据当时的环境条件，可采取紧急抛锚或拖轮协助，避免事故的发生。

值班人员在值班时发生他船走锚时，应立即通过甚高频电话有效声响设备发出警报联系，同时向当地海事部门报告他船动态情况。如他船走锚对本船构成威胁时，则本船应立即采取有效的避让措施，防止碰撞。

（2）部分重点分部、分项工程安全防护措施

1）钢护筒、钢吊箱等大型构件整体吊运、安装安全注意事项

吊运、安装前，注意收听天气预报，在天气较好的情况下进行起吊、安装作业，起吊时机应选择在高平潮进行。吊运、安装整体结构安全经工程技术、安全、质检部门、监理验收合格，由技术负责人、总监理工程师签字后方可起吊。起重指挥人员在起吊前必须检查所有的吊点、吊耳、卡环、钢丝绳等的安全性能符合要求。严格执行起重作业安全操作

规程，严禁违章指挥、违章操作。起吊安装前必须先经过试吊，经过静置20分钟，确认各项安全性能指标达到规范要求后方可实施起吊安装过程。

2）索塔施工安全措施

索塔施工的脚手架搭设，所使用的工具安全可靠，板手尾端系绳，套在手腕上或腰间，切割钢管头或铁件系牢，防止高空坠落伤人；悬空作业处层层设置安全平网和立网，立网高出每层施工面1.5m，平网随施工高度而提升，网格、网距、受力等符合规范要求(安全网防火，重量轻)，形成绕封闭的高空作业系统；支撑管对接处应设置操作平台或设挂篮，作业人员系好安全带。高空作业所需的工索具及零星材料等，应放在工具包内或临时固定，严禁上下抛掷工具及物件。工具等使用时用绳索拴牢，以防止高空坠落。高空作业所需的氧气、乙炔瓶应装入铁框中提升吊运，作业台面处的氧气、乙炔瓶用绳索绑扎牢固，防止滚动和坠落。各类电气设备按建筑施工现场用电安全规范要求，安全接地有效措施，安装防漏电保护装置，注意合理布设支撑体系安装所需的电力传输线路和焊机接线，规范布设供配电、用电系统，防止高空漏电、触电、电击事故。施工设备及工程设施有防雷击装置。塔吊、电梯经检验合格取证后方可使用，塔吊及电梯运行，严格执行起重机安全操作规程，并填写设备运行日志。各类电气及机械设备有专人操作。起重工要严格执行起重吊装“十不吊”的规定，吊点选择合理、信号统一、哨音明亮、手势清晰。风力超过6级以上时，停止起吊作业。

3）斜拉索施工安全措施

① 参加斜拉索挂索施工人员进行安全技术交底，熟知挂索施工的程序。并按高空作业的要求戴好安全帽，系好安全带，水上作业穿好救生衣。严格执行各自岗位及设备的安全操作规程。参加挂索的特殊工种人员持有效特种作业人员操作证上岗，指挥人员与操作人员距离较远时用对讲机联系。

② 塔肢挂索前要检查塔顶卷扬机性能的完好，卷扬机与塔顶平台的连接焊缝，导向轮钢丝绳不得有断裂断丝，确认无误方能进行塔肢挂索。索盘架在运索平车上要保持放索架的平衡，放索架脚撑牢固可靠，索架两边应焊斜支撑，防止运索平车随放索变化而偏心倾覆。控制放索机的放索速度，牵引卷扬机固定稳妥，钢丝绳导向牢固，控制索盘旋转的钢丝绳与索盘垂直。

③ 用卷扬机把斜拉索吊至桥面孔口时应上两付夹片，夹片螺栓拧紧。桥面前端牵引导向用25号槽钢预埋在桥面混凝土里，确保受拉点牢固。在挂边跨合龙桥面压索时，人员应站在桥中心面，严禁站桥边，防止夹片滑松，索松伤人。边跨上螺帽的小吊篮，必须做牢固，并用钢丝绳套在钢筋上，吊篮上的安全网、脚手板牢固，防止松散掉落。塔内框的脚手架稳定可靠，操作平台用5cm木板满铺并用铁丝捆牢。每提升一次操作平台，必须在平台下面挂好安全网，索孔内严禁掉物至桥面。

④ 挂索或桥面压索、夹板不能变形，焊缝无裂纹，螺栓无损伤。夹板安装时内要用胶皮保护，以保持斜拉索索皮不受损伤，螺栓要拧紧。

⑤ 桥面挂篮（检修小车）压索前应检查桥面卷扬机的性能，其锚固绳卡松动，钢丝绳断丝，钢丝绳走向与其他物体相摩擦。挂篮（检修小车）前端滑车应随时保持完好，吊耳焊缝牢固，销轴不得变形。压索前，检查张拉机构是否正常，连接丝杆与斜拉索应顺直，严禁使用变形和损伤的连接杆作业。

⑥ 斜拉索两端千斤顶的张拉杆，应用探伤仪进行检查，每挂 5 对索应检查一次，张拉杆应有足够的安全系数，严禁使用疲劳及变形的张拉杆。

⑦ 塔肢内放软牵引索时，与起吊的卷扬机配合好，严禁不同步放索，千斤顶每放一次钢绞线，保险夹片上好，确保放索安全。

⑧ 叉头、连接杆安装时，不得用手去摸，安装好之后，连接杆与斜拉索顺直，严禁连接杆不直。

⑨ 拉索挂好之后，在拆卸斜拉索起吊夹片时，采用的吊笼要牢固，用四点吊。其底部用铁皮满封，防止零星物坠落伤人，拆卸操作人员系好安全带。斜拉索起吊夹片下严禁站人。风力在 6 级以上禁止作业。

4.5 轨道交通工程施工安全技术规范

城市轨道交通以运能大、能耗低、污染少、速度快、安全、准时的优点，成为城市交通的主动脉和生命线，解决城市“出行难”的社会问题。由于工程施工大多穿越城市中心区，政府、社会、建设单位各方广为关注。

城市轨道交通建设包括车站基坑、区间隧道、联络通道、风井及附属设施、设备安装等，其投资大、技术难、周期长、环境复杂、事故多，且以地下工程为主，具有风险大、专业多、工期紧、环境复杂、交叉施工频繁等特点。

管控安全风险就是减少人员伤亡和财产损失、减少环境破坏，工程风险管理需要针对不同施工阶段的具体内容和要求，完成风险管理活动。

4.5.1 轨道交通工程施工企业安全基础管理要求

（1）城市轨道交通工程建设活动遵循先勘察、后设计、再施工的原则，按基本建设程序，保证各阶段合理的工期和造价，实施全过程安全风险管理。

（2）施工单位对工程项目的施工安全负责，从事城市轨道交通工程施工活动，需具备相应资质，依法取得安全生产许可证，不得转包或者违法分包。

施工单位主要负责人对本单位施工安全工作全面负责，项目负责人对所承担工程项目的施工安全质量负责；单位主要负责人、项目负责人和专职安全生产管理人员应依法取得安全生产考核合格证书；项目负责人应取得相应执业资格和相关工作经验；建筑施工特种作业人员应持证上岗。

施工单位项目负责人原则上在一个工程项目任职，如确需在其他项目兼任的，应征得建设单位书面同意。

（3）施工单位需建立健全安全质量责任制和管理制度，加强对施工现场项目管理机构的管理；项目安全管理人员专业、数量应符合相关规定，并满足项目管理需要。

（4）施工总承包单位对施工现场安全生产负总责。

总承包单位依法将工程分包给专业分包单位的，专业分包合同应明确各自的安全责任。总承包单位和专业分包单位对专业分包工程的安全生产承担连带责任。

总承包单位和专业分包单位依法进行劳务分包的，总承包单位和专业分包单位应对劳务作业进行管理。

(5) 施工单位应按合同约定的工期编制合理的施工进度计划，不盲目抢进度、赶工期；施工单位不得以低于成本的价格竞标。

(6) 施工单位应将安全措施费用用于施工安全防护用具及安全设施的采购、更新、措施落实、安全生产条件的改善等，不得挪作他用。

(7) 施工单位应对工程周边环境核查，与建设单位提供的资料不一致的，应向建设单位及时提出补充完善。

(8) 施工单位应按规定对危险性较大分部分项工程（含可能对工程周边环境造成严重损害的分部分项工程）编制专项施工方案。对超过一定规模的危险性较大分部分项工程专项施工方案应组织专家论证。

专项施工方案应按设计处理措施、专项设计和工程实际情况编制，并经施工单位技术负责人和总监理工程师签字后实施。

(9) 工程施工前，施工单位项目技术人员应就有关施工安全质量的技术要求向项目职能人员、施工作业班组、作业人员作详细交底说明，由双方签字确认。

(10) 施工单位应指定专人保护施工现场地下管线及地下构筑物，在施工前将基本情况、相应保护及应急措施等向施工作业班组和作业人员详细交底说明，并在现场设置明显标识。

(11) 施工单位应对工程支护结构、围岩以及工程周边环境等进行施工监测、安全巡视和综合分析，及时向设计、监理单位反馈监测数据和巡视信息。发现异常时，及时通知建设、设计、监理等单位，并采取应对措施。

施工单位应按设计要求和工程实际编制施工监测方案，并经监理单位审查后实施。

(12) 施工单位应按施工图设计文件和施工技术标准施工，落实设计文件中提出的保障工程安全质量的设计处理措施，不得擅自修改工程设计。盾构法隧道施工应具有施工管理体系，应建立质量控制和检验制度，并应采取安全和环境保护措施；盾构类型和技术性能应满足工程地质和水文地质条件、线路条件、环境保护和隧道结构设计的要求。

施工单位应按规定和合同约定对建筑材料、构配件、设备等进行检验。未经检验或检验不合格的，不得使用。

对涉及结构安全的试块、试件及有关材料，施工单位应在监理单位见证下，按规定进行现场取样，并送有相应资质的质量检测单位进行质量检测。

(13) 建筑起重机械安装完成后，施工单位应委托具有相应资质的检测检验机构进行检验，经检验合格并经验收合格后方可使用。施工单位应按规定向工程所在地建设主管部门办理建筑起重机械使用登记手续。

(14) 施工单位应按有关规定对管理人员和作业人员进行安全质量教育培训，教育培训情况记入个人工作档案。教育培训考核不合格的人员，不得上岗。

(15) 施工单位应按规定做好安全资料的收集、整理和归档，保证安全文件真实、完整。

4.5.2 施工前安全生产工作准备

(1) 总承包单位营业执照、资质、安全生产许可证、特殊工种和三类人员安全上岗证书。

（2）安全管理体系、项目部的组织体系（主要内容：管理制度、岗位职责、落实对应的责任制度）。

（3）大临设施专项工程施工方案；施工组织设计（方案）；安全生产施工组织设计（方案）（内部组织学习交底）；安全生产施工应急预案（以单位工程内部组织学习交底）；文明施工、环境保护专项工程施工方案（内部组织学习交底）；临时用电专项工程施工方案；（车站结构、隧道盾构、联络通道，分别编写、审批）；盾构施工专项施工方案和应急预案应根据盾构类型、地质条件和工程实践制定。

（4）测量专项工程施工方案；（车站围护结构、车站主体结构、隧道盾构、联络通道，分别编制）；施工前，应对施工地段的工程地质和水文地质情况进行调查，必要时应补充地质勘察；对工程影响范围内的地面建（构）筑物应进行现场踏勘和调查，对需加固或基础托换的建（构）筑物应进行详细调查，必要时应进行鉴定，并应提前做好施工方案；对工程影响范围内的地下障碍物、地下构筑物及地下管线等应进行调查，必要时应进行探查；根据工程所在地的环境保护要求，应进行工程环境调查。

（5）对管线位置、走向、埋深、检查等与管线产权单位取得联系，管线详细参数需调查、标注清楚，做好检测保护；对建构筑物，核实其修建时间、基础型式的现状等情况做好相应记录，进行影像资料的收集，制定保护措施。

（6）组织各方对围护结构设计图纸的会审及设计交底。

（7）工程原材料、半成品和成品进场应进行验收，质量合格后方可使用；施工现场的场地应满足工作井、龙门吊、管片存放、浆液站、泥浆处理设施、材料、渣土堆放、充电间、供配电站、控制室、库房等生产设施用地和施工运输要求；施工期间应监控盾构姿态；盾构法隧道施工应实施项目信息化管理，宜配置远程监控系统；施工期间应对邻近的建筑物、地下管线、道路与轨道交通线路等进行监测，并应对重要或有特殊要求的建（构）筑物采取必要的技术措施；大型机械设备（盾构机）报审及特种作业人员上岗证或操作证的报审。

（8）对进场作业人员进行安全培训及三级安全技术交底。

（9）各分部分项工程，分包单位资质（包含：安全管理体系）。

（10）地下连续墙专项工程施工安全方案（包含导墙）；地下连续墙钢筋笼吊装专项工程施工方案（需专家评审，内部组织学习交底）。

（11）围护结构钻孔灌注桩、立柱桩、抗拨桩专项工程施工方案（以单位工程可合并编制，但各项内容必须分别详细编写）；高压旋喷桩专项工程施工方案；盖挖逆作顶板段专项工程施工方案（风险性大，是否需专家评审，由建设或当地安质监督部门确定）。

（12）盾构机（顶管机）的进出洞（包含进出场拼装、拆卸）、联络通道施工、冰冻法施工方案（内部组织学习交底）。

（13）各子单位工程、分部分项工程划分表。

（14）施工前应根据设计的大面积混凝土浇筑施工安全方案。

（15）隧道预制构件的吊装、拼装、运输方案。

（16）安全生产检查前准备：项目适用的法律法规、标准规范收集学习、领会透彻，现场各个工序、阶段的危险源辨识和环境因素识别清楚，动态监控安全生产隐患排查治理有效，纠正措施落实符合要求。

施工的各类报表；洞口前土体加固和洞门圈密封止水装置检查验收；施工组织设计应满足质量、安全、工期和环保要求；施工前应进行技术培训与技术交底；施工前应根据工程特点和环境条件，完成测量和监测的准备工作。

4.5.3 轨道交通工程施工过程安全生产检查要点

(1) 项目安全管理检查要点《建设工程安全生产管理条例》(国务院令第 393 号)、《建设工程项目管理规范》(GB/T 50326—2016)、《建设项目工程总承包管理规范》(GB/T 50358—2005)。

1) 资质与资格

企业资质、安全生产许可证符合规定；企业负责人、项目经理持有效安全生产考核合格证上岗；项目部按规定配备或委派专职安全管理人员，并持证上岗；特种作业人员持有效证件上岗；项目主要负责人履职到岗或现场带班；未经建设单位同意，不准更换项目经理，项目经理不得在多于 1 个的项目担任项目经理。

2) 责任制度与目标管理

项目建立安全生产责任制，经责任人签字确认；制定安全管理目标及考核奖惩制度，目标分解或量化到岗位或人，要有时间限定，制度落实。

3) 施工组织设计与专项施工方案

按审查合格的设计文件施工图施工，有安全技术措施编制、审查制度，编制施工组织设计或施组中编制了安全技术措施，编制危险性较大的分部分项工程专项施工方案，高压电线路送电前制定送电方案，施组或专项方案安全技术措施全面针对性强，专项方案组织专家论证、审查，并落实审查意见，施组、专项方案按规定进行审核、审批。禁止国家明令淘汰（禁止使用）的工艺、产品进场，主要风险源进行了辨识、登记、公示，当地质条件和施工状况发生较大变化时及时修改施组或专项施工方案。主要条款、内容的变更、修改应再次审批。

4) 安全技术交底

制定安全技术交底制度，制定各工种安全技术操作规程或操作规程挂设在作业场所显著位置，项目技术人员（专项施工方案编制人员）就有关施工安全要求对现场管理人员、施工班组、作业人员针对性交底，有双方书面签字记录。

5) 安全教育和班前安全活动

建立安全生产教育制度，对新进岗位、新进施工现场的作业人员（含分包、设备租赁单位的作业人员）进行安全教育，对作业人员普及触电、高处坠落或有限空间中毒（窒息）、逃生等事故应急救援知识，教育档案齐全；年度安全教育或教育培训学时达到规定要求，建立班前安全活动制度，有班前活动记录，进行主要风险公示，在有较大危险因素的设施、设备、场所设置明显标识、警戒围栏或安全引导语等安全警示标志，在进行高处作业、有限空间作业、设备调试等危险作业时，设明显标识、显示工作状态，在隐患没能及时治理的场所必须设置隐患告知牌。

6) 作业管理、安全检查与验收

建立工程重要部位、环节施工前条件验收制度（包括进入有限空间、压力/高压设备调试区域的安全许可），按规定对工程重要部位或环节进行安全条件验收，按要求进行现场安全防护、消防设施验收，危险性较大分部分项工程施工时有专职安全管理人员现场监管，不存在违规作业或违章指挥现象，工程（临时）停工前进行风险评估并落实相应措施，或复工前进行过安全检查。

建立安全检查制度，企业负责人按规定实施带班检查，有效开展日常、定期、敏感期安全检查或安全专项整治，开展危险性较大的关键节点对施工前安全条件验收，开展高大模板工程、脚手架工程、施工起重机械安装等重大风险工程的验收，按要求对施工现场安全防护、消防设施进行验收，危险性较大分部分项工程施工时有专职安全生产管理人员现场监督，对发现的事故隐患按“五到位”（责任、时限、措施、资金、预案）原则落实整改，建立安全检查档案。

7）工程周边环境保护

核查工程周边环境现状，核查结果与建设单位提供的资料不符时反馈给建设单位，对施工影响范围内的重要建（构）筑、管线采取专项防护措施，在管线安全保护范围内施工前核查开工条件，按规定与受施工影响的管线单位签订管线保护协议，在管线安全保护范围内施工时，竖立警示标志，进行安全技术交底和安排专人监控。

8）安全防护用品管理

建立安全与职业卫生、防护用品（购、验、发、用、查）管理制度，向作业人员提供合格的安全与职业卫生防护用具和安全防护服装、装备，建立防护用品管理档案。

9）分包管理与协调管理

按规定进行专业分包，不存在转包或违法分包，施工总包单位与分包单位的安全责任明确，与机械设备和施工机具及配件的出租单位签订合同，规定产品技术性能和质量安全要求，分包合同、安全协议书手续齐全有效。

分包单位按规定建立安全管理机构、配备安全员；分包合同按规定向建设行政主管部门备案，分包单位“三类”人员和特殊工种人员持证上岗，管理人员到岗履职；总包单位按要求对分包队伍开展安全教育、检查，与在同一场所作业的其他施工单位签订安全协议，明确双方安全旁站管理人员。

10）安全费用

建立安全文明施工措施费用管理制度，编制使用计划，按规定提取、落实、使用，建立费用台账，无挪作他用。

11）应急管理

制定安全生产应急预案，内容全面、针对性强，组织预案演练、内容和频次符合要求，建立项目应急救援机构和队伍，配备应急救援物资、设备、器材等，设置应急逃生通道，及时更换补充失效的应急资源。逃生通道畅通，测试应急响应有效。

12）事故管理

建立工伤事故报告与调查处理制度，事故、险情按规定报告、处置及时，按“四不放过”原则调查处理安全事故，建立事故档案。

（2）扣件式钢管脚手架检查要点《建筑施工扣件式钢管脚手架安全技术规范》（JGJ 130—2011）。

1）施工方案

架体搭设编制专项施工方案，按规定审核、审批，架体结构设计有设计计算，架体搭设允许高度的控制，专项施工方案按规定经专家论证。

2）立杆基础

立杆基础平、实，符合专项施工方案要求，立杆底部有底座、垫板（混凝土基础除外）、垫板的规格符合规范要求，按规范和专项施工方案设置纵、横向扫地杆，扫地杆的设置和固定符合规范要求，采取排水措施，基础无积水。

3）架体与建筑结构拉结

架体与建筑结构拉结方式或间距符合规范要求，架体底层第一步纵向水平杆处按规定设置连墙件或采用其他可靠措施固定，搭设高度超过规范要求的双排脚手架采用刚性连墙件与建筑结构可靠连接。

4）杆件间距与剪刀撑

立杆、纵向水平杆、横向水平杆间距无超过规范要求，按规定设置纵向剪刀撑或横向斜撑，剪刀撑沿脚手架高度连续设置或角度符合要求，剪刀撑斜杆的接长或剪刀撑斜杆与架体杆件固定符合要求。

5）脚手板与防护栏杆

脚手板满铺、牢靠、稳定，脚手板规格和材质符合要求，架体外侧设置密目式安全网封闭，网间连接严实，作业层防护栏杆符合规范要求，作业层设置高度符合规范要求的挡脚板。

6）横向水平杆设置

在立杆与纵向水平杆交点处设置横向水平杆，按脚手板铺设的需要增加设置横向水平杆，双排脚手架横向水平杆不只固定一端，单排脚手架横向水平杆插入墙内深度大于规定值。

7）杆件连接

纵向水平杆搭接长度符合规定值，固定符合要求，立杆包括顶层顶步外都要采用搭接，杆件对接扣件的布置符合规范要求，扣件紧固力矩大于40N·m或小于65N·m。

8）层间防护

作业层脚手板下采用安全平网兜底，作业层以下每隔10m采用安全平网封闭，作业层与建筑物之间按规定进行封闭。

9）构配件材质

钢管直径、壁厚、材质符合要求，钢管不得弯曲、变形、锈蚀，扣件进行复试，技术性能符合标准。

10）通道

设置符合要求的人员上下专用通道。

11）交底与验收

架体搭设前进行交底，有交底记录。架体分段搭设、分段使用办理分段验收，架体搭设完毕办理验收，手续验收内容进行量化，经负责人签字确认。

（3）碗扣式钢管脚手架检查要点《建筑施工碗扣式钢管脚手架安全技术规范》（JGJ 166—2016）。

1）施工方案

编制专项施工方案，进行设计计算，专项施工方案按规定审核、审批，架体搭设不超过规范允许高度，专项施工方案组织过专家论证，架体搭设前，进行交底，有交底文字记录。

2）架体基础

架体基础平、实，符合方案要求，架体底部设置垫板，垫板的规格符合要求；架体底部按规范要求设置底座（混凝土基础除外），架体底部按规范要求设置扫地杆，采取了排水措施，无积水。

3）架体稳定

架体与建筑结构按规范要求拉结，架体底层第一步水平杆处按规范要求设置连墙件或采用其他可靠措施固定，连墙件采用刚性杆件，按规范要求设置专用斜杆或八字形斜撑，专用斜杆两端固定在纵、横向水平杆与立杆汇交的碗扣节点处，专用斜杆或八字形斜撑沿脚手架高度连续设置，角度符合要求。

4）杆件锁件

立杆间距、水平杆步距不超过设计或规范要求，按专项施工方案设计的步距在立杆连接碗扣结点处设置纵、横向水平杆。架体搭设高度超过 24m 时，顶部 24m 以下的连墙件层按规定设置水平斜杆，架体组装牢靠，上碗扣紧固符合要求。

5）脚手板与防护栏杆

脚手板满铺，铺设牢靠、稳固，脚手板规格或材质符合要求，采用挂扣式钢脚手板时挂钩挂扣在横向水平杆上，挂钩处于锁住状态。

6）架体防护

架体外侧采用密目式安全网封闭，网间连接严实，作业层防护栏杆和外侧设置规定高度的挡脚板、作业层脚手板下安全平网兜底、作业层以下每隔 10m 用安全平网封闭等符合规范要求。

7）构配件材质

杆件不得弯曲、变形、严重锈蚀，钢管、构配件的规格、型号、材质或产品质量符合规范要求。

8）荷载

施工荷载不得超过设计规定，荷载堆放要均匀。

9）通道

设置符合要求的人员上下专用通道。

10）验收

架体分段搭设、分段使用前有办理分段验收，架体搭设完毕办理验收手续，验收内容进行量化，相关负责人签字确认。

（4）承插型盘扣式钢管脚手架检查要点《建筑施工承插型盘扣式钢管支架安全技术规程》（JGJ 231—2010）。

1）施工方案

编制专项施工方案，有设计计算，专项施工方案按规定审核、审批，脚手架搭设前进行交底，交底有文字记录。

2）架体基础

架体基础平稳、坚实、符合专项施工方案要求，架体立杆底部有垫板，垫板的规格符合规范要求。架体立杆底部按要求设置可调底座，按规范要求设置纵、横向扫地杆，采取排水措施，基础无积水。

3）架体稳定

架体与建筑结构按规范要求拉结，架体底层第一步水平杆处按规范要求设置连墙件或采用其他可靠措施固定，连墙件采用刚性杆件，按规范要求设置竖向斜杆或剪刀撑，竖向斜杆两端固定在纵、横向水平杆与立杆汇交的盘扣结点处，斜杆或剪刀撑沿脚手架高度连续设置，角度符合要求。

4）杆件设置

架体立杆间距、水平杆步距符合设计或规范要求，按专项施工方案设计的步距在立杆连接插盘处设置纵、横向水平杆，双排脚手架的每步水平杆层，当无挂扣钢脚手板时按规范要求设置水平斜杆。

5）脚手板

脚手板满铺，铺设牢靠、稳固，脚手板规格或材质符合要求，采用挂扣式钢脚手板时挂钩挂扣在水平杆上或挂钩处于锁住状态。

6）架体防护

架体外侧采用密目式安全网封闭、网间连接严实，作业层防护栏杆符合规范要求，作业层外侧设置规定高度挡脚板，作业层脚手板下采用安全平网兜底或作业层以下每隔 10m 用安全平网封闭。

7）杆件连接

立杆竖向接长位置符合要求，剪刀撑的斜杆接长符合要求。

8）构配件材质

钢管、构配件的规格、型号、材质或产品质量符合规范要求，钢管不得弯曲、变形、严重锈蚀。

9）通道

设置符合要求的人员上下专用通道。

10）验收

架体分段搭设、分段使用办理分段验收，脚手架搭设完毕办理验收手续，验收内容进行量化，经相关负责人签字确认。

（5）满堂式脚手架检查要点《建筑施工扣件式钢管脚手架安全技术规范》（JGJ 130—2011）。

1）施工方案

编制专项施工方案，进行过设计计算，专项施工方案按规定审核、审批，架体搭设前进行交底，有文字交底记录。

2）架体基础

架体基础平稳、坚实、符合专项施工方案要求，架体底部设置垫板或垫板的规格符合要求，架体底部按规范要求设置底座，架体底部按规范要求设置扫地杆采取排水措施，基础无积水。

3）架体稳定

架体四周与中间按规范要求设置竖向剪刀撑或专用斜杆，按规范要求设置水平剪刀撑或专用水平斜杆，架体高宽比超过规范要求时采取与结构拉结或其他可靠的稳定措施。

4）杆件锁件

架体立杆间距、水平杆步距符合设计和规范要求，杆件接长符合要求，架体搭设牢靠，杆件节点紧固符合要求。

5）脚手板

脚手板不满铺或铺设牢靠、稳固，脚手板规格或材质符合要求，采用挂扣式钢脚手板时挂钩挂扣在水平杆上，挂钩处于锁住状态。

6）架体防护

作业层防护栏杆符合规范要求作业层外侧设置规定高度的挡脚板，作业层脚手板下采用安全平网兜底，作业层以下每隔10m用安全平网封闭。

7）构配件材质

钢管、构配件的规格、型号、材质或产品质量符合规范要求，杆件不得弯曲、变形、锈蚀严重。

8）荷载

架体的施工荷载符合设计和规范要求，荷载堆放均匀。

9）通道

设置符合要求的人员上下专用通道。

10）验收

架体分段搭设、分段使用办理分段验收，架体搭设完毕办理验收手续，验收内容进行量化，经相关负责人签字确认。

（6）模架工程安全检查要点《建筑施工模板安全技术规范》（JGJ 162—2011）、《建筑工程大模板技术规范》（JGJ 74—2003）。

1）施工方案

危险性较大的模板工程有专项施工方案，按规定审批、组织专家论证，对不采纳专家意见有说明，专项施工方案明确混凝土浇筑方式，根据混凝土施工工艺制定针对性安全措施，专项施工方案有支架体系结构设计计算书，施工方案有针对性，架体搭设前进行交底，有文字交底记录。

2）材料材质

模板、钢管、主（次）楞、对拉螺栓的材质、型号与方案符合钢管壁厚要求。杆件不得弯曲、变形、锈蚀。

3）地面基础

立杆、移动模架的基础承载力符合方案要求，立杆底部设置底座、垫板，垫板规格符合规范要求，采取排水措施，基础无积水。

4）支撑系统或桥墩立模

主（次）楞间距、对拉螺栓间距等符合方案；立杆间距、步距等架体布设参数与方案符合，按规定设置纵向、横向及水平剪刀撑或纵横向扫地杆，按规定高度作整体加固具备连墙或抱柱条件的已经落实，立杆垂直偏差符合规定，梁、板下立杆采用横杆连接成整体，立杆顶托、底托或自由端符合规范要求，杆件对接或搭接正确，按说明书规定组装，无漏装杆件和锁件，脚手架组装牢靠、连接件紧固符合要求，支架与外架、防护架、作业平台连接，立模钢模板、连接螺栓型号与方案符合；钢模板连接、钢模板与基础连接的螺栓数量符合要求；按方案要求设通行门洞，通行门洞防撞设施、限高、限宽、警示标识符合要求。

5）移动模架或挂篮

移动模架或挂篮安装前对重点部位焊缝进行无损探伤检测，对明显缺陷采取处理措施，委托第三方检测机构对移动模架和挂篮进行检测，检测不合格采取有效处理措施，移动模架拼装作业，支腿、主梁、横联及时连接，移动模架过孔前对受力构件、油路、电路、行走系统进行专项检查，挂篮拼装对称进行，构件及时稳固连为一体；挂篮移动前检验梁体及孔道压浆体强度，检查走行、吊挂、模板系统，对称移位；挂篮移动到位后及时锚固，前吊杆、后锚杆的锚固力调试均匀，吊杆、锚杆变形，前端限位装置设置牢固。

6）施工荷载

高架桥混凝土现浇前按方案要求进行预压，加压和卸压按方案进行，模板上施工荷载符合规定；混凝土浇筑速度符合施工方案限值，模板上堆料均匀。

7）支拆模板

2m 以上高处作业有可靠立足点，拆除区域设置警戒线且有监护人，留有拆除的悬空模板，支架、模板、挂篮拆除顺序恰当，移动模架拆除时设缆风绳及临时支撑，受力构件的模板拆除前有相同条件试件强度报告，混凝土强度达规定值提前拆模，多层结构施工中，板、梁作为上层结构支架基础时，上层结构混凝土达到规定强度，板、梁的支撑提前拆除，模板拆除前采取有效防护措施。

8）模板存放

大模板存放有防倾倒措施，模板存放整齐、不得超高等符合安全要求，木模、方木等存放时有防火措施。

9）上下通道

按规定设置符合规定的爬梯（专用扶梯）、人行通道。

10）关键节点验收

模板（移动模架、挂篮）安装后有验收，验收单有量化验收内容，模板（移动模架、挂篮）拆除前办理审批手续。

（7）施工用电安全检查要点《建设工程施工现场供用电安全规范》（GB 50194—2014）、《施工现场临时用电安全技术规范》（JGJ 46—2005）。

1）外电防护

外电线路与在建工程及脚手架、起重机械、场内机动车道之间的距离符合安全距离有防护设施；防护设施与外电线路的安全距离及搭设符合规范要求，不在线路下方进行起重作业或搭设临时设施（堆物）；未经建设单位或其他施工单位同意，不从车站或隧道供电线路接线。

2）接零保护系统

施工现场低压配电系统采用 TN～S 接零保护系统，专用保护零线设置（含引出位置、材质、规格、颜色标识等）符合要求，不得线上装设开关、熔断器、与工作零线混接；工作接地或重复接地（设置、安装、材料、接地电阻）符合要求，电气设备接保护零线，接零保护符合要求，突出设施防雷措施符合规范（或设计）要求。

3）配电线路

按要求使用保护零线，线路及其接头需要保证机械强度和绝缘强度，线路的设施、材料及相序排列、挡距、与邻近线路或固定物的距离符合规范要求；电缆不得沿地面明设、沿脚手架、树木等敷设，其他敷设符合规范要求；线路敷设的电缆线无老化、破皮已经包扎，破损严重要及时更换，室内明敷主干线距离地面高度大于 2.5m，不存在乱拉乱接，架空缆线上吊挂物品现象。

4）配电箱

配电系统采用三级配电、二级漏电保护系统；开关箱（末级）有漏电保护装置，漏电保护装置失灵；箱体及箱门做接零保护，闸具不能损坏，闸具、垫板材质符合要求，配电箱的电器安装板上正确设置 N 线端子或 PE 线端子板，箱体结构、材料、箱内电器原件设置满足规范要求，开关箱使用遵守“一机、一闸、一箱、一漏”，配电箱内按要求设置可见断开点的隔离开关，安装位置恰当便于操作、周围无杂物等；电箱内布线清楚，配电箱进出线有护套保护，配电箱有系统接线图和分路标记，电箱有门、有锁、有防雨措施，漏电保护器参数匹配，检测灵敏；箱体安装位置、高度及周边通道符合规范要求，分配电箱与开关箱、开关箱与用电设备的距离符合规范要求。

5）现场照明

照明变压器使用双绕组型安全隔离变压器，照明采用专用回路，专用回路有漏电保护装置；（地下暗挖、潮湿等）特殊场所按规定使用 24V 及以下安全电压，照明线路和安全电压线路的架设符合规范要求，手持照明灯具使用 36V 以下电源供电，灯具金属外壳作接零保护，按要求在阴暗作业场所、通道口设置照明或应急疏散照明。

6）电器装置

电器具安全距离、爬电距离符合要求，闸具、熔断器参数与设备容量匹配、安装符合要求，闸具有具备过载、短路功能，不得用其他金属丝代替熔丝；无使用国家已淘汰产品，电器装置损坏及时更换或停止使用。

7）配电室与变配电装置

配电室采取防雨和小动物侵入的措施，配电室门开启方向符合规范；配电室建筑、室内电气设备布设符合要求；设警示标志或消防设施布置图、工地供电平面图和系统图，地面铺绝缘垫，发电机组电源与外电线路电源实行连锁，发电机组独立设置接地装置、实行 TN～S 接零保护系统，配电装置中的仪表、电气元件设置符合规范要求，仪表、电气元件无损坏；移动式发电机发电直接供电（中间要实行两级保护），发电机组配置双掷开关。

8）电气消防安全

电缆（线）截面满足用电设备荷载要求，电气设备有过载、短路保护，大功率、高热量照明灯具有安全措施；易燃物质储存、使用场所或可燃气体潜在场所采用防爆型电气设备；电气设备、线路或其接头发热及时更换处理，电气线路或设备与可易燃材料有足够安全间距，有安全措施，发电机不准用油桶直接供油，配置适用于电气火灾的灭火器材。

9）用电管理

总包与分包单位订立临时用电协议，编制临时用电施组、外电防护专项方案有针对性，施组、方案编制、审核、批准符合要求，临时用电系统投入使用前按要求验收、交底，验收记录和按规定接地电阻、绝缘电阻测试和漏电保护器检测，有文字记录。

（8）塔吊安全检查评分表《塔式起重机安全规程》（GB 5144—2012）。

1）载荷限载装置

安装起重量限制器未失效；安装力矩限制器未失效。

2）行程限位装置

安装起升高度限位器未失效，起升高度限位器的安全越程符合规范要求，安装幅度限位器未失效，回转不设集电器的塔式起重机安装的回转限位器灵敏；行走式塔式起重机安装行走限位器，行走限位器灵敏。

3）保护装置

小车变幅的塔式起重机安装断绳保护及断轴保护装置符合规范要求；行走及小车变幅的轨道行程末端安装缓冲器及止挡装置符合规范要求；起重臂根部绞点高度大于50m的塔式起重机安装风速仪，风速仪灵敏；塔式起重机顶部高度大于30m且高于周围建筑物安装障碍指示灯，障碍指示灯有效。

4）吊钩、滑轮、卷筒与钢丝绳

吊钩安装钢丝绳防脱钩装置符合规范要求；吊钩无磨损、变形、疲劳裂纹达到报废标准及时更换，不准焊接处理后使用；滑轮、卷筒安装钢丝绳防脱装置符合规范要求，滑轮及卷筒无裂纹、磨损达到报废标准及时更换；钢丝绳无磨损、变形、锈蚀，符合标准；钢丝绳的规格、固定、缠绕符合说明书及规范要求。

5）安装、拆卸与验收

安装、拆卸单位取得相应资质，制定安装、拆卸专项方案，专项方案经审批，内容符合规范要求；超出规定使用年限的塔式起重机需要进行安全评估，安全评估合格可以继续使用；塔吊规格、型号、出厂编号与特种设备制造监督检验编号一致；安装、拆卸作业前向所在地施工安全监督机构办理告知手续，超过一定规模的起重机械安装拆卸工程的专项施工方案进行专家论证，对没采纳专家意见的要进行说明；安装、拆卸人员持特种作业人员操作资格证上岗，安装、拆卸现场安排专人监护，采取有效联络信号，安装、拆卸现场设置警戒区域，履行验收程序或验收表经验收单位责任人签字，按规定办理备案、登记手续。

6）附着装置

塔式起重机高度超过规定安装附着装置，附着装置水平距离或间距满足说明书要求，进行设计计算和审批，安装内爬式塔式起重机的建筑承载结构要进行受力计算，附着装置安装符合说明书及规范要求，附着前和附着后塔身垂直度符合规范要求，附着装置安装后有验收。

7）电气安全

采用TN—S接零保护系统供电，塔式起重机与架空线路安全距离符合规范要求，采取防护措施，防护措施符合规范要求；在其他防雷保护范围以外设置避雷装置，避雷装置符合规范要求，电缆使用及固定符合规范要求。

8）基础

基础按说明书及有关规定设计、检测、验收，基础设置排水措施，基础周边安装防护栏，基础使用混凝土的标号符合要求。

9）结构设施

主要结构件不得变形、开焊、裂纹、锈蚀超过规范要求未处理，新旧标准节混用或标准节满足设计要求，平台、走道、梯子、栏杆等符合规范要求，高强螺栓、销轴、紧固件等主要受力构件的紧固、连接符合规范要求。

10）多塔作业

多塔作业制定防碰撞专项施工方案，施工方案经审批，针对性强；任意两台塔式起重机之间的最小架设距离符合规范要求，针对多台塔吊作业进行安全技术交底。

11）周边安全

动臂式和附着的自升式塔式起重机，塔吊作业覆盖公共设施时有专项安全措施，防护措施符合要求。

12）检查检测及维修保养

按规定进行监督检测，检测合格；制定起重设备检查制度，按要求定期对设备进行检查，制定维修保养制度，按要求进行定期维修保养，维修保养记录真实，有设备运转记录，运转记录填写真实；无达到报废标准或国家禁止使用时，为报废情况。

13）备案登记

按规定办理备案、登记手续。

（9）龙门吊安全检查要点《建筑施工起重吊装工程安全技术规范》（JGJ 276—2012）、《建筑机械使用安全技术规程》（JGJ 33—2012）。

1）安装、拆卸与验收

龙门吊制造或租赁符合有关规定，龙门吊质量证明材料齐全，安装、拆卸作业前向施工安全监督机构办理告知手续，安装、拆卸单位取得相应资质，制定安装、拆卸专项方案，基坑边安装龙门吊进行基坑结构安全验算，专项方案经审批或内容符合规范要求，安装、拆卸现场地锚、缆风绳等重要保护措施符合方案，安装、拆卸人员持证上岗，安装、拆卸作业现场安排有专人监护，安装、拆卸现场设置警戒区域，安装后组织验收或验收表经责任人签字，按规定办理备案、登记手续，有文字交底记录。

2）保险装置

有起升高度限位器、行走限位器、起重量限制器或限制（限位）器无失效，设置紧急断电开关，开关不得失效，紧急断电开关安装位置恰当，吊钩有保险装置，上人爬梯有护笼、安全门，护笼、安全门符合要求。

3）轨道

轨道两侧有缓冲器和端部止挡，轨道基础满足承载要求，无变形或破损，轨道与基础间固定方式符合要求，轨道跨距偏差符合要求，轨道弯曲偏差符合要求，轨道接头处高低偏差或左右错位偏差符合要求，轨道接头处间隙、轨道扭度、轨顶面或侧面磨损量在规定的要求内；按要求设置夹轨钳或铁鞋等锚定装置，轨道钉、紧固螺栓、挡块、压板、弹条等扣件无松脱，轨道上无堆积物料或存有影响安全运行的其他障碍物。

4）电气安全

电缆盘同步无损坏，轨道两端设接地装置，轨道的接头处做电气连接，在其他防雷保护范围以外设置避雷装置，避雷装置符合规范要求，设置金属结构的接地措施，接地电阻符合规范要求，设置专用开关箱或开关箱内电器元件符合要求，绝缘电阻符合规范要求，工作电缆无拖地、泡水现象，有保护措施；轨道两端设接地装置或轨道的接头处做电气连接。

5）吊钩与钢丝绳

吊钩和连接组件不存在缺陷，危险断面磨损无大于5%，钢丝绳选用型号符合规范要求，钢丝绳磨损、断丝无达到报废标准，钢丝绳无锈蚀、缺油，绳卡符合规定。

6）结构设施

主要结构件的变形、开焊、裂纹、锈蚀无超过规范要求，平台、走道、梯子、栏杆等符合规范要求，高强螺栓、销轴、紧固件等主要受力构件的紧固、连接符合规范要求。

7）防撞措施

两台及以上龙门吊在同一轨道上作业，行走作业区间存在交叉作业时，有防碰撞措施，且防碰撞措施可靠。

8）安全防护及警示标识

作业区域周边有防护栏杆，安装有效警示灯，危险部位设置安全标志。

9）检查检测及维修保养

按规定检测合格；制定起重设备检查制度，按要求定期对设备检查，制定维修保养制度，按制度定期维修保养，委托维修保养的有委托合同，被委托单位有相应资质；维修保养、设备运转记录；无达到报废标准或国家禁止使用时未报废的情况。

（10）物料提升机安全检查要点《施工升降机安全规程》（GB 10055—2007）。

1）安全装置

安装起重量限制器、渐进式防坠安全器，起重量限制器、渐进式防坠安全器灵敏，在有效标定期内；安全停层装置符合规范要求，达到定型化，安装自动复位型上、下限位开关上、下限位开关灵敏、安全越程符合规范要求；安装渐进式防坠安全器、自动停层、语音及影像信号装置。

2）防护设置

设置防护围栏或设置符合规范要求，设置进料口防护棚，设置符合规范要求，停层平台两侧设置防护栏杆、挡脚板，设置符合规范要求；停层平台脚手板铺设严实、牢固，安装平台门或平台门起作用，平台门安装符合规范要求、达到定型化；吊笼门安装机电连锁装置或机电连锁装置灵敏可靠。

3）附墙架与缆风绳

附墙架结构、材质、间距符合产品说明书和规范要求，附墙架与建筑结构可靠连接；缆风绳设置数量、位置符合规范，缆风绳使用钢丝绳与地锚连接，钢丝绳直径大于8mm，角度符合45°～60°要求；安装高度超过30m的物料提升机使用缆风绳，地锚设置符合规范要求。

4）吊篮

吊篮有安全门，安全门形成定型化、工具化；高架提升机使用吊笼，人员不准乘坐吊篮上下。

5）钢丝绳

钢丝绳的规格、固定形式符合产品说明书及规范要求，钢丝绳不得有磨损、变形、锈蚀达到报废标准，钢丝绳夹设置符合规范要求，吊笼处于最低位置时卷筒上钢丝绳大于3

圈，设置钢丝绳过路保护，钢丝绳不得拖地。

6）基础与导轨架

基础的承载力、平整度符合规范要求，基础周边设排水设施，导轨架垂直度偏差小于导轨架高度0.15%，井架停层平台通道处的结构采取加强措施。

7）动力与传动

卷扬机、曳引机安装牢固，卷筒与导轨架底部导向轮的距离大于20倍卷筒宽度，设置排绳器；钢丝绳在卷筒上排列整齐，滑轮与导轨架、吊笼采用刚性连接，滑轮与钢丝绳匹配，卷筒、滑轮设置防止钢丝绳脱出装置，曳引钢丝绳为2根及以上时，设置曳引力平衡装置，卷扬机、拽引机有防雨防护棚。

8）操作棚

卷扬机、拽引机有防雨防护棚，卷扬机设置操作棚，操作棚（防护、可视性等）符合规范要求。

9）通信装置

按规范要求设置楼层信号联络装置，通信装置设置语音或影像显示，信号显示清晰。

10）避雷装置

位于其他防雷保护范围以外时设置避雷装置，符合规范要求。

11）安装、拆卸与验收

安装、拆卸单位取得专业承包资质和安全生产许可证，制定安装、拆卸安全专项方案，经审批，内容符合规范要求，安装合同明确安全管理责任，安装后组织验收，验收表经责任人签字，填写符合规范要求；特种作业人员持证上岗，安装、拆卸作业现场有技术、安全管理人员。

12）检查检测及维修保养

检查检测合格，制定起重设备检查制度，制定维修保养制度，按要求进行定期检查、维修保养、设备运转记录真实；无发现达到报废标准或国家禁止使用的情况；有文字交底记录。

（11）起重吊装安全检查要点《建筑施工起重吊装工程安全技术规范》（JGJ 276—2012）、《市政，公路工程起重吊装令》（沪市政建2003第159号）。

1）施工方案

危险性较大的起重吊装作业有专项施工方案，按规定审批，可操作性强；超过一定规模的起重吊装作业按规定对专项施工方案进行论证，未采纳专家意见的有说明。

2）人员配备

起重机司机持特种作业人员资格证，设置专职信号指挥或司索人员，大型吊装时安排专人监护，作业人员（包括进场的租赁单位的人员）经过专门教育和安全技术交底。

3）起重吊装条件验收

移动式起重机械进场后组织验收，使用前进行就位检查，吊运体积较大或接近起重设备额定载荷的构件时，配重设置符合说明书要求，起重机与架空线路安全距离符合规范要求；起重机作业地面承载能力符合说明书要求，采取有效加固措施，地面铺垫措施达到要求，支腿伸展到位。

4）索具

索具采用编结连接时，编结部分的长度符合规范要求；索具采用绳夹连接时，绳夹的规格、数量及绳夹间距符合规范要求；索具安全系数符合规范要求，吊索规格匹配，机械性能符合设计要求。

5）操作控制

起重机吊运构件（设备）前进行试吊，吊运重物起升和下降速度平稳、均匀，无突然制动现象；无转向操作不当，一侧回转未停稳时进行反向动作情况，在满负荷或近满负荷时，降落臂杆无同时进行两个动作；设备报警后，司机能及时采取措施。

6）过程管理

使用旗语或对讲机传递指挥信号，吊装重量明确（包括埋在地下）的物体；被吊物体吊具不得载人，吊装散物时捆扎牢靠，采用专用吊笼时物料装放不得过满，吊运气瓶时使用专用吊篮，吊装时棱刃物不得与钢丝绳直接接触，不得超载作业；作业现场照明充足；作业结束、司机离开现场前对起重机械采取锁紧、固定及防移动、防倾覆等措施。

7）带物行走

履带吊带物行走，载荷超过允许重量的50%时，设备正位并进行回转锁定，起重机在地面松软不平时，起吊不准同时进行两个动作（变幅、摆臂、转动、升降等）；行走道路坚实平整，重物距离地面高度小于500mm，设置牵引绳，作业人员不准直接推被吊运物。

8）多机协作

承载载荷、就位及指挥按专项施工方案执行，多机协作中单机荷载不准超过额定荷载的80%，单机升降、运行幅度恰当，速率不准过快；吊索系挂点符合专项施工方案要求。

9）高处作业

按规定设置高处作业平台，高处作业平台设置符合规范要求，按规定设置爬梯或爬梯的强度、构造符合规定，按规定设置安全带悬挂点。

10）构件堆放

构件码放不准超过作业面的承载能力，构件堆放高度不准超过规定要求，大型构件码要采取稳定措施，小件碎物有可靠的承载容器。

11）占道吊装

占用市政道路从事起重吊装作业，办理《临时道路占用挖掘许可证》；在作业地点的行车方向安全距离处设置安全警示标识（夜间警示灯），警示标识准确，路面上作业人员佩戴反光衣。

12）安全警戒

起重吊装作业划定警戒区，设专人警戒或设警戒标志，吊装时无关人员进入警戒区，作业时起重臂下不准有人停留或吊运物体从人的正上方通过。

13）安全交底

教育作业人员（包括进场的租赁单位的人员），经过专门教育和安全技术交底，吊装前进行班前安全活动，有文字交底记录。

（12）施工机具安全检查要点《施工现场机械设备检查技术规程》（JGJ 160—2016）。

1）平刨

平刨安装后履行验收程序，设置护手安全装置，传动部位设置防护罩，作保护接零或设置漏电保护器，安全防护棚，不准使用多功能木工机具。

2）圆盘电锯

圆盘锯安装后履行验收程序，设置锯盘护罩、分料器、防护挡板安全装置和传动部位设置防护罩，作保护接零，设置漏电保护器，安全防护棚，不准使用多功能木工机具。

3）手持电动工具

Ⅰ类手持电动工具采取保护接零或设置漏电保护器，按规定穿戴绝缘用品，使用手持电动工具不准随意接长电源线。

4）钢筋机械

机械安装后履行验收程序，作保护接零，设置漏电保护器，钢筋加工区设置作业棚，钢筋对焊作业区要采取防火、火花飞溅措施，冷拉作业区设置防护栏板，传动部分设置防护罩。

5）电焊机

电焊机安装后履行验收程序，有文字交底记录，作保护接零，设置漏电保护器，设置二次空载降压保护器，一次线长度保证超过规定，落地进行穿管保护；二次线采用防水橡皮护套铜芯软电缆，二次线长度不准超过规定，绝缘层不能老化，电焊机设置防雨罩或接线柱设置防护罩。

6）搅拌机

搅拌机安装后履行验收程序，作保护接零，设置漏电保护器；离合器、制动器、钢丝绳达到规定要求，上料斗设置安全挂钩或止挡装置，传动部位设置防护罩，设置安全作业棚，作业平台平稳。

7）气瓶

气瓶安装减压器，乙炔瓶安装回火防止器，气瓶设置防震圈和防护帽，气瓶及其安全附件合格，气管老化、破损不准使用，气瓶不准倾倒、曝晒使用，气瓶与明火距离符合规范要求，气瓶分类存放，氧气瓶与乙炔瓶的工作间距符合规范要求。

8）场内机动车辆

制动、转向装置灵敏，灯光照明完好，不准超速行驶，不准行车载人或违章行车，驾驶员持证操作（驾驶），有文字交底记录。

9）潜水泵

作保护接零或设置漏电保护器，负荷线使用专用防水橡皮电缆，负荷线无接头。

10）振捣器具

作保护接零或设置漏电保护器，不使用移动式配电箱，电缆长度不准超过30m，操作人员穿戴好绝缘防护用品。

11）桩工机械（含成槽机）

机械安装后履行验收程序，作业前按规定编制专项施工方案，机械作业区域地面承载力符合规定要求，采取有效硬化措施，机械与输电线路安全距离符合规范要求，打桩（成槽）机挂设包含桩机（成槽）编号、负责人等内容的标牌，打桩（成槽）操作遵守操作规程，有文字交底记录。

12）预应力张拉机械

预应力张拉机械设备定期标定校验，施工作业人员佩戴安全防护用具，有文字交底记录；在顺梁方向梁端外不准有人员站立；张拉结束后，钢绞线处于稳定前不准进行外露钢绞线切割作业；切割后钢绞线外露锚具长度符合规范规定，钢绞线切割使用砂轮机切割，不准使用电焊操作。

13）其他施工机具、设备

现场安装后履行验收手续，不准使用国家明令淘汰或超期的机具设备，安全保护装置齐全、灵敏，按规定维护保养；在明显位置悬挂张贴机具、设备安全技术规程，测量仪器、设备定期标定，进行现场校验复核；压力容器的安全阀、压力表、筒、管道按要求强制检定，保持有效证书。

（13）基坑支护安全检查要点《建筑基坑支护技术规程》（JGJ 120—2012）。

1）施工方案

危险性较大的基坑编制专项施工方案（含降水方案），应经专家论证；论证专家的数量、专业、经验符合要求，对没采纳专家意见的要说明原因；专项施工方案经施工单位技术负责人、总监理工程师审核、签字，方案遵循“开槽支撑、先撑后挖、分层分段、严禁超挖”基本原则，指导施工针对性强，基坑周边环境或施工条件发生变化时，专项施工方案重新进行审核、论证、审批。

2）临边防护

施工深度超过 2m 的基坑有符合要求的临边及防护措施。

3）基坑支护

基坑（含深度较大的沟、槽）按设计要求采取支护措施，自然放坡率符合专项施工方案和规范要求，支护锚杆（索）进行拉拔试验，试验合格且有效处理，基坑支护及时；钢支撑支护体系（含围檩）的架设、连接、防滑移、防坠落、预加应力等符合设计或方案要求；进行基坑支撑体系设计，钢支撑经过检测合格或开挖时混凝土支撑强度报告达到要求，钢支撑和腰梁架设（包括支撑连接、支撑和腰梁连接）与围护结构连接（包括斜支撑设置防滑移装置、连接的密实性等）、防钢支撑坠落措施、预加应力等符合设计或方案要求。

4）降排水措施

降水效果满足安全作业或工程周边环境保护要求，深基坑降水有防止临近建（构）筑物等工程周边环境过量变形的保护措施；降水井施组符合设计或施工方案要求，降水井损坏后影响降水效果及时修复或增补，基坑边沿周围地面设置排水沟，符合规范要求，放坡开挖对坡顶、坡面、坡脚采取降排水措施，防止基坑底积水浸泡出现涌水（沙）。

5）坑边荷载

弃土、料具堆放距坑边距离或堆放高度符合相关规定，基坑周边堆载不准超过设计允许值，机械设备与坑边距离符合规范、设计要求。

6）上下通道

人员上下有符合要求专用通道，应急逃生通道标志清晰；车站主体基坑专用通道大于两处。

7）土方开挖

基坑开挖前围护结构检测合格；钢支撑投入使用前经过验收合格，开挖时混凝土支撑强度达到设计要求，围护结构漏沙、严重漏水有措施；施工机械进场按规定验收，挖土机作业半径范围内采取警示或人员监护等防止其他人员进入，挖土机作业位置牢固、安全，按开挖方案施工，施工机械无碰撞、损伤支护结构、工程桩，影响结构安全；按设计和施工方案要求分层、分段开挖均衡；采用垂直（挖）出土方式的，符合相关安全要求。

8）支撑拆除

拆除支护结构或换撑符合设计或方案要求（包括混凝土撑强度条件、拆撑换撑顺序、预加力卸载程序等），机械拆除作业时，施工载荷小于支撑结构承载能力，人工拆除作业按规定设置防护设施，采用非常规拆除方式时符合规范要求，有文字交底记录。

9）附属结构

当出入口、风亭等附属结构的基坑（竖井）周边存在地下雨（污）水干管（暗渠）时，在基坑对应的主体墙完成后破除出入口基坑与车站之间的围护结构。

10）基坑监测

按设计和相关规定编制基坑施工监测方案，必测项目无遗漏，监测方案按规定审批，按监测方案（对桩（墙）体位移、支撑轴力、地表沉降、水位，对受施工影响范围内建（构）筑物、重要管线和道路等）对项目进行监测，监测点设置或监测频率符合监测方案，每一测点受到破坏要及时恢复或处理，按设计及工程情况及时处理（综合分析）监测数据，结论明确，反馈并指导施工，基坑支护变形、轴力变化、监测保护对象变形及其他重要监测数据等达到预警和报警值时按规定程序有效处理。

11）作业环境

基坑内土方机械、施工人员的安全距离符合规范要求，上下垂直作业有隔离防护措施，设置足够照明，基坑周边、坑壁或支撑体系上不存在坠物隐患，人员不准在无临边防护的支撑上行走，支撑上不准堆放物料，明挖基坑上方需原位保护的管线有措施。

（14）盾构法/TBM 隧道施工安全检查要点《城市轨道交通建设项目管理规范》（GB 50722—2011）、《盾构法隧道施工及验收规范》（GB 50446—2017）。

1）选型

新购盾构机/TBM 组织选型论证，重复使用维修改造的盾构机/TBM 组织适用性验收。盾构选型时应综合考虑，并对不同选择进行风险分析评估后择其优者。

2）施工方案

编制重要部位/工序（始发、接收、解体、掉头、过站，端头加固，围护结构破除，负环及洞门管片拆除，穿越重要建筑物、管线、水体、既有轨道线路，盾构开仓换刀，联络通道等）的专项施工方案，穿越、首次盾构开仓（换刀）、联络通道等专项方案经专家论证，对不采纳专家意见的要进行说明，按设计编制、审批施工监测方案，必测项目符合规范规定，应急预案、专项施工方案、监测方案的内容齐全、针对性强，有文字交底记录。

3）安装调试

新造或改造盾构机/TBM 或其配套设备有出厂质量、验收合格文件，盾构机/TBM 维修后主要系统（液压系统、集中润滑系统、电气系统、PLC 系统、人闸、密封等）有测试或检测（记录），安装调试完成后组织现场验收，保持记录。盾构机安装调试完成，其电气系统安全性应经过绝缘电阻、接地电阻和绝缘耐压测试合格，并确认各项技术指标符合要求，盾构机能够正常运转后，方可开始掘进施工。

4）始发/接收

按关键节点条件验收管理规定进行始发或接收前的条件验收，按专项方案对始发与接收井端头进行加固，洞门凿除前对端头加固改良后进行土体抽芯检测，在洞门掌子面钻孔探测地质情况，盾构洞门按设计要求制作洞圈（钢环）和密封装置，始发前对反力架或托架受力进行验算，对反力架、托架进行安装质量及焊缝检测并确认合格；接收对托架受力进行验算，托架进行安装质量及焊缝检测并确认合格；始发按方案对负环管片采取限位、固定措施到位，始发与接收对管片采取限位、固定措施，按要求对管片螺栓进行复紧。

5）掘进施工

进行试掘进结果优化掘进参数，掘进参数异常、姿态异常、地面沉降超限，采取有效纠正措施；施工过程详细记录掘进参数、注浆量、出土量、豆砾石填充量（TBM）等，同步注浆配比按设计方案实施，注浆量足够、注浆及时、注浆压力达到要求；按规定组织穿越既有重要建（构）筑物、既有轨道线路（含铁路）的条件验收，穿越既有地铁线、建（构）筑物和特殊地段前对设备和刀具进行检查，满足连续掘进要求；长期停滞在地质软弱地层，制定并采取防止沉降、坍塌、渗漏等措施，定期进行维修保养，记录齐全。

6）隧道施工运输

车辆停驶时采取防溜车措施，车辆安全、警示装置或动力、制动功能等不存在故障，“带病”行驶；车辆不超速行驶，隧道内有限速标志，平板车不载人，车辆连接可靠，有保险链，不超载、超限；轨道端头有车挡，联络信号合理、准确，车辆、轨道有日常检修保养记录，采取人车分行措施，行车区域内施工作业有安全防护措施。

7）开仓、刀具更换、调头、过站和空推、解体

制定开仓操作规程，作业人员无违规操作；按专项方案进行地层加固，开仓条件验收和开仓审批；经气体检测合格，人员才能进仓作业；常压开仓过程中要安排专人观察土仓内掌子面地质情况，盾构气压作业人员持证作业，盾构气压作业前对作业人员、控制室内气压或闸门管理员进行专门的培训、教育、安全技术交底；盾构气压环境内无易燃易爆物品，作业人员穿戴全棉防护用品；气压作业使用安全电压，防爆照明灯具，盾构气压作业采取两种不同动力空压机保证不间断供气，作业人员气压作业时间或加、减压时间符合带压进仓作业规范规定，气压作业区与常压作业区之间或隧道与外部要有通信设施，开仓作业全过程做好记录。

a. 开仓作业，宜预先确定开仓作业的地点和方法，并应进行相关准备工作；开仓作业地点宜选择在工作井、地层较稳定或地面环境保护要求低的地段；开仓作业前，应对开挖面稳定性进行判定；当在不稳定地层开仓作业时，应采取地层加固或压气法等措施，确保开挖面稳定；气压作业前，应完成下列准备工作（应对带压开仓作业设备进行全面检查和试运行；应配置备用电源和气源，保证不间断供气；应制定专项方案与安全操作规定）；气压作业前，开挖仓内气压必须通过计算和试验确定。

b. 气压作业。应符合刀盘前方的地层、开挖仓、地层与盾构壳体间应满足气密性要求；应按施工专项方案和安全操作规定作业；应由专业技术人员对开挖面稳定状态和刀盘、刀具磨损状况进行检查；作业期间应保持开挖面和开挖仓通风换气，通风换气应减小气压波动范围；进仓人员作业时间应符合国家现行标准《空气潜水减压技术要求》（GB/T 12521—2008）和《盾构法开仓及气压作业技术规范》（CJJ 217—2014）的规定。

c. 盾构机调头、过站和空推。调头和过站前，应进行施工现场调查、编制技术方案及现场准备工作。调头和过站设备应满足安全要求；调头和过站时应有专人指挥，专人观察盾构的移动状态，避免方向偏离或碰撞；掉头和过站后应完成盾构管线的连接工作。

盾构空推应符合规定要求（导台或导向轨道水平和竖直方向的精度应满足设计要求；应控制盾构推力、速度和姿态，并应监测管片变形；采取措施挤紧管片防水密封条，并应保持隧道稳定）。

d. 盾构解体。盾构解体前，应制定解体方案，并应准备解体使用的吊装设备、工具和材料等；盾构解体前，应对各部件进行检查，并应对流体系统和电气系统进行标识；对已拆卸的零部件应进行清理、修理，配置一定的工位器具，进行适当的保护。

8）洞门及联络通道施工

按关键节点条件验收规定进行条件验收，按专项方案对通道周围地层加固，对加固效果进行土体抽芯检测；联络通道管片拆除前进行地质条件探测，洞门、联络通道施工现场按应急预案准备抢险物资，负环及洞门、联络通道管片拆除现场设立专人安全管理，负环及洞门、联络通道管片拆除按方案施工；联络通道施工前后一定范围内管片按方案进行支撑保护；洞门或联络通道管片拆除后，及时封闭，不出现渗漏、掉渣等。

9）管片堆放与管片拼装

管片堆放场地坚固、平整，有排水措施，通道通畅；管片堆放不超高堆放纵横间距符合要求；隧道内拼装机旋转范围无人和其他障碍物，管片吊运、拼装过程中连接牢固，有防滑脱装置；管片翻转、吊运、拼装设备有定期保养记录，不带病作业。

10）安全防护与保护

按规定进行隧道内机械通风（不发生风管破损、漏风，吊挂不平直）新鲜风量充足；有害气体检测装置定期进行检测；遇到特殊地层如瓦斯或其他有毒有害气体超限时，处理措施有效，按规定设置警示、通信、排水、消防器材；压力软管耐压强度满足设计要求，布置于作业区及人行道范围的压力软管有采取防脱、限位措施，照明设置足够；通道畅通，防护措施规范。

11）施工监测

按监测方案进行监测点设置、监测频率符合监测方案，测点破坏及时恢复；按设计及工程情况及时处理监测数据反馈、指导施工，监测数据达到预警或报警值时按规定程序处理，按规定有进行盾构机通过后地层空洞隐患探测。

施工前，应根据盾构设备状况、地质条件、施工方法、进度和隧道掘进长度等条件，选择通风方式、通风设备和隧道内温度控制措施；隧道内作业场所应设置照明和消防设施，并应配备通信设备和应急照明；隧道和工作井内应设置足够的排水设备；隧道内作业位置与场所应保证作业通道畅通；当存在可燃性或有害气体时，应使用专用仪器进行检测，并应加强通风措施，气体浓度应控制在安全允许范围内。

a. 施工作业环境气体应符合规定：空气中氧气含量不得低于20%（按体积计）；甲烷浓度应小于0.5%（按体积计）。

b. 有害气体容许浓度应符合规定：一氧化碳不应超过30mg/m^3；二氧化碳不应超过0.5%（按体积计）；氮氧化物换算成二氧化氮不应超过5mg/m^3。

c. 粉尘容许浓度：空气中含有10%及以上的游离二氧化硅的粉尘不得大于2mg/m³；空气中含有10%以下的游离二氧化硅的矿物性粉尘不得大于4mg/m³。

d. 隧道内空气温度不应高于32℃。

e. 隧道内噪声不应大于90dB。

f. 施工通风应符合规定：宜采取机械通风方式；按隧道内施工高峰期人数计，每人需供应新鲜空气不应小于3m³/min，隧道最低风速不应小于0.25m/s。

g. 施工中产生的废渣和废水等应及时处置。

h. 施工中，应采取措施避免施工噪声、振动、水质和土壤污染及地表下沉等对周边环境造成影响。

（15）矿山法隧道施工安全检查要点《铁路隧道工程施工质量验收标准》（TB 10417—2003)、《爆破安全规程》（GB 6722—2014）。

1）施工方案

对工程周边环境核查、编制、审批、专家论证专项施工方案（含降水）或爆破作业方案，对专家意见不修改的要说明；方案对特殊部位、工艺（特殊地质地段，有毒气体地层，穿越既有轨道线、建构筑物，降水，洞口、横通道、竖井或正洞连接处，非标准段采用高支模施工，工程周边环境保护等）明确专门措施，方案全面，可操作性强；编制隧道施工监测方案，方案监测项目、监测频次符合规范或设计，现场应急预案针对性、操作性强，有文字交底记录。

2）地层超前支护加固

按设计要求及规范超前支护、加固，保护地下管线等工程周边环境，超前加固前掌子面按要求封闭；大管棚或小导管的材质、规格、长度、间距、外插角等符合规范、设计和方案要求，（管棚、超前小导管或开挖面深孔）注浆参数符合设计、方案要求，超前支护、加固效果满足开挖安全要求。

3）降水排水

降水效果满足安全作业要求，降水引发临近建（构）筑物等工程周边环境过量变形，能及时采取措施；降水井施组符合设计或施工方案要求，降水井损坏后影响降水效果能及时采取补救措施；地面洞口防水、排水系统完善，隧道设排水沟和水泵，掌子面、路面不积水。

4）洞口工程

进出洞实名登记记录齐全；洞口落实方案加固措施（包括防范边坡滚石落下），横通道、竖井或正洞连接处按要求加固，路堑及边坡、仰坡自上而下施工，有施作截水系统；按设计要求对洞口邻近建（构）筑物采取完善的保护措施。

5）隧道开挖

开挖工法符合设计要求，开挖循环进尺符合设计、施工方案，相邻隧道作业面纵间距符合设计、方案；作业面周围支护牢固，松动石块清除；核心土留置，或台阶长度、导洞间距符合要求，掌子面及时支护，掌子面与二次衬砌的距离满足相关安全距离要求；支护参数按地质变化及时调整，进行开挖面地质描述和地质超前预报。

6）爆破施工

爆破器材符合国家及行业标准，爆破器材存储、运输和处置符合有关规定；起爆设备或检测仪表按规定定期标定，装药量不超出设计和方案限制值，“盲炮”处理符合有关安全规定，爆破时人员、设备与爆破点的距离符合爆破安全距离，有安全防护措施。

7）初期支护

型钢、钢格栅、混凝土、锚杆、网片等支护材料符合设计、规范要求，钢架间距不超过允许值，钢架连接符合要求；钢架底部垫实、连接筋间距、搭接长度及焊缝等符合设计文件要求，锚杆及锁脚锚管材质、规格、长度及花眼符合设计、方案要求，锚管按设计要求注浆，按设计和方案要求及时封闭成环，支护变形、损坏能及时处理，及时进行初支背后回填注浆；喷混凝土无裂缝、脱落或钢筋、锚杆不外露，喷射混凝土厚度、强度达到设计、规范要求，初支断面侵限处理（换拱）符合方案。

8）防水作业

现场按规定配备消防器材，采取措施防止电焊焊渣飘落到防水材料上，热风口不对人，射钉枪枪口不准对人。

9）二次衬砌

模板台车有稳定性验算，工作平台、扶手、栏杆、人行梯符合安全要求；模板台车移动时有指挥，设备、电线、管路撤除有保护；模板台车堵头拆除有防护，设安全警示标志，非标准段采用高支模施工时落实方案中的专门措施。

10）作业架防护

作业架设有工作平台及围栏防护，作业架脚手板铺设严密、牢固，设置登高扶梯。

11）隧道运输

竖井垂直运输材料过程中，井下作业人员撤离至安全地带；运输车辆有产品合格证明；洞内运输车辆制动有效，人料不混载、超载、超宽、超高运输；洞内车辆照明、信号系统、车辆限速、警告标志完善，车辆启动前检查、需鸣笛；隧道道路周边物体不侵界。

施工运输应根据隧道直径、长度、纵坡、盾构类型和掘进速度，选择运输方式、运输设备及其配套设施。运输设备性能应安全可靠，运输能力应满足施工要求。

隧道内水平运输可采用有轨、无轨或连续皮带机等运输方式，垂直运输宜采用门式或悬臂式起重机等运输方式；泥水平衡盾构应采用泥浆泵和管道组成的管道输送系统；根据最大起重量，应对提升设备能力和索具、挂钩和杆件的强度等进行检算；运输设备应有防溜车或防坠落措施，操作、维护和保养应符合操作规程要求。

a. 水平运输：有轨运输的轨道应保持平稳、顺直、牢固，并应进行养护。当采用卡车、内燃机车牵引时，不应对环境空气造成影响；当长距离运输时，宜在适当位置设置会车道；牵引设备的牵引能力应满足隧道最大纵坡和运输重量的要求；车辆配置应满足出渣、进料及盾构掘进速度的要求；隧道内水平运输宜设置专用通道。

b. 垂直运输：垂直运输方式应根据工作井深度和盾构施工速度等因素确定；提升设备的提升能力应满足出渣和进料的要求；当垂直运输时，应根据安全需要采取稳定措施；操作人员应按指令作业，物件吊运应平稳；垂直运输通道内不得有障碍物。

c. 管道运输：当采用泥水平衡盾构时，管道运输系统应满足出渣和掘进速度的要求；当长距离运输时，应在适当距离设置管道运输接力设备；输送泵和管道应定期检查和维修。

12）施工监测

按监测方案确定对拱顶下沉、隧道收敛、爆破震动影响等项目进行监测；按规定对受施工影响范围内建（构）筑物、既有地铁线路、重要管线和道路等进行监（观）测；监测点设置或监测频率符合监测方案，监测点受破坏能及时恢复，按设计及工程情况及时处理监测数据并反馈、指导施工，监测数据达到预警或报警值时按规定及时、有效处理。

13）作业环境

职业危害防治措施交底，进行氧气及瓦斯、沼气、粉尘检测，风、水、电线路按施组设计要求布设；作业面新风量、风速恰当，满足要求；人员进洞前爆破后通风时间不得少于方案规定；凿岩、放炮、喷射混凝土等扬尘作业采取防尘措施，照明光线足够；作业人员在粉尘较大场所戴防尘口罩，在凿岩等噪声较大场所戴防噪声护具。

（16）轨行区施工安全检查要点《城市轨道交通技术规范》(GB 50490—2009)。

1）调度、方案及安全协议

轨行区施工或运输单位设置调度室（员），轨行区作业有计划并批准；与建设单位签订安全协议，制定作业安全方案，对施工人员作业安全交底。

2）施工请销点

请点、未经许可人员进入轨行区或物体侵入轨行区，不准超施工作业令批准的区域施工，作业完毕销点或延时销点；撤离前清场彻底，轨行区不遗留物料工具；作业完毕后人员清点，无人滞留轨行区。

3）轨行区施工安全

成品保护，不损伤道床、钢轨及扣件；不准使用钢轨、水管作为电焊电流回路，不向轨行区乱扔建筑垃圾；搭设脚手架、堆放的材料或机具、安装管线、电缆（含预留端）牢固，不存在侵入行车界限隐患；隧道内照明足够，作业人员戴安全帽、穿荧光衣，施工区域两端设置红闪灯等警示装置；未经允许不登乘工程、轨道车或攀爬运行车辆；不在车辆间、车辆与车挡间工作和穿行，手推车不得在轨行区溜车，不准躺在道床上休息，不准在轨行区内追逐打闹；未经许可，不准在轨行区使用易燃易爆品或有毒物品。

4）行车安全

轨行区上方预留孔洞（车站和区间竖井）设安全防护，不得擅自扳动道岔或拆卸道岔设备；工程列车停车时要制动或加铁靴防止溜车，使用非机动梯车、小推车等要设置制动、防溜、防倾覆装置；工程车辆不偏载、超载和超限界；车辆安全制动有效，车辆连接可靠；隧道内有限速标志，车辆不超速行驶，平板车不违规搭载人，轨道端头有车挡，车辆警示装置有效，联络信号准确；工程车驾驶人持证上岗，工程车进场验收，按规程保养检修；在信号系统启用轨道电路期间，梯车、小推车使用绝缘轮；预留孔洞、出入口有防洪措施，泵房完好，轨行区不积水。

（17）人工挖孔安全检查要点《公路工程施工安全技术规范》(JTGF 90—2015)。

1）施工方案

采用人工挖孔作业符合当地规定，有设计方案或专项施工方案，并经监理审批；制定井内涌水（沙）、坍塌、中毒、窒息、触电、物体打击等事故应急预案，向现场作业人员进行安全技术交底（含中毒急救知识）。

2）提升设备

机架无腐蚀，底座垫板厚度大于5cm；吊绳无磨损超标，滚筒有反锁装置，吊环有自锁装置。

3）护壁

护壁混凝土厚度、强度符合设计要求，护壁混凝土不用人工搅拌，护壁无裂缝，护壁经监理验收。

4）通风及检测

每次下孔孔深超过4m工作前，进行孔下气体检测（或活体检测），有检测记录；井深超过5m（或有特殊要求）时采取机械送风，作业面新鲜风量达到要求；现场配备自吸氧式防毒用具。

5）开挖

相邻两孔不准同时开挖，护壁达到设计强度前不准继续向下挖掘，孔内不得边抽水边作业，采用混凝土护壁时每循环掘进深度应小于1m，单节护壁长度应小于1m，挖到设计深度后及时封底。

6）上下井梯

井深超过2m时设置上下梯符合要求，井边要有通道，工人不准乘坐吊桶。

7）井边载荷

堆土与井边距离大于80cm，堆土高度小于1.0m，孔边载荷（堆载、车辆等大型施工机械）不超过方案设计值。

8）配合或监护

地面上有专人配合，地面、孔内人员之间通信畅顺，挖孔桩现场有专人监护。

9）井边防护

井孔高出地面大于20cm，孔口附着物固定牢靠，停止作业时孔口加盖防护板（网）。

10）孔内防护

孔壁附着物（包括不到孔底的钢筋笼、串筒、钢爬梯、水管风管等）固定牢靠，孔内操作人员戴安全帽，孔深超过5m时按规定设置半月防护板（网），半月防护板（网）设置位置、高度符合要求，半月防护网网格符合要求。

（18）架桥机作业安全检查要点《市政架桥机安全使用技术规程》（JGJ 266—2011）。

1）施工方案

桥梁架设专项施工方案，按规定程序审批，经专家评审，对未采纳专家评审意见的有说明；应急预案内容全面、针对性强。

2）架桥机验收

结构件安装位置关系正确，线形符合设计要求，联结螺栓不漏装、错装且拧紧，焊缝符合设计要求；动力装置安装位置正确，与底架联结牢固，与工作机构的连接管路正确；架桥机有接地装置、避雷设施，电气绝缘符合要求；按要求检查架桥机具液压系统，运载、行走、提升、支承托架等机构经过重载试验；架桥机具经过验收，试吊检验，按要求对架桥机进行周期性工作检查，保持检查、试验记录。

3）桥梁架设

操作司机接受安全技术交底，梁片存放和运输、梁片架设、架桥机前移符合设计、施工方案要求或操作规程；落实高空坠落安全措施，高空作业有安全警示标志，梁片临时固定措施施做及时，架梁作业时设置警戒区或专人看守。

（19）机电设备工程安全检查要点《城市轨道交通机电设备安装工程质量验收规范》（DG/TJ 08—2006）。

1）施工方案

专项施工方案，按规定审批，方案操作性强；超过一定规模、复杂程度的机电设备安装、拆除作业按规定对专项施工方案组织专家论证，对不采纳专家意见的要说明。

2）人员配备

特殊工种和机械设备操作人员持证上岗，使用工种规定的个人劳防用品，现场设置专职监管人员，大型吊装时安排专人监护，作业人员（包括分包、租赁单位人员）经专门教育和安全技术交底；不得随意拆改现场安全防护设施和设备；作业前进行班前安全交底活动。

3）起重吊装条件验收

移动式起重机械进场验收，使用前进行就位检查，吊运体积较大或接近额定载荷构件时，配重设置符合说明书要求，起重机与架空线路安全距离符合规范要求；起重机作业地面承载能力符合说明书要求，采取地面铺垫加固措施达到要求，支腿伸展到位。

4）索具

索具采用编结连接时，编结部分的长度符合规范要求；索具采用绳夹连接时，绳夹的规格、数量及绳夹间距符合规范要求；索具安全系数符合规范要求，吊索规格匹配，机械性能符合设计要求。

5）操作控制

起重机吊运设备前要试吊，吊物起升下降速度平稳，无突然制动现象，无转向操作不当，一侧回转未停稳时进行反向动作情况，在满负荷或近满负荷时，降落臂杆无同时进行两个动作，设备报警后，提醒操作人员采取措施。吊装重量明确（包括埋在地下）物体；被吊物体吊具不得载人，吊装散物时捆扎牢靠，采用专用吊笼时物料装放不得过满，吊运气瓶用专用吊篮，吊装时棱刃物不得与钢丝绳直接接触，不超载作业；作业现场照明充足；作业结束对起重机械采取锁紧、固定及其他防移动、防倾覆等措施。

承载载荷、就位及指挥按专项施工方案执行，多机协作中单机荷载不准超过额定荷载的80%，单机升降、运行幅度恰当，速率不准过快；吊索系挂点符合专项施工方案要求。起重吊装作业划定警戒区，设专人警戒或设警戒标志，无关人员不得进入，作业时起重臂下不准有人停留或吊运物体从人的正上方通过。

6）过程管理

施工作业前设施、设备经验收，要明晰设计意图与设备要求，统一设备名称、代号、安装位置，明确设备尺寸、安装方式等。

起重机和吊物边缘与架空线的最小水平距离要大于安全距离，搭设安全防护设施，悬挂警告标志；使用的特种设备经检查验收合格，安装、拆除、维护设备单位有资质；易燃易爆易损等危险物品的吊装、拆除、储存、运输符合规定要求。

临时用电设备5台或者总容量在50kW以上的需编临时用电施组，按规定审批；电气设备不带电的外露导电部分，做保护接零；现场施工的电力系统不准利用大地作相线和零线；在容器内、管道内、孔洞内等有限空间及危险场所作业使用安全电压；执行三相五线制，保护零线和工作零线不准混接，临时配电符合三级配电二级保护要求；开关箱安装匹配的漏电保护器，动作灵敏；配电室（柜）保护地线、漏电保护器完好；手持照明、电动工具或潮湿场所使用安全电压。

洞口临边设置防护栏、盖板、安全网，上下楼梯口设置防护栏杆；氧气瓶、乙炔瓶、表具、皮管和空压机的筒、阀、表检定合格有效；电焊作业佩戴劳防用品、消防器材、人员监护，人员证照、动火证等措施符合规定。

管线施工、管沟开挖、吊、装、挂、拆安全措施符合专项方案和管理规定要求；轨道上不准放置各种物品材料，距离接触网 2m 范围内施工，办理停电手续，专人监护；按清点批复指定的区域、时间作业，期间需要根据作业位置及时调整警告警示标志位置。

线路敷设完毕、设备安装前对所有线路进行绝缘电阻测量，每根电缆所有线芯之间及线芯对地之间都应进行遥测（有屏蔽层的线缆，每芯线对屏蔽层遥测），保证线路的绝缘程度达到规范要求。

安装、调试的基础、吊装、螺栓紧固、固定、噪声控制、渗漏控制等要求符合施组的规定。安装调试人员的劳动保护和施工作业遵守（登高作业、临边防护监管、调试送电方案、设备验收）相关规定。

4.6 特殊季节与特殊环境施工安全检查要点

4.6.1 雨季施工

“雨季”是指每年降水比较集中的湿润多雨季节。在此季节常常出现大雨和暴雨，其降水量约占年总量的70%左右。雨季施工面临雨多、风大等不利环境因素的影响，科学合理组织施工，采取安全技术措施，积极应对雨季施工面临的各种危险状况，对降低施工风险、保障企业生产安全，具有积极意义。

（1）雨季施工总要求

1）确保信息畅通。夏季施工由于暴风雨等恶劣天气的不确定性和突发性，对破坏程度难以进行预测，因此，需要加强对气象信息的把握，做好信息化管理工作，及时采取有效的安全措施，作业前实施安全技术交底。

2）防护的全面性。施工现场涉及现场和临时设施的安全防护以及全体人员的安全。因此，在制定安全措施时一定要全面、细致、周到，不可因事小而不为，从而留有隐患，带来损失。

3）科学组织施工。编制施工组织设计时要充分考虑雨期施工的特点，将不宜在雨季施工的（工序）提前或延后安排，根据天气情况合理做好作业调度，风雨天气尽量安排在室内施工作业，遇到较大的暴风雨天气应停止施工。

4）制定应急预案。雨期施工应根据现场施工条件，制定防汛抢险救灾预案。各种防护设施要进一步加固，要确保抢险救灾物资、人员到位，发生险情立即实施应急响应。

（2）雨季施工准备

1）雨季到来前，应制定防洪、防汛安全应急预案。

2）雨季前，大型施工围堰、堤坝和土石边坡等应采取加固和防坍塌措施，易受水流冲刷的部位应采取防冲或导流措施。

3）雨季来临前，对基坑、变电站或干施工河道的排水设施应进行检查、修复或完善。

4）保证道路畅通，根据路面实际情况分别硬化或加铺沙砾、炉渣等材料，并按要求加高起拱。

5）潮湿多雨季节需要定期检测机电设备的绝缘电阻和接地装置，不符合要求的设备停止使用。电气设施、设备采取防雨措施。

① 防雨。所有机械棚要搭设牢固，防止倒塌、淋雨。所有露天机电设备都采取防雨、防淹措施，可搭设防雨棚或用防雨布封存，机械安装基础要略高于地面，四周要有较好的排水条件。安装接地装置，移动电箱的漏电保护装置要可靠灵敏有效。

② 防雷击。夏季是雷电多发季节，雷雨季节到来前，对施工现场的烟囱、水塔、高层脚手架、易燃易爆品仓库及起重、打桩、混凝土筒仓等设备的避雷装置应进行检查。

③ 防触电。施工现场用电符合三级配电两级保护要求，三级电箱定期作重复接地，接地电阻小于10Ω，定期检查各种设备设施的绝缘电阻；电线电缆合理埋设/挂设，不得使用老化或破损的电缆；职工宿舍要配置安全电压，遇暴风雨天气，要安排专业电工现场值班检查，必要时立即拉闸断电；所有员工下班前将设备、工具电源断开。

6）对材料仓库定期检查，及时维修，四周排水良好，墙基坚固，不漏雨渗水。钢材等材料存放采取相应的遮盖、填高防雨措施，确保材料的质量安全；

7）按防汛要求设置连续、畅通的排水设施和配备应急物资，如水泵、发电机及相关的器材，塑料布、油毡等材料。

（3）重点分项工程雨季施工

1）基础工程和土方开挖

基础工程施工受雨水影响较大，如不采取有关防范措施，将可能对施工安全及施工质量产生严重影响。因此在雨季施工作业前实施安全技术交底，应注意以下几点：

① 雨期开挖基槽（坑）或管沟时，应注意边坡稳定，必要时可适当放缓边坡坡度或设置支撑。施工时应加强对边坡和支撑的检查。

② 防止边坡被雨水冲塌，可在边坡上加钉钢丝网片，并抹上5cm细石混凝土，也可用土工布遮盖边坡。

③ 雨季施工的工作面展开不宜过大，应逐段、逐片的分期完成。雨量大时，应停止大面积的土方施工；基础挖到标高后，及时验收并浇筑混凝土垫层；被雨水浸泡后的基础，应做必要的挖方回填等恢复基础承载力的工作；重要工程或特殊工程应抢在雨期前完成。

④ 为防止基坑浸泡，开挖时要在基坑内做排水沟、集水井并增添必要的排水设备；位于底下的池子和地下室，施工时应考虑，浇捣后遇有大雨时，地下水上升往往会造成地下室和池子上浮的事故。

⑤ 对雨前回填的土方，应及时进行碾压并使其表面形成一定的坡度，以便雨水能自动排出。

⑥ 对于堆积在施工现场的土方，应在四周做好防止雨水冲刷的措施。如在周围放置

条石以阻止土方被雨水冲刷至开挖好的基槽（坑）或管沟内，或者回填已完工的一些基础构筑。

基础施工完毕，应抓紧进行基坑四周回填工作。停止人工降水（排水）时，应验算箱形基础抗浮稳定性、地下水对基础的浮力。抗浮稳定系数不应小于 1.2，以防止出现基础上浮或者倾斜事故。如抗浮稳定系数不能满足要求时，应继续抽水，直到满足抗浮稳定系数要求时为止。发生大暴雨时，水泵不能及时有效的降低积水高度时，应迅速将积水灌注入箱形基础之内，以增加基础的抗浮能力。

2）混凝土工程

① 模板脱模剂在涂刷前要及时掌握天气预报，以防被雨水冲掉。

② 遇到大雨应停止浇筑混凝土，已浇筑的部位应加以覆盖。现浇混凝土应根据结构情况和可能，考虑留置施工缝。

③ 雨期施工时，需要对混凝土粗细骨料含水量的实施测定，及时调整用水量。

④ 大面积的混凝土浇筑前，要了解 2～3d 的天气预报，尽量避开大雨时期。混凝土浇筑现场要准备足够的防雨材料，以备浇筑时突然遇雨进行覆盖。

⑤ 模板支撑下的回填土要夯实，并加好垫板，雨后及时检查下沉情况。

⑥ 下雨时不得露天进行钢筋焊接、对焊等作业，必要时应做好防雨工作或将施工作业移至室内进行；刚焊接好的钢筋接头部位应防雨水浇淋，以免接头骤然冷却发生脆裂。

3）吊装工程

① 构件堆放地点要平整坚实，周围要做好排水，严禁构件堆放区积水、浸泡。

② 采用汽车吊进行吊装作业前，要检查、加固机身支撑基础，并按规定试吊，确保吊车稳定、可靠。

③ 采用起重船进行起重吊装作业前，各类作业船舶要采取防滑措施。

④ 由于构件表面及吊装绳索被淋湿，导致绳索与构件之间摩擦系数降低，可能发生构件滑落等严重的安全事故，此时可采取增加绳索与构件表面粗糙度等措施来保证吊装工作的安全进行。

⑤ 雨天吊装应扩大禁行范围，增派人手进行警戒。

⑥ 雨天视线不足 100m 时或在 4m 内作业人员之间、作业人员与构件之间无法辨认时，应停止作业；六级以上风力或暴雨天气停止一切吊装作业。

⑦ 对于大型物件、小区间、危险部位或者水上通航地点的吊装，需要编制专项吊装施工方案，得到批准，落实安全措施以后，作业前实施安全技术交底，才能实施吊装作业。

4.6.2 冬季施工

根据当地气象资料，室外日平均气温连续 5d 稳定低于 5℃，即为进入冬季。冬季施工持续低温、大的温差、强风、雨雪和冰冻，需要做好防火、防爆、防冻、防滑、防中毒和防交通事故的“五防”工作，对深基坑开挖、起重机械、高空作业、临时用电及临建设施等重点部位和重点环节的监控，作业前实施安全技术交底。

（1）防冻

1）施工场地、运输道路积水、结冰；脚手架，脚手板有冰雪积留时，施工前应清除干净。检查作业人员的劳动保护用品的穿戴和配备。

2）工地临时水管应埋入冻土层以下或用草包等材料保温。水箱存水，下班前应全部排出。

3）电缆线铺设要防砸、防碾压、防电线冻结在冰雪之中，大风雪后应对用电线路进行检查，防止电缆线断线和破损造成触电事故。

4）遇有雪天、风力大于等于6级的天气或电梯滑道、电缆结冰时，施工现场的外用电梯应停止使用，并将梯笼降至底层，切断电源。

5）重视施工机械设备的防冻防凝。在所有使用的施工机械设备应结合例行保养进行一次换季保养，换用适合寒冷季节气温的燃油、润滑油、液压油、防冻液和蓄电池液等。对于长期停用的机械设备，应放净设备和容器内的存水，并做好逐台检查记录；对于正常使用的机械设备，工作结束停机后要求将设备内存水全部排出。

6）在封冻河流上施工应制定安全技术措施，并应根据当地的气温、结冰期、冰层厚度、冰层质量、施工荷载，结合施工经验等确定施工工艺。施工人员和机械设备需在冰上作业应经充分论证，并进行载荷试验后方可实施。冰上作业还应满足下列要求：

① 冰层应与水面直接接触，冰层下应无城市、工业排水或其他能加速冰层融化的污水流过；

② 车辆在冰上行驶事先对冰路进行探测，冰路两侧应设置标志。载重车的冰路应远离未冻实的水域300m以上，行人冰路应远离未冻实的水域100m以上；

③ 行车的冰面应平整、无凹形冰面、无冰坡、无厚雪掩盖；

④ 凿开的冰槽边缘应设置围挡。单人不得进行冰上作业；

⑤ 冰上使用吊机作业应在吊机下铺设钢木垫排；

⑥ 施工前应在冰面上设置沉降观测点，施工中应随时进行观测。当冰面发生明显凹状变形或裂缝时，应立即停止作业；

7）内河流冰期施工时应及时掌握水温，流量、流速变化和上游闸坝放水信息。流冰前，水上在建构筑物、临时设施和施工船舶等应采取防撞措施，并应在施工现场的上游布设破冰防线；

8）船舶甲板上的泡沫灭火器、油水管路和救生艇的升降装置等均应采取防冻措施；

9）冰冻期不宜在封冻水域进行长途调遣拖航。

（2）防滑

1）强化防坠落管理。基坑周边进行有效防护，并设置明显的警示标志，严禁堆放大量的物料和堆土；对建筑物临边、屋面临边及预留洞口、电梯井口、楼梯临边等安全防护设施设置围护。

2）冬季施工现场的道路、工作平台、斜坡道和脚手板等均应采取防滑措施。作业前，工作平台、脚手架、斜坡道和船舶甲板上的冰雪应清除干净。

3）登高作业人员采取防滑、防冻措施，穿防滑鞋、戴防护手套等，戴好安全帽、系好安全带。不得攀爬结冰的登高软梯、起重臂架，不得在结冰的高处平台、水上墩台、桩帽和横梁上作业。

（3）防火防爆

1）防火安全内容列入岗前教育，存在易燃易爆物品的区域，落实严禁烟火的措施，建立各级防火安全责任制度。

2）消防设施及器材配备齐全，符合规定的要求，在入冬前进行一次全面检查。

3）统一管理冬季取暖，宿舍的公用取暖设施设专人管理，防止电器火灾，生活区严禁使用大电流电器（如电炉子、电热管取暖和做饭，禁止使用自制的电褥子，电热毯使用后应及时断电）。

4）冬季施工时，冻结的氧气瓶、乙炔瓶、阀门、胶管等严禁使用明火烘烤或开水加热，采用热水解冻时水温应控制在40℃以下。

（4）预防中毒

1）室内办公、住宿或工作区域严禁使用电炉、碘钨灯等取暖。采用煤炭炉取暖，有防火和通风换气措施，防止一氧化碳中毒。燃气热水器安装在通风良好的地方，使用时保持通风，防止发生煤气中毒事故。

2）员工食堂的管理，规章制度、餐饮许可证、人员健康证齐全，落实"三白（口罩、衣服、帽子）"、生熟分开、进货渠道、留样菜管理、开水桶上锁、清洁卫生防疫措施，预防发生食物中毒事件。

（5）预防交通事故

1）定期开展行车安全教育，建立车辆管理制度，落实防冻、防滑、防雾、防火、防止疲劳驾驶等具体措施，定期实施对车辆进行维修和保养，采用符合冬季使用的防冻液、润滑油和制动液，发动机和散热器外壳要安装防寒保温罩，刹车系统、转向系统、灯光系统完好，做到定期检查、计划维修、合理使用，车况保持良好。

2）教育驾驶员自觉遵守交通规则和职业道德，严禁酒后开车、无证驾驶、疲劳驾驶，做到礼让"三先"，提高驾驶员的行车安全意识，确保行车安全。

3）遇严重冰雪路面要求加装防滑链，车辆行进中应保持行车距离，并适当拉长车距降低车速，防止追尾事故的发生。汽车通过结冰的河流、沟渠时，应下车仔细检查冰层的厚度和强度，在确认绝对安全的情况下方可通行。

4.6.3 高温季节施工

国家规定高温作业在日最高气温达到35℃（含35℃）以上，露天工作以及不能采取有效措施将工作场所温度降低到33℃以下的环境温度中工作。

（1）有针对性开展防暑降温宣传教育，加大高温作业安全措施实施的检查力度，注意饮食卫生，按时发放防暑降温物品、高温费，增加防暑降温措施，员工休息设施、防晒通风和降温设施设置。远离基地的施工现场应设置医疗救护点。高温季节施工应合理调整作业时间，宜避开高温时段。

（2）施工船舶的舱室应经常打开舱盖进行通风透气，并在打开的舱口处设置安全防护装置。施工船舶的呼吸管道应保持畅通。

（3）施工现场使用和存放的易燃易爆物品应采取防晒措施。

4.6.4 热带气旋季节施工

热带气旋是生成于热带或副热带洋面上，是有组织的对流和确定的气旋性环流的非锋面性涡旋的统称，包括热带低压、热带风暴、强热带风暴、台风、强台风和超强台风。强烈的热带气旋常伴有狂风、巨浪、暴雨、风暴潮，是一种破坏力很强的天气系统。

每年5～10月都有热带气旋登陆我国，尤以7～9月登陆我国的热带气旋次数最多，危害最大，因此热带气旋季节施工应采取以下有效防范措施：

（1）施工单位应建立、健全防抗热带气旋的组织、指挥系统和应急抢险队伍，根据现场施工情况，制定相应施工安全措施和应急预案。

（2）施工现场应按预案的要求，在灾害前对在建工程、车间、仓库、临时建筑、生活和办公用房等进行防风加固，疏通排水沟渠，配备防抗热带气旋的材料、物资和设备、设施。

（3）陆域施工机械设备和运输机械应选择不被水淹、避风条件较好的存放场地或转移，大型固定机械应制定加固或快速拆卸方案。临时发电机组、值班专车和必要的救护设备等提前到位。抢险队伍和医务人员处于戒备状态。

（4）施工单位应落实船舶避风锚地和施工人员的转移地点，落实监护和调遣拖轮。

（5）发布热带气旋警报后，施工单位立即启动应急响应。

施工单位和施工现场的指挥系统在灾害天气期间实施24h专人值班制度，按时收听气象预报和查阅有关台风信息，跟踪掌握热带气旋动向。

4.6.5 夜间施工

工期或在工程施工过程中有些施工工艺连续完成，施工企业需要安排夜间施工。市区夜间施工，项目部应提前向有关部门申报夜间施工有关手续，获得主管部门批准后方可实施，夜间施工作业前实施安全技术交底，采取下列安全防护措施：

（1）夜间作业需两人或两人以上一起进行，禁止一人单独作业；大规模的夜间作业，作业前和收工时各班组、各工段要清点人数，作业中要有安全监管措施。

（2）施工船舶或作业场所应设置满足施工要求照明设备；作业现场的预留孔洞、上下道口及沟槽等危险部位应设置夜间警示标志；夜间施工用电设备有专人看护，确保用电设备及人身安全。

（3）施工船舶应按规定显示航行、作业和停泊的号灯；探照灯或其他照明设备的光束不得直接照射施工船舶、机械的操作和指挥人员；碍航的水上设施及未完工程等应设置警示照明灯。

4.6.6 能见度不良天气施工

“能见度不良”是指任何由于雾、霾、下雪、暴风雨、沙暴或其他类似原因而使能见度受到限制的情况。可导致施工现场作业人员的视野受到限制，作业前实施安全技术交底，应采取下列安全防护措施：

（1）船舶雾航按《国际海上避碰规则》和《中华人民共和国内河避碰规则》的有关规定执行。停航通告发布后，停止航行。

（2）自航施工船舶应预先了解、掌握航标布设、通航密度、船舶活动规律和锚泊船只的分布情况及航道边缘以外水深。

（3）船舶航行时，驾驶人员应按规定鸣放雾号，减速慢行，注视雷达信息，并派专人进行瞭望；航行中突然遭遇浓雾应立即减速，并测定船位。

（4）视程不足100m时，或在4m内作业人员之间、作业人员与构件之间无法辨认时，应停止打桩、起重安装等作业。

（5）夜间气候恶劣的情况下，严禁施工作业。

4.6.7 无掩护水域施工

无掩护水域一般是指离岸距离500m以上无天然或建筑物掩护的水域。作业前实施安全技术交底，无掩护水域施工作业应采取以下措施。

（1）施工船舶的作业性能满足无掩护水域的工况条件；施工前，施工单位应根据非自航施工船舶的数量、大小和种类，配备适量适航的监护拖轮和救生设施。

（2）远离陆域基地的海上施工现场应配备通信和救护等设施，并宜设置供施工人员临时食宿的住宿船和交通工作船。避风锚地应选择在距离施工现场相对较近、水文气象条件较好的水域。

（3）非自航施工船舶应配备防风锚，并应对锚机、锚缆采取加固、加长措施。

（4）停止作业后，施工船舶应将起重钩、桩锤、抓斗、臂架及属具等进行封固。

（5）施工单位应向气象台站收集中长期天气及海浪预报，并每天按时收听当地的气象和海浪预报。

4.6.8 其他特殊条件施工

特殊条件施工主要是指在不良地质等特殊环境条件下所进行的施工作业。作业过程中作业人员面临着诸多突发性的危险。因此，施工作业前实施安全技术交底。要采取以下措施，预防安全事故的发生。

（1）在可能发生地质灾害的区域内，施工单位应相应制定预防洪水、泥石流、滑坡或塌方等安全技术措施和应急预案。

（2）傍山施工应对施工现场周边山坡上的危石进行处理。

（3）在风暴易发区施工时，临水岸坡应采取防冲、消浪等措施。

（4）在地震频发区施工，应制定相应的安全措施和应急救援预案。

4.7 装配式工艺相关标准规范及检查要点

4.7.1 装配式工艺简介

桥梁装配式工艺就是将立柱、盖梁、小箱梁及防撞墙等桥梁构件在专业加工场完成工厂预制，在构件相应位置预留连接套筒，运至现场安装，通过张拉、注浆从而形成桥梁整体的工艺形式。高速公路高架桥、城市高架桥和轨道交通高架桥建设的结构特点和施工环境需求非常适合装配式工艺技术的应用。该工艺主要有以下优点：

（1）对于工程规模较大的项目，施工机械成本和预制成本可以得到充分的摊销。

（2）工厂化生产的桥梁构件有利于质量和精度的控制。

（3）可以最大限度地降低施工对既有交通车道的挤占、减少临时施工用地、缩短施工占用时间。

(4) 减轻对周围环境的影响，减少施工现场作业人员的数量及工人长时间高空作业时间（外场作业人员可减少 70%以上），降低施工风险。

(5) 缩短现场施工作业周期，同时也提高了监控人员的工作效率，给现场安全、文明施工管理创造了有利环境。

城市发展必须走可持续发展道路，城市桥梁的建设也应当引入能耗低、污染少的新技术。而新型桥梁装配式施工技术有着现场施工时间缩短、交通管理费用降低、利于控制环境污染、事故发生风险降低、交通参与者负面评价少、施工质量容易保证、建设费用降低、气候影响小和劳动力减少等诸多优势，能够解决现阶段城市桥梁施工中减小交通影响的和降低能耗的需求。装配式工艺技术是一种非常重要的桥梁快速施工技术，研究该工艺技术具有很强的实际意义。

4.7.2 装配式工艺预制、运输通用工程施工安全检查要点

(1) 预制场地安全检查要点

预制场地的选择，场地的平面布置及场内的道路、运输和水电设施，应满足施工现场的安全规定要求。安全检查的要点是：

1) 检查预制场内安全警示标志的设置是否合理。

2) 检查作业人员劳防用品是否齐全，并按规定正确使用。

3) 仓库及作业场内防火通道、防火器具配备情况是否符合消防要求。

4) 检查模板、钢筋、脚手材料堆放是否满足安全管理规定。

5) 检查设备用电、电线架设是否满足《施工现场临时用电安全技术规范》(JGJ 46—2005) 安全用电要求。

6) 检查施工现场的电闸箱、电气线路、手动电动工具、漏电保护器的安装等是否符合电气安全技术规定。

7) 检查钢筋调直、切断、弯曲、冷拉等机械的使用是否满足安全管理规定。

8) 检查电焊、气焊设施及作业时是否满足安全管理规定。

9) 乙炔瓶、氧气瓶储存、运输、使用是否满足安全管理规定。

10) 检查构件预制所有工序是否符合安全生产管理规定的要求，并均应做好工序安全检查记录备查。

11) 大型设备应有安全检查维修保养记录，不允许设备带病运行。

12) 检查模板支立及拆除、吊运作业是否满足安全作业要求。

13) 检查高空作业安全防护设施设置是否满足安全管理规定。

14) 预制场地四周应设有良好的排水设施，并设置满足施工需要的照明设施。

15) 预制场内料场、料仓应有完整的防尘装置或设施。

(2) 主要机械安全检查要点

1) 搅拌站

① 施工单位应检查操作点是否设置平稳的作业平台、防护栏杆及上下扶梯。

② 施工单位应检查搅拌站的电器设备和线路的绝缘是否良好。搅拌站内，所有机械设备的转动部分，必须设有防护装置。高大的搅拌站应设置避雷装置，台风季节应增设缆风绳并采取加固措施。

③ 搅拌站的机械设备安装完毕，施工单位要重点检查设备安装稳定牢固情况，电机连接与绝缘情况，制动器、离合器、升降器是否灵活可靠，轨道滑轮是否良好，钢丝绳有无断裂或损坏等。确认良好后，进行空载运转，经试运转，全部机械达到正常后，方可作业。

2）发电机组

① 工期较长的大型工程，施工单位应把发电机组设置在安全可靠的机房内，其基础应平整坚实，必要时应设置在混凝土基座上，机房内应配备消防设备，并配有安全操作规程与安全管理制度。

② 发电机应设接地保护，接地电阻不得大于4Ω。发电机连接配电盘及通向所有配电设备的导线，必须绝缘良好，接线牢固。

③ 施工单位的发电机电源应与外电线路电源连锁，严禁并列运行。

④ 发电机附近不得放置易燃、易爆物品。

3）皮带运输机

① 移动式皮带运输机运转作业前，应将行走轮用三角木对称楔紧。固定式皮带运输机，应安装在牢固的基础上。

② 空载启动后，应检查各部位的运转和皮带的松弛度，如无异常，在达到额定转速后，方可均匀装料。

③ 严禁运转中进行修理和调整。作业人员不得从皮带运输机下面穿过或跨越输送带。

④ 输送大块物料时，输送带两侧应加设挡板或栅栏等防护装置。运料中，应及时清除输送带上的粘连物。停机后要切断电源。

4）混凝土输送泵

① 混凝土泵（泵车）应设置在作业棚内，安装应稳定、牢固。泵车安设未稳前，不得移动布料杆。作业前，应对输送泵、电气设备进行认真检测，保证其正常、灵敏、可靠。

② 泵送前，应对管路、管节、管卡及密封圈的完好度进行认真检查，保证其完好、可靠、有效。不得使用有破损、裂缝、变形和密封不合格的管件，并应符合下列要求：

a. 管路布设要平顺。在高处、转角处应架设牢固，防止串动移位。

b. 管路应设专人经常检查，遇有变形、破裂时，应及时更换，防止崩裂。遇有管路移动，应及时调顺就位。

c. 混凝土泵在运转时发生故障，应立即停机检查，不得带病作业。

d. 混凝土输送泵车操作人员，应熟悉和遵守泵车的操作规程和安全技术规定。

e. 拆卸管路接头前，应把管内剩余压力排除干净，防止因管内存有压力而引起事故。

f. 在五级以上大风时，泵车不得使用布料杆作业。

g. 作业结束采用空气清洗管道时，操作人员不得靠近管道端部。

（3）混凝土拌和及灌注安全检查要点

1）人工手推车上料时，手推车不得松手撒把。运输斜道上，应设有防滑设施。

2）机械上料时，在铲斗（或拉铲）移动范围内不得站人。铲斗下方严禁有人停留或通过。

3）向搅拌机内倾倒水泥，宜采用封闭式加料斗。为减少进出料口的粉尘飞扬，应加设防护板。操作人员应佩戴劳动防护用品。

4）作业结束时，应将料斗放下，落入斗坑或平台上。

5）制梁台座的地基应坚实平整、不沉陷，台座抗倾安全系数不应小于1.5。

6）灌制预制梁混凝土时，应搭设作业平台和斜道，并检查，保证稳固可靠。不得在模板上作业。

7）机具升吊模板，吊点位置必须正确，调整位置时，不得徒手操作；大型拼装式模板安装就位后应及时支撑固定，保持模板整体稳定。

8）制梁模板与工作平台的支撑不宜互相连接，确需连接时，应用支撑加固。

9）先张法预应力混凝土简支梁施工应符合下列规定：

① 张拉中使用的工具和锚具（锚环及锚塞），在使用前应做外观检验，已有裂伤者严禁使用。

② 高压油泵与千斤顶之间的连接点、接口应严密，油泵操作人员应戴防护眼镜。

③ 油泵开启后，进回油速度与压力表指针升降应平稳，安全阀应灵敏可靠；张拉中出现异常应立即停机检查。

④ 张拉或放松预应力时，必须采取安全防护措施。操作人员应站在千斤顶的两侧，当采用楔块放松预应力筋时，应控制楔块同步滑出。

⑤ 灌筑混凝土时，捣固棒（振捣器）不得撞击钢丝（钢束）。

10）后张法预应力混凝土简支梁施工应符合下列规定：

① 振动器应安装牢固，电源线路必须绝缘耐压，防水性能良好。

② 预应力钢绞线整梳、编束时，在切口端应用铁线扎紧。搬运时，支点距离不得大于3m，相互间应配合作业。

③ 抽拔胶管时，应防止胶管断裂。

④ 采用金属波纹管制孔时，应防止划伤手脚。

⑤ 钢绞线穿束后，梁端应设围栏和挡板，严禁撞击锚具、钢束及钢筋。

⑥ 管道压浆时，应严格按规定压力进行。施压前，应调整好安全阀。关闭阀门时，作业人员应站在侧面，并戴防护眼镜。

11）电动振捣器的使用应符合下列规定要求：

① 操作人员要佩戴安全劳动防护用品。配电盘（箱）的接线宜使用电缆线，以确保安全。

② 在大体积混凝土中作业时；电源总开关应放置在干燥处。多台振捣器同时作业，应设集中开关箱，并有专人负责看管。

③ 风动振捣器的连接软管，应仔细检查，不得有破损或漏气，使用时应逐渐开大通气阀门。

④ 作业前，对振捣器及配套设备均应进行全面检查，必须符合规定要求，安全可靠。

（4）预制构件存放、运输安全检查要点

1）预制构件场内存放、运输安全检查要点

① 存放场应有坚实的存梁台座和地面排水系统。梁片存放时，应支垫牢固，不得偏斜，并有防止梁体倾覆的措施。

② 采用就地横移梁片铺设的专用轨道应平顺，轨距正确，轨道接头不得有错台、错

牙，道床无沉陷。

③ 梁片的起顶、支垫、卸顶应对称平衡，支垫牢固。

④ 梁体移位交换支点时，千斤顶起落高度不得超过有效顶升行程。移动梁体时，两端行程应同步。

⑤ 梁体运送中出现支撑松动，应停止牵引。

⑥ 采用滑道横移梁片时，滑道位置应与卸梁轴线垂直，两股滑道之间的距离必须一致。滑道应有足够的强度和稳定性。

⑦ 梁片滑移时梁底面与滑道之间，必须加设滑板，两侧应有能随梁体移动的保护支撑。

⑧ 梁片移动、装运、存放时，必须按要求设置支撑点，在梁端两侧应支撑牢固。

⑨ 梁片起吊装车运输时，两端的高差不得大于 30cm，并符合下列装卸要求：

a. 装卸工作必须符合起重机械安全管理规程中的有关规定。工作前应检查装卸工具和设备情况，不符合要求的严禁使用。

b. 吊车装卸时，停留起吊设备的场地应平整、坚硬，避开沟渠、坑洞或松软土质，对吊车撑脚的支垫，应保证起吊时车身平稳，吊车前后车轮应固定牢靠。拖车、平板车应有制动刹车装置，前后轮下应安放三角木等作辅助刹车。

c. 起吊钢丝绳必须按规定选用并绑扎牢固，吊钩和吊绳应保持垂直，不得斜吊。

d. 起吊前应进行吊臂空载试转，检查角度、高度，确认回转范围内没有吊件上下可能遇到的障碍物。

e. 吊件不得长时间悬空停留，如需停留时，操作人员不得离开岗位，并设专人监护，悬空吊件严禁越过人身或吊机驾驶室。

f. 在成堆的预制件中起吊，应防止相邻构件倒塌或翻滚，对未起吊构件必须捆牢。

g. 装车时，构件重心应放在车厢中心位置处，并将构件绑扎牢固，支垫平稳。

⑩ 梁片用千斤顶装车运送时，千斤顶的起重吨位不得小于梁重的 1.2 倍。横移时，应保持梁体的平衡和稳定，两端不得同起同落。

2）预制构件场外平板拖车运输安全检查要点

① 在运输前，应对运输线路的等级、坡度、曲线半径、路面完整情况，沿途公路桥梁、涵洞的安全承载能力，桥涵高度、宽度等进行全面调查，必要时应采取加固措施。

② 运输超限构件必须向有关部门申报，经批准后，在指定的路线上行驶。牵引车上应悬挂安全信号标志，超高部件应设专人看护，并配有适当的工具备用。

③ 大型预制构件平板拖车运输，时速宜控制在 5km/h 以内。简支梁的运输，除在横向加斜撑防止倾覆外，平板车上的搁置点必须设有转盘。

④ 运输超高、超宽、超长构件时，必须向有关部门申报，经批准后，在指定路线上行驶。牵引车上应悬挂安全标志。超高的构件应有专人照看，并配备适当工具，保证在有障碍物情况下安全通过。

⑤ 平板拖车运输构件时，除一名驾驶员主驾外，还应指派一名助手协助瞭望，及时反映安全情况和处理安全事宜。平板拖车上不得坐人。

⑥ 重车下坡应缓慢行驶，并应避免紧急刹车。驶至转弯或险要地段时，应降低车速，同时注意两侧行人和障碍物。

⑦ 在雨、雪、雾天通过陡坡时，必须提前采取有效措施。

⑧ 装卸车应选择平坦、坚实的路面为装卸地点。装卸车时，机车、平板车均应刹闸。

3）预制构件水上运输安全检查要点

① 水上运输作业应报当地港航管理部门，获得批准后，在指定的时间和水域进行。如需临时封闭航道时，还应请当地港航管理部门的人员予以现场督导。

② 装运构件时，应根据驳船的载运能力装载，不准超载航运。大型构件放落到船舱，如构件重量不够，则应用重物压仓，以提高船只稳定性。

③ 应检查驳船装载的预制构件位置是否适中，是否用撑木、垫木将构件安放平稳。

④ 拖轮牵引构件时，应事先了解航线经过处的水深、流速、障碍物等情况，并制定拖轮牵引方案。如使用多只拖轮牵引时，应配备对讲机或移动电话等通信器材，并有统一的指挥机构。拖轮牵引驳船行进时，速度要缓慢，不得急转弯。

⑤ 当拖轮将浮运船拖至安装地点后，应交由安装负责人指挥，浮船就位锚固后，方可开走拖轮。

⑥ 大型预制构件在水运中，应根据构件的高度确定露出水面的高度，并不应小于0.5m。

⑦ 在深水航道行船时，船上工作人员应备救生设备。遇有雨雪、大风天气人在船上走动时，应注意防滑。

⑧ 用船只接送施工人员时，应由船员确定人数，不得超员，乘船人员必须遵守乘船规则，服从船员和安全员指挥。

⑨ 拖轮拖运构件时，应随时检查牵引索和大型构件的可靠性和稳定性。发现有异常现象时，应及时采取处理措施。

⑩冬季施工，驳船上的冰雪应清扫干净，并应在走道上铺防滑垫。

4.7.3 桥梁上部结构装配式安装工艺安全检查要点

桥梁上部结构装配式安装工艺主要包括：上部箱梁、防撞墙的装配安装施工工艺，施工环境主要包含水上施工和陆上施工，本节主要介绍预制节段箱梁拼装水上施工的安全检查要点。

（1）通用技术安全要点

1）构件在脱模、移运、堆放、吊装时，混凝土的强度不应低于设计所要求的吊装强度，一般不得低于设计强度的85%。设计有要求时，按设计要求执行。对孔道已压浆的预应力混凝土构件，其孔道水泥浆的强度不应低于设计要求，如设计无规定时，不低于规范要求。

2）安装构件时，支承结构（墩台、盖梁）的强度应符合设计要求。支承结构和预埋件（包括预留锚栓孔、锚栓、支座钢板等）的尺寸、标高及平面位置应符合设计要求。检查安装的构件必须平起稳落，就位准确，与支座密贴。

3）构件安装前必须检查其外形和构件的预埋件尺寸和位置，其允许偏差不得超过设计规定，如设计无规定时，不得超过验收规范的相关规定。

4）构件安装就位完毕并经过检查校正符合要求后，才允许焊接或浇筑接头（缝）混凝土，以固定构件。

5）分层、分段安装的构件在后续安装时，必须在先安装的构件进行了可靠固定和受力较大的接头混凝土达到设计要求的强度后，方可进行。如设计无规定时，应达到设计强度的85%后方可进行。

6）分段拼装梁的接头混凝土或砂浆，其强度不应低于构件的设计强度。不承受内力的构件的接缝砂浆，其强度不应低于10MPa。

7）预制安装构件施工不宜在夜间进行，禁止工人疲劳上岗。各种大型吊装作业，在连续紧张作业一阶段后（如一孔梁、板或一较大工序等）应适当进行人员休整，避免长时间处于高度紧张状态，并定时检查、保养、维修吊装设备等。

8）装配式构件（梁、板）的安装，应制定安装方案，并建立统一的指挥系统。施工难度、危险性较大的作业项目应组织施工技术、指挥、作业人员进行培训。还应检查所有起重设备是否符合国家关于特种设备的安全规程，并进行严格管理。

9）架桥机架梁应符合下列规定：

① 选用悬臂式架桥机\单梁式架桥机\双梁式架桥机和铺轨架桥机进行架梁作业时，均应按现行的有关规定执行。

② 选用其他类型架桥机架梁时，应根据架桥机的性能，按现行国家标准《起重机安全规程》（GB 6067.1—2010）和《铁路架桥机架梁规程》（GB 10213—1999）制订安全操作细则，并经批准后执行。

③ 架梁前应对桥头路基进行压道。压道时，严禁使用已组装的架桥机压道；当压道出现路基下沉严重时，应对路基进行加固。

④ 架桥机通过地段的线路净空应满足架桥机的要求。

⑤ 在大坡道上停车对位、架梁时，应设专人安放止轮器和操作紧急制动阀。吊梁小车或行车的制动装置必须可靠，并设制动失灵的保险设施。

⑥ 下坡道架梁时，应在架梁列车后方安装脱轨器及防止车辆脱钩的措施。

⑦ 架梁时应保持规定风压。

⑧ 应有专人防止运梁小车向下坡方向溜动，并备有止溜木楔和止轮器。

⑨ 当风力导致架桥机梁臂不稳定时，应停止架梁对位。对位后应用枕木支垫架桥机背风面，并用钢丝穿滑车拉住大臂前端，配合摆臂速度收放。

⑩ 架梁时应由专人检查\加固，非作业人员应撤离架桥作业范围。

⑪ 拼装式架桥机结构应按设计制造，并符合现行国家标准《起重机设计规范》（GB/T 3811—2008）的有关规定。临时支架搭设应牢固可靠，并与架桥机的行走轨道相对应。轨道安装应平顺，道床无沉陷，轨距和轨缝应符合安全要求。

⑫ 拼装式架桥机架梁前应进行静\动载试验和试运转，静载试验的荷载为额定起重量的1.25倍，动载试验的荷载为额定起重量的1.1倍；架梁时，应安装超载限制器\提升（下降）限位器\缓冲器\制动器\止轮器等装置。架桥机就位后，应使前后支点稳固。用液压爬升（下落）梁体时，爬升杆应同步，其高差不得大于90mm。梁体在架桥机上纵、横向移动时，应平缓进行。

⑬ 拼装式架桥机到下一桥孔架梁时，台车及前后龙门天车的位置应符合设计规定；当桥梁的一端在运梁台车上，而另一端在龙门天车上吊起准备前移时，龙门天车与运梁台车应同步。

⑭ 拼装式架桥机应定期对重要部件（如轮、轨、吊钩、钢丝绳等）进行探查。

10）龙门吊机架梁应符合下列规定：

① 吊机走行轨道的地基应坚实、稳固、无沉陷，软弱地基应加固，轨距水平、接头、坡度应符合要求。

② 吊机拼装时，应设置缆风绳稳固支撑塔架。

③ 吊机架梁跨墩起吊时，应有确保梁体起吊和横移时的稳定措施。

④ 吊机（拼装式吊机）拆除时，应切断电源。将龙门架底部垫实，并在龙门架顶部拉好缆风绳和安装临时连接梁。拆下的杆件、螺栓、材料等应吊放下落，严禁抛掷。

11）顶推法架设预应力混凝土梁应符合下列规定：

① 预应力混凝土采用顶推方式架设时，应编制相应的安全技术措施。

② 顶推力引起的墩顶位移值，不得超过允许位移值。

③ 单点顶推、多点顶推、集中顶推时动力应统一控制，达到同步。

④ 采用多点顶推，主顶和助顶的顶推力应保持恒定不变。保险千斤顶不得产生偏移和倾斜。

⑤ 在顶推梁体时，应对导梁桥墩、临时墩、滑道、梁体位置等进行观测，发现位移或超顶应及时处理。

⑥ 梁体在顶推中，台座及墩顶的导梁应设保险装置。

12）悬臂拼装预应力混凝土节段梁应符合下列规定：

① 悬拼吊架走行时的抗倾覆稳定安全系数不应小于1.5。

② 同一“T”构上的两端节段吊架应同时对称悬拼。吊架走行应同步、等距，其允许差值不得大于30cm。走行时，滑道上应设限位器。

③ 悬拼吊架起吊梁体节段时，梁体起吊应保持水平。当起吊梁段走行至拼装位置时，吊机尾部应用锚杆锚固。节段安装稳固后，方准拆除临时锚固或临时支架。

13）移动造桥机悬臂拼装预应力混凝土节段梁应符合下列规定：

① 移梁小车、起重小车、电动或液压卷扬机、造桥机走行系统的限位和制动装置，应安全可靠。

② 造桥机拼装完成后，应进行检查，并先试运转和试吊。试吊时，应作好应力测试，合格后方可使用。

③ 合龙时，两端的连接装置应牢固可靠，在吊架上应全封闭保护。吊装作业，不得碰撞悬拼吊架和梁体。

14）移动支（模）架法架设预应力混凝土梁应符合下列规定：

① 当在地面用移动支（模）架架设预应力混凝土梁时，地基基础应有足够的承载能力；当选用架空移动支（模）架架设预应力混凝土梁时，导梁安装应平稳、坚固，其抗倾覆稳定安全系数应大于1.5。滑道和支架支腿应能保证支（模）架的稳定和移动。

② 支架平移搭设的临时支墩必须牢固。在支架平台及行走道上应满铺脚手板，四周应安装栏杆、贝雷梁下应挂安全网。

③ 支墩顶贝雷纵梁安装的导链应由专人指挥。支架横移时，各支墩应同步作业，速度不应大于0.1m/min，横移时如有异常，应停止作业进行加固。

15）混凝土梁支座安装应符合下列规定：

① 顶落梁共同作用的多台千斤顶应选用同一类型。

② 顶落梁时，应有保险设施，每个桁架亦不得两端支点同时起落。施顶或纵横移时，应缓慢平稳，各道工序应派专人检查。

③ 悬臂拼装连续梁进行体系转换前，必须对支座（铸钢支座）检查验收。

④ 安装大型盆式橡胶支座，墩顶两侧应搭设操作平台，墩顶作业人员应待支座吊至墩顶并稳定后再扶正就位。

16）安装涵洞预制盖板时，检查施工作业人员是否用撬棍等工具拨移就位。单面配筋的盖板上应标明起吊标志。吊装涵管应绑扎牢固。

（2）预制构件安装作业安全检查要点

1）吊装前，应检查安全技术措施及安全防护设施等准备工作是否齐备，检查机具设备、构件的重量、长度及吊点位置等是否符合设计要求，严禁无方案、无准备盲目施工。

2）施工所需的脚手架、作业平台、防护栏杆、上下梯道、安全网必须齐备。水上施工应配足救生设施，深水施工应备救护用船。

3）旧钢丝绳，在使用前，应检查其破损程度。每一节距内折断的钢丝，不得超过5%。对大型构件、重构件的吊装须使用新的钢丝绳，使用前也要检验。

4）重大的吊装作业，应先进行试吊。按设计吊重分阶段进行观测，确定无误后，方可进行正式吊装作业。施工时，工地主要领导及专兼职安全员应在现场亲自指挥和监督。

5）遇有大风及雷雨等恶劣天气时，应停止作业。

6）根据吊装构件的大小、重量，选择适宜的吊装方法和机具，不准超负荷。

7）吊钩的中心线，必须通过吊体的重心，严禁倾斜吊卸构件。吊装偏心构件时，应使用可调整偏心的吊具进行吊装。

8）起吊大型及有突出边棱的构件时，应在钢丝绳与构件接触的拐角处设垫衬。起吊时，离开作业地面0.1m后，暂停起吊，经检查确认安全可靠后，方可继续起吊。

（3）水上运输船舶安全检查要点

1）运梁船舶必须证件齐全有效，并配备足够的安全及救生设施。船长必须熟悉本航线的水域情况、避风锚地等。

2）船舶、设备必须服从项目部的安全管理、安全监督，定期安全检查，落实船舶的防台、防汛等安全技术措施。

3）参加构件运输的船舶在航行前必须认真检查船舶各项设施的完好状态，了解未来3天内的天气情况，并做好记录。能见度低于2000m、风力在7级以上（包括7级）禁止开航。

4）航行过程中必须严格遵守《内河交通安全条例》、《船舶定线航行制度》及《船舶安全管理规定》。

5）运输船舶在航行过程中必须开启无线电通信设备，随时与沿线海事部门保持联系，并定时向项目部报告船舶的所在位置、航行情况等。

6）运输船舶在航行过程中突遇天气变化和大风（7级以上）等险情时，应及时寻找就近的锚地抛锚避风，不得冒险航行，并及时报告项目部。

7）船舶停泊时，驾、机部门领导应安排船员进行设备检查和维护工作；工作时间外应留足够的人员值班，其余船员经部门领导同意船长批准才能离船，归船时不得迟到。

（4）施工船舶安全管理检查要点

1）施工班组在上班前必须进行上岗交底、上岗检查、上岗记录的“三上岗”和每周一次的“一讲评”活动，并记入班组安全活动台账，由登陆艇运送的施工人员在上下船时必须进行人数清点。

2）所有投入施工的船舶，无论是生产、生活、运输等船舶均应首先由船检部门出具的准航证书，船舶管理部门应按各类船舶的不同功能按规定进行维修、保养，保证其运行安全。施工船舶应悬挂各自功能的旗号。如遇雾天，按规定鸣号或敲雾钟，各类船舶应有完整的靠驳和护舷设施。

3）所有施工船只应配备足够的安全、消防、救生设施，有足够的燃油、淡水及副食品的储藏。

4）施工船舶、拖轮等应安装有完善的GPS系统，保证有全天候的导航和通信设备。航行的船舶应了解施工区域和临近水域停泊船只的安全距离，同时在驶近作业区域时，还应注意垂直上方施工点的工况。

5）对于运输施工设备的船舶应将所运输的物件均匀地布置在甲板上，并进行可靠的绑扎和固定，以防在航行中的颠簸发生滑移及坠落。

6）建立、健全各级安全生产责任制，责任落实到人；进行全面的有针对性的安全技术交底；特种作业人员必须培训考试合格后持证上岗；新工人必须进行公司、项目部和班组三级教育。

7）建立定期安全检查制度，明确重点岗位和施工环节，查出隐患必须限时定人整改。

8）所有进入施工现场人员，必须遵守“安全生产纪律”，起重作业严格遵守“十不吊”规定。焊割作业遵守“十不烧”规定。施工作业点的施工人员必须穿戴救生衣。高空作业必须戴好安全带，并扣好保险钩。施工现场按规定悬挂安全标牌及配置灭火器材。

9）施工用电中照明、配电箱、开关箱架空线接地接零等部位必须严格按规程操作、布置。电工必须持有效证件上岗，实行定期检查。

10）大型机械的保险、限位、防护、指示器必须齐全可靠，驾驶、指挥人员必须持有效证件上岗，按规定要求进行操作。

（5）水上施工通讯保障

1）通信系统是生产、生活顺利运转的基本要求，水上施工尤显关键，由于施工作业面大，施工船只多，需有条不紊的统一指挥，没有有序的通信系统，工程施工将得不到保证。

2）现场通信系统拟采用：单边带（SSB）、甚高频电话（VHF）、手持式对讲机、数字式手机。

3）除此之外，在陆上生活基地可设置工程指挥部的网页，必要时水上生活基地可设置电脑，随时浏览网页上的施工通信、简报等。

4）良好的通信环境是保证各生活基地，包括施工现场间的有序进行，同时给安全施工带来支持。

（6）船舶的避风浪措施

1）根据海洋气象预报台传送的水文气象资料，按紧急程度通过无线电传真及时传送至施工现场和作业船舶，告知施工人员，以便对灾害性天气预先或及时作出反应。

2）在特殊气象条件下，可采取的三种方案：一是风力在6级以内（含6级），施工船进行正常作业；二是风力在6～8级（含8级），暂停施工作业，施工船原地锚泊待命并检查锚具的抗风能力、钢缆的磨损程度，必要时进行加固或增加锚具数量。三是当风力达到8级以上，甚至是热带风暴和台风时，则进行紧急避风措施。有自航能力的船舶则立即驶离作业区域，无自航能力的驳船采用绑拖的方法将各类船舶拖运至避风港。

3）常用船舶的作业条件按6级风考虑，6级以上确需作业的应制定特殊措施，防止因风浪引发的人员落江，船舶损坏事故发生。避风港选址如下：

① 在一般条件下，小型施工船舶停靠在施工平台侧面避风。

② 遇6～7级以上大风时，小型施工船舶可进入基地码头避风。

③ 遇8级以上大风时，中型施工船舶可进入基地码头避风。

④ 遇10级以上大时，大型施工船舶可进入专用码头避风。

（7）成品保护安全检查要点

1）在桥区设立安全监督机构，配备巡逻艇，配备助航标志设施等，以免过往运输船舶误撞在建工程的桩、墩等结构（已建在水中的桩基、墩台、墩身，架桥机拼装使用桥面箱梁，施工栈桥，临时码头及其他临时构筑物）。

2）首先作业船长需了解整个施工概况和水上结（构）筑物的概貌，特别是与上部结构配合施工的船舶，不可避免地要进入施工区域时，航行要缓慢，且顶水靠泊；已抛锚停泊的船舶移动时，缆车应慢速运转，作平稳移动。

3）已建桩基、墩台、可在水上相应位置设置小型浮筒，醒目地告知该部位不宜航行或碰撞，另外，已建墩台可按实际情况作类似于船舶、码头的护舷。桩基和墩台、墩身严禁带缆。

4）平台桩完成后墩台上部结构要尽快施工：对于桩已完成但上部结构还没有施工的墩台桩基，需要在桩顶设置露出高潮位的警示旗、灯等信号，防止过往船只误撞。

5）夜间应在已建结构部位悬挂闪光信号灯或在浮筒上涂刷反光油漆。

6）架桥机、龙门吊在桥面箱梁上安装过程中，应注意不得随意破坏箱梁结构，未经允许不得在桥面上从事危及箱梁内在质量和外观质量的行为，并注意防止油污染桥面。

7）栈桥的维护，应严格按照栈桥管理办法执行，不得在栈桥上违章作业。

（8）架桥机操作安全检查要点

架桥机的施工，包括架桥机的行走、架桥机的固定就位、节段的运输和起吊、节段的固定、节段的调整、节段的粘结和预应力筋的张拉等步骤。每个步骤，均须谨慎操作、仔细检查，以保证作业安全。

施工顺序应严格遵守质量控制和检测方案，一项检查合格以后才能开展下一个项目的安装工作，以达到质量和安全的双重保障。每一项工作结束后，均须填写相应表格并由相关负责人签字认可。

1）安全作业一般要求

① 架桥机操作人员和信号人员，必须经专门培训（包括介绍架桥机施工方案、施工安全分析、定期安全讲座等），并由有关部门颁发合格证，而且注意合格证注明仪器类型与架桥机实际配置类型的异同。

② 特殊工种的工作人员，应持证上岗，装吊工、铆工、电工等均应按规定进行体检，合格者方准工作，从事高空作业的人员，不得患有心脏病、高血压、癫痫病及贫血病。

③ 工作前严禁喝酒，并应有充分的睡眠。

④ 高空作业人员应佩戴安全带。

⑤ 实行专人专机管理，机长负责制，严格交接班制度，确保在所有吊装过程中机长始终在现场进行指挥。

⑥ 吊装过程中，所有现场工作人员应佩戴安全帽，通过设置路障确保不相关人员远离吊装现场。

⑦ 吊梁作业用的工具上下应装入工具袋内，严禁上抛下接。

⑧ 脚手板及捆扎材料等应经过检查，确认合格后，方可使用。

⑨ 架桥机及桥墩台上有作业人员通行或工作地点，均应设置梯子、栏杆和工作平台。

⑩ 进行高空电焊作业时，当桥梁附近有建筑物或易燃物品，应设置防护屏或采取其他防护措施。

⑪ 吊梁现场的电线，电缆线不宜穿越轨道。当有必要从轨道下面横向通过时，应有防止电线、电缆线被刮断、轧坏、踢动的防护设施。

⑫ 在桥梁墩台上的作业人员应使用安全电压的工作灯。

⑬ 电源开关应加箱加锁，并指定专人负责开合电闸。

⑭ 架桥机上配置的灭火设备应定位定人负责维护，确保灭火设备处于有效期内。

⑮ 新安装的或经大修后的设备，必须按说明书要求进行整机试运转。架桥机应由专人定期检查与维护，并建立完备的设备技术档案；发现有问题的配件（损坏、磨损严重等）应及时更换；并查找造成该情况的原因。

⑯ 在架桥机停机地点应派人巡守监护，严禁非工作人员随意走上架桥机，除值班司机外，严禁其他人员进入架桥机操作室，严防架桥机的电气设备和其他部件等丢失。

2）架桥机操作前要求

① 认真阅读架桥机使用说明书，操作员必须遵照该架桥机说明书的要求使用。

② 检查轨道处桥面是否符合说明书要求。清扫轨道及桥面路基，不得有障碍物，以免发生电缆线被拉断或架桥机出轨事故。

③ 检查各安全装置是否齐全有效。检查方法应该在做空载试车同时进行各限位试验，不能只检验安全装置的完好程度而不按规定作运行试验。

④ 对架桥机各部位中发生问题能导致重大事故和情况不正常的处所和设备，吊梁前必须按本规程的有关规定预行检查，弄清情况，消除隐患。

⑤ 当影响架桥机稳定的外界环境（桥梁以及气候变化等）存在不正常情况时，应进行安全预检。

⑥ 确保提升锚具表面与锚孔干净，无水泥浆等杂物。

⑦ 检查架桥机与预制节块连接是否可靠。包括提升锚具、夹片及架桥机与节块的连接构件等。

⑧ 做空载试运行。施工中运梁小车的各种运行动作，都要在使用前，用不同速度进行空车试验，试车中注意各部件及传动声响的检查。

⑨ 未按规定进行安全预检前，不得进行下一步作业。

3）架桥机操作中要求

① 第一次吊重物时，不要吊起后立即提升到所需高度，要先进行试吊，做到慢起钩（以达到减少惯性力），重物离地面50cm左右时稍停，确认没有问题时再继续起升。

② 当挂好吊杆索具，起升吊钩钢丝绳绷紧时，操作人员要立即远离吊重物，更不能站在运梁小车的下方，防止重物坠落和臂杆塌落伤人。

③ 司机得到指挥人员明确的信号后方可开始操作，动作前首先鸣铃示意。如发现信号不清，不要随意操作。

④ 提升重物前，要确保重物的真实重量，要做到不超过规定的荷载，不得超载作业。

⑤ 不准起吊被埋住、冻粘的物件，否则因重量不清，易发生超载事故。禁止做快速回转，因为回转速度过快会造成构件就位困难、架桥机过大扭转和重物的离心力容易发生危险。

⑥ 提升重物过程中，应密切注视重物的水平情况，一旦倾斜超限，应先停止提升操作，调整水平后，继续提升到规定高度。

⑦ 重物在水平向移动时，应严格控制移动速度。接近目标位置时，应提前减速，避免重物由于惯性发生撞击事故。

⑧ 整跨节段预应力张拉完成后，将荷载从吊杆传递给桥墩支座，拆除吊杆时应遵循左右对称的原则。

⑨ 操作中遇大风（六级以上）等恶劣天气，应停止工作，将吊钩升起，夹好轨钳。当风力达十级以上时，吊钩落下钩住梁体，并在架桥机身上拉四根钢丝绳，固定在桥面上。

4）架桥机操作后要求

工作完毕后，运梁小车开到轨道中间位置停放，吊钩升到距主桁架2～3m处，松开回转制动装置，所有控制器到零位，切断电源，夹紧轨钳。

4.7.4 桥梁下部结构装配式工艺安全检查要点

桥梁下部结构装配式工艺主要包括：下部结构的立柱、盖梁的装配安装施工工艺，本节主要介绍预制立柱及盖梁的施工的安全检查要点：

（1）下部构件预制安全检查要点

1）立柱、盖梁预制均采用专业加工场制作，钢筋采用专用钢筋加工弯曲机加工后通过胎架制作完成。加工车间机械设备繁多，作业工人必须严格按照作业规程操作。

2）龙门吊基础、构件制作和堆放场地台座基础必须进行承载力验算并进行加固处理，避免构件在制作或存放过程中出现扭曲和失稳。

3）钢筋笼及构件吊装运输必须进行吊点和专用吊具设计（等强度），立柱混凝土浇筑平台必须要有防坠落设施。

4）超过1.5m高钢筋模块加工，必须搭设稳固的操作平台并具有防坠落功能。

5）立柱模板与防坠落设施应经过一体化设计，满足施工需要。

6）盖梁在起吊前应经过张拉、压浆，其强度必须达到设计强度要求。

7）立柱翻转设施应对相关受力杆件进行强度验算。

8）根据反馈现场实际吊装工况，确定构件出厂装车的方向，以减少构件在现场不必要的翻转，避免安全事故的发生。

9）其他不及检查要点请参照 5.7.3 相关内容。

（2）下部构件现场拼装安全检查要点

1）准备阶段

根据各构件特点，以及不同的运输线路状况，应编制相对应的交通组织设计或专项安全交通方案，所选择的道路应满足各项工序施工要求，安全检查要点：

① 吊装专项安全方案应有针对性的安全技术措施，包括符合强制性标准的防高处坠落的应急预案，超过一定规模的危大工程方案应有专家评审，并对各方的审查意见进行补充、修改和完善。交通组织设计或专项安全交通方案需经当地交警、路政部门审核同意，并办理了相应认可手续。

② 做好对相关管理人员和作业人员有针对性的安全技术交底，并留有记录。

③ 履带吊安装、拆除必须编制专项安全方案，且必须由有符合资质的专业队伍负责实施。履带吊安装完成，必须经检测机构检测合格并将不合格项整改后，方可投入使用。

④ 吊机司机、司索工及指挥人员等特种作业人员应操作证，确保特种人员持证上岗。

⑤ 构件吊点的设置应安全合理，起运、卸载的机械状况与机械站位的地基基础能否满足要求；用于现场吊装，吊机负荷应根据现场实际构件重量确定，计算必须满足规范要求并富有一定的安全系数，其起重作业性能必须符合或高于《方案》所选用相关吊机的技术参数。

⑥ 构件安装人员应对施工场地进行实地踏勘，根据现场条件，采用合理吊装工况，明确构件吊装顺序和进场方向。构件运输时，构件与车辆是否捆绑牢固可靠，是否悬挂安全警示标志（或灯具）。

⑦ 吊机行走作业区域地基必须平整、结实，对局部地基处理不到位的区域，采用路基箱板或走道板进行铺垫。尤其注意，因故暂停施工后，恢复施工时，或大雨过后，要重新检查作业区域内的地基情况。

⑧ 构件运输行走路线必须事前进行全线实地调查，净高及转弯半径必须满足运输车辆与构件的通行要求；通过桥梁的承载力必须进行验算，构件运输车辆经过重要道口与路段或人员相对密集区域时，应有专人负责安全疏导工作；运输车辆应按照经交通管理及路政部门同意指定的路线行驶。

⑨ 对超高构件运输，应对运输车辆进行专门设计，以尽量降低高度通过限制净空。根据构件的重量及长度配置合理的运输车辆。运输车辆应有专人照看，并配备适当工具，保证在有障碍物情况下安全通过。构件在车辆运输过程中应稳固可靠，超出车厢部分，应有明显的标识。

2）现场安装

① 吊装作业前，施工现场必须设置警戒线，设立必要的安全警示标牌和交通导向标志。吊装设备与基坑边必须保持一定的安全距离。

② 构件吊装要经过试吊，确认平稳可靠后，才能起吊。起吊时的一切动作要以缓慢速度进行，严禁同时进行两个动作，严禁吊机超负荷运行。

③ 构件吊装作业时，技术负责人和安全管理人员必须在现场进行监控。对未封交地段，应安排专人进行疏解交通，确保吊装作业时交通安全。

④ 加强对履带吊日常检查、保养和维修，确保履带吊安全装置的良好。

⑤ 参与张拉、注浆登高作业人员上下必须使用升降机。登高车应有管理制度，操作人员挂牌操作。高空作业人员必须培训后上岗且佩戴安全带和安全帽，安全带应有可靠的系挂。

⑥ 检查张拉、注浆操作平台安全防护栏杆的高度（不得小于 1.2m），并在操作平台四周加设密目网和踢脚板。

⑦ 做好施工现场临时用电管理，满足“一机、一箱、一闸、一漏”要求，电缆无破损，其布设满足《施工现场临时用电安全技术规范》(JGJ 46—2012)（安全用电）要求。

⑧ 吊机与路边高压线必须按照《施工现场临时用电安全技术规范》(JGJ 46—2012) 要求，并保持足够的安全距离。

⑨ 夜间施工必须要有充足的照明，各项工序或作业区的结合部位要有明显的发光标志，施工人员必须穿戴反光警示服装。

⑩ 夜间施工时，应采取环境保护措施，降低噪声，防止光污染，避免居民投诉。

⑪ 如遇六级以上大风或大雨，不得进行吊装及高空作业。

4.8 BIM 技术相关标准规范及应用

4.8.1 BIM 理解

(1) BIM 定义

BIM (Building Information Modeling) 是“建筑信息建模”的简称，最初发源于 20 世纪 70 年代的美国，由美国乔治亚理工大学建筑与计算机学院（Georgia Tech Collegeof Architecture and Computing）的查克伊士曼博士（Chuck Eastman Ph. D.）提出。其被定义为：“建筑信息建模是将一个建筑建设项目在整个生命周期内的所有几何特性、功能要求与构件的性能信息综合到一个单一的模型中。同时，这个单一模型的信息中还包括了施工进度、建造过程的过程控制信息”。

美国国家 BIM 标准（The National Building Information Modeling Standards Committee，简称 NBIMS）对 BIM 定义如下：“BIM 是建设项目的兼具物理特性与功能特性的数字化模型，且是从建设项目的最初概念设计开始的整个生命周期里做出任何决策的可靠共享信息资源。”

实现 BIM 的前提是：在建设项目生命周期的各个阶段不同的项目参与方通过在 BIM 建模过程中插入、提取、更新及修改信息以支持和反映出各参与方的职责。BIM 是基于公共标准化协同作业的共享数字化模型。

根据美国国家 BIM 标准的定义，BIM 可从三个层面来描述，首先，BIM 是关于建筑设施的数据产品或智能数字化表述；其次，BIM 是一种协作过程，它包含事务驱动和自动化处理能力，以及维护信息的可持续性和一致性的开放信息标准；最后，BIM 是一种熟知的用于信息交换、工作流和程序步骤的工具，可作为贯穿建筑全生命周期的可重复、可验证、可维持和明晰的信息环境。

BIM 采用面向对象的方法描述包括三维几何信息在内建筑的全面信息，这些对象化的信息具有可复用、可计算的特征，从而支持通过面向对象编程实现数据的交换与共享。

在建筑项目中采用遵循共同标准的建筑信息模型作为建筑信息表达和交换的方式，将显著地促进项目信息的一致性，减少项目不同阶段间信息传递中的信息丢失，增强信息的复用性，减少人为错误，极大地提高建筑行业的工作效率和技术、管理水平。

建筑信息模型不是简单地将数字信息进行集成，它还是一种数字信息的应用，并可以用于设计、建造、管理的数字化方法，这种方法支持建筑工程的集成管理环境，可以使建筑工程在其整个进程中显著提高效率、大量风险。

（2）BIM 价值

1）解决当前建筑领域信息化的瓶颈问题

建立单一工程数据源。工程项目各参与方使用的是单一信息源，确保信息的准确性和一致性。实现项目各参与方之间的信息交流和共享。从根本上解决项目各参与方基于纸介质方式进行信息交流形成的“信息断层”和应用系统之间“信息孤岛”问题。

推动现代 CAD 技术的应用。全面支持数字化的、采用不同设计方法的工程设计，尽可能采用自动化设计技术，实现设计的集成化、网络化和智能化。

促进建筑生命期管理，实现建筑生命期各阶段的工程性能、质量、安全、进度和成本的集成化管理，对建设项目生命期总成本、能源消耗、环境影响等进行分析、预测和控制。

2）基于 BIM 的工程设计

实现三维设计。能够根据 3D 模型自动生成各种图形和文档，而且始终与模型逻辑相关，当模型发生变化时，与之关联的图形和文档将自动更新；设计过程中所创建的对象存在着内建的逻辑关联关系，当某个对象发生变化时，与之关联的对象随之变化。

实现不同专业设计之间的信息共享。各专业 CAD 系统可从信息模型中获取所需的设计参数和相关信息，不需要重复录入数据，避免数据冗余、歧义和错误。

实现各专业之间的协同设计。某个专业设计的对象被修改，其他专业设计中的该对象会随之更新。

3）基于 BIM 的施工及管理

实现动态、集成和可视化的 4D 施工管理。将建筑物及施工现场 3D 模型与施工进度相链接，并与施工资源和场地布置信息集成一体，建立 4D 施工信息模型。实现建设项目施工阶段工程进度、人力、材料、设备、成本和场地布置的动态集成管理及施工过程的可视化模拟。

实现项目各参与方协同工作。项目各参与方信息共享，基于网络实现文档、图档和视档的提交、审核、审批及利用。项目各参与方通过网络协同工作，进行工程洽商、协调，实现施工质量、安全、成本和进度的管理和监控。

实现虚拟施工。在计算机上执行建造过程，虚拟模型可在实际建造之前对工程项目的功能及可建造性等潜在问题进行预测，包括施工方法实验、施工过程模拟及施工方案优化等。

其实，它是引领建筑业信息技术走向更高层次的一种新技术，它的全面应用，将为建筑业界的科技进步产生无可估量的影响，大幅提高建筑工程的集成化程度。同时，也为建筑业的发展带来巨大的效益，使设计乃至整个工程的质量和效率显著提高，成本降低。

4.8.2 国内外BIM标准

（1）国外标准

1）国际BIM标准

对于已发布的BIM标准，目前在国际上主要分为两类：一类是由ISO等认证的相关行业数据标准，另一类是各个国家针对本国建筑业发展情况制定的BIM标准。行业性标准主要分为IFC（Industry Foundation Class工业基础类）、IDM（Information Delivery Manual，信息交付手册）、IFD（International Framework for Dictionaries，国际字典）三类，它们是实现BIM价值的三大支撑技术。各个国家的BIM标准，是该国针对自身发展情况制定的指导本国实施BIM的操作指南。

2）英国国家标准

英国标准学会BSI也发布实施了工程应用方面的BIM国家标准BS1192，该标准目前有5部分，覆盖了工程项目不同阶段，具体是：

- 第一部分BS1192：2007《建筑工程信息协同工作规程》
- 第二部分BSPAS1192-2：2013《BIM工程项目建设交付阶段信息管理规程》
- 第三部分BSPAS1192-3：2014《BIM项目/资产运行阶段信息管理规程》
- 第四部分BS1192-4：2014《使用COBie满足业主信息交换要求的信息协同工作规程》
- 第五部分BSPAS1192-5：2015《建筑信息模型、数字建筑环境与智慧资产管理安全规程》

英国是目前全球BIM应用增长最快的地区之一，也是最早把BIM应用在各项政府工程上的国家之一，英国不仅颁布了各项规定并制定了相关标准，并且出台了BIM强制政策，从而减少工作重复，节省设计、工期和总体项目管理的成本。

BIM作为一种全新的理念和技术，给传统建筑技术带来了革命性的改变。2011年，英国政府发布了Bew-RichardsBIM应用图表，将BIM应用分为了下面3个等级。

BIMLevel1：项目各参与方各自建立自己的信息库，无协作关系。我国施工企业多处于Level1。

BIMLevel2：包含一系列特定领域的模型组合，能作为一个完整的生态系统进行数据的存储和共享。设计方需建立共享文件，任何项目的各参与方都有权查看最新的设计进展。

BIMLevel3：项目能建立完全的协同合作关系。英国政府规定，2019年前达到Level3。

2016年4月4日起，英国所有建筑项目的招投标必须满足BIMLevel2；所有投标厂商必须具备“在项目上使用BIMLevel2的协同能力”，包括所有相关符合信息和数据。

Level2BIM要求政府施工项目的各相关方——建筑方、承包方或供应方能通过通用文件模型，例如施工运营建筑信息交换（COBie）或IFC进行项目数据交换。

英国BIM强制政策的实施，意味着过半中小企业或无缘政府合同。英国电子承包商协会（ECA）为此制定了四项行动计划，帮助建筑企业做好迎战BIMLevel2的准备。英国政府表示，只要项目各方具备驾驭BIM的能力，并围绕同一个BIM模型版本工作，

BIM 就可以通过减少工作重复，节省设计、工期和总体项目管理的成本，这也是英国政府试图通过强制使用 BIM 条例达到的效果。

3）美国国家 BIM 标准

美国国家 BIM 标准的全称为 National Building Information Modeling Standard（NBIMS），主编单位为美国建筑科学研究院（National Institute of Building Sciences，NIBS），同时也是国际智慧建造联盟的北美分部（BuildingSMAR Talliance，BSa）。该标准比较系统地总结了在北美地区常见的 BIM 应用方式方法，于 2007 年完成第 1 版的第 1 部分《综述、原则与方法》（另有第 2 部分《策划》），于 2012 年完成第 2 版，第 3 版也已完成编制，即将发布。

美国没有英国对建筑业的那种统一而有组织的意见。"由下而上"的方法或许能帮助 BIM 获得更多的推力，可以在实施自制的 BIM 要求的过程中，提高技术水平，美国政府不会致力于追求"强制"。

虽然美国没有把注意力放在强制令上面，也没有放在英国 BIM 要求中的资产数据要求上，但美国建筑业在 BIM 的组建模化上已经赶超了英国很多年，和英国相比，BIM 在美国更像是一种日常业务模式。

美国的供应链不会因为 BIM 收取额外费用，BIM 现在已经被当成一种惯例。在资格预审或竞标文件中没有特别强调或很少强调要展示公司资质，因为所有的人都在这么做。

4）模型精细度等级 LOD 标准

BIM 模型的细致程度，英文称作 Level of Details，也叫作 Level of Development。描述了一个 BIM 模型单元从最低级的近似概念化的程度发展到最高级的演示级精度的步骤，是信息模型中所容纳的模型单元的丰富程度的衡量指标，简称 LOD。

美国建筑师学会（AIA-American Institute of Architects）使用模型详细等级（LOD-Level of Detail）来定义 BIM 模型中的建筑元素的精度，BIM 元素的详细等级可以随着项目的发展从概念性近似的低级到建成后精确的高级不断发展。详细等级共分 5 级如下：

100：概念性 Concepetual

200：近似几何 Approximate geometry

300：精确几何 Precise gometry

400：加工制造 Fabrication

500：建成竣工 As-built

（2）国内标准

现有国内 BIM 标准基本可分为三类。

第一类：CBIMS 标准框架。主要是从信息化的角度，从理论层面论述 BIM 标准体系的框架和方法论。该标准框架的理论和方法与 NBIMS 标准类似。CBIMS 标准框架可以作为我国国家和行业 BIM 标准编制的理论基础。

第二类：中国国家 BIM 标准系列。为住房和城乡建设部主持编写的建筑领域国家 BIM 标准，研究思路参照借鉴国际 BIM 标准的同时兼顾国内建筑规范规定和建设管理流程要求。

第三类：地方 BIM 标准。主要是对地域内建筑 BIM 应用的统一规定。例如北京市《民用建筑信息模型（BIM）设计基础标准》、《上海市建筑信息模型应用标准》。

无论是从理论研究还是基础实践等方面看，国内外 BIM 的发展仍然处于初级阶段。因此，尽管编制单位做了充分准备，BIM 国家标准在制定过程中仍然存在诸多困难。

相对于美国，我国 BIM 国家标准的制定目的虽然也同样是为了促进建筑行业的转型升级，但政府对于整个行业的把控力度和美国存在较大差别。

2012 年住房和城乡建设部同时批准了五本 BIM 国标，2013 年又增加了一本，现在有六种国标在编制中。

1）国家标准

目前在编或已经通过报审的 BIM 国家标准分为四个层次：

统一标准：《建筑信息模型应用统一标准》（GB/T 51212—2016），2017 年 7 月 1 日起实施。

基础标准：《建筑工程信息模型存储标准》、《建筑信息模型分类和编码标准》

执行标准：《建筑信息模型交付标准》、《制造工业工程设计信息模型应用标准》

应用标准：《建筑信息模型施工应用标准》、《建筑工程设计信息模型制图标准》

2）上海 BIM 标准体系

BIM 标准体系关系图谱反映了标准与行业规范间的关系，还有各层次标准间的关系，包括国内外标准之间的关系、国家与上海市标准之间的关系以及基础标准与应用标准之间的关系，如图 4-1 所示。

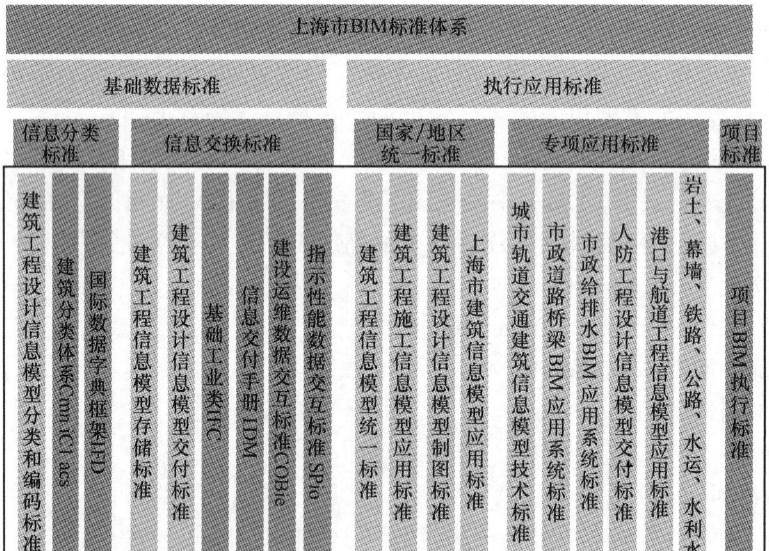

图 4-1 上海市 BIM 标准体系

上海市工程建设规范《建筑信息模型应用标准》（DB/TJ 08-22-1-2016）

大　纲	编写内容
基本规定	一般方法、建模方法、模型深度、建模规则
基础数据应用规定	一般规定、分类编码、数据交互、数据交付

续表

大　　纲	编写内容
协同工作规定	一般规定、工作流程、协同平台
实施规划	各层次人员工作职责、实施策划（目标、应用、流程、信息、软件、硬件、人员）
设计应用	一般规定、性能化分析、量化分析、模型调整、制图发布
施工应用	一般规定、模型内容、施工组织、竣工交付
项目管理应用	一般规定、策划立项、勘察设计管理、施工管理、竣工验收
运维应用	一般规定、运行维护
模型评价	质量审查、设计报审
模型资源规定	BIM 软件、BIM 数据中心
附录 A	模型深度要求
附录 B	设计内部审查 BIM 图纸清单
附录 C	钢筋审查模板
附录 D	建设运维信息交换模板
附录 E	产品属性模板

上海市工程建设规范《市政道路桥梁信息模型应用标准》（DB/TJ 08-2204—2016）

大　　纲	编写内容
建模要求	一般规定、构件要求、模型要求
协同要求	一般规定、协同管理
应用规定	应用点列表
规划方案阶段	规划方案比选
初步设计阶段	管线搬迁与道路翻交模拟、场地现状仿真
施工图设计阶段	管线综合与碰撞检查、工程量计算与复核
施工图深化设计阶段	大型设备运输路径检查、施工方案模拟
施工阶段	施工放样、工程进度模拟、应急预案模拟、施工质量控制、施工资源管理
运维阶段	养护管理、应急事件、处置资产管理与统计、设备集成与监控
附录 A	构件拆分、命名编码及基本信息
附录 B	各专业模型深度等级

上海市行业标准《道路隧道工程建筑信息模型交付标准》

大　　纲	编写内容
基本规定	一般规定、建模规则
模型创建	资源要求、行为要求
模型信息	分类代码、模型数据
模型应用	应用策划、场地设计分析、虚拟仿真漫游
	管线冲突检测及综合协调、模型辅助制图
	市政管线深化设计、施工场地规划
	地下管线搬迁模拟、道路翻交模拟
	隧道管片预制加工、施工进度管理
	施工成本管理、竣工验收

续表

大　　纲	编写内容
模型交付	交付物要求、交付检查与验收要求
	交付成果存储、维护与使用要求
附录 A	模型说明文件
附录 B	项目文件夹管理结构
附录 C	元素分类和代码
附录 D	模型数据深度等级
附录 E（规范性附录）	模型交付

上海申通地铁集团有限公司 BIM 标准体系

标准名称	大　　纲
实施设备与分类编码标准	实施设备分类、编码、管理
	附录：实施设备分类代码、物理位置代码
建模指导	建模准备、建模流程、模型要求、建模成果
	附录：构件命名、构件颜色
交付标准	交付模型、交付文件
	附录：建模对象、实施设备属性表
族创建标准	族创建、交付
	附录：污水泵族例子
应用技术标准	数据要求、应用总览、各阶段应用

4.8.3　BIM 技术与安全管理

交通运输部发布《关于打造公路水运品质工程的指导意见》（交安监发〔2016〕216 号）中指出，推进建筑信息模型（BIM）技术，积极推广工艺监测、安全预警、隐蔽工程数据采集、远程视频监控等设施设备在施工管理中的集成应用。

目前许多建设单位已经认识到 BIM 技术对于提高工程安全管理的间接作用。普遍认为 BIM 可有效提高施工质量并控制返工率，这将会一定程度上降低事故的发生，也同样会降低施工成本，达到既经济又安全的施工。在施工过程中通过 BIM 信息管理，各建设阶段的流程可以得到控制。同时通过 BIM 技术的应用，建立预防机制，可以直观地规范安全生产行为，使生产各环节符合有关安全生产法律法规和标准规范的要求，促使人、机、料、环境处于良好的状态，并持续改进，不断加强使用企业在安全生产过程中规范化建设。

（1）BIM3D 平台

通过 BIM3D 平台对整个施工过程中的安全管理进行可视化管理，达到全真模拟。通过这样的平台，项目管理人员在施工前就可以清楚下一步要施工的所有内容以及自己在下一步工作中的工作职能，因而可以确保管理人员在安全管理过程中能够按照施工方案进行有组织、有秩序的管理；了解现场的资源使用情况，把控现场的安全管理环境等，大大增加过程管理的可预见性。同时，BIM3D 平台也能够促进施工工程中的有效沟通，可以有效地进行评估施工方法、发现问题，解决问题，真正的运用 PDCA 循环来提高工程的安全管控能力，从根本上改变原来传统的施工组织模式、工作流程和施工计划。

（2）可视化

BIM 模型可以提供可视化的施工空间。BIM 模型的可视化是动态的，施工空间随着工程的进展会不断地变化，它将影响到工人的施工安全。

通过可视化模拟施工状况，施工人员可以形象地看到施工工作面、施工机械位置的情形，并评估施工进展中这些工作空间的可用性、安全性；施工安全生产管理人员能清楚地了解每一步的施工流程，将整个过程分解为一步一步的施工活动，能及时发现问题，提出解决方法，同时进行模拟验证，这样在工程施工前绝大多数的施工风险和问题都能得到控制。

利用 BIM 的可视化功能，准确、清晰地向施工人员展示及传递建筑设计意图。通过 4D 施工过程模拟，帮助施工人员理解、熟悉施工工艺和流程，并识别危险源，避免由于理解偏差造成施工质量与安全问题。还可加快、加深对工程参与人员培训的速度及深度，真正做到质量、安全、进度、成本管理和控制的人人参与。

（3）现场信息实时采集

结合现场实际情况，施工管理人员利用相机、手机、IPAD 等拍照方式，实时监控现场施工质量、安全管理情况，需将信息录入到 BIM 模型之中，为原有模型再增加一项新的质量信息维度。质量信息中，包含了质量情况、时间、具体内容、处理情况等，并加入现场采集的实时信息，形成完整质量信息，与 BIM 模型中特定构件进行关联。

对出现的质量、安全问题，在建筑信息模型中通过现场相关图像、视频、音频等方式关联到相应构件与设备上，记录问题出现的部位或工序，分析原因，进而制定并采取解决措施。同时，收集、记录每次问题的相关资料，积累对类似问题的预判和处理经验，为日后工程项目的事前、事中、事后控制提供依据。

4.8.4 BIM 技术应用

（1）空间冲突检查

对于建设工程来说，空间是一种有限资源，在工程建设过程中，空间冲突是造成生产效率损失主要的原因之一。每一工序在施工时需要足够的活动空间，如机械臂长旋转半径，以及人员活动半径，若两者在空间上发生冲突，易造成财产损失甚至人员伤害。因此在项目开工前，施工安全管理人员应根据施工方案进行动态施工模拟，找出可能存在的安全隐患，以便设计最优化机械行进路线及人员活动范围，减少伤害及可能造成的损失。

进行空间冲突检测之前需要描述对每一构件以及每一工序的空间占用情况进行描述，即其实体完整的几何特征，采用边界法描述 BIM 实体外形。其中，对于一些特殊的实体，不能简单地将其外形表现等同于其空间占用情况。

空间冲突分析需要并判别其产生的问题后果。例如判断运输路线中堆放有材料、物料储存空间太小，物料叠放、室内装修工程材料堆放影响人员通行及物料搬运、施工隧道同时有多辆车辆进出等情况。机械开挖与人工钢支撑架设在同一区段同时进行、挖土机回转半径之内人工活动、龙门吊调运以下空间有人工架设支撑，或者机电设备机房有人员靠近等情况，都可能导致活动中的机械设备与人员的工作空间发生安全事故。因此根据冲突产生的事故类型区别处理的优先级。

1）空间冲突检查总体技术路线

根据项目 BIM 应用目标、实际设计图纸以及施工组织设计建立参数化三维 BIM 模型，其次链接相应的进度计划进行模拟施工，最后进行施工空间冲突检查，并根据实际工序给出危险区域分级，如图 4-2 所示。

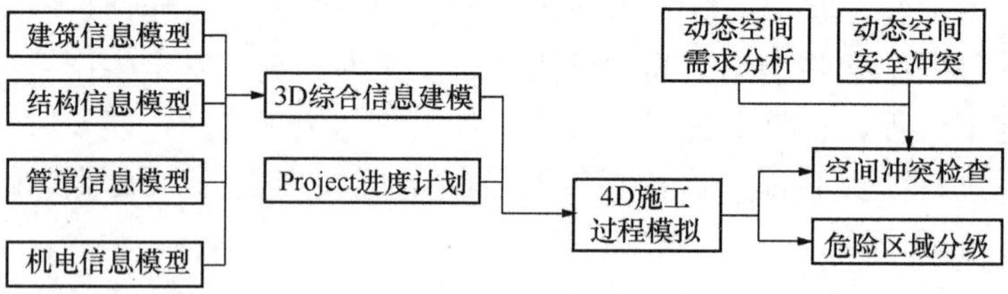

图 4-2　空间冲突检查总体技术路线

2）BIM 建模技术

BIM 模型不同于 CAD 模型的二维表现方式，也不同于一般 3D 效果图，而是赋予了大量工程属性的三维图纸。根据图纸要求建立主体模型，再根据 BIM 应用以及施工需求建立施工模型。

主体模型：BIM 模型一般由以下四部分组成，如图 4-3 所示，建筑模型、结构模型、管道模型、机械模型。并根据 BIM 应用目标，根据详细程度建立不同模型并表达模型构件及其属性。将建筑 3D 模型与设计、施工及管理信息集成一体，实现了 3D 模型参数化创建与显示，建筑构件和体量、材料、进度、成本、质量、安全等信息关联、查看、编辑和扩展。

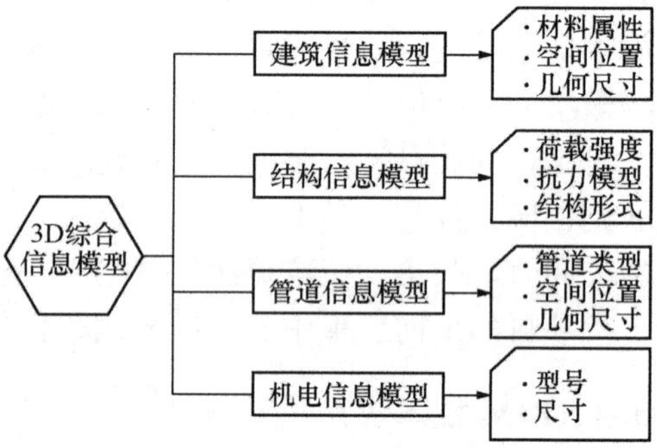

图 4-3　BIM 模型组成

施工模型：在建立主体模型后需要建立施工模型，以便后续空间碰撞检测的进行。例如挖掘机、运土车等水平运输工具，其机械臂可以在机械周边一定半径内旋转，故仅用某一时刻该实体的外形 3D 描述并不能反映其工作时的空间需求。而是应该根据其运动特性将其可旋转的部分经过旋转后所形成的整体模型，作为其空间需求。

将 3D 模型与进度计划结合起来，如图 4-4 所示，BIM 模型包含了构件的几何属性、空间占用参数与时间进度参数，根据进度进展动态显示模型进度，提前对施工场地布置、材料堆放、机械进场出场路线进行预演。在虚拟现实环境下通过对施工整个过程模拟，使得项目参与各方对于项目的开展有直观的了解。在施工过程中借助虚拟现实系统真实展现客观环境。

（2）安全区域识别

对于部分需要进行深基坑开挖的工程，基坑稳定性直接影响到其是否会发生坍塌事故，因此需要对施工现状进行持续的监测。在基坑周边布置监测点，实时采集监测数据，通过监测点实测值确定危险等级，并用红、橙、黄、绿四种颜色表示，在模型中反映出

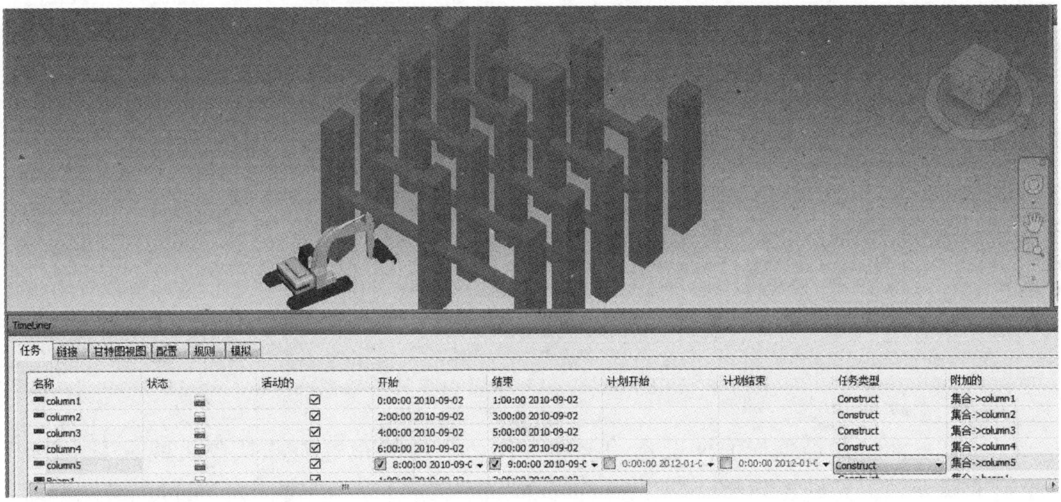

图 4-4　施工安全模拟

来，通过可视化手段在时间和空间上定位报警单元，以及其综合影响区域。监测点分为地表沉降、管线沉降、建筑物沉降、结构沉降、轴力和桩体测斜，通过施工模拟将测点的状态反映在施工现场，根据布置的点位确认施工区域内安全状态，如图 4-5 所示。

图 4-5　基坑开挖模拟

在工程施工中，每级挖土对应基坑周围的影响区域，通过动态施工模拟，在施工开始前给予直观的指导，以减少由于危险区域不明确导致坍塌事故发生。在工程的不同阶段，利用可视化模型以不同色彩标示区域的危险程度，并指定每种安全等级下禁止的施工活动，可以为施工活动区域的限制提供指导。如指定已标明危险程度较高的基坑危险区域范围内不可堆载、不可站人、不可停放机械等，如图 4-6 所示。

图 4-6　安全区域识别

（3）施工场地布置

现场总平面布置是工程前期准备的关键工作，合理的布置能够从源头减少安全隐患，方便施工管理，提高施工效率，降低施工成本。而传统总平面布置中，通过二维图纸难以对复杂的现场状况考虑周全，容易导致平面布置不合理，造成施工不便，如图 4-7 所示。

通过 BIM 技术的提前模拟规划，保证场地内交通顺畅。施工现场内主要车辆有土方车、混凝土车、泵车、挖掘机等材料运输车辆及施工机械。模拟施工工况，对平面布置中潜在不合理布局进行分析，对安全隐患进行排查，进一步优化平面布置方案，使其更经济、完善、更符合绿色节能环保趋势，如图 4-8 所示。

图 4-7　施工前场地总平面布置

图 4-8　施工过程场地模拟

第五章　典型案例分析

5.1　公路工程生产安全事故案例

5.1.1　某高速公路路基工程土方坍塌事故

（1）事故经过

2004年4月15日××省××高速公路工程，在土方施工过程中发生一起挡土墙基槽边坡土方坍塌事故，造成5人死亡、2人受伤。事故经过是：

2004年3月2日××省某土建工程施工公司给非本单位职工王某等人开具前往建设单位——××省某公司联系有关工程事宜的企业介绍信，并提供该单位有关资质证书（营业执照、建筑企业质量信誉等级证、建筑安全资格证等）。由王某等人持上述资料前往该建设单位，联系洽谈有关××高速公路××标段的路基挡土墙工程建设事宜。该土建工程施工公司又于2004年3月3日和13日分别给建设单位开出承诺书及××高速公路××标段路基挡土墙施工组织设计。经建设单位审查后，确定由该公司承接××标段路基挡土墙开挖和砌筑任务。

2004年4月5日，建设单位给施工单位发函，通知其中标并要求施工单位于2004年4月6日进入现场施工。协同承揽工程并担任施工现场负责人的李某未将通知报告某施工公司，擅自在该通知上签名，并于4月5日以该单位的名义与建设单位草签了合同。4月6日李某再次以土建工程施工公司十一项目部的名义，向建设单位递交了开工报告和路基挡土墙土方开挖砌筑方案。4月6日建设单位回复同意施工方案。4月7日开始开挖，10日机械挖土基本完成。13日王某、李某从非法劳务市场私自招募民工进行清槽作业，15日分配其中8人在基槽南侧修整边坡，并准备砌筑挡土墙。9时50分左右，基槽南侧边坡突然发生坍塌，将在此作业的7人埋在土下，在场的其他民工立即进行抢救工作。10时20分，当救出2人时，土方再次坍塌，抢救工作受阻，在闻讯赶来的百余名公安干警的协助下，至12时50分抢救工作结束，被埋的5人全部死亡。

（2）原因分析

1）技术方面

在基槽施工前没有编制基槽支护方案，在施工过程中未采取有效的基槽支护措施是此次事故的直接原因。在施工过程中既未按照规定比例进行放坡，也未采取有效的支护措施。在修理边坡过程中没有按照自上而下的顺序施工，而是在基础下部挖掏，是此次事故的技术原因之一，也是导致此次事故的直接原因。

未按规定对基槽沉降实施监测。在土方施工过程中，应在边坡上口确定观测点，对土方边坡的水平位移和垂直度进行定期观测。由于在施工中未对土方边坡进行观测，因此当土方发生位移时，不能及时掌握边坡变化，从而导致事故发生是此次事故技术原因之一，也是此次事故的主要原因。

2）管理方面

现场生产指挥和技术负责人不具备相应资格，违法组织施工。该工程现场负责人王某、李某和技术负责人刘某未取得相应执业资格证书，不具备建筑施工专业技术资格，违法组织施工生产活动，违章指挥，导致此次事故发生，是此次事故发生的重要管理原因。

建设单位违反监理工作程序，未经过监理工程师审查，建设单位回复同意施工方案，监理工程师现场未检查、未及时发现安全隐患，是此次事故发生的另一个管理原因。

（3）专家点评

1）这是一起严重的安全生产责任事故。表面上看此次事故直接原因是土方施工过程中没有根据基槽周边的土质制定施工技术方案、进行放坡或者采取有效的基槽支护措施。但实质上无论是建设单位，还是施工单位或者是监理单位，其中的任何一方如果能够严格履行管理职责，都可以避免此次事故的发生。

2）建筑施工企业经营管理存在严重缺陷。《建筑法》第二十六条明确规定：承包建筑工程的单位应当持有依法取得的资质证书，并在其资质等级许可的业务范围内承揽工程……禁止建筑施工企业以任何形式允许其他单位或者个人使用本企业的资质证书、营业执照，以本企业的名义承揽工程。该施工公司违反《建筑法》的规定，允许非本单位职工王某等人以单位名义承揽工程，同时，也未对其行使安全生产管理职能。如果该施工公司能够认真落实《建筑法》，严格执行企业经营管理的规章制度，拒绝提供企业施工资质，就可能终止王某等人的此次违法施工的行为。

3）建设单位未进行有效的监督。在王某组织施工生产过程中，无论是在对土方施工工艺，还是对劳动力安排，建设单位、监理单位未能按照有关规范对其进行有效监督。如果建设单位、监理单位对施工单位严格进行审查，对施工过程严格监督管理，就完全可以预防此次事故的发生。

4）此次事故在施工技术管理方面有明显漏洞。土方坍塌是一个渐变的过程，它是因土质密度较低，在受外力作用下产生切变线，由此土方发生位移导致坍塌。若在施工过程中按照技术规范在土方边坡设定观测点定期观测，将可以预先发现槽壁变形，及早采取措施，避免事故发生。

因此，该工程现场负责人王某等人对此次事故负有直接责任，应当依法追究其刑事责任，建设单位和施工单位也应负行政管理责任。

（4）预防对策

1）加强和规范建筑市场的招投标管理。建设工程的招投标应该严格依法进行，本着公开、公正、公平的原则，增加建设工程招投标过程的透明度，这样就可以减少其中的一些违法行为。

2）依法建立健全企业生产经营管理制度，加强企业生产经营管理。通过完善建筑施工企业资质管理等手段，强化企业自我保护意识，维护企业利益，充分保护作业人员的身体健康和生命安全。

3）加强土方施工的技术管理。土方工程应该根据工程特点，依照相关地质资料，经勘察和计算编制施工方案，制定土方边坡的支护措施，并确定土方边坡的观测点，定期进行边坡稳定性的观测记录和对监测结果进行分析，及时预报、提出建议和措施。

5.1.2 钢筋骨架倾覆事故

(1) 事故经过

××年×月×日×时左右，某某工程有限责任公司西过境公路二标段项目部一名值班人员进行值班巡查，20时30分后因风力增强，该值班人员回临时值班帐篷内避风。事故当时地面10m高度风速6.4m/s；21时30分，复杂风场环境引起西过境公路二标段右幅20号花瓶型实体式桥墩结构颤振（共振），加之该桥墩上部尚未浇筑的花瓶型钢筋骨架高达12.5m，重心偏高等因素，导致钢筋骨架产生颤振失稳，向东侧倾覆，连带脚手架全部倾覆散落。散落的钢筋构件将工地临时值班帐篷及在帐篷内避风的值班人员埋压，另有一名进入工地的非施工人员被钢筋构件埋压。事故发生后，现场人员立即采取抢救措施，将被埋压两人救出，并立即送往西宁市第二人民医院进行抢救，但因伤势过重，两人抢救无效死亡。

(2) 原因分析

1) 直接原因

事故现场位于北川河与天津路风场交汇处，据气象部门提供的数据，事故当时地面10m高度风速6.4m/s，在这种复杂风场条件下，风速极不稳定，忽大忽小，其频率与右幅20号桥墩钢筋骨架结构固有频率接近，产生震颤，加之钢筋骨架高达12.5m，呈花瓶状，重心偏高，导致钢筋骨架因颤振失稳倾覆，是事故直接原因。

2) 间接原因

① 施工单位对特殊偶然情况下的安全生产防范措施考虑欠周密。施工单位对现场高12.5m钢筋骨架在特殊情况下的稳定性未充分考虑突发不利因素下的安全防护，混凝土的下一段施工没有及时跟上，导致事故发生。

② 二标段项目部作业队未按施工进度及时搬迁临时值班帐篷至安全距离外。

③ 二标段项目部作业队在河道、道路交接口复杂环境下的施工中，施工现场安全管理不到位，导致非施工人员进入作业区，造成非施工人员意外伤害。

④ 二标项目部安全监管不到位，安全隐患排查不全面。

(3) 专家点评

这是一起对施工环境安全隐患认识不足，管理措施不到位的责任事故。

1) 该公司西过境公路二标段项目部总工对复杂风场条件下施工，对风场导致的钢筋结构颤振（共振）认识不足，负有技术管理责任。

2) 项目现场技术主管未能及时组织跟进稳固支护和混凝土的浇筑工作，负有技术管理责任。

3) 施工队负责人对作业队未按施工进度及时搬迁临时值班帐篷至安全距离之外，负有现场管理责任。

4) 项目安全主管对二标段项目部作业队在河道、道路交接口施工中受条件限制未在安全距离内封闭施工现场的情况下，导致非施工人员进入作业区，造成意外伤害，负有管理责任。

5) 项目经理、项目副经理，对20号桥墩作业区内的安全监管不到位，负有领导责任。

（4）预防对策

“1·15 安全生产事故”，是一起不该发生的事故，但血的教训摆在眼前，它警示我们任何施工生产都要在确保安全的情况下进行，因此要认真吸取此次事故教训，按照“四不放过”的原则妥善处置，并采取有效措施，避免类似事件再度发生。

1）对在建工程的安全生产进行全面整顿和隐患排查治理工作，对移动模架、挂篮施工、墩柱施工、临时用电等重大危险源，要制定相应的管理措施，确保安全。

2）进一步加强作业现场安全管理，履行安全职责，完善安全生产相关制度，健全机构，配足专职安全管理人员，做好事故的事前防范工作，督促本单位安全监管工作常抓不懈。

3）正确处理好安全、质量、进度的关系，严格按照施工组织设计要求，切实抓好施工工序衔接协调工作，及时跟进施工进度。

4）组织全体员工进行一次有针对性的安全培训教育，提高全体员工的安全意识。

5）对此次事故的原因进行认真剖析，认真总结，吸取这次事故血的教训，加强现场管理，完善安全技术交底工作，严防死守、控制好安全生产关。

5.1.3 脚手架拆除的事故

（1）事故经过

2002 年 4 月 7 日 14 时 04 分左右，总包单位的架子工张××、黎××、詹××、张××四人执行脚手架拆除任务，当 K_4 处的脚手架拆除基本结束，张××从 K_4～K_5 之间的次梁经 25 号双拼斜撑向 K_5 方向转移，拟拆除 K_5 处的脚手架，在距 K_5 处尚有 1m 多远时，不慎从斜撑上坠落（标高 67m），急送医院，抢救无效死亡。

（2）原因分析

1）作业人员在拆除脚手架时，虽然系了安全带，戴了安全帽，穿着防滑鞋等防护用品，但在转移行走时，安全带无处可挂，从次梁走过，失足坠落，是造成这次事故的直接原因。

2）在拆除墩顶 67m 高处脚手架时，未采取任何防范措施，是造成这次事故的主要原因。

3）总包单位对分包单位施工现场安全管理不严，监督不力也是造成事故的原因之一。

（3）专家点评

总包单位对分包单位审查不严，对分包单位的施工现场的安全管理不力，监督、检查不够，放任自流，是造成该事故的重要原因。分包单位在安全措施不力的情况下盲目蛮干，违章作业是造成事故的主要原因。这次事故教训是深刻的，是一起严重的由于防护措施不力，违章操作造成的恶性事故，要以这次事故为教训，加强安全常识教育，加强总包对分包的管理与协调，对特殊工程施工的安全措施要全面细致地制订和落实，真正把安全工作放在首位，科学组织、严密施工，确保安全无事故。

监理单位对分包单位安全措施审查不到位。

（4）预防对策

1）总包单位应切实对分包单位安全生产负责，要召集所属各工地和各外包队伍负责人会议，举一反三吸取事故教训，并重新对所有外包队伍的安全资格进行一次认真的审查。

2）对所属施工范围进行一次认真的安全、文明施工检查。

3）严格执行施工安全措施的要求，在墩台下方架设安全网以杜绝事故的重复发生。

4）总包单位要加强管理力度，认真审查和完善分包单位的各种有关手续，按建筑市场有关规定严格执行。

5.1.4 某桥梁工程引桥支架坠落事故

（1）事故经过

某大桥在主体工程基本完成以后，开始进行南引桥下部板梁支架的拆除工作。1997年10月7日下午3时，该项目部领导安排部分作业人员去进行拆除作业。杨某（木工）被安排上支架拆除万能杆件，杨某在用割枪割断连接弦杆的钢筋后，就用左手往下推被割断的一根弦杆（弦杆长1.7m，重80kg），弦杆在下落的过程中，其上端的焊刺将杨某的左手套挂住（帆布手套），杨某被下坠的弦杆拉扯着从18m的高处坠落，头部着地，当即死亡。

（2）原因分析

1）技术方面

① 进行高处拆除作业前，没有编制支架拆除方案，也未对作业人员进行安全技术交底，加之人员少，就安排从未进行过拆除作业的木工冒险爬上支架进行拆除工作，是事故发生的重要原因。

② 作业人员杨某安全意识淡薄，对进行高处拆除作业的自我安全防护漠然置之，不系安全带就爬上支架，擅自用割枪割断连接钢筋后图省事用手往下推扔弦杆，被挂坠地是事故的直接原因。

2）管理方面

① 进行高处拆除作业，必须有人监护，但施工现场却无人进行检查和监护工作，对违章作业无人制止，是事故发生的重要原因。

② 施工现场安全管理混乱，“三违”现象严重，隐患得不到及时整改。

③ 对作业人员未进行培训和教育，不进行安全技术交底，盲目蛮干，管理失控。

④ 监理单位对高处拆除作业监督不力。

（3）专家点评

本次事故主要原因是个人严重违章操作，高处作业不系安全带，现场无人监护，冒险蛮干导致事故的发生。

本次事故属于责任事故。该项目忙于赶工期、抢进度，忽视了安全管理，既没有制定详细的拆除方案，也不对作业人员进行安全拆除技术交底和培训，对违章作业无人监督检查，现场管理失控。

1）项目负责人施工前不编制安全拆除方案，也不进行安全技术交底工作，负有管理失误的责任。

2）作业者杨某高处作业不系安全带，冒险蛮干，应负直接责任。

3）现场管理人员不进行检查监督，对违章作业不及时纠正和制止，应负管理责任。

（4）预防对策

1）施工前编制拆除方案，制定安全技术措施。

《安全生产法》有明确规定，对危险性大的、专业性强的作业都要预先编制安全技术措施和方案，分析施工中可能出现的问题，预先采取有效措施。

2）先培训后上岗

项目部应对高处拆除作业的人员进行相关知识的培训和教育后才能上岗。施工操作前，一定要进行安全技术交底，讲清危险源及安全注意事项。同时，在作业过程中，安全管理人员一定要进行现场监督检查，一旦发现不安全行为，要立即制止和纠正。

5.1.5 某大桥工程“3·5”起重伤害事故

（1）事故经过

2008年3月5日下午，重庆××建设有限公司根据施工计划，安排起重工李××，带领辅助作业人员周××、王××、蔡××等人在QI匝道第四联系梁上利用租赁的QY16D型16t汽车起重机吊运钢筋，由实操人员吴××操作汽车起重机。14：20分左右，吊运的第二捆钢筋即将转运到位时，起重机突然侧倾，迅速下落的吊臂，砸中正从箱梁斜坡道进入桥面作业的木工曹××头部，导致其死亡。

（2）原因分析

1）直接原因

① 起重作业前，汽车起重机的支撑受力点未规范设置，导致受力不平衡。

② 汽车起重机操作人员违章操作，超负荷吊运钢筋，造成起重机侧倾。

③ 木工曹××违章进入起重作业区域。

2）间接原因

① 起重作业安全管理不到位。一是现场指挥部到位，没有及时发现和制止曹××违章进入起重作业现场的行为；二是司索人员无证上岗。

② 作业人员安全教育不到位，企业从业人员三级安全教育制度未认真落实。

③ 总包单位和监理单位对起重吊装作业督促管理不到位也是事故发生的直接原因之一。

（3）专家点评

本次事故主要是由于流动式起重机械未按规范操作、违章超荷载吊运、现场监管不到位、违章进入吊装范围等原因造成。

1）汽车起重机司机吴××，违章操作，超负荷吊运钢筋，导致起重机侧倾，对事故负有直接责任。

2）曹××，违章进入起吊作业区域，对事故负有直接责任，鉴于其已在事故中死亡，故免于责任追究。

3）现场起重指挥人员李××，未完全履行安全职责，没有及时发现和制止曹××违章进入起吊作业区域，对事故负有主要责任。

4）重庆××建设有限公司现场负责人潭××对起重作业安全管理不到位，负有管理责任。

5）总承包单位项目部未有效履行总包单位安全管理责任，对事故负有连带责任。

6）湖北××监理有限公司未有效履行现场监管，对事故负有监理不到位的责任。

7）重庆××建设有限公司对事故的发生负有安全管理不到位的管理责任。

（4）预防措施

1）重庆××建设有限公司及总包项目部等有关单位，要充分吸取“3·5”事故教训，严格按照法律法规要求，进一步强化安全生产责任制，加强安全生产工作领导，加强施工现场安全监管，加强施工人员安全教育。

2）要完善施工特种设备安全管理制度，严把起重设备及操作人员的准入关；要加强工程现有起重设备的清理，不符合安全条件的坚决予以清除，从源头上保证起重吊装作业安全。

3）要进一步落实危险性较大作业的专项施工方案，按规定逐级进行安全技术交底，既要加强作业人员安全教育，提高安全意识，又要坚持旁站监督，杜绝违章行为。

4）加强设备安全装置配置，并经常检查运行状况。起重吊装前，确保地基稳固，支撑得力，保证受力均匀。

5）起重指挥人员、实操人员等应正确估算吊运目标重量，正确选用和使用起重设备，严格执行“十不吊”原则。

6）起重指挥人员应提醒作业人员注意安全、规范操作。施工项目应加强起重吊装现场监管，设立警示标志，并派专人监护。

5.1.6 模板拆卸事故

（1）事故经过

2006年××月×日，个体劳务作业队的杨某、易某进行某桥墩模板拆除作业，要拆除的模板共有4根槽钢，桥面南、北侧各两根，每根长2.8m。拆除过程中，在地面设置了安全警戒线，直接将拆除的扔至桥面下，当扔第三根槽钢时，邱某刚好违章跨越警戒线走至槽钢坠落处，被从桥面南侧8m高空坠落的槽钢砸中头部。事故发生后，项目部立即用车将伤者送往当地医院抢救，经抢救无效死亡。为防止事故扩大，项目部会同工程监理单位立即停止施工现场所有人员的作业，按规定将事故上报有关部门，配合当地公安、安监等部门开展事故调查，并成立了企业内部事故调查小组和善后处理小组，通知邱某亲属前来妥善处理善后事宜。

（2）原因分析

1）李××、易××未按施工安全技术交底进行作业，直接将槽钢从桥面扔下，邱某作为带班及作业警界区域的安全监护人，无视安全纪律，随意进入警戒区域，导致槽钢打击邱某头部死亡，是发生这起事故的直接原因。

2）施工现场安全管理不严，监管不力，违章指挥、违章作业没有得到及时制止，是发生这起事故的间接原因。

（3）专家点评

1）总承包单位，对施工现场的安全监管、检查不到位，未能及时发现事故隐患并消除危险因素，对本起事故的发生负有主要责任。

2）项目经理，其作为工程项目部的安全生产第一责任人，没有全面履行安全生产管理职责，对施工现场监管和员工安全教育落实不力，对本次事故的发生负有领导责任。

3）项目分管安全生产的副经理，作为项目的安全生产直接责任人，未能认真履行安全生产管理职责，对施工现场安全巡查监管不到位，未能及时发现并消除事故隐患，对本次事故的发生负有领导责任。

4）监理单位，其作为工程监理单位，没有全面落实监理责任，对施工现场安全巡查监管不到位，未能及时发现事故隐患并避免事故的发生，建议当地建委予以行业内通报批评。

5）总监理工程师，对施工现场安全巡查监督不到位，未能及时发现安全隐患并予以制止，进而避免事故发生。

6）分包单位，在本案中涉嫌违规将本单位印章提供给个体人员宋某某用于承接劳务作业活动，建议将其违规行为情况移送当地安监局、建设局、监察局进行调查处理。

7）作业人员李某、易某听从带班人员的违章指挥，向桥下扔槽钢，属违章作业，对这起事故应负主要责任。

8）死者邱某，无视安全纪律，擅自指挥桥面作业人员将拆下的西槽钢直接扔至地面，属违章指挥；此外，死者邱某违反安全技术交底中明确规定的模板安装和拆除时，必须远离警界区，禁止上下同时交叉作业的规定，闯入危险作业区内，应负事故的次要责任。

（4）预防措施

1）项目部召开全体职工大会，以事故案例教育广大职工。

2）对施工现场实施隐患整改。

3）召开所有作业人员大会，以事故案例教育所有作业人员。

4）对所有的作业点进行重新安全技术交底。

5）加强现场监管力度，专职安全员加强对现场作业点的巡查，并做好巡查记录。主管技术员或工区长为作业工作点的安全生产严格监督。

5.1.7 架桥机侧翻事故

（1）事故经过

××年××月×日，大桥 9—8 号跨的 1 号和 2 号 T 梁正在进行初装。梁体安装工作由项目部交由专业安装公司施工作业。

1 号和 2 号 T 梁先后由预制场运到 7—8 号跨，经架桥机起吊临时放在盖梁的 2 号和 3 号支座位置上。其中在起吊 1 号 T 梁时，发现 T 梁向内侧倾斜，经现场处理，将 1 号 T 梁安全吊到盖梁 2 号梁位置上，校正并临时加固。2 号 T 梁放在盖梁 33 梁位置校正加固(放在支座上不松吊带)，然后进行吊装边梁横移就位的准备工作。

随后，将架桥机横移，穿好油缸吊绳（钢丝绳），开动泵站，起吊边梁，当 T 梁离开临时支垫的沙筒后，由现场协作人员徐某某、李某某、陈某某将临时沙筒放在盖梁的 1 号梁位置上，平衡放置。然后，前台长张某某指挥架桥（架桥机横移由杨某某操作）整机横移至 1 号梁安装位置，后端指挥苏某某指挥调好前后左右中心线，开动油泵，（油泵由江某某操作）将 T 梁后端落在临时支座上，协作人员徐某某、陈某某、李某某用 30t 的螺旋千斤顶将 T 梁后端顶升、校正，并通知前端指挥张某某可以进行前端就位工作。随后张某某指挥泵站操作人员江某某开动泵回收油缸，T 梁前端刚好接触到永久支座上，在 T 梁下放过程中，T 梁前端略向内倾斜。此时，后端电焊工刘某某、前端指挥张某某及协作人员陈某某等发现T梁向内倾斜严重，见势不妙，叫大家快跑。因1号T梁向内倾斜严重，在短时间内发生侧弯，连带架桥机右导梁掉到地面，随之放在天车上的2号T梁也一并落到地面，导致架桥机、两榀T梁报废，地面设置的模板支架、钢管和沿未拆除完的塔吊均有不同程度的损坏。架桥队民工江某某在8号左幅盖梁左侧观察支座中心线，在T梁倾斜时向左端躲避，与架桥机倾翻方向一致，因此同架桥机一起坠落，不幸身亡。

（2）原因分析

1）直接原因

后端指挥苏某某作为现场起重指挥及工长，在T梁安装过程中，对梁体垂直度控制得不好，在清楚梁体安装前就存在侧弯的情况下，没有积极采取纠正预防措施，为追求梁体安装进度而盲目赶工，致使安装过程中因支座单侧受力，梁体上盆发生滑移而整体侧翻，是导致此次事故发生的直接原因。

2）间接原因

作业现场施工环境恶劣，过大的风力直接造成了施工作业中的不可控因素的增加，是导致此次事故发生的间接原因。

进行辅助作业的人员对梁体安装过程中出现侧弯可能导致梁体倾倒的危险性认识不足，在安装过程中对梁体垂直度变化情况观测不够仔细；且作业人员的安全应急技能明显不足，在梁体倾倒时采取了错误的避险动作也是导致此次事故发生的间接原因之一。

（3）专家点评

大桥施工作业场所处于两山之间的风口之中，特殊的自然环境，使得这起事故的发生有一定的偶然性，30m的特级高空起重吊装作业，风速对安全作业的影响是致命的。然而项目部在清楚这个重大安全隐患的同时，由于前期作业的顺利，并没有对其采取足够的控制措施，并且无意或故意忽略了高空作业时风力的递增因素，又使得这起事故具备了必然性。

对于这种大跨度的梁体来说，垂直度控制的好坏对梁体侧弯程度的影响很大，对于50m的T梁来说，自身的侧向刚度很小。根据现场反映的情况来看，在吊装过程中，该梁大约有2cm左右的侧弯，对于这种50m梁来说，应该算是控制得比较好的，不会对梁体的安装安全有什么影响。而且现场反映该梁在预制场吊装和桥面运输过程中都比较正，对于这种自身结构都不对称的边梁，在安装过程应该随时观察梁体的垂直度变位情况，特别是在开始就知道该梁有侧弯的情况下，安装时更应该注意。根据现场操作工人反映，当时后端数值体已先下放到位，梁体前端油缸还在继续回落，永久支座也部分受力，在前端数值体和永久支座的接触过程中。由于梁体的垂直度原因，导致梁底不水平，梁底内侧先接触支座，外侧空隙过大，导致支座单侧受力，上盆发生侧翻滑移，从而导致梁体倾倒。架桥机在倾倒梁体的拉动下失稳并发生倾覆，在架桥机的带动作用下导致2号梁发生倾倒坠落。

在此次事故中，作业人员对梁体的安装过程中出现侧弯可能导致梁体倾倒的危险性认识不足，也是导致该事故发生的一个重要因素。我们现在无法对当时在场人员的心理活动进行确认，但在梁体安装的过程中，几个负责观测的作业人员思想上出现了麻痹松懈，认为梁体有一点倾斜没什么，从而导致在安装过程中对梁体垂直度变化情况观察不够仔细，却是可以肯定的。

所以，此次事故是一起安全生产责任事故，其中：

① 苏某某，派驻专业安装公司的工长，安全意识淡薄，安全工作不扎实，安全检查、措施落实不到位，对本次事故负有直接责任。

② 专业安装公司操作工杨某某，安全知识匮乏，未经安全教育培训，无证上岗，违规作业，对本次事故负有重要责任。

③ 专业安装公司安装工江某某，安全知识匮乏，自我保护意识差，不懂本岗位危险因素及防范措施，对本次事故负有重要责任。

④ 专业安装公司总工兼工程负责人，安全意识淡薄，安全管理不到位，吊装高危作业，未指定专管人员现场管理。重效益，轻安全的思想严重，对本次事故负有重要责任。

⑤ 项目部专职安全员，安全意识淡薄，安全管理不到位，项目施工中监督监察不力，对此次事故负有管理责任。

⑥ 项目部劳安部部长，对项目施工中的高危作业监管不力，对此次事故负有管理责任。

⑦ 专业安装公司经理，安全管理不到位，对此次事故负有领导责任。

（4）预防措施

1）项目施工前必须对施工中可能造成危害的因素进行辨识并制定相应的应对方法，对重大危险因素必须编制专项方案或制定专项措施。对这些危害因素及控制措施，必须及时进行发布。在安全技术交底时，一定要根据结合的施工工序或工艺的进行，并确保所有作业人员都能清楚危险点和相应的应急避险措施。

2）安全生产工作重在持之以恒，项目开工进场直至完工都应坚持一个安全管理标准和力度，不能因为任何原因产生松懈和侥幸的思想。这个标准的实施贯彻，关键就在于安全管理人员的责任心及所有参建人员的安全管理信念。项目部应根据实际建立切实可行的安全生产责任制，将安全生产的责任分担于所有参建人员，并通过经常性的安全生产考核来督促其时刻履行自己的安全职责，而不能片面地将整个项目的安全生产责任加之于屈指可数的几位安全员。一个持续一年甚至数年的工程项目，仅仅依靠几个人的工作，是不可能很好地完成其各项安全生产目标指标的。

5.1.8 巨石挤压事故

（1）事故经过

2007年××月×日，石料场作业人员杜某某等五人按料场安排在料场内进行解石放炮作业，与此同时，爆破员代××、工人余××在采面山上准备放炮作业，当杜××等人点燃解石炮后即跑到料场中两块巨石下躲避。解石炮响后1分钟左右，采面山的代××等人所放炸药亦引爆并掀翻了一块重约百吨的巨石，巨石翻滚而下将料场中的两块石头压翻，致使躲避于此的杜××等四人被挤压致死，一人轻伤。

（2）原因分析

1）直接原因

石料场爆破员代某某在进行爆破作业前，对爆破后的岩体状态估计不足，没有按要求安排对爆破作业可能危害区域进行清理、警戒，是导致此次事故发生的直接原因。

2）间接原因

项目部对该石料场的安全监管失控，在因石料质量造成施工进度滞后的情况下，忽视了安全生产，客观上造成了石料场的赶工出货，致使该石料场在没有取得《安全生产许可证》、相关人员也未经过安全生产考核和安全培训的情况下即开工作业，是导致此次事故的间接原因；而杜××等人未经过爆破专业和安全操作相关培训即上岗作业，缺乏相应的专业技能和安全意识，在明知山上开采面有爆破作业的情况下，仍然在料场中进行放炮解石作业，且错误选择避炮场所，也是此次事故的间接原因之一。

（3）专家点评

此次事故是一起安全生产责任事故。

这起事故的发生，有着极其浓厚的地域性色彩，施工单位在施工作业当中，受所在地各种人文、地域环境因素制约的一个方面体现。经事后了解，项目部在甲供石料不能满足施工质量要求的情况下，提出更换石料采集地点及最后确定以外包石料场的形式来确保项目部石材供应时，也明确表现了对石料场安全形势的担忧，而在当时的形势和环境下，若是不使用由当地人员承包的这个采石场，项目部的石料供给效率将大打折扣，项目部的施工生产进度也会受到严重影响。出于人员、成本、施工进度及外界压力等各方面的考虑，项目部在明知其安全生产的各项不足，包括生产资质、安全生产许可证及人员证书等各项缺陷时，最终选择了这个由当地村民来施工经营的石料供给场地。而项目部受前期施工进度滞后的影响，反过来又给石料场施加了采集进度压力，从客观上进一步地恶化了石料场的安全生产环境。

在此起事故中，项目部与该石料场应承担的安全责任分别是：

1）石料场负责人蒋××，在石料场未取得《安全生产许可证》，不具备安全生产资格时，即开山采石，且在明知杜某某等人不具备爆破操作资格的情况下仍安排其从事爆破作业，对此次事故负有主要责任。

2）石料场爆破员代××，没有认真履行职责，作业中违反相关安全操作规程，对此次事故负有直接责任。

3）工程项目部，没有认真落实安全生产责任制，出于施工进度需要，客观上造成了石料场抢点赶工，对此次事故负有连带责任。

4）采石场杜××等无证违规作业、冒险避炮，鉴于已在事故中死亡，不予追究责任。

（4）预防措施

在建设施工领域，如同此次事故一样的情况，可以说是屡见不鲜，施工所在地的部分人员往往会要求项目部承接工程的部分施工任务，而施工单位出于各方面的考虑，往往会满足其要求。而这些承接施工任务的队伍其安全生产资质和技能多数情况下不能满足我们的管理要求。随着国家对施工总承包单位的安全责任要求不断加强，施工单位对安全管理也必将加大自身承担的安全风险，尽管这些放松有时是不得已的，但这种情况并不能减轻或免除自身的安全责任。

1）与外联单位的合作，必须要求其提供相应的施工资质证书和安全资格证书，尤其对涉及爆破等专业性非常强的作业程序时，必须提供满足施工要求的作业人员证书，做到人、证合一。所有证件均应由项目专职安全人员进行审核并留档；同时必须在合同关系上明确同其他业务之间的合作关系。

2）对安全生产管理力量相对薄弱的作业队伍，项目部应委派专职安全员蹲守管理，或在安全管理协议书中，指定其现场负责人为兼职安全员，加大其安全生产责任，同时项目部应加大对其安全检查的密度和力度，对在检查中发现的各类安全隐患必须定人、定时间、定措施地进行整改，必要时应要求停工，整改完成后方可继续施工。

3）从最基层的作业人员开始抓起，组织分包班组长及作业人员进行安全学习和安全技能培训，加强分包人员的自我保护意识、提高其安全生产技能，从人的根源上杜绝安全生产事故的发生。

总之，此类情况实际上更加凸显了安全生产与施工效益、施工进度的矛盾，项目部只有加强自身的安全生产信念、真正贯彻“安全第一”的指导思想，认真解决安全与效益、进度的关系，才能有效地规避安全风险，实现企业的良性发展。

5.1.9　隧道坍塌事故

（1）事故经过

2008 年 10 月 7 日近 15 时 20 分，任家山隧道 K145＋510～K145＋540 段发生塌方，当时有 8 名施工人员在 K145＋510～K145＋515 左半幅仰拱处进行模板安装施工，另 K145＋505 处，有一辆白色卡车（工队的）通过，车上有 3 人，装载机司机一名。事故发生时司乘人员和 6 名施工人员均逃离现场，而 2 名施工人员失踪。

当日 11 点多开始进行 K145＋510～K145＋515 段仰拱的开挖，开挖时土质比较坚硬，初支钢拱架完好，未见下沉，只见拱脚有点潮湿。下午施工人员进行支模及仰拱坑底清理，测量放样，15 时 20 分 K145＋510～K145＋543 段突然发生坍塌，塌方从隧道左侧 K145＋525 开始，塌方时间 5～6s，坍塌后，听到洞内有哗哗的流水声，塌方持续到 10 月 9 日上午。

事故发生后，现场施工负责人立即启动应急预案，一方面组织施工人员及机械设备抢救，另一方面逐级向有关部门及当地政府报告，同时向 110 及 120 当地警方和急救中心报警救援。当地柳林县县委、县政府领导及当地警察、医务救援人员，陆续赶到现场参与抢险救援工作。

（2）原因分析

1）此次滑塌的土体含水量 22％～24％，围岩均为湿险性黄土柱状节理，且节理发育明显。在无任何外力的作用下难以承受自身重量而突然坍塌。不良的地质原因造成围岩突然失稳坍塌是此次事故发生的直接原因。

2）9 月为连续的阴雨天气，雨量较大。10 月 7 日上午 10～16 时为小到中雨。连续的阴雨天气且雨量较大，雨水沿落水洞灌注洞内，造成黄土软化是此次事故的主要原因。

3）隧址区下伏采空区等不明地质原因。

（3）专家点评

此次事故是一起安全生产责任事故。项目部施工管理人员对黄土土质的认识不足，施工过程中监控量测不及时，安全措施不到位。

（4）预防措施

1）加强学习，进一步提高对黄土土质的认识。

2）以此次事故为鉴，吸取教训，避免类似事故再次发生。

3）本次坍塌处理应本着“封闭围岩、加固两端、锁定坍塌、防止坍塌进一步蔓延，要做到一次成型、不留后患”的指导方针，坍塌处理应遵循“安全第一，步步为营”的主导思想。

4）施工顺序为1号洞室开挖支护—2号洞室开挖支护—3号洞室开挖支护—4号洞室开挖支护—仰拱初期支护施工—仰拱填充。

5）在1号、2号洞室施工之前，二衬K145＋489～K145＋510段须施工，由于塌方土体有自然坡脚，二衬尽可能靠近K145＋510处施工。

6）先施工1号洞室至K145＋522、再施工2号洞室至K154＋522，抢救出人员后，1号、2号暂停施工，再行施工3号、4号洞室施工，3号、4号洞室施工时步长控制在3m左右。1号、2号与3号、4号步长控制在3～5m。仰拱、二衬紧跟，及时封闭。该段围岩施工严格遵照“管超前、不爆破、短开挖、强支护、快封闭、勤量测”组织现场施工。

7）施工过程中加强监控量测，指导现场施工。如有异常，应当立即安排人员撤离，及时通知设计、监理、业主。

8）1号、3号预留核心土。施工时现场须设专职安全员。

9）施工过程中严格按专项方案及规范要求施工及施工规范施工。

10）进一步加强对施工人员的安全教育，提高施工人员安全防范意识。

5.1.10 山体滑坡事故

（1）事故经过

××年××月×日凌晨5时50分，××公司项目部位于项目营地背后的一处山体，在无任何预兆的情况下，突然发生滑塌，将建在此山体下红砖砌筑，墙厚24cm，屋顶起脊用石棉瓦搭建，南北朝向的8间施工人员临时宿舍东端的三间宿舍冲倒，住在该房间内的11名人员（其中家属2名）被滑塌的土体及倒塌的房屋掩埋。滑塌土体为新黄土，滑塌体高约12m，宽约10m，平均厚度约1.2m，滑塌的土体约140m^3，滑塌面较为光滑。

此次事故造成五死六伤。死亡人员中：施工人员三人，家属两人（均为女性，其中一人为四岁女孩）。

（2）原因分析

1）项目部职工宿舍建设选址受地形限制，且对周围地址情况不清、检查不到位，为事故的发生埋下隐患，是造成事故发生的主要原因。

2）当年秋季，事故发生地降雨充沛，加大了山体负重，也是造成这次事故的重要原因。

3）此次滑塌的土体含砂量为2.1％，含水量6.6％，塑性指数9.8％，为低液限粉土，山体滑落面较光滑，由经验推断此面为一隐性破裂面，今年9～10月当地遭受五十年一遇的大雨，对土体的浸润也破坏了土体的稳定性，在无任何外力的作用下难以承受自身重量而自然滑塌，是造成此次事故的间接原因。

（3）专家点评

1）项目部工区负责人，作为工区的第一责任人，对职工房屋建筑的选址，负有领导责任。

2）项目部安全员，日常安全监管不到位，对民工房屋的选址修建没能提出是否可行的建议，负有监管责任。

3）项目部经理，作为项目主要负责人，负有领导责任。

（4）预防对策

1）加强学习，进一步提高对黄土土质的认识。

2）以此次事故为鉴，举一反三，进一步抓好安全生产工作中的薄弱环节，吸取教训，避免类似事故再次发生，确保生产安全。

3）建立隐患排查登记消号台账，健全安全监管体系。对全线所有工点的临时房屋进行一步拉网式排查，凡发现有类似情况者，立即整改，消除安全隐患。

4）对建在山坡下的临时房屋，采取以下措施：

① 有安全隐患的，立即拆除房屋搬迁至安全地带。

② 对山体高度20m以上的，放缓山体坡度，山体高度每高出5m修筑一平台，坡顶设排水天沟。房屋与坡脚间留一定距离，坡脚处采用浆砌片石防护。

③ 经常检查山体稳定情况，加大临时工程安全检查力度。

5）进一步加强对施工人员的安全教育，提高施工人员安全防范意识。

5.2 水运工程生产安全事故案例

5.2.1 起重工落水淹溺死亡

（1）事故经过

××年××月×日上午9时35分，某工程公司在某码头施工中，为吊运拆除的堆放在码头边缘的废弃混凝土梁，起重工段工段长安排起重工赵某和另外一名起重工李某，将废弃的混凝土梁用起重船吊放到方驳上。当进行第三块混凝土梁吊运时，赵某位于距离码头边约1.5m的地方，在吊件旁边给起重船吊钩挂扣。当起重船吊钩向上刚刚吊离底部时，位于吊件右侧的一块不规则的混凝土块（约200kg），被碰撞后快速滑向海里。赵某为躲避该混凝土块，在向后移动过程中被混凝土块挂了一下，和混凝土块同时落入海里。经抢救无效，溺水死亡。事后，在海上发现了自赵某身上脱落的救生衣，并发现赵某的腿部被混凝土撞伤。

（2）原因分析

这起案例中，起重工赵某未对作业现场周围环境进行认真检查，作业时选择站位不当且大钩负重后又未及时离开，并且没有按照规定穿好救生衣，是造成此次死亡事故的直接原因。

（3）专家点评

这是一起典型的由于操作者违反操作规程、安全意识淡薄及自我保护意识不强造成的人身伤害事故。在起重作业中，作业人员没有认真检查现场情况，以致在混凝土块滑动时躲闪不及，被挂到后落入海里。同时，赵某在临水作业时，没有系好救生衣的扣带，致使落水后救生衣在浮力作用下脱出，失去应有的保护作用。这些导致了这起死亡事故的发生。

在作业中李某如果和赵某之间能够互相监护，及时提醒赵某，也可能避免此次事故的发生。此次事故说明该公司在作业人员的安全意识、遵章守纪、安全技能培训教育方面存在问题。职工缺乏足够的安全意识、安全技能和自我保护、相互保护的意识。

（4）预防对策

1）水上作业必须穿好救生衣等个人防护用品。

2）作业前必须了解施工场地及其周围的环境情况。

3）加强对作业人员的安全教育，强化职工的自我保护意识和遵章守纪的自觉性。

4）加强现场安全的监督检查。

5.2.2 新入厂农民工落水淹溺死亡

（1）事故经过

××年××月×日上午，××公司××码头项目部，刚刚招进了一批农民工（共 21 人）。农民工到厂后，项目部安排全体农民工整理宿舍后休息，下午进行安全教育和安全技术交底。当日上午 8 时 30 分，该项目部接到通知，业主和监理将于下午到现场进行综合检查。现场调度赵××见码头上（已经铺装了梁板）有一堆木料需要清理，便派新到的农民工李××和另外几名农民工去清理。上午 10 时 30 分，在搬运木料的过程中，李××右肩扛着一块木方，为躲避对碰过来的手推车，在向右移动时，木方的后部碰到木料垛，李××站立不稳，在调整重心的过程中，没有注意到其右侧的码头面预留孔，自码头预留的安装孔（孔口尺寸为 1.5m×1.5m）落入海里。经抢救无效，溺水身亡。

事故调查中发现，现场作业的所有新进厂的农民工，在工作中都没有戴安全帽、穿救生衣。

（2）原因分析

1）现场防护措施有缺陷，预留孔洞没有进行封盖或设置围栏。

2）新进厂农民工未经过安全教育和安全技术交底，也未告知作业场所中存在的危险，马上安排上岗作业，是导致事故发生的主要原因。

3）项目部安全管理人员对施工现场监督检查不力。

4）作业人员未使用个人防护用品用品（救生衣）。

（3）专家点评

1）《建设工程安全生产管理条例》第二十八条规定，施工单位应当在施工现场孔洞口设置明显的安全警示标志。

此案中，该施工现场没有对存在危险的预留孔采取防护措施，并且未设置明显的安全警示标志。

2）《建设工程安全生产管理条例》第三十二条规定，施工单位应当向作业人员提供安全防护用具和安全防护服装，并书面告知危险岗位的操作规程和违章操作的危害。

此案中，现场调度安排没有经过任何培训教育的农民工从事码头清理工作，同时未向作业人员提供个人防护用品，导致了农民工落水死亡事故的发生，应当对事故承担主要责任。

3）《建设工程安全生产管理条例》第二十三条规定，专职安全生产管理人员负责对安全生产进行现场监督检查。发现安全事故隐患，应当及时向项目负责人和安全生产管理机构报告；对违章指挥、违章操作的，应当立即制止。

此案中，该施工现场没有对存在危险的预留孔采取防护措施，并且未设置明显的安全警示标志。项目部安全生产管理人员对施工现场监督检查不力，对存在的安全事故隐患未采取任何措施。

（4）预防对策

1）坚持安全教育、安全技术交底制度。未经过安全教育和安全技术交底的人员不得安排其参加施工作业；

2）加强对施工现场监督检查；

3）落实施工现场安全防护措施；

4）及时向施工作业人员提供安全防护用具。

5.2.3 重进度轻安全导致工人失踪

（1）事故经过

某码头施工现场，工段长刘××正带领十几位民工进行混凝土浇筑，突然接到项目部值班室王某的对讲机通话，王××讲："根据天气预报介绍，今天下午天气将发生突变，将会有6～7级大风，并伴随有小雨，项目部通知你提前收工"。刘××接到通知后迅速和项目部副经理张××用对讲机联系，并说现在工期比较紧，能否浇筑完了再收工。张××说加快浇筑进度，争取赶在天气变化前把混凝土浇筑完毕，并且提醒刘××注意安全，没有明确要求提前收工。刘××认为现在工期很紧，如果拖下去对施工很不利，于是坚持在混凝土浇筑完毕后收工。下午5时40分，在乘坐交通船回项目部的途中，天气情况已经恶劣，由于风大浪高交通船失去控制，被冲上浅滩搁浅，在搁浅的瞬间，坐在船边的3人落水，经过紧急抢救，两人被救起，农民工陈某失踪（未穿救生衣）。

（2）原因分析

现场施工负责人工段长刘××，只考虑施工进度，没有执行项目部提前收工的指令，对施工过程中出现的安全隐患估计不足，在气象突变前，没有及时带领施工人员离开现场，是导致此次事故的直接原因。

（3）专家点评

这是一起因考虑施工进度而忽视安全生产、施工人员违章作业、冒险蛮干、安全措施不到位导致人员伤亡的责任事故。施工现场工段长刘某，只考虑施工进度，对施工过程中出现的安全隐患估计不足；项目部副经理张××对施工现场指挥含糊，没有明确要求施工人员及时返回项目部；农民工陈××安全自我保护意识淡薄，没有按照要求穿戴救生衣，乘坐位置不当，导致了此次死亡事故的发生。

这起事故说明了该企业管理人员和施工人员没有充分领会"安全第一、预防为主、综合治理"的安全生产方针，没有处理好安全与进度的关系，安全生产工作意识淡薄。

（4）预防对策

1）项目部应制定相应的安全管理制度，对影响安全生产的重大环节应制定应急预案和安全控制措施，必要时启动应急预案；

2）加强施工现场管理人员的安全教育，增强他们的安全管理知识和安全防范意识。在安排施工生产任务的同时，应充分考虑安全因素；

3）加强对施工现场进行安全监控和管理，杜绝违章作业、冒险作业等不安全行为。

5.2.4 违章操作导致维修工触电死亡事故

(1) 事故经过

某码头施工现场，设备维修工李××利用午休的时间对混凝土搅拌站进行维修，并拉下了搅拌站专用电闸箱的闸刀。20分钟后，加工班班长吴××应项目部副经理的要求，在施工现场临时加工1个铁质护栏，吴××便带领电焊工周某来到施工现场，电焊工周××发现电闸箱的距离太远，电焊机的电源线长度不够，周××发现混凝土搅拌站的专用电闸箱在有效距离内，就问加工班班长吴××是否能够借混凝土搅拌站的电闸箱暂时用一下。吴××想了想说："不要紧，反正现在是休息时间，没有人使用"。于是周××就将电源线接到混凝土搅拌站的电闸箱上，并将闸刀合上，导致正在搅拌站进行维修作业的维修工李××触电。发现情况后吴××、周某迅速将电闸拉下将李××脱离电源，发现李××有微弱呼吸，但心跳停止，吴××、周××二人都不会临时急救办法，又没有带通信工具，吴××便让周××跑回项目部打120急救电话，半小时后救护人员赶到，维修工李××经抢救无效死亡。

(2) 原因分析

加工班班长吴××、电焊工周某二人违反"一机一闸一漏一保护"制的施工用电操作规程，将电焊机电源线搭接到混凝土搅拌站专用电闸箱上，是导致此次事故的直接原因。

(3) 专家点评

这是一起因施工人员违反安全操作规程，安全措施不到位导致人员触电死亡的责任事故。施工现场加工班班长吴某、电焊工周某二人违反"一机一闸一漏一保护"制的施工用电管理制度，并且对搅拌站是否有人正在作业，不做任何调查，凭借主观判断，盲目合闸。设备维修工李××利用午休的时间对混凝土搅拌站进行维修，在电源闸刀处没有挂"检修施工、请勿合闸"的警示牌。对有可能发生的不安全行为估计不足，导致了这起事故的发生。

此次事故说明了该企业安全管理制度没有严格贯彻和落实，施工人员安全知识水平及素质不高，施工现场混乱，缺乏统一的管理。

(4) 预防对策

1) 严格执行施工现场用电安全管理制度，落实各工种安全操作规程，在实施的过程中加大贯彻落实力度，切忌走过场；

2) 加强施工人员用电安全知识的教育，增强他们预防触电事故的安全技能和意识，在安排施工生产的同时，能充分考虑用电过程的不安全因素；

3) 建立触电事故应急救援机制，在发生触电事故后能及时启动应急救援预案，采取有效的救援行动。

5.2.5 起重作业冒险蛮干导致起重工砸伤事故

(1) 事故经过

××年×月×日，××港口码头施工现场，吊车驾驶员梁××和起重工谢××配合进行钢材吊装工作，前一天工地安全大检查，发现起重钢丝绳已经扭结变形，局部破损量超过规范要求，检查组开出隐患整改通知单，要求立即进行整改。起重班组负责人蒋××答应第二天组织插一批新的钢丝绳扣，将已破损的钢丝绳全部换掉。第二天，起重班组负责人蒋××因为临时接到其他工作任务，没有时间组织人员插新的钢丝绳扣，让起重工谢××暂时将旧钢丝绳先用一用，使用过程中控制起吊质量，小心使用，等明天有时间再说。在施工过程中，吊车驾驶员梁××和起重工谢××配合默契，严格控制起吊质量。到中午12时00分，钢材还有两钩未吊，此时已到中午吃饭的时间，现场负责吊运钢材的工段长督促起重工谢某说："快1点，该吃饭了。"起重工谢某犹豫了一下，将最后两钩并成一钩，当被吊钢材刚刚越过起重工谢××头顶时，钢丝绳崩断，部分钢材压在谢某身上，谢某多处发生骨折，严重受伤。

（2）原因分析

起重工谢××严重违反起重安全操作规程，为节约时间，带着侥幸的心理成倍增加起重量，导致钢丝绳绷断，是造成此次事故的直接原因。

（3）专家点评

这是一起因施工人员违反安全操作规程，违章指挥、冒险作业导致人员伤亡的责任事故。起重工谢××严重违反起重安全操作规程，为节约时间，带着侥幸的心理，冒险作业，大幅度加大起重量，吊车司机梁某违反起重安全操作规程，将起吊物从他人头顶越过，现场负责吊运钢材的工段长，为抢时间吃饭，不顾施工安全、违章指挥，导致了这起事故的发生。

此次事故说明了该企业安全管理制度不落实，施工人员违章指挥、违章作业，施工现场管理混乱。

（4）预防对策

1）建立健全施工现场的各项安全管理规章制度，严格执行各项安全操作规程；

2）加强现场作业人员安全教育，尤其是特殊工种安全操作规程的教育，提高安全意识；

3）严格落实安全检查及隐患整改制度，对发现的隐患要及时进行整改，项目部安全管理人员应督促安全隐患整改的落实工作。

5.2.6 施工人员被钢丝绳缠绕、拉倒致死

（1）事故经过

××年××月×日×码头工地在进行混凝土灌注桩灌注作业过程中，在没有采取任何防止钢丝绳向两边滑动措施的情况下，使用一条由钢丝绳卡（已有裂缝）连接的钢丝绳起吊料斗。由于钢丝绳卡突然断裂。料斗急速下坠，脱扣钢丝绳急速下落直接缠绕站在桩机纵向底座固定钢梁上作业的邹某脖子上，其头部被拉至料斗边缘，整个身体横在机台上。经过现场人员全力抢救，邹某被抬出，立即送往当地医院，因抢救无效死亡。

（2）原因分析

1）技术方面

为使被吊物保持足够的稳定性，防止被吊物发生倾斜、翻倒或滑脱，其防范措施之一要求单条钢丝绳不得直接横挂在吊钩上。同时当钢丝绳采用绳卡固接时，绳卡数量必须满足规程的要求，并且在作业中经常检查钢丝绳紧固情况及绳卡有无破损。

该工地直接使用单条钢丝绳横挂吊钩起吊物体，且钢丝绳采用绳卡固接时绳卡数量不

足，其绳卡并已严重破损，因此，必然发生钢丝绳卡断裂固接处滑脱并致使料斗急速下坠。

2）管理方面

施工单位安全检查不到位，存在单条钢丝绳横挂吊钩起吊物体；且钢丝绳采用绳卡固接时，绳卡数量不满足规程的要求，且绳卡已经明显严重破损的隐患都没发现，可见该施工单位安全检查不到位，是造成该起事故的重要原因。

（3）专家点评

由于绳卡突然断裂，钢丝绳从固接处滑脱而急速下坠，致钢丝绳缠绕在作业人员的脖子上导致死亡，这种事故是比较少见的。而本次事故完全是由于指挥者麻痹大意，操作者违反安全操作规程及施工现场安全检查不到位等造成事故发生。

从本次事故可以看出该施工现场必须加强安全生产教育，严格执行安全操作规程，加强作业人员、指挥者、现场安全员等的安全技术培训教育。

（4）预防对策

1）加强施工现场指挥人员对起重操作技术规程的学习，提高安全技术水平；

2）更换钢丝绳起吊，由原来的单条横挂吊钩改为两条钢丝绳挂钩，防止钢丝绳在吊钩上滑动，并采用符合数量要求且与钢丝绳直径相匹配的良好绳卡固接钢丝绳；

3）加大施工现场操作人员的自检力度，加强施工现场的安全检查，发现事故隐患立即整改。

5.2.7 焊工落水死亡事故案例

（1）事故经过

××年××月×日×码头工地，焊工邓××在完成横梁模板安装和加固后，休息片刻，因模板内钢筋笼空间狭窄，便脱下救生衣放在钢筋笼顶，钻入钢筋笼内进行堵模板缝作业。将缝堵好后，从模板钢筋笼内爬出，在伸手拿救生衣时，突然坠海，周围作业人员发现后，立即搜救，却不见邓某，直至事故20日后才在事故现场发现邓某尸体。

（2）原因分析

1）技术方面

由于码头横梁施工场地窄小，又是临边、临水作业，是处在施工过程中极易发生落水事故的场合，因此这些场合不得缺少安全防护措施，作业人员必须在有足够的安全防护措施情况下方可作业，以防止发生坠落海里的事故。

该施工现场场地窄小，作业人员又存侥幸心理，在无任何防护措施的情况下，只要作业人员稍微疏忽大意，发生坠落海里的事故是必然的。

2）管理方面

该施工现场安全监督管理严重不到位，在制度的落实、措施的实施过程中存在严重的空当和漏洞，是造成该起事故的重要原因。

（3）专家点评

本次事故是一起安全防护措施不落实及作业人员违章作业引发的安全责任事故。在危险的临水、临边场合应设置安全防护设施，作业人员不得因客观原因进行违章作业。作业人员因钢筋笼狭窄脱掉救生衣，却没有采取其他安全防护措施（如系安全带），同时横梁临边、临水场地没有设置安全防护装置（如悬挂安全网、设置防护栏杆等）是此次事故的根源所在。危险性较大的临水、临边施工场地都极易发生坠落水里的事故，但是施工单位、现场作业人员对这些部位的危险性缺乏足够的认识，而作业人员由于安全意识不强、自我保护意识淡薄，导致了该事故的发生。

（4）预防对策

1）码头前缘、横梁等临水、临边设置安全防护装置（如悬挂安全网、设置防护栏杆等）；

2）加强员工安全教育，增强员工安全意识和自我保护能力；

3）在作业施工现场，对危险部位要设置安全警示标志；

4）加大现场安全监督管理力度，落实各类人员安全责任。

5.2.8 新员工跨跳两船造成重伤事故

（1）事故经过

××年××月×外航道整治工程工地，某日当地海洋气象预报：白天东南风转东风，风力 4～5 级，浪高 0.8～1.0m。项目部按常规安排施工，新员工周××与其他职工乘坐 1 号交通船从码头到整治工程三标段工地作业，出海后，风力不大，但涌浪约有 1m 多。1 号交通船到达作业地点后，用船艏斜向顶靠 2 号插板船船头准备带缆停住让人上船。职工陆续安全上船，轮到周××上船时，周某利用 1 号交通船被涌浪抬高时机，双手抓住 2 号插板船防浪板上边缘。双脚站在 1 号交通船船艏，抬腿正要往 2 号插板船上迈时，交通船因浪大，在被浪抬升往前冲时，船艏突然撞击插板船，船艏不往上升反而下沉，周某顿时失去重心，致使其双腿悬空在插板船边，此时交通船受系缆拉力，随着第二个涌浪往前上升，很快向插板船荡去，周某还来不及闪避，悬空在插板船边的右小腿被交通船船艏撞击，造成其右胫骨中段粉碎性骨折的重伤事故。

（2）原因分析

1）技术方面

根据水上作业规定，5 级风以内虽是允许施工的，但当地理环境和气象环境致使施工区域在风力 4～5 级时涌浪达到 1m 多，交通船是无法控制摇荡起伏的。作业人员在这样恶劣的环境条件上、下交通船必须采取有效的安全防范措施，否则发生事故是可能的。

2）管理方面

由于项目部对施工人员上、下交通船所存在的前瞻性认识不足，交通船停靠工程船的安全技术措施不完善，仅仅依靠职工在上、下交通船时看准风浪待交通船船头抬高时，抓住两船高差小的时机登离船来保证安全，因此，职工在上、下船时，动作稍有迟缓，必然会导致事故发生。

（3）专家点评

本次事故是一起由于对作业危险部位认识不足而没采取有效防范措施造成的事故。作业环境危险，仅仅依靠员工自身的熟练和经验来防止事故发生是不可取的。项目部应该充分认识到危险部位的危险性，提高危险源识别能力对职工安全教育，提高职工安全意识，进行安全技术交底，并采取相应有效的防范措施，避免事故重复发生。

（4）预防对策

1）项目部应加强对施工现场危险部位的认识力度，并制定相应的预防措施。

2）完善交通船停靠工作船时职工上、下船的各项安全防范措施，并增加设置安全警示标志。

3）加强环境监控，在现场风浪和涌浪比较大的不良环境情况下，及时给施工人员以安全提示或禁止上、下交通船。

4）加强对新员工的安全培训，提高自我保护意识。

5.2.9 “驳 31 船”驾长落水死亡事故

（1）事故经过

××年×月×日×防坡堤工地，“驳 31”船执行抛石定位任务，约 18：00 时，何某在等待“抛 2 船”靠泊抛石期间回宿舍喝水，并将救生衣脱下。约 19：30 时，“抛 2 船”装载石料准备靠“驳 31 船”右舷抛石。当时海面实际的风力约 5 级，浪高 1.5m 左右。“抛 2 船”以约 15°夹角慢速靠近“驳 31 船”，两船艏部横距约 5～8m 时，“抛 2 船”水手把撇缆绳抛到“驳 31 船”石料舱内。驾长何某在船艏负责右锚机和全船指挥，何某见到撇缆绳抛进船舱，便从船首右舷石料舱围板外走到右舷艏第二个系缆柱边，在收拉撇缆绳的过程中，由于受扰风及涌浪的影响，“抛 2 船”的艏部左舷触碰“驳 31 船”的船艏右角，造成“驳 31 船”突然摇摆晃动，何某在两船相碰的瞬间身体站立不稳坠落在“抛 2 船”与“驳 31 船”之间的海里。“抛 2 船”船员看到何某落水，立即采取不同措施对其进行营救。“抛 2 船”船员看见何某掉进海里时两手仍然拉住撇缆绳，该船员试图将其拉上船，但撇缆绳被船边轮胎卡住，另外的船员抛救生圈，见他接到救生圈并套在头上后，想将他拉上来，但未成功。“驳 31 船”的船员因围板阻挡视线，未能及时把船移开。在营救何的过程中，“抛 2 船”因受风及涌浪的作用，与“驳 31 船”先后三次靠拢又撞开。但当第三次撞开后，发现何某已不见，救生圈于数秒后浮出水面。何某从掉下水到沉没失踪时间大约 1min。船员在海面上继续搜索均无结果。事隔 16 日之后，在事故发生地附近发现何某尸体。

（2）原因分析

1）技术方面

“驳 31 船”是经过改造后用于补抛的装石专用船，围板外舷边通道狭窄，只有 1.1m 宽的通道且相隔不远又有伸向舷边的围板斜支撑板；有三个高出甲板面 40cm 的舱口盖；有两座系缆柱，系缆柱内侧与 1.35m 高的围板间距仅 20cm。在海上卸石时，其他船靠泊的作业机会很少，但改为定位驳用途后，其他船靠泊的机会频繁，船员在甲板舷边作业的次数要增加，危险因素也增加。“驳 31 船”改作定位船后，并没有制订相应的安全技术措施和进行施工安全技术交底。“抛 2 船”舷边没有护舷包根，厚 40cm 的轮胎碰垫被两船挤压后，厚度只剩 20cm 左右，加上“驳 31 船”有 15cm 的护舷包根，两船平行靠拢后，两船之间间隙只有 40cm 左右，使落水者有随时被挤压的危险。

2）管理方面

项目部未进行安全技术交底，员工安全意识淡薄、违章作业，且安全措施不到位，是造成该起事故的重要原因。

（3）专家点评

此起事故由于船舶本身存在不安全因素，船舶改装后，操作者的作业空间狭窄，造成操作困难，极其容易发生坠海事故。操作手何某安全意识淡薄，严重违反规定（作业时未穿好救生衣），造成事故的发生。从该起事故可以看出，施工单位船舶的改造必须经过安全论证，并征询船员的意见，采取切实有效的安全防范措施，设置安全保护装置。

（4）预防对策

1）加强对职工安全意识的教育和安全操作规程的学习，提高船员海上作业的自我保护意识。

2）船舶的新造或改装，必须进行安全论证，广泛听取安全人员和操作船员的意见，保证船员有足够的安全工作通道和防护设施。对改变船舶的使用用途也要经论证并制订相应安全措施方可实施。

3）原作装石驳用途的“驳 31”船，如改作定位驳使用，必须割除阻碍船员操作的部分围板，并制订相应的安全技术措施。

4）重申船长是船舶的安全生产第一责任人，对有可能危及本船施工安全的违章指挥有权拒绝，并向上级反映。

5）定位船舶的艏、舯、艉部的两舷应安放直径不少于 1m 的浮式或固定橡胶碰垫。

6）加强对突发事件的应变能力和营救办法，制订船舶的应急预案，按规定进行定期演练。

5.2.10 厨房用火不慎，船舶火灾

（1）事故经过

某轮厨工在做饭时，开着炉火离开厨房来到餐厅，20min 后，厨工感觉有异味从厨房冒出，厨工及闻讯赶来的船长等人急忙赶到厨房。发现厨房中的炉台、炉台上的油盒（盛有 3kg 食用油）、天棚上抽烟机的塑料叶轮等均已着火。厨工见状即关掉液化气灶的鼓风机和液化气瓶的开关。船长等人用 CO_2 灭火器灭火。由于厨房内烟火很大已无法进入，因此灭火器灭火没有达到预期效果。后改用水灭火系统，配电箱因火短路致总闸跳闸，消防水泵无法工作。手抬式消防泵又无法启动，所以水灭火系统完全失去了作用。在场的人想让水手穿防火衣进入厨房用灭火器实施灭火，由于呼吸器无法使用，而未能进入厨房。这样，该船完全失去了自救能力。由于全船断电无法使用通信设备与外界取得联系，延误了外界救助的时间。后在其他过往船舶的救助下，在起火 3h 之后，终将大火扑灭。但是，整个船舶已被烧毁。

（2）原因分析

1）灶面上放有一盆食用油，该油盆距灶面太近；而且厨工在点着灶火的情况下擅自离开厨房。

2）救火工作组织不当。船舶起火后，该轮船长未能起到全船总指挥的作用，行动混乱，整个火灾过程中未能将船员按消防部署组织起来，致使整个施救过程处于盲目状态。

3）轮机部在灭火工作中组织不力，未能采取有效措施。配电箱中的电路发生短路，导致机舱供电总闸跳闸，切断了消防泵及其他通信设备的用电，因而消防泵未能运转，手抬式消防泵又不能启动，使船舶失去了主要的灭火手段，同时也切断了各种主要的对外联系方法，延误了请求外援的时间。

(3) 专家点评

1) 严格遵守船舶动火必须有人看管的规定。

2) 加强易燃易爆物品的消防管理。

3) 严格按照消防部署定期进行消防演习，并做好对应的演习后评估，及时总结经验。

(4) 预防对策

1) 起火的直接责任人是某轮的驾驶员。

2) 船舶上不论是厨房还是其他地方用火时都必须有人看管。

3) 易燃物质不能离火源太近。

4) 消防应急演习要注重实效，也是检验消防设备的最好时机和方法。

附录：

交通运输部办公厅关于印发《公路工程施工企业主要负责人和安全生产管理人员考核大纲》《水运工程施工企业主要负责人和安全生产管理人员考核大纲》的通知

交办安监函〔2016〕604号

各省、自治区、直辖市、新疆生产建设兵团交通运输厅（局、委），长江航务管理局：

为加强公路水运工程安全管理，做好公路水运工程施工企业主要负责人和安全生产管理人员的安全生产知识和管理能力考核管理工作，规范安全生产知识和管理能力考核内容，指导施工企业主要负责人和安全生产管理人员有针对性开展安全生产知识学习，不断提高安全生产管理能力。根据《安全生产法》《建设工程安全生产管理条例》《交通运输部关于印发公路水运工程施工企业主要负责人和安全生产管理人员考核管理办法的通知》（交安监发〔2016〕65号），部组织编制了《公路工程施工企业主要负责人和安全生产管理人员考核大纲》《水运工程施工企业主要负责人和安全生产管理人员考核大纲》，印发给你们，请按照大纲考核要求开展此项考核工作。

交通运输部办公厅

2016年6月14日

附件：1. 公路工程施工企业主要负责人和安全生产管理人员考核大纲

2. 水运工程施工企业主要负责人和安全生产管理人员考核大纲

附件 1：

公路工程施工企业主要负责人和安全生产管理人员

考　核　大　纲

目　　录

一、考核目的

考核公路工程施工企业主要负责人和安全生产管理人员对安全生产知识的了解、熟悉、掌握的程度与安全生产管理能力。

二、考核范围

（一）综合知识和能力
（二）法律法规及规章规范
（三）安全生产管理
（四）安全生产技术

三、考核方法

（一）考核方式

采用书面或计算机闭卷考试方式，考试时间为120分钟。

（二）试卷组卷原则

1. 试题类型包括：单项选择题、多项选择题、判断题和案例题。

2. 试卷组卷比例见附表1-1。

试卷组卷比例 **附表1-1**

内容与比例 / 人员类别	法律法规	安全管理	安全技术	综合知识和能力	合计
企业负责人	45%	35%	12%	8%	100%
项目负责人	35%	35%	22%	8%	100%
安全生产管理人员	30%	25%	37%	8%	100%

其中，试卷组卷中基础题库的试题占比不少于85%，地方试题占比不多于15%。

四、考试内容

（一）综合知识和能力

1 综合知识

1.1 公共知识

1.1.1 了解职业道德的核心原则、基本要求、时代价值

1.1.2 掌握心理健康知识与心理调适方法

1.2 安全知识

1.2.1 熟悉安全的基本概念

1.2.2 熟悉安全理念的发展历史与现实

1.2.3 掌握生产安全事故的等级划分

1.2.4 掌握生产安全事故致因理论

1.2.5 掌握生产安全事故预防的常见方法

1.2.6 掌握生产安全事故应急处理的一般程序

1.3 管理知识

1.3.1 了解管理的基本概念

1.3.2 了解管理的思维类型与特征

1.3.3 了解管理的手段、过程与技术

1.3.4 了解现代安全管理原理

1.3.5 熟悉系统安全分析

1.3.6 熟悉安全标准化管理

2 综合能力

2.1 公共基本能力

2.1.1 掌握并具备语言表达与沟通能力

2.1.2 掌握并具备规范理解能力

2.1.3 熟悉并具备道德评价能力

2.1.4 熟悉并具备心理承受能力

2.1.5 熟悉并具备突发事件处置能力

2.2 安全管理行为能力

2.2.1 熟悉并具备安全规范执行能力

2.2.2 熟悉并具备安全监督检查能力

2.2.3 熟悉并具备危险源识别与隐患排查治理能力

2.2.4 熟悉并具备安全业绩考核能力

2.2.5 掌握并具备典型事故分析能力

2.2.6 掌握并具备“三违”行为制止能力

2.2.7 熟悉并具备信息选择与反应能力

（二）法律法规及规章规范

3 安全生产相关法律

3.1 《中华人民共和国安全生产法》

3.1.1 熟悉安全生产法的立法目的

3.1.2 熟悉适用范围

3.1.3 掌握安全生产方针

3.1.4 生产经营单位的安全生产保障规定

3.1.4.1 掌握生产经营单位应当具备的安全生产条件

3.1.4.2 掌握生产经营单位的主要负责人的安全生产工作职责

3.1.4.3 熟悉安全生产资金投入的规定

3.1.4.4 掌握安全生产管理机构和安全生产管理人员的配备及职责

3.1.4.5 熟悉从业人员安全生产培训的规定

3.1.4.6 熟悉特种作业人员的范围和资格

3.1.4.7 熟悉建设项目安全设施的“三同时”规定

3.1.4.8 了解建设项目的安全条件论证和安全评价的规定

3.1.4.9 了解建设项目的安全实施设计和安全条件论证的规定

3.1.4.10 熟悉建设项目安全设施竣工验收的规定

3.1.4.11 掌握安全警示标志的规定

3.1.4.12 熟悉安全设备达标的规定

3.1.4.13 熟悉特种设备检测、检验的规定

3.1.4.14 熟悉生产安全工艺、设备管理的规定

3.1.4.15 掌握危险物品管理的规定

3.1.4.16 掌握重大危险源管理的规定

3.1.4.17 了解生产设施、场所安全距离和紧急疏散的规定

3.1.4.18 熟悉爆破、吊装等作业现场安全管理的规定

3.1.4.19 掌握劳动防护用品的规定

3.1.4.20 掌握交叉作业安全管理的规定

3.1.4.21 熟悉生产经营项目、场所、设备发包或者出租的安全管理

3.1.4.22 熟悉工伤保险的规定

3.1.5 熟悉从业人员的安全生产权利义务

3.1.6 了解安全生产的监督管理

3.1.7 熟悉生产安全事故的应急救援与调查处理

3.1.8 掌握相关法律责任

3.2 《中华人民共和国建筑法》

3.2.1 了解立法目的与适用范围

3.2.2 熟悉建筑工程施工许可

3.2.3 熟悉从业资格

3.2.4 熟悉建筑工程发包与承包

3.2.5 熟悉与施工许可、从业资格等相关的法律责任

3.3 《中华人民共和国突发事件应对法》

3.3.1 了解立法目的和适用范围

3.3.2 了解管理体制、工作原则

3.3.3 熟悉突发事件应急管理主体

3.3.4 掌握突发事件的预防与应急准备的工作要求

3.3.5 掌握突发事件应急处置与救援措施

3.3.6 熟悉相关法律责任

3.4 《中华人民共和国特种设备安全法》

3.4.1 了解立法目的和适用范围

3.4.2 掌握特种设备概念

3.4.3　熟悉特种设备安全工作的原则

3.4.4　熟悉特种设备的使用规定

3.4.5　熟悉特种设备的检验检测

3.4.6　了解特种设备的监督管理

3.4.7　熟悉相关法律责任

3.5　《中华人民共和国消防法》

3.5.1　了解立法目的和适用范围

3.5.2　熟悉消防工作方针、责任主体

3.5.3　熟悉建设工程火灾预防工作

3.5.4　掌握消防工作责任

3.5.5　掌握消防组织与灭火救援

3.5.6　熟悉相关法律责任

3.6　《中华人民共和国劳动法》

3.6.1　了解立法目的和适用范围

3.6.2　了解用人单位在职业安全卫生方面的职责

3.6.3　掌握职业安全卫生条件及劳动防护用品要求

3.6.4　熟悉伤亡事故及职业病统计报告处理制度

3.6.5　熟悉对劳动者的职业培训

3.6.6　熟悉劳动者在职业安全卫生方面的权利和义务

3.6.7　熟悉相关法律责任

3.7　《中华人民共和国劳动合同法》

3.7.1　了解立法目的和适用范围

3.7.2　掌握劳动合同的订立

3.7.3　熟悉劳动合同的履行和变更

3.7.4　了解劳动合同的解除和终止

3.7.5　了解集体合同劳务派遣非全日制用工

3.7.6　熟悉相关法律责任

3.8　《中华人民共和国职业病防治法》

3.8.1　了解立法目的与适用范围

3.8.2　熟悉职业病防治工作方针

3.8.3　掌握用人单位的主要职责

3.8.4　熟悉劳动者的主要权利

3.8.5　熟悉劳动者的义务

3.8.6　熟悉相关法律责任

3.9　《中华人民共和国环境保护法》

3.9.1　了解立法目的与适用范围

3.9.2　熟悉环境保护责任制度

3.9.3　熟悉环境保护的“三同时制度”

3.9.4　了解环境污染的处理报告制度

3.9.5 了解相关法律责任

3.10 《中华人民共和国刑法》

3.10.1 了解立法目的与适用范围

3.10.2 熟悉犯罪构成要件

3.10.3 掌握重大责任事故罪

3.10.4 掌握强令违章冒险作业罪

3.10.5 掌握重大劳动安全事故罪

3.10.6 掌握工程重大安全事故罪

3.10.7 掌握不报、谎报安全事故罪

3.10.8 熟悉《关于办理危害生产安全刑事案件适用法律若干问题的解释》

3.11 《中华人民共和国公路法》

3.11.1 了解立法目的与适用范围

3.11.2 熟悉公路施工中的安全管理

3.11.3 掌握公路养护作业中的安全管理

3.11.4 熟悉路政管理中的安全管理

3.11.5 熟悉相关法律责任

4 安全生产相关行政法规

4.1 《建设工程安全生产管理条例》

4.1.1 了解立法目的与适用范围

4.1.2 了解勘察、设计、监理单位的安全责任

4.1.3 熟悉建设单位的安全责任

4.1.4 掌握施工单位的安全责任

4.1.5 掌握生产安全事故的应急救援和调查处理

4.1.6 熟悉相关法律责任

4.2 《生产安全事故报告和调查处理条例》

4.2.1 了解立法目的与适用范围

4.2.2 掌握生产安全事故等级划分

4.2.3 掌握生产安全事故的报告、调查和处理

4.2.4 熟悉相关法律责任

4.3 《安全生产许可证条例》

4.3.1 了解立法目的与适用范围

4.3.2 熟悉安全生产许可证取得条件

4.3.3 了解安全生产许可证的管理

4.3.4 熟悉相关法律责任

4.4 《民用爆炸物品安全管理条例》

4.4.1 了解立法目的与适用范围

4.4.2 了解民用爆炸物品生产、销售条件与管理规定

4.4.3 熟悉民用爆炸物品购买、运输、储存管理规定

4.4.4 掌握爆破作业条件与安全管理规定
4.4.5 熟悉相关法律责任

5 安全生产相关部门规章或制度

5.1 《公路水运工程安全生产监督管理办法》

5.1.1 熟悉制定依据
5.1.2 掌握适用范围
5.1.3 掌握安全管理方针
5.1.4 熟悉安全管理体系
5.1.5 了解工程安全生产监督管理工作
5.1.6 熟悉从业单位的安全生产条件
5.1.7 掌握从业单位的安全生产责任
5.1.8 了解相关法律责任

5.2 《安全生产违法行为行政处罚办法》

5.2.1 了解制定目的与适用范围
5.2.2 了解安全生产违法行为行政处罚原则
5.2.3 熟悉行政处罚的程序
5.2.4 熟悉行政处罚的执行和备案
5.2.5 掌握行政处罚的种类、管辖
5.2.6 掌握行政处罚的适用

5.3 《生产安全事故罚款处罚规定（试行）》

5.3.1 了解制定目的与适用范围
5.3.2 熟悉生产安全事故迟报、漏报、谎报和瞒报认定情形
5.3.3 熟悉事故发生单位主要负责人、直接负责的主管人员等的处罚额度

5.4 《安全生产领域违法违纪行为政纪处分暂行规定》

5.4.1 了解制定目的与适用范围
5.4.2 熟悉企业及其工作人员安全生产领域违法违纪行为的认定
5.4.3 熟悉企业及其工作人员安全生产领域违法违纪行为的处罚种类

5.5 《水上水下活动通航安全管理规定》

5.5.1 了解制定目的与适用范围
5.5.2 了解水上水下活动通航安全管理原则、主管机关
5.5.3 熟悉水上水下活动许可证的申请
5.5.4 熟悉水上水下活动许可证的管理
5.5.5 熟悉通航安全影响论证评估制度
5.5.6 掌握水上水下活动安全主体责任
5.5.7 熟悉水上水下活动监督管理

5.6 《企业安全生产费用提取和使用管理办法》

5.6.1 了解制定目的与适用范围
5.6.2 熟悉企业安全生产费用管理

5.6.3　掌握安全费用的提取标准

5.6.4　熟悉安全费用的使用

5.7　近三年安全生产管理新规定

5.7.1　熟悉《公路水运工程施工企业项目负责人施工现场带班生产制度（暂行）》

5.7.2　熟悉《生产经营单位安全培训规定》

5.7.3　熟悉《生产经营单位安全生产不良记录“黑名单”管理暂行规定》

5.7.4　掌握《企业安全生产风险公告六条规定》

5.7.5　掌握《企业安全生产应急管理九条规定》

5.7.6　掌握《企业安全生产责任体系五落实五到位规定》

5.7.7　掌握《公路水运工程施工企业主要负责人和安全生产管理人员考核管理办法》

5.7.8　掌握《公路水运工程生产安全事故应急预案》

5.7.9　掌握《公路水运工程重大事故隐患清单管理制度》

5.7.10　掌握《隧道施工安全九条规定》

6　安全生产相关技术标准与规范

6.1　了解《建筑施工碗扣式脚手架安全技术规范》(JGJ 166)

6.2　了解《建筑施工门式钢管脚手架安全技术规范》(JGJ 128)

6.3　了解《建筑施工扣件式钢管脚手架安全技术规范》(JGJ 130)

6.4　了解《建筑施工模板安全技术规范》(JGJ 162)

6.5　了解《塔式起重机安全规程》(GB 5144)

6.6　了解《施工升降机安全规程》(GB 10055)

6.7　了解《龙门架及井架物料提升机安全技术规范》(JGJ 88)

6.8　了解《建筑拆除工程安全技术规范》(JGJ 147)

6.9　了解《建筑施工高处作业安全技术规范》(JGJ 80)

6.10　熟悉《建筑机械使用安全技术规程》(JGJ 33)

6.11　熟悉《施工现场机械设备检查技术规程》(JGJ 160)

6.12　熟悉《施工现场临时用电安全技术规范》(JGJ 46)

6.13　熟悉《建设工程施工现场消防安全技术规范》(GB 50720)

6.14　熟悉《爆破安全规程》(GB 6722—2014)

6.15　熟悉《施工企业安全生产管理规范》(GB 50656)

6.16　熟悉《生产经营单位生产安全事故应急预案编制导则》(GB/T 29639)

6.17　掌握《公路工程施工安全技术规范》(JTG F90)

（三）安全生产管理

7　安全生产管理理论

7.1　安全生产管理的相关概念、要素和方针

7.1.1　掌握安全的概念

7.1.2　掌握本质安全的概念

7.1.3　熟悉安全生产的目标

7.1.4　熟悉安全生产管理的概念
7.1.5　熟悉安全生产管理要素、方针
7.1.6　掌握事故和事故隐患概念
7.1.7　掌握危险、危险源与重大危险源概念

7.2　安全生产管理原理与方法

7.2.1　熟悉海因希里事故因果连锁理论
7.2.2　熟悉博德事故因果连锁理论
7.2.3　熟悉亚当斯事故因果连锁理论
7.2.4　熟悉人机轨迹交叉理论
7.2.5　熟悉破窗理论

7.3　安全生产管理体系

7.3.1　熟悉安全组织机构保证体系
7.3.2　熟悉安全生产的目标管理
7.3.3　熟悉安全管理的模式
7.3.4　熟悉职业健康安全管理体系
7.3.5　熟悉安全生产管理的长效管理机制

7.4　安全生产风险管理

7.4.1　了解风险、风险管理的概念
7.4.2　熟悉风险管理的目标
7.4.3　熟悉风险管理的内容
7.4.4　掌握风险管理的过程与方法
7.4.5　掌握危险源识别方法与步骤
7.4.6　掌握风险评价方法
7.4.7　掌握公路工程施工安全事故发生的内在规律
7.4.8　掌握风险控制的原则、方法
7.4.9　熟悉桥梁、隧道、路基高边坡风险评估要求

7.5　安全生产应急管理

7.5.1　熟悉应急组织体系
7.5.2　掌握应急救援预案
7.5.3　熟悉应急响应
7.5.4　熟悉应急保障
7.5.5　熟悉应急培训与演练

8　安全生产管理职责

8.1　公路工程从业单位安全生产管理责任

8.1.1　了解建设单位的安全生产职责和义务
8.1.2　了解监理单位的安全生产职责和义务
8.1.3　了解咨询、勘察设计单位安全责任和义务
8.1.4　掌握施工单位的安全生产职责和义务

8.2 公路工程施工企业安全生产管理人员职责

8.2.1 掌握企业法定代表人的安全生产职责

8.2.2 掌握企业分管安全生产工作负责人的安全生产职责

8.2.3 掌握企业分管技术工作负责人的安全生产职责

8.2.4 掌握企业专职安全生产管理人员的安全生产职责

8.2.5 掌握项目经理的安全生产职责

8.2.6 掌握项目主管安全生产工作副经理的安全生产职责

8.2.7 掌握项目总工程师的安全生产职责

8.2.8 掌握项目专职安全生产管理人员的安全生产职责

9 安全生产管理制度

9.1 安全生产管理制度概述

9.1.1 了解建立安全生产管理制度的目的和意义

9.1.2 熟悉安全生产管理制度的主要内容

9.2 安全生产责任制

9.2.1 了解建立安全生产责任制的目的和意义

9.2.2 了解物资保障责任

9.2.3 熟悉资金保障责任

9.2.4 熟悉机构设置和人员配备责任

9.2.5 熟悉安全生产规章制度制定责任

9.2.6 掌握教育培训责任

9.2.7 掌握安全管理责任

9.2.8 掌握事故报告和应急救援责任

9.2.9 熟悉法律、法规、规章规定的其他安全生产责任

9.3 安全生产组织管理制度

9.3.1 了解建立制度的目的和意义

9.3.2 熟悉安全生产委员会或安全生产领导小组的建立

9.3.3 熟悉安全生产组织机构的建立及设置要求

9.3.4 熟悉企业安全生产组织机构的主要工作内容

9.3.5 熟悉企业内部安全组织管理的重点

9.3.6 熟悉制度的实施流程

9.4 安全生产会议制度

9.4.1 了解建立制度的目的和意义

9.4.2 熟悉安全生产会议职责

9.4.3 熟悉主要工作程序

9.4.4 熟悉安全生产会议的分类

9.4.5 熟悉制度的实施流程

9.5 安全生产管理人员考核制度

9.5.1 了解建立制度的目的和意义

9.5.2 熟悉安全生产考核形式和对象
9.5.3 掌握安全生产管理人员考核管理内容
9.5.4 熟悉制度的实施流程
9.6 安全生产教育与培训制度
9.6.1 了解建立制度的目的和意义
9.6.2 熟悉安全教育培训的形式
9.6.3 熟悉安全教育和培训的对象
9.6.4 掌握安全教育培训的时间和要求
9.6.5 掌握企业三级安全教育的具体要求
9.6.6 熟悉制度的实施流程
9.7 安全生产费用管理制度
9.7.1 了解建立制度的目的和意义
9.7.2 掌握安全生产费用的使用范围
9.7.3 熟悉制度的实施流程
9.8 安全风险评估与管控制度
9.8.1 了解建立制度的目的和意义
9.8.2 掌握安全风险的辨识与评价
9.8.3 熟悉危险危害因素的分析、分类及管理措施
9.8.4 熟悉安全风险评估
9.8.5 熟悉出具安全风险评估报告
9.8.6 熟悉制度的实施流程
9.9 安全技术交底制度
9.9.1 了解建立制度的目的和意义
9.9.2 掌握安全技术交底的具体要求
9.9.3 熟悉制度的实施流程
9.10 危险性较大工程专项施工方案审批论证制度
9.10.1 了解建立制度的目的和意义
9.10.2 掌握危险性较大工程的范围
9.10.3 掌握专项施工方案的编制
9.10.4 熟悉专项施工方案的审核、审批
9.10.5 熟悉专项施工方案的论证
9.10.6 熟悉制度的实施流程
9.11 特种设备及作业人员安全管理制度
9.11.1 了解建立制度的目的和意义
9.11.2 熟悉特种设备的分类
9.11.3 熟悉特种设备的安装与调试
9.11.4 熟悉特种设备的管理
9.11.5 熟悉特种设备作业人员管理
9.11.6 熟悉制度的实施流程

9.12 职业健康安全和劳动防护用品管理制度

9.12.1 了解建立制度的目的和意义

9.12.2 熟悉职业病防治管理

9.12.3 熟悉常见的劳动防护用品

9.12.4 熟悉劳动防护用品的配备与使用

9.12.5 掌握施工安全“三宝”的内容及使用方法

9.12.6 熟悉制度的实施流程

9.13 生产安全事故隐患排查和治理制度

9.13.1 了解建立制度的目的和意义

9.13.2 熟悉事故隐患的分级

9.13.3 掌握事故隐患的排查治理

9.13.4 熟悉事故隐患排查治理的报告

9.13.5 熟悉事故隐患排查结果公示

9.13.6 熟悉事故隐患治理和验收销号

9.13.7 熟悉制度的实施流程

9.14 安全检查制度

9.14.1 了解建立制度的目的和意义

9.14.2 掌握安全检查的类型

9.14.3 掌握安全检查的方法

9.14.4 掌握安全检查的内容

9.14.5 熟悉制度的实施流程

9.15 生产安全事故应急管理制度

9.15.1 了解建立制度的目的和意义

9.15.2 熟悉生产安全事故应急管理内容

9.15.3 熟悉生产安全事故应急管理要求

9.15.4 熟悉制度的实施流程

9.16 分包单位安全生产管理考评制度

9.16.1 了解建立制度的目的和意义

9.16.2 熟悉安全生产管理考评的方法

9.16.3 熟悉安全生产信息评价的主要内容

9.16.4 熟悉安全生产考评的应用

9.16.5 熟悉制度的实施流程

9.17 生产安全事故报告及调查处理制度

9.17.1 了解建立制度的目的和意义

9.17.2 掌握生产安全事故分类

9.17.3 掌握生产安全事故报告程序和主要内容

9.17.4 熟悉生产安全事故处理的一般要求

9.17.5 熟悉制度的实施流程

9.18 企业负责人带班生产制度

9.18.1　了解建立制度的目的和意义

9.18.2　掌握施工企业负责人带班检查要求

9.18.3　掌握项目负责人带班生产要求

9.18.4　熟悉监督检查重点

9.18.5　熟悉制度的实施流程

9.19　其他管理制度

9.19.1　熟悉平安工地考核评价制度

9.19.2　熟悉重大事故隐患清单管理制度

9.19.3　熟悉生产安全重大事故隐患挂牌督办制度（暂行）

9.19.4　熟悉桥梁和隧道工程施工安全风险评估制度

（四）安全生产技术

10　施工安全技术准备

10.1　施工组织设计

10.1.1　熟悉施工组织设计安全技术措施编制要求

10.1.2　熟悉施工组织设计安全技术措施的主要内容

10.2　专项施工方案

10.2.1　掌握危险性较大工程范围的分类

10.2.2　掌握专项施工方案的主要内容

10.2.3　熟悉专项施工方案的审批

10.2.4　熟悉专项施工方案的实施

10.3　安全技术交底

10.3.1　了解设计交底

10.3.2　熟悉施工交底

10.3.2.1　熟悉施工安全技术交底要求

10.3.2.2　熟悉施工安全技术交底的主要内容

10.3.3　熟悉班组交底

11　施工现场布设

11.1　施工驻地设置

11.1.1　熟悉施工驻地设置的安全要求

11.2　材料加工场、预制场、拌和场

11.2.1　熟悉材料加工场、预制场、拌和场选址要求

11.2.2　熟悉材料加工场、预制场、拌和场安全管理要求

11.3　施工便道

11.3.1　熟悉施工便道安全管理要求

11.4　临时码头、栈桥

11.4.1　熟悉临时码头、栈桥安全管理要求

11.5　跨线工程

11.5.1 熟悉跨线工程安全施工一般规定

11.5.2 熟悉安全防护棚设置与施工要求

11.5.3 熟悉跨线工程施工安全控制要求

11.6 施工现场标志标牌

11.6.1 掌握施工现场标志标牌的安全要求

11.7 施工现场消防安全管理

11.7.1 熟悉施工现场防火要求

11.8 临时用电

11.8.1 熟悉施工现场临时用电的一般规定

11.8.2 熟悉临时用电组织设计要求

11.8.3 熟悉配电系统与变配电装置安全要求

11.8.4 掌握配电线路安全要求

11.8.5 熟悉用电防护与防雷安全要求

12 个体安全防护

12.1 个体安全防护的基本规定

12.1.1 掌握个体安全防护的一般规定

12.2 安全帽

12.2.1 熟悉安全帽的安全要求

12.2.2 掌握安全帽的佩戴方法

12.3 安全带

12.3.1 熟悉安全带的安全要求

12.3.2 掌握安全带的佩戴方法

12.4 救生衣

12.4.1 熟悉救生衣的安全要求

12.4.2 掌握救生衣的穿戴方法

12.5 防护服

12.5.1 了解防护服的种类与作用

12.5.2 掌握防护服的安全要求

12.6 防护鞋

12.6.1 了解防护鞋的种类与作用

12.6.2 掌握防护鞋的安全要求

12.7 防护手套

12.7.1 了解防护手套的种类与作用

12.7.2 掌握防护手套的安全要求

12.8 防护用具

12.8.1 熟悉防护用具的种类与作用

12.8.2 掌握防护用具的安全要求

13 施工机械设备

13.1 施工机械设备安全生产管理要求

13.1.1 熟悉施工机械设备安全生产管理制度

13.2 特种设备安全管理要求

13.2.1 掌握特种设备安全管理制度

13.3 特种设备及专用设备安全防护

13.3.1 熟悉特种设备及专用设备安全防护要求

13.4 常用设备及机具安全防护

13.4.1 熟悉常用设备及机具安全防护要求

13.5 机械事故的预防和处理

13.5.1 熟悉机械事故的预防和处理

14 通用作业

14.1 支架及模板工程

14.1.1 掌握支架支撑体系安全控制要求

14.1.2 掌握桩、柱梁式支架安全控制要求

14.1.3 熟悉模板加工制作安全控制要求

14.1.4 掌握模板安装安全控制要求

14.1.5 掌握模板、支架拆除安全控制要求

14.1.6 熟悉模板存放的安全规定

14.2 钢筋工程

14.2.1 掌握普通钢筋加工安全要求

14.2.2 掌握钢筋冷拉施工安全要求

14.3 混凝土工程

14.3.1 熟悉混凝土工程施工一般要求

14.3.2 熟悉混凝土泵送安全要求

14.3.3 熟悉混凝土振捣安全要求

14.3.4 熟悉混凝土养护安全要求

14.4 电焊与气焊作业

14.4.1 熟悉焊接与热切割作业人员的管理规定

14.4.2 熟悉氧气瓶、乙炔瓶与电焊机的安全规定

14.4.3 掌握焊接及切割作业安全控制要求

14.5 起重吊装作业

14.5.1 掌握起重吊装的一般安全要求

14.5.2 熟悉吊索吊具的安全规定

14.5.3 熟悉塔式起重机安全控制要求

14.5.4 熟悉缆索起重机安全控制要求

14.5.5 熟悉门式起重机安全控制要求

14.6 高处作业

14.6.1 熟悉高处作业与高处作业的分级

14.6.2 掌握高处作业安全控制要求

14.6.3 掌握高处作业场所临边防护要求

14.6.4 掌握安全网使用的安全规定

14.6.5 掌握安全带使用的安全规定

14.6.6 熟悉登高梯道的安全规定

14.7 水上作业

14.7.1 熟悉水上作业的一般安全要求

14.7.2 了解起重船作业安全控制要求

14.7.3 了解打桩船作业安全控制要求

14.8 爆破作业

14.8.1 掌握爆破工程施工的一般安全要求

14.8.2 熟悉爆破前后的安全检查和处理

14.8.3 熟悉盲炮处理要求

15 专业工程

15.1 路基工程

15.1.1 熟悉路基工程施工安全的一般规定

15.1.2 土方工程

15.1.2.1 熟悉取土场（坑）安全控制要求

15.1.2.2 熟悉路堑开挖安全控制要求

15.1.2.3 掌握高填方路堤施工安全控制要求

15.1.2.4 熟悉土方工程施工机械的安全规定

15.1.3 石方工程

15.1.3.1 熟悉石方工程施工安全的一般规定

15.1.3.2 熟悉石方爆破开挖作业的规定

15.1.4 防护工程

15.1.4.1 了解砌筑施工安全控制要求

15.1.4.2 了解人工开挖支挡抗滑桩施工的安全控制要求

15.1.4.3 了解挡土墙施工的安全控制要求

15.1.5 特殊路基

15.1.5.1 掌握滑坡地段路基施工安全控制要求

15.1.5.2 掌握崩塌与岩堆地段施工安全控制要求

15.1.5.3 熟悉岩溶地区施工安全控制要求

15.1.5.4 熟悉泥石流地区施工安全控制要求

15.1.5.5 熟悉采空区施工安全控制要求

15.1.5.6 熟悉沿江、河、水库等地区施工安全控制要求

15.2 路面工程

15.2.1　熟悉路面工程施工安全的一般规定

15.2.2　基层与底基层

15.2.2.1　熟悉集中拌和基层材料作业的安全要求

15.2.2.2　熟悉基层施工机械的安全要求

15.2.2.3　熟悉摊铺及碾压作业的安全要求

15.2.3　路面面层施工

15.2.3.1　熟悉沥青面层施工的安全控制要求

15.2.3.2　熟悉水泥混凝土面层施工的安全控制要求

15.3　桥涵工程施工

15.3.1　桥涵工程安全施工的一般规定

15.3.1.1　掌握桥涵工程施工安全一般规定

15.3.1.2　熟悉跨既有公路施工安全控制要求

15.3.2　预应力混凝土工程

15.3.2.1　熟悉预应力张拉机具设备要求

15.3.2.2　掌握张拉作业的一般安全规定

15.3.2.3　熟悉先张法施工的安全控制要求

15.3.2.4　熟悉后张法施工的安全控制要求

15.3.3　桥梁基础工程施工

15.3.3.1　掌握钻（挖）孔灌注桩施工安全控制要求

15.3.3.2　熟悉沉入桩施工安全控制要求

15.3.3.3　熟悉沉井施工安全控制要求

15.3.3.4　熟悉地下连续墙施工安全控制要求

15.3.3.5　掌握围堰施工安全控制要求

15.3.3.6　掌握明挖地基施工安全控制要求

15.3.4　桥梁下部结构施工

15.3.4.1　熟悉现浇墩、台身、盖梁施工安全控制要求

15.3.4.2　熟悉高墩翻模施工安全控制要求

15.3.4.3　熟悉高墩爬（滑）模施工安全控制要求

15.3.5　桥梁上部结构施工

15.3.5.1　掌握钢筋混凝土和预应力梁式桥安全控制要求

15.3.5.2　熟悉拱桥施工安全控制要求

15.3.5.3　熟悉斜拉桥施工安全控制要求

15.3.5.4　熟悉悬索桥施工安全控制要求

15.3.5.5　熟悉钢桥施工安全控制要求

15.3.5.6　熟悉桥面及附属工程施工安全控制要求

15.4　隧道工程

15.4.1　掌握隧道施工一般安全规定

15.4.2　超前地质预报和监控量测

15.4.2.1　了解工程地质预测预报仪器

15.4.2.2　熟悉工程地质预测预报技术
15.4.2.3　掌握工程地质预测预报的主要内容
15.4.2.4　熟悉超前地质预报和监控量测的一般要求
15.4.2.5　熟悉超前地质预报安全控制要求
15.4.2.6　熟悉监控量测作业安全控制要求
15.4.3　洞口工程与明洞施工
15.4.3.1　掌握洞口工程施工安全控制要求
15.4.3.2　掌握明洞施工安全控制要求
15.4.4　开挖
15.4.4.1　掌握开挖与爆破施工安全控制要求
15.4.4.2　了解装渣与运输安全控制要求
15.4.5　支护
15.4.5.1　掌握锚固注浆支护施工安全控制要求
15.4.5.2　掌握隧道支护施工一般安全要求
15.4.5.3　了解喷射混凝土施工安全控制要求
15.4.5.4　熟悉钢架施工安全控制要求
15.4.6　衬砌
15.4.6.1　熟悉仰拱与隧底施工安全控制要求
15.4.6.2　了解模筑混凝土衬砌施工安全控制要求
15.4.6.3　熟悉喷锚衬砌施工安全控制要求
15.4.6.4　掌握隧道衬砌施工一般安全要求
15.4.7　辅助坑道
15.4.7.1　熟悉一般安全要求
15.4.7.2　了解横洞与平行导坑、设备洞施工安全控制要求
15.4.7.3　熟悉竖井与斜井施工安全控制要求
15.4.8　通风防尘、照明、排水及防火
15.4.8.1　掌握隧道施工风、水、电供应安全要求
15.4.8.2　熟悉隧道施工照明安全要求
15.4.8.3　熟悉隧道施工排水安全要求
15.4.8.4　掌握隧道施工防尘防毒安全要求
15.4.8.5　熟悉隧道施工防火安全要求
15.4.8.6　掌握隧道施工通风安全要求
15.4.9　不良地质和特殊岩土地段
15.4.9.1　熟悉富水软弱破碎围岩隧道施工安全控制要求
15.4.9.2　了解岩溶地质隧道施工安全控制要求
15.4.9.3　熟悉含水沙层和风积沙隧道施工安全控制要求
15.4.9.4　了解黄土隧道施工安全控制要求
15.4.9.5　了解膨胀岩土地质隧道施工安全控制要求
15.4.9.6　熟悉岩爆地质隧道施工安全控制要求

15.4.9.7　熟悉软岩大变形地质隧道施工安全控制要求
15.4.9.8　掌握含瓦斯隧道施工安全控制要求
15.4.9.9　了解冻土隧道施工安全控制要求
15.4.10　盾构施工
15.4.10.1　了解盾构始发安全要求
15.4.10.2　熟悉盾构掘进安全控制要求
15.4.10.3　了解特殊地质和施工环境盾构施工安全控制要求
15.4.10.4　了解盾构施工运输安全要求
15.4.11　逃生与救援
15.4.11.1　掌握隧道施工逃生与救援的一般要求
15.4.11.2　熟悉隧道施工逃生通道的设置要求

15.5　改扩建工程

15.5.1　熟悉改扩建工程安全一般规定
15.5.2　拆除
15.5.2.1　了解拆除工程安全一般规定
15.5.2.2　掌握桥梁拆除的安全控制要求
15.5.2.3　了解隧道拆除的安全控制要求
15.5.3　加固
15.5.3.1　了解加固工程安全一般规定
15.5.3.2　熟悉桥梁加固的安全控制要求
15.5.3.3　了解隧道加固的安全控制要求

15.6　交通工程

15.6.1　交通安全设施
15.6.1.1　熟悉护栏、交通标志标线、隔离栅和桥梁护网安全控制要求
15.6.2　机电系统
15.6.2.1　掌握供配电及防雷系统安全控制要求
15.6.2.2　熟悉公路外场设备安装安全控制要求
15.6.2.3　熟悉公路外场光电缆施工安全控制要求

16　特殊季节与特殊环境施工

16.1　一般规定

16.1.1　熟悉特殊季节与特殊环境施工的一般规定

16.2　特殊季节施工

16.2.1　熟悉冬季施工的安全控制要求
16.2.2　熟悉雨季施工的安全控制要求
16.2.3　掌握台风季节施工的安全控制要求
16.2.4　熟悉汛期施工的安全控制要求

16.3　特殊环境施工

16.3.1　掌握夜间施工的安全控制要求

16.3.2　熟悉高温施工的安全控制要求
16.3.3　熟悉能见度不良施工的安全控制要求
16.3.4　熟悉沙漠地区施工的安全控制要求
16.3.5　熟悉高海拔地区施工的安全控制要求

附件 2：

水运工程施工企业主要负责人和安全生产管理人员

考 核 大 纲

目　　录

一、考核目的

考核水运工程施工企业主要负责人和安全生产管理人员对安全生产知识的了解、熟悉、掌握的程度与安全生产管理能力。

二、考核范围

（一）综合知识和能力。
（二）法律法规及规章规范。
（三）安全生产管理。
（四）安全生产技术。

三、考核方法

（一）考核方式。
采用书面或计算机闭卷考试方式，考试时间为120分钟。
（二）试卷组卷原则。
1. 试题类型包括：单项选择题、多项选择题、判断题和案例题。
2. 试卷组卷比例见附表2-1。

试卷组卷比例 **附表2-1**

内容与比例 人员类别	法律法规	安全管理	安全技术	综合知识和能力	合计
企业负责人	45%	35%	12%	8%	100%
项目负责人	35%	35%	22%	8%	100%
安全生产管理人员	30%	25%	37%	8%	100%

其中，试卷组卷中基础题库的试题占比不少于85%，地方试题占比不多于15%。

四、考试内容

（一）综合知识和能力

1 综合知识

1.1 公共知识
1.1.1 了解职业道德的核心原则、基本要求、时代价值
1.1.2 掌握心理健康知识与心理调适方法
1.2 安全知识
1.2.1 熟悉安全的基本概念

1.2.2 熟悉安全理念的发展历史与现实

1.2.3 掌握生产安全事故的等级划分

1.2.4 掌握生产安全事故致因理论

1.2.5 掌握生产安全事故预防的常见方法

1.2.6 掌握生产安全事故应急处理的一般程序

1.3 管理知识

1.3.1 了解管理的基本概念

1.3.2 了解管理的思维类型与特征

1.3.3 了解管理的手段、过程与技术

1.3.4 了解现代安全管理原理

1.3.5 熟悉系统安全分析

1.3.6 熟悉安全标准化管理

2 综合能力

2.1 公共基本能力

2.1.1 掌握并具备语言表达与沟通能力

2.1.2 掌握并具备规范理解能力

2.1.3 熟悉并具备道德评价能力

2.1.4 熟悉并具备心理承受能力

2.1.5 熟悉并具备突发事件处置能力

2.2 安全管理行为能力

2.2.1 熟悉并具备安全规范执行能力

2.2.2 熟悉并具备安全监督检查能力

2.2.3 熟悉并具备危险源识别与隐患排查治理能力

2.2.4 熟悉并具备安全业绩考核能力

2.2.5 掌握并具备典型事故分析能力

2.2.6 掌握并具备"三违"行为制止能力

2.2.7 熟悉并具备信息选择与反应能力

（二）法律法规及规章规范

3 安全生产相关法律

3.1 《中华人民共和国安全生产法》

3.1.1 熟悉安全生产法的立法目的

3.1.2 熟悉适用范围

3.1.3 掌握安全生产方针

3.1.4 生产经营单位的安全生产保障规定

3.1.4.1 掌握生产经营单位应当具备的安全生产条件

3.1.4.2 掌握生产经营单位的主要负责人的安全生产工作职责

3.1.4.3 熟悉安全生产资金投入的规定

3.1.4.4　掌握安全生产管理机构和安全生产管理人员的配备及职责

3.1.4.5　熟悉从业人员安全生产培训的规定

3.1.4.6　熟悉特种作业人员的范围和资格

3.1.4.7　熟悉建设项目安全设施的“三同时”规定

3.1.4.8　了解建设项目的安全条件论证和安全评价的规定

3.1.4.9　了解建设项目的安全实施设计和安全条件论证的规定

3.1.4.10　熟悉建设项目安全设施竣工验收的规定

3.1.4.11　掌握安全警示标志的规定

3.1.4.12　熟悉安全设备达标的规定

3.1.4.13　熟悉特种设备检测、检验的规定

3.1.4.14　熟悉生产安全工艺、设备管理的规定

3.1.4.15　掌握危险物品管理的规定

3.1.4.16　掌握重大危险源管理的规定

3.1.4.17　了解生产设施、场所安全距离和紧急疏散的规定

3.1.4.18　熟悉爆破、吊装等作业现场安全管理的规定

3.1.4.19　掌握劳动防护用品的规定

3.1.4.20　掌握交叉作业安全管理的规定

3.1.4.21　熟悉生产经营项目、场所、设备发包或者出租的安全管理

3.1.4.22　熟悉工伤保险的规定

3.1.5　熟悉从业人员的安全生产权利义务

3.1.6　了解安全生产的监督管理

3.1.7　熟悉生产安全事故的应急救援与调查处理

3.1.8　掌握相关法律责任

3.2　《中华人民共和国建筑法》

3.2.1　了解立法目的与适用范围

3.2.2　熟悉建筑工程施工许可

3.2.3　熟悉从业资格

3.2.4　熟悉建筑工程发包与承包

3.2.5　熟悉与施工许可、从业资格等相关的法律责任

3.3　《中华人民共和国突发事件应对法》

3.3.1　了解立法目的与适用范围

3.3.2　了解管理体制、工作原则

3.3.3　熟悉突发事件应急管理主体

3.3.4　掌握突发事件的预防与应急准备的工作要求

3.3.5　掌握突发事件应急处置与救援措施

3.3.6　熟悉相关法律责任

3.4　《中华人民共和国特种设备安全法》

3.4.1　了解立法目的和适用范围

3.4.2　掌握特种设备概念

3.4.3 熟悉特种设备安全工作的原则

3.4.4 熟悉特种设备的使用规定

3.4.5 熟悉特种设备的检验检测

3.4.6 了解特种设备的监督管理

3.4.7 熟悉相关法律责任

3.5 《中华人民共和国消防法》

3.5.1 了解立法目的与适用范围

3.5.2 熟悉消防工作方针、责任主体

3.5.3 熟悉建设工程火灾预防工作

3.5.4 掌握消防工作责任

3.5.5 掌握消防组织与灭火救援

3.5.6 熟悉相关法律责任

3.6 《中华人民共和国劳动法》

3.6.1 了解立法目的和适用范围

3.6.2 了解用人单位在职业安全卫生方面的职责

3.6.3 掌握职业安全卫生条件及劳动防护用品要求

3.6.4 熟悉伤亡事故及职业病统计报告处理制度

3.6.5 熟悉对劳动者的职业培训

3.6.6 熟悉劳动者在职业安全卫生方面的权利和义务

3.6.7 熟悉相关法律责任

3.7 《中华人民共和国劳动合同法》

3.7.1 了解立法目的和适用范围

3.7.2 掌握劳动合同的订立

3.7.3 熟悉劳动合同的履行和变更

3.7.4 了解劳动合同的解除和终止

3.7.5 了解集体合同劳务派遣非全日制用工

3.7.6 熟悉相关法律责任

3.8 《中华人民共和国职业病防治法》

3.8.1 了解立法目的与适用范围

3.8.2 熟悉职业病防治工作方针

3.8.3 掌握用人单位的主要职责

3.8.4 熟悉劳动者的主要权利

3.8.5 熟悉劳动者的义务

3.8.6 熟悉相关法律责任

3.9 《中华人民共和国环境保护法》

3.9.1 了解立法目的与适用范围

3.9.2 熟悉环境保护责任制度

3.9.3 熟悉环境保护的“三同时制度”

3.9.4 了解环境污染的处理报告制度

3.9.5 了解相关法律责任

3.10 《中华人民共和国刑法》

3.10.1 了解立法目的与适用范围

3.10.2 熟悉犯罪构成要件

3.10.3 掌握重大责任事故罪

3.10.4 掌握强令违章冒险作业罪

3.10.5 掌握重大劳动安全事故罪

3.10.6 掌握工程重大安全事故罪

3.10.7 掌握不报、谎报安全事故罪

3.10.8 熟悉《关于办理危害生产安全刑事案件适用法律若干问题的解释》

3.11 《中华人民共和国海上交通安全法》

3.11.1 了解立法目的与适用范围

3.11.2 了解船舶检验和登记

3.11.3 熟悉船舶、设施上的人员配置

3.11.4 熟悉航行、停泊和作业的管理规定

3.11.5 掌握安全保障措施

3.11.6 掌握海难救助规定

3.11.7 掌握交通事故的调查处理

3.11.8 掌握相关法律责任

4 安全生产相关行政法规

4.1 《建设工程安全生产管理条例》

4.1.1 了解立法目的与适用范围

4.1.2 了解勘察、设计、监理单位的安全责任

4.1.3 熟悉建设单位的安全责任

4.1.4 掌握施工单位的安全责任

4.1.5 掌握生产安全事故的应急救援和调查处理

4.1.6 熟悉相关法律责任

4.2 《生产安全事故报告和调查处理条例》

4.2.1 了解立法目的与适用范围

4.2.2 掌握生产安全事故等级划分

4.2.3 掌握生产安全事故的报告、调查和处理

4.2.4 熟悉相关法律责任

4.3 《安全生产许可证条例》

4.3.1 了解立法目的与适用范围

4.3.2 熟悉安全生产许可证取得条件

4.3.3 了解安全生产许可证的管理

4.3.4 熟悉相关法律责任

4.4 《民用爆炸物品安全管理条例》

4.4.1　了解立法目的与适用范围
4.4.2　了解民用爆炸物品生产、销售条件与管理规定
4.4.3　熟悉民用爆炸物品购买、运输、储存管理规定
4.4.4　掌握爆破作业条件与安全管理规定
4.4.5　熟悉相关法律责任

4.5　《内河交通安全管理条例》

4.5.1　了解立法目的与适用范围
4.5.2　熟悉船舶、浮动设施航行、活动条件
4.5.3　掌握船舶、浮动设施和船员与航行、停泊和作业的规定

5　安全生产相关部门规章或制度

5.1　《公路水运工程安全生产监督管理办法》

5.1.1　熟悉制定依据
5.1.2　掌握适用范围
5.1.3　掌握安全管理方针
5.1.4　熟悉安全管理体系
5.1.5　了解工程安全生产监督管理工作
5.1.6　熟悉从业单位的安全生产条件
5.1.7　掌握从业单位的安全生产责任
5.1.8　了解相关法律责任

5.2　《安全生产违法行为行政处罚办法》

5.2.1　了解制定目的与适用范围
5.2.2　了解安全生产违法行为行政处罚原则
5.2.3　熟悉行政处罚的程序
5.2.4　熟悉行政处罚的执行和备案
5.2.5　掌握行政处罚的种类、管辖
5.2.6　掌握行政处罚的适用

5.3　《生产安全事故罚款处罚规定（试行）》

5.3.1　了解制定目的与适用范围
5.3.2　熟悉生产安全事故迟报、漏报、谎报和瞒报认定情形
5.3.3　熟悉事故发生单位主要负责人、直接负责的主管人员等的处罚额度

5.4　《安全生产领域违法违纪行为政纪处分暂行规定》

5.4.1　了解制定目的与适用范围
5.4.2　熟悉企业及其工作人员安全生产领域违法违纪行为的认定
5.4.3　熟悉企业及其工作人员安全生产领域违法违纪行为的处罚种类

5.5　《水上水下活动通航安全管理规定》

5.5.1　了解制定目的与适用范围
5.5.2　了解水上水下活动通航安全管理原则、主管机关
5.5.3　熟悉水上水下活动许可证的申请

5.5.4 熟悉水上水下活动许可证的管理
5.5.5 熟悉通航安全影响论证评估制度
5.5.6 掌握水上水下活动安全主体责任
5.5.7 熟悉水上水下活动监督管理

5.6 《海上航行警告和航行通告管理规定》
5.6.1 了解制定目的与适用范围
5.6.2 熟悉海上航行警告和海上航行通告的发布形式
5.6.3 掌握申请发布海上航行警告、航行通告活动类别
5.6.4 掌握发布海上航行警告、航行通告书面申请的时间与内容
5.6.5 掌握违反本规定的法律责任

5.7 《海上海事行政处罚规定》
5.7.1 了解制定目的与适用范围
5.7.2 熟悉海事行政处罚的适用
5.7.3 熟悉海事行政处罚程序
5.7.4 掌握海事行政违法行为和行政处罚

5.8 《船舶最低安全配员规则》
5.8.1 了解制定目的与适用范围
5.8.2 熟悉最低安全配员原则
5.8.3 熟悉最低安全配员管理

5.9 《潜水员管理办法》、《潜水员管理办法实施细则》
5.9.1 了解制定目的与适用范围
5.9.2 了解潜水员培训与考核管理
5.9.3 熟悉潜水员证书管理
5.9.4 熟悉水上水下活动监督管理

5.10 《企业安全生产费用提取和使用管理办法》
5.10.1 了解制定目的与适用范围
5.10.2 掌握安全费用的提取标准
5.10.3 熟悉安全费用的使用
5.10.4 了解罚则

5.11 《国际海上人命安全公约》
5.11.1 了解制定目的与适用范围
5.11.2 熟悉 SOLAS1974 附则的相关内容

5.12 近三年安全生产管理新规定
5.12.1 熟悉《公路水运工程施工企业项目负责人施工现场带班生产制度（暂行）》
5.12.2 熟悉《生产经营单位安全培训规定》
5.12.3 熟悉《生产经营单位安全生产不良记录“黑名单”管理暂行规定》
5.12.4 掌握《企业安全生产风险公告六条规定》
5.12.5 掌握《企业安全生产应急管理九条规定》
5.12.6 掌握《企业安全生产责任体系五落实五到位规定》

5.12.7　掌握《公路水运工程施工企业主要负责人和安全生产管理人员考核管理办法》

5.12.8　掌握《公路水运工程生产安全事故应急预案》

5.12.9　掌握《公路水运工程建设重大事故隐患清单管理制度》

6　安全生产相关技术标准与规范

6.1　了解《建筑施工模板安全技术规范》(JGJ 162)

6.2　了解《建筑工程大模板技术规程》(JGJ 74)

6.3　熟悉《建筑机械使用安全技术规程》(JGJ 33)

6.4　熟悉《施工现场机械设备检查技术规程》(JGJ 160)

6.5　熟悉《施工现场临时用电安全技术规范》(JGJ 46)

6.6　熟悉《建设工程施工现场消防安全技术规范》(GB 50720)

6.7　熟悉《爆破安全规程》(GB 6722)

6.8　熟悉《施工企业安全生产管理规范》(GB 50656)

6.9　熟悉《建设工程施工现场消防安全技术规范》(GB 50720)

6.10　熟悉《生产经营单位生产安全事故应急预案编制导则》(GB/T 29639)

6.11　掌握《水运工程施工安全防护技术规范》(JTS 205)

（三）安全生产管理

7　安全生产管理理论

7.1　安全生产管理的相关概念、要素和方针

7.1.1　掌握安全的概念

7.1.2　掌握本质安全的概念

7.1.3　熟悉安全生产的目标

7.1.4　熟悉安全生产管理的概念

7.1.5　熟悉安全生产管理要素、方针

7.1.6　掌握事故和事故隐患概念

7.1.7　掌握危险、危险源与重大危险源概念

7.2　安全生产管理原理与方法

7.2.1　熟悉海因希里事故因果连锁理论

7.2.2　熟悉博德事故因果连锁理论

7.2.3　熟悉亚当斯事故因果连锁理论

7.2.4　熟悉人机轨迹交叉理论

7.2.5　熟悉破窗理论

7.3　安全生产管理体系

7.3.1　熟悉安全组织机构保证体系

7.3.2　熟悉安全生产的目标管理

7.3.3　熟悉安全管理的模式

7.3.4　熟悉职业健康安全管理体系

7.3.5 熟悉安全生产管理的长效机制

7.4 安全生产风险管理

7.4.1 了解风险、风险管理的概念

7.4.2 熟悉风险管理的目标

7.4.3 熟悉风险管理的内容

7.4.4 掌握风险管理的过程与方法

7.4.5 掌握危险源识别方法与步骤

7.4.6 掌握风险评价方法

7.4.7 掌握水运工程施工安全事故发生的内在规律

7.4.8 掌握风险控制的原则、方法

7.5 安全生产应急管理

7.5.1 熟悉应急组织体系

7.5.2 掌握应急救援预案

7.5.3 熟悉应急响应

7.5.4 熟悉应急保障

7.5.5 熟悉应急培训与演练

8 安全生产管理职责

8.1 水运工程从业单位安全生产管理责任

8.1.1 了解建设单位的安全生产职责和义务

8.1.2 了解监理单位的安全生产职责和义务

8.1.3 了解咨询、勘察设计单位安全责任和义务

8.1.4 掌握施工单位的安全生产职责和义务

8.2 水运工程施工企业安全生产管理人员职责

8.2.1 掌握企业法定代表人的安全生产职责

8.2.2 掌握企业分管安全生产工作负责人的安全生产职责

8.2.3 掌握企业分管技术工作负责人的安全生产职责

8.2.4 掌握企业专职安全生产管理人员的安全生产职责

8.2.5 掌握项目经理的安全生产职责

8.2.6 掌握项目主管安全生产工作副经理的安全生产职责

8.2.7 掌握项目总工程师的安全生产职责

8.2.8 掌握项目专职安全生产管理人员的安全生产职责

9 安全生产管理制度

9.1 安全生产管理制度概述

9.1.1 了解建立安全生产管理制度的目的和意义

9.1.2 熟悉安全生产管理制度的主要内容

9.2 安全生产责任制

9.2.1 了解建立安全生产责任制的目的和意义

9.2.2 了解物资保障责任

9.2.3 熟悉资金保障责任

9.2.4 熟悉机构设置和人员配备责任

9.2.5 熟悉安全生产规章制度制定责任

9.2.6 掌握教育培训责任

9.2.7 掌握安全管理责任

9.2.8 掌握事故报告和应急救援责任

9.2.9 熟悉法律、法规、规章规定的其他安全生产责任

9.3 安全生产组织管理制度

9.3.1 了解建立制度的目的和意义

9.3.2 熟悉安全生产委员会或安全生产领导小组的建立

9.3.3 熟悉安全生产组织机构的建立及设置要求

9.3.4 熟悉企业安全生产组织机构的主要工作内容

9.3.5 熟悉企业内部安全组织管理的重点

9.3.6 熟悉制度的实施流程

9.4 安全生产会议制度

9.4.1 了解建立制度的目的和意义

9.4.2 熟悉安全生产会议职责

9.4.3 熟悉主要工作程序

9.4.4 熟悉安全生产会议的分类

9.4.5 熟悉制度的实施流程

9.5 安全生产管理人员考核制度

9.5.1 了解建立制度的目的和意义

9.5.2 熟悉安全生产考核形式和对象

9.5.3 掌握安全生产管理人员考核管理内容

9.5.4 熟悉制度的实施流程

9.6 安全生产教育与培训制度

9.6.1 了解建立制度的目的和意义

9.6.2 熟悉安全教育培训的形式

9.6.3 熟悉安全教育培训的对象

9.6.4 掌握安全教育培训的时间和要求

9.6.5 掌握企业三级安全教育的具体要求

9.6.6 熟悉制度的实施流程

9.7 安全生产费用管理制度

9.7.1 了解建立制度的目的和意义

9.7.2 掌握安全生产费用的使用范围

9.7.3 熟悉制度的实施流程

9.8 安全风险评估与管控制度

9.8.1 了解建立制度的目的和意义

9.8.2 掌握安全风险的辨识与评价

9.8.3 熟悉危险危害因素的分析、分类及管理措施

9.8.4 熟悉安全风险评估

9.8.5 熟悉出具安全风险评估报告

9.8.6 熟悉制度的实施流程

9.9 安全技术交底制度

9.9.1 了解建立制度的目的和意义

9.9.2 掌握安全技术交底的具体要求

9.9.3 熟悉制度的实施流程

9.10 危险性较大工程专项施工方案审批论证制度

9.10.1 了解建立制度的目的和意义

9.10.2 掌握危险性较大工程的范围

9.10.3 掌握专项施工方案的编制

9.10.4 熟悉专项施工方案的审核、审批

9.10.5 熟悉专项施工方案的论证

9.10.6 熟悉制度的实施流程

9.11 特种设备及作业人员安全管理制度

9.11.1 了解建立制度的目的和意义

9.11.2 熟悉特种设备的分类

9.11.3 熟悉特种设备的安装与调试

9.11.4 熟悉特种设备的管理

9.11.5 熟悉特种设备作业人员管理

9.11.6 熟悉制度的实施流程

9.12 职业健康安全和劳动防护用品管理制度

9.12.1 了解建立制度的目的和意义

9.12.2 熟悉职业病防治管理

9.12.3 熟悉常见的劳动防护用品

9.12.4 熟悉劳动防护用品的配备与使用

9.12.5 掌握施工安全“三宝”的内容及使用方法

9.12.6 熟悉制度的实施流程

9.13 生产安全事故隐患排查和治理制度

9.13.1 了解建立制度的目的和意义

9.13.2 熟悉事故隐患的分级

9.13.3 掌握事故隐患的排查治理

9.13.4 熟悉事故隐患排查治理的报告

9.13.5 熟悉事故隐患排查结果公示

9.13.6 熟悉事故隐患治理和验收销号

9.13.7 熟悉制度的实施流程

9.14 安全检查制度

9.14.1 了解建立制度的目的和意义
9.14.2 熟悉安全检查的类型
9.14.3 掌握安全检查的方法
9.14.4 掌握安全检查的内容
9.14.5 熟悉制度的实施流程

9.15 生产安全事故应急管理制度

9.15.1 了解建立制度的目的和意义
9.15.2 熟悉生产安全事故应急管理内容
9.15.3 熟悉生产安全事故应急管理要求
9.15.4 熟悉制度的实施流程

9.16 分包单位安全生产考评制度

9.16.1 了解建立制度的目的和意义
9.16.2 熟悉安全生产管理考评的方法
9.16.3 熟悉安全生产信息评价的主要内容
9.16.4 熟悉安全生产考评的应用
9.16.5 熟悉制度的实施流程

9.17 安全生产事故报告及调查处理制度

9.17.1 了解建立制度的目的和意义
9.17.2 掌握生产安全事故分类
9.17.3 掌握生产安全事故报告程序和主要内容
9.17.4 熟悉生产安全事故处理的一般要求
9.17.5 熟悉制度的实施流程

9.18 企业负责人带班生产制度

9.18.1 了解建立制度的目的和意义
9.18.2 掌握施工企业负责人带班检查要求
9.18.3 掌握项目负责人带班生产要求
9.18.4 熟悉监督检查重点
9.18.5 熟悉制度的实施流程

9.19 其他管理制度

9.19.1 熟悉平安工地考核评价制度
9.19.2 熟悉重大事故隐患清单管理制度
9.19.3 熟悉生产安全重大事故隐患挂牌督办制度（暂行）

（四）安全生产技术

10 施工安全技术准备

10.1 施工组织设计

10.1.1 熟悉施工组织设计安全技术措施编制要求
10.1.2 熟悉施工组织设计安全技术措施主要内容

10.2 专项施工方案

10.2.1 掌握危险性较大工程范围的分类

10.2.2 掌握专项施工方案的主要内容

10.2.3 熟悉专项施工方案的审批

10.2.4 熟悉专项施工方案的实施

10.3 安全技术交底

10.3.1 了解设计交底

10.3.2 熟悉施工交底

10.3.2.1 熟悉施工安全技术交底原则要求

10.3.2.2 熟悉施工安全技术交底的主要内容

10.3.3 熟悉班组交底

11 施工现场布设

11.1 施工现场总体布置与文明施工

11.1.1 熟悉施工现场总体布置要求

11.1.2 熟悉文明施工要求

11.2 预制场地

11.2.1 了解预制场地勘察与综合论证要求

11.2.2 熟悉预制场地选择要求

11.3 水上临时设施

11.3.1 了解水上临时设施的种类

11.3.2 熟悉水上临时设施设置要求

11.4 安全用电

11.4.1 熟悉施工现场临时用电的一般规定

11.4.2 熟悉临时用电组织设计要求

11.4.3 掌握自备发电机组布置要求

11.4.4 掌握施工现场临时用电原则与安全配置要求

11.4.5 熟悉用电防护与防雷安全要求

11.5 施工现场消防安全管理

11.5.1 熟悉施工现场防火要求

12 个体安全防护

12.1 个体安全防护的基本规定

12.1.1 掌握个体安全防护的一般规定

12.2 安全帽

12.2.1 熟悉安全帽的安全要求

12.2.2 掌握安全帽的佩戴方法

12.3 安全带

12.3.1 熟悉安全带的安全要求

12.3.2 掌握安全带的佩戴方法

12.4 救生衣

12.4.1 熟悉救生衣的安全要求

12.4.2 掌握救生衣的穿戴方法

12.5 防护服

12.5.1 了解防护服的种类与作用

12.5.2 掌握防护服的安全要求

12.6 防护鞋

12.6.1 了解防护鞋的种类与作用

12.6.2 掌握防护鞋的安全要求

12.7 防护手套

12.7.1 了解防护手套的种类与作用

12.7.2 掌握防护手套的安全要求

12.8 防护用具

12.8.1 熟悉防护用具的种类与作用

12.8.2 掌握防护用具的安全要求

13 施工机械设备

13.1 施工机械安全防护

13.1.1 了解水运工程施工机械的种类

13.1.2 熟悉机械管理的基本要求

13.1.3 熟悉机械管理的基础工作

13.1.4 掌握主要施工机械通用安全防护知识

13.1.5 掌握主要施工机械安全防护技术

13.2 施工船舶安全防护

13.2.1 了解水运工程施工船舶的种类

13.2.2 熟悉主要施工船舶的性能

13.2.3 熟悉主要施工船舶安全防护设备

13.2.4 熟悉主要施工船舶安全操作

13.2.5 熟悉施工船舶水上消防

13.3 施工船舶调遣

13.3.1 熟悉非自航工程船舶水上拖带调遣安全防护技术

13.3.2 熟悉自航工程船舶水上调遣安全防护技术

13.3.3 熟悉海船航区划分

13.3.4 掌握施工船舶调遣流程

13.4 施工船舶防风

13.4.1 了解我国近海风浪概况

13.4.2 熟悉海浪对施工作业的影响

13.4.3 掌握施工船舶防风、防台工作内容

13.4.4 掌握施工现场抗风与避风措施

14 通用作业

14.1 一般规定

14.1.1 熟悉水运工程施工作业安全防护的一般规定

14.2 测量作业

14.2.1 熟悉陆上测量安全防护

14.2.2 熟悉水上测量安全防护

14.2.3 熟悉测量设备安全

14.3 模板工程

14.3.1 了解模板工程施工中的常见事故

14.3.2 掌握模板工程施工安全技术防护

14.3.3 掌握模板存放的安全

14.4 钢筋工程

14.4.1 了解钢筋工程施工中的常见事故

14.4.2 掌握钢筋工程施工安全技术防护

14.4.3 掌握钢筋冷拉和预应力张拉安全技术

14.5 混凝土工程

14.5.1 了解混凝土工程施工中的常见事故

14.5.2 掌握混凝土工程施工安全技术防护

14.6 电焊、气焊作业

14.6.1 了解电焊、气焊作业中的常见事故

14.6.2 熟悉电焊、气焊作业时应注意的事项

14.6.3 掌握电焊、气焊作业安全技术防护

14.7 起重吊装作业

14.7.1 熟悉起重作业应遵守的规定

14.7.2 熟悉起重索具安全要求

14.7.3 掌握常用的起重机械安全作业要求

14.7.4 掌握特定情况下起重作业安全要求

14.8 高处作业

14.8.1 了解高处作业中的常见事故

14.8.2 熟悉高处作业的基本类型

14.8.3 掌握高处作业的安全技术防护

14.9 水上抛石

14.9.1 熟悉水上抛石方法和特点

14.9.2 掌握水上抛石安全操作要求

14.10 潜水作业

14.10.1 熟悉潜水作业一般安全规定

14.10.2 熟悉特殊施工环境下的潜水作业安全规定

14.11 爆破作业

14.11.1 了解爆破设计单位规定

14.11.2 熟悉爆破施工企业规定

14.11.3 掌握爆破施工作业的一般规定

14.12 软基处理工程

14.12.1 掌握软基处理工程的安全防护技术

14.13 拆除工程

14.13.1 掌握拆除工程安全技术管理

15 专业工程

15.1 预制构件起吊、出运和安装

15.1.1 了解水运工程预制构件的种类

15.1.2 熟悉预制构件起吊、出运方法

15.1.3 熟悉沉箱拖运技术准备工作

15.1.4 掌握预制构件安装安全防护技术

15.2 桩基施工

15.2.1 熟悉桩基施工的一般要求

15.2.2 掌握陆上锤击、振动、水冲沉桩施工安全技术措施

15.2.3 掌握水上锤击、振动、水冲沉桩安全规定

15.2.4 掌握灌注桩施工安全技术措施

15.3 深基坑支护及开挖

15.3.1 熟悉深基坑支护及开挖一般安全规定

15.3.2 掌握板桩支护安全规定

15.3.3 掌握地下连续墙施工安全规定

15.3.4 掌握沉井施工安全规定

15.4 疏浚和吹填工程

15.4.1 熟悉疏浚和吹填工程施工作业安全防护的一般要求

15.4.2 掌握各类挖泥船施工作业安全防护

15.4.3 掌握吹泥船施工作业安全防护

15.4.4 掌握泥驳施工作业安全防护

15.4.5 掌握吹填区围堰施工作业安全防护

15.4.6 掌握排泥管线敷设施工作业安全防护

15.5 沉排、铺排及冲沙袋施工

15.5.1 熟悉沉排、铺排和冲沙袋施工的一般要求

15.5.2 掌握铺排船施工作业安全防护技术

15.5.3 掌握干滩和浅水人工铺排作业安全防护

15.5.4 掌握冲沙袋施工作业安全防护

15.6 水下爆破施工

15.6.1 掌握水下爆炸排淤施工安全要求

15.6.2 掌握水下爆炸夯实施工安全要求

15.6.3　掌握水下炸礁施工安全要求

16　特殊季节与特殊环境施工

16.1　雨季施工

16.1.1　了解雨季施工总要求

16.1.2　熟悉雨季施工准备措施

16.1.3　掌握重点分项工程雨季施工安全措施

16.2　冬季施工

16.2.1　掌握冬季施工安全防护措施

16.3　高温季节施工

16.3.1　熟悉高温季节施工安全防护措施

16.4　热带气旋季节施工

16.4.1　掌握热带气旋季节施工安全防护措施

16.5　夜间施工

16.5.1　掌握夜间施工安全防护措施

16.6　能见度不良天气施工

16.6.1　掌握能见度不良天气施工安全防护措施

16.7　无掩护水域施工

16.7.1　掌握无掩护水域施工安全防护措施

16.8　其他特殊条件施工

16.8.1　熟悉其他特殊条件施工安全防护措施